21世纪高等院校市场营销专业精品教材
Excellent Course of Speciality of Marketing for
High-level Universities in the 21st Century

Advertising

广告学（第二版）

郝树人　编著

东北财经大学出版社
Dongbei University of Finance & Economics Press
·大连·

图书在版编目（CIP）数据

广告学 / 郝树人编著. —2版. —大连：东北财经大学出版社，2019.8（2021.1重印）
（21世纪高等院校市场营销专业精品教材）
ISBN 978-7-5654-3495-2

Ⅰ. 广… Ⅱ. 郝… Ⅲ. 广告学-高等学校-教材 Ⅳ. F713.80

中国版本图书馆CIP数据核字（2019）第056027号

东北财经大学出版社出版
（大连市黑石礁尖山街217号 邮政编码 116025）
网 址：http：//www.dufep.cn
读者信箱：dufep@dufe.edu.cn
大连图腾彩色印刷有限公司印刷 东北财经大学出版社发行

幅面尺寸：170mm×240mm 字数：465千字 印张：22 插页：1
2019年8月第2版 2021年1月第4次印刷

责任编辑：朱 艳 责任校对：孙冰洁
封面设计：沈 冰 版式设计：钟福建

定价：42.00元

前言

我国市场经济的迅猛发展带来了广告市场的空前繁荣和发展，由此也出现了许多新问题和新情况，对广告科学管理的呼声也越来越高。广告这个知识领域永远都在变化且充满无限创意。广告在启发、影响和传播方面的威力如此强大，这使得在今天学习广告比以往任何时候都显得更为重要。无论主修的是什么专业，学习广告都将使学生们掌握一种有益于未来职业生涯的利器。

作为一本主要针对大学本科生使用的教材，本书力图在介绍广告学经典理论和基本方法的基础上，把理论中最新的观点、实务中最新的发展介绍给学生，既要使之不失为一本规范的广告学教材，又力求让学生读起来兴味盎然。在写作上，力求文笔生动、表达活泼、可读性强。因而，本书在编写过程中作了以下三个方面的尝试：

（1）经典基础理论与前沿理论相结合，突出理论的系统性和前沿性。本书的编写吸取了整合营销传播等现代广告学前沿理论的精髓，力求全面、系统地将必备的广告学基本概念、基础理论以及广告学前沿理论和方法呈现给读者。

（2）广告理论与广告案例和实务相结合，突出教材的可读性和实用性。本书在经典广告理论的学术基础上力求务实，强调理论与实践相结合，以激发读者对广告学学习的兴趣为出发点，注重实例和实务的介绍。

（3）突出教材的国际化与前瞻性，力求清晰地向读者勾勒出国际广告发展的轮廓和中国广告发展的前景。

本书适用于经济管理及其他相关专业的学生，旨在为其提供一本体系完整、思路清晰、生动活泼、操作性强的主流广告学基础教材。同时，本书也可作为工商界人士广告学入门和系统学习的指导读本。在编写体例上，本书采用经典教材模式：

（1）每章开头提纲挈领地给出本章“学习目标”，使本章内容结构一目了然，同时说明在学习了本章以后会有哪些收获，使读者对全章能有一个大致的了解。

（2）在某些章节中引用了不少案例，以引导读者进入思维环境并强调主要问题。

（3）每章章末有“本章概述”、“经典案例”和“复习思考题”，有助于读者深入了解和掌握本章所涉及的问题。

（4）在第10章中，编录了100年来世界上15位著名的广告大师、广告学者、广告经营者的广告实践历程及其广告思想、理论精华，让读者领略世界广告运动的发展历程和广告思想的演绎过程，从而增强对于广告理论的认知。

(5) 在附录中编录了现代广告学常用词汇，词汇中收录了本书中的一些重要概念，以及本书中未加论述但经常使用的一些有关广告的名词解释，方便读者快速查阅。

本书在写作过程中参考了许多相关文献资料，在此对其作者深致谢忱！刘汉邦参与了部分资料的整理工作，在此深表感谢！

定稿后仍深感自己的水平有限，随着经济的发展，有很多问题还需进一步总结，有些观点还有待进一步推敲和研究，书中难免有不够准确和疏漏之处，恳请读者批评指正。

编著者

2019年8月

目　录

第1章　广告学导论 …… 1
学习目标 …… 1
1.1　广告的基础知识 …… 2
1.2　广告的作用 …… 5
1.3　广告的分类 …… 8
1.4　广告发展史 …… 11
1.5　广告学 …… 20
1.6　广告产业 …… 22
本章概述 …… 26
经典案例 …… 27
复习思考题 …… 27
第2章　广告受众 …… 28
学习目标 …… 28
2.1　广告与广告受众 …… 29
2.2　广告受众的权利 …… 32
2.3　广告受众的心理 …… 34
2.4　广告与购买行为 …… 35
本章概述 …… 37
经典案例 …… 37
复习思考题 …… 38
第3章　广告策划 …… 39
学习目标 …… 39
3.1　广告策划概述 …… 40
3.2　广告策划系统的特性 …… 45
3.3　广告策划的主要内容 …… 46
3.4　广告策划的作业流程 …… 48
3.5　广告策划的策略应用 …… 49

3.6 新媒体环境下的广告策划 …… 51
3.7 广告策划书 …… 53
本章概述 …… 55
经典案例 …… 56
复习思考题 …… 56
第4章 广告美学 …… 57
学习目标 …… 57
4.1 广告美的属性 …… 58
4.2 广告美的审美类型 …… 63
4.3 现代广告的审美规律 …… 67
4.4 广告审美心理 …… 74
4.5 广告的当代美学趋势和误区 …… 97
本章概述 …… 112
经典案例 …… 114
复习思考题 …… 114
第5章 广告创作 …… 116
学习目标 …… 116
5.1 广告受众心理分析 …… 118
5.2 广告创意 …… 123
5.3 广告文案 …… 127
5.4 广告表现 …… 131
本章概述 …… 137
经典案例 …… 138
复习思考题 …… 138
第6章 广告媒体策划 …… 140
学习目标 …… 140
6.1 概述 …… 141
6.2 电视传媒策划 …… 144
6.3 广播传媒策划 …… 147
6.4 报纸传媒策划 …… 149
6.5 杂志传媒策划 …… 152
6.6 户外广告传媒策划 …… 155
6.7 销售点广告传媒策划 …… 159

6.8 广告媒体组合策划 …… 161
6.9 广告媒体购买 …… 168
本章概述 …… 173
经典案例 …… 174
复习思考题 …… 174
第7章 广告活动的社会管理 …… 175
学习目标 …… 175
7.1 广告活动社会管理的意义 …… 176
7.2 广告行政管理 …… 176
7.3 广告行业自律 …… 178
7.4 广告社会监督 …… 181
7.5 广告危机管理 …… 183
本章概述 …… 188
经典案例 …… 189
复习思考题 …… 189
第8章 广告效果评估 …… 190
学习目标 …… 190
8.1 概述 …… 191
8.2 广告效果评估 …… 192
8.3 广告的传播效果评估 …… 197
8.4 广告的经济效果评估 …… 201
8.5 广告的社会效果评估 …… 204
本章概述 …… 205
经典案例 …… 205
复习思考题 …… 206
第9章 网络广告概述 …… 207
学习目标 …… 207
9.1 网络广告概念 …… 208
9.2 网络广告受众 …… 214
9.3 网络广告策划 …… 219
9.4 网络广告媒体 …… 221
9.5 网络广告的监督管理 …… 226
本章概述 …… 226

经典案例 …… 227
复习思考题 …… 227
第10章 世界广告界巨擘 …… 228
学习目标 …… 228
10.1 乔治·葛里宾 …… 229
10.2 威廉·伯恩巴克 …… 235
10.3 大卫·奥格威 …… 237
10.4 唐·E.舒尔茨 …… 242
10.5 詹姆斯·韦伯·扬 …… 251
10.6 杰克·特劳特 …… 268
10.7 李奥·贝纳 …… 276
10.8 艾尔·里斯 …… 281
10.9 罗瑟·瑞夫斯 …… 285
10.10 乔治·路易斯 …… 292
10.11 吉田秀雄 …… 296
10.12 萨奇兄弟 …… 301
10.13 克劳德·霍普金斯 …… 305
10.14 雷蒙·罗必凯 …… 316
本章概述 …… 321
复习思考题 …… 323
附录 现代广告学常用词汇 …… 325
主要参考文献 …… 345

第1章 广告学导论

学习目标

本章界定了广告及广告学的定义，回顾广告学的发展历程。通过本章的学习，你将了解广告的基础知识、广告的经济作用和对社会产生的深远影响以及新技术带来的广告发展趋势。

1.1 广告的基础知识

消费者每天都会接触到成百上千甚至上万条商业信息，这些信息千姿百态，有可能是某企业和机构在营销活动中使用过的那种路牌，也有可能以报纸广告、公告书、电视广告、优惠券、宣传、公共关系、活动赞助、电话营销甚至电子邮件等的形式出现。这些只是众多企业和机构用来吸引客户和潜在顾客，并与他们保持联系的众多手段之一，是维护与他们之间的关系的众多传播形式中的很小一部分。我们可以简单地将这些工具统统视为“广告”，但实际上，它们的正确名称应该是营销传播，广告只是营销传播中的一种形式。

1.1.1 广告的定义

广告发展过程是人类社会的信息传播活动、经济发展的直接体现。从本质上来说，广告就是一种营销传播活动。

美国广告协会曾将广告定义为：“广告是付费的大众传播，其最终目的是传递信息，改变人们对于所广告的商品的态度，诱发其行动而使广告主获得利益。”这个定义强调了广告是付费的大众传播方式以及广告的最终目的，定义中还涉及广告是如何发生作用的，即广告通过改变人们对商品的态度而达到广告效果。

美国营销协会曾赋予广告的定义为：“广告是一种公众性的信息交流，它以付费的方式通过各种传播媒介向公众介绍产品、服务或观念，本身具有说服性。”

尽管不同领域的学者和广告业界人士在不同的历史阶段提出了很多不同的“广告定义”，但是，广告本质上是一种营销传播活动，我们从功能上将广告定义为：“广告是由特定的广告主在付费的基础上，采用非人际传播的形式，对特定对象进行的有关产品（商品、服务和观点）的信息传播活动。”

今天，广告的定义已经大为扩展。例如，新闻工作者可能将广告定义为一种传播过程、公关过程或劝服过程；商务人士可能将广告视为一种营销过程；经济学家和社会学家可能更侧重于广告的经济、社会和道德影响；而一些消费者则可能干脆把广告看作垃圾。这些观点各有各的道理，不过现在，我们将采用下面这个功能性定义：“广告是由已确认的出资人通过各种媒介进行的有关产品的、通常是有偿的、有组织的、综合的、劝服性的非人员信息传播活动。”

下面，让我们将这个定义分解开来，对广告定义中的要素进行分析。

首先，广告是一种传播活动。它实际上是一种非常有组织的传播形式，由文字和非文字元素构成，以填充由出资人所指定的特定空间和时间。

其次，广告针对的是群体而不是个体，因此，广告是非人员的或者说是大众化的传播。这些群体既可以是购买并消费的消费者，也可以是大批量购入再分销零售的经销商。

大多数广告都是由出资人付费的。某品牌汽车、大型超市、饮料或你家附近的健身中心经营者都会付费给报纸、电台、电视台，让它们发布供我们听、看、读的广告。不过，也有一些广告主不必付费，因为它们是非营利的，如红十字会、交通安全知识等公益广告是免费发布的。同样，张贴在学校布告栏上的舞会公告也无须付费，但这仍然算是一种广告，是一种有组织的、非人员的劝服传播过程。

当然，大多数广告的目的就是劝服消费者改用某一种产品、服务或相信某一观念。有一些广告，如法律声明，目的则不是说服，而仅仅是告知，但由于其符合广告定义中的所有其他要素，因此仍然属于广告。

广告不仅可以促销有形的商品，如橙子、麦片和橄榄油等，还可以帮助银行家、美容店、自行车修理铺、讨债公司和电话公司等促销它们无形的服务。现在，越来越多的人利用广告来倡导各种经济、政治、宗教和社会观念。

广告会标明其出资人，这一点显而易见。出资人也显然希望被标明，否则他们为什么要花钱做广告！

最后，广告通过一种我们称之为媒介的渠道到达我们。广告媒介是一种有偿的、用以向其目标受众表现广告的手段。因此我们有广播广告、电视广告和报纸广告等。如果你告诉周围的人某种小吃味道很好，这种行为叫作口传。口传虽然也是一种传播媒介，但它却并不是广告媒介。它没有组织，也没有公开的出资人，也不是有偿的。

过去的广告主借助传统的大众媒介电台、电视台、报纸、杂志和路牌来传递信息，而今日的科技进步已经可以让广告通过各种可寻址媒介（如直邮）和互动媒介(如国际互联网)，直接有效地到达受众。

1.1.2 广告的基本特征

广告是一种传播活动，它与其他信息传播活动一样存在着传播者、讯息、媒介、受传者和效果五个重要的要素。

传播者，指在传播过程中“传”的一端的个人或团体的总称，是信息传播的主动发出者和媒介的控制者。讯息，是由一组相关联的信息符号所构成的一则具体的信息，是信息内容的实体。媒介，是信息的载体，传递信息符号的中介、渠道。受传者，指在传播过程中“受”的一端的个人或团体的总称。效果，指受传者接受信息后，在情感、思想、态度、行为等方面发生的反应。从传播过程的五个要素来看，广告与其他传播活动相比较具有以下几个基本特征：

(1) 广告传播者特征：现代广告已经发展为一种产业，在广告的传播过程中，作为传播者的一方不仅仅是一个个体或一个组织，而通常涉及广告主、广告活动的创作者和广告作品中的人物三个不同的层次。

广告主是指为推销产品而出资，自行或者委托他人设计、制作、发布广告的法人、其他经济组织或者个人。作为广告讯息的传播者，广告主是真正具有讯息传播需求的个人或组织，他们为广告而出资，是真正的讯息源头。

但许多大众媒体广告的设计、制作和发布是一项既复杂又专业的工作，因此大多是由广告主委托专业的广告代理公司或专业的广告制作者来完成的。这些为了完成广告信息传播活动而参与设计、制作和发布广告的个人或组织，我们统称为广告活动的创作者。广告活动的创作者通常不为消费者所知，但他们对广告信息将会呈现出什么样子、以怎样的方式出现具有决定性的作用。

无论是广告主还是广告活动的创作者，他们都是现实社会中真实的个体或组织。在广告作品中通常还包含了一个真正的或虚拟的人物，即我们所说的“广告代言人”。从消费者的角度来看，代言人代表广告主发布讯息，因此我们也可以把这个代言人看成广告讯息的传播者。代言人在广告讯息中的一言一行都是由广告活动的创作者创造出来为广告主所需传递的信息服务的，这一层次的传播者不属于现实世界，只存在于广告的虚拟的世界中。

（2）广告讯息特征：与其他传播活动相比较，广告传播的讯息具有与生俱来的特殊性——说服性。大多数的广告都存在着说服性，如说服消费者购买某种商品、说服民众接受某个职位候选人、说服公众接受某种观点等。为了达到说服的目的，现代广告产业发展至今形成了以策划为手段，以创意为核心的完整的广告作业方式。

（3）广告媒介特征：广告是一种非人际传播，它依赖特定的媒介和媒介技术。广告媒介是一种有偿的、用来向其目标受众表现广告的手段。广告形式及其表现的每一次变革都是由媒介技术变革所引起的。今天，我们不仅拥有了报纸、杂志等平面媒体和广播、电视等电波媒体，还拥有了以多媒体技术和互联网技术为基础的互动媒体，媒体的种类和形式数以千计。可以说我们身边环境中的每一种实物都可以成为广告的媒体形式。口头传播对于企业而言，虽然也是一种有效的产品讯息传播方式，但它的讯息不需要以大众媒体作为载体，所以它不属于广告。

（4）广告受传者特征：广告的受传者同样存在着三个层次：假定消费者、资助性消费者、实际消费者。在广告作品这个虚拟的世界中，不仅仅存在着传播者的一方——人物，还存在着受传者的一方——假定消费者。假定消费者是人物传递信息的假定理想对象。广告创作者在完成广告作品后，还不能直接刊播在媒体上，他们在说服实际消费者前，必须首先说服出资方的主管，当出资方的主管认可了广告并为其提供媒体刊播的资金，广告才能与实际的消费者见面。因此作为把关人，出资方的主管对广告是否能刊播起着决定性的作用。实际消费者是广告讯息真正想说服的对象，他们又被称为广告的目标受众。广告传播不是一般的大众传播活动，其实际消费者是一个特定的人群，即便是刊播在大众媒体上的广告，其目标受众也是有选择的。目标受众的选择是由广告主的广告目标决定的。随着市场竞争的加剧和市场细分的演进，企业营销越来越追求有的放矢地投放广告，会考虑到通过任何广告媒介接触的观众或听众都有数量、特征方面的不同，这可使广告更加有效，以至于减少不必要的广告开支。

（5）广告效果特征：广告效果是制定广告目标的重要依据。虽然大多广告的最终目的是促进产品的销售，但影响产品销售的因素很多。而作为一种营销传播手段，广告的目的首先是要让消费者在一个尽可能长的时间段内对公司及其产品或服务有所了解并形成良好印象，进而间接影响消费者的购买决策。随着金字塔层级的提高，广告对消费者的影响效果也随之减弱。

1.2 广告的作用

广告是一种社会力量，在提高人民生活水平的过程中发挥了重要作用。广告为自由市场经济社会提供了丰富的物质机会、社会机会和文化机会，从而使劳资双方的生产力都得到了提高。

例如，现在不需用太多钱，你就可以买一辆车，也许是一辆二手车，你可以通过广告知道在哪里可以买到。如果你挣的钱更多，你便可以通过广告买一辆新车或一辆更豪华的车。作为个人，你也可以利用某个载体刊登自己求购车辆的信息。像对其他许多产品的作用一样，广告也为市场上的每一款车型创造了不同的个性。作为自由的个体，你可以自由选择最符合自己的功能需求、社会需求以及期望的产品。

除了刺激销售以外，广告还能满足其他一些社会需求。报纸、杂志、广播、电视和众多网站的主要收入均来自广告，这就使新闻媒介具备了独立自由的能力，能够传播更完整的信息。广告团体创作的公益广告使更多的人对重大社会问题及其原因有了更深入的了解。由于广告的威力，红十字会、道路联合会以及其他非营利性组织得到了源源不断的经济支持和人力援助。

1.2.1 广告在商业活动中的影响和作用

从微观层面来看，广告的影响似乎主要作用于企业和消费者之间，而从宏观层面来看，它也塑造着我们今天的社会形态。广告的产生是为了改善在商品经济的市场环境下买卖双方信息不对等的不良状况。广告本质上是一种营销传播手段，因此它最基本的职能是向目标受众传递有关产品的信息，以影响目标受众对产品的态度和行为。

1）沟通产销信息，促进商品销售

今天的市场经济体系是建立在全球范围内的社会化大生产的基础上的，信息是企业生存与发展的必要条件，企业必须使消费者了解有关商品信息，才能获得被选择的机会。广告通过信息传播，建立生产与生产、生产与流通、生产与消费、流通与消费之间的联系，成为企业必不可少的信息通道。

2）塑造品牌个性，增加产品的价值

为什么你只喝某某品牌的矿泉水？这是最好喝的水吗？未必，但无疑这个品牌矿泉水是通过做广告而成为具有知名度的水。广告本身不能改变产品的品质，但是却能通过塑造独一无二的品牌个性在消费者心目中提升产品的价值。

在市场竞争日趋激烈、产品高度同质化的今天，品牌日渐成为商家重要的竞争手段，而广告是塑造品牌个性最有力的手段。它使相同的商品具有与众不同的特性和品牌形象。

3）降低营销成本，激发竞争活力

（1）广告促进了企业间的竞争，支持大规模生产。广告大师大卫·奥格威在《一个广告人的自白》中曾引用利弗兄弟公司前董事长海沃斯勋爵（Lord Heyworth）的话："随着广告的实施，带来的是节省的效果。在销售方面，它使资金周转加速，因而使零售价得以降低而不致影响零售商人的利润。在生产方面，这是使大规模生产得以实现的一种因素，谁又能不承认大生产导致成本下降呢？"

（2）从广告作为营销传播手段来看，虽然广告的整体投入较大，但通过大众传媒的刊播，传播范围大，受众人数多，平均到达每个目标消费者身上的成本远远低于人员推销等传播手段。从这个角度而言，广告非但没有提高还有助于降低营销成本。

1.2.2 广告对消费者的影响和作用

广告对消费者的影响巨大。在我们的生活中，几乎所有的有形物体上都承载了广告，几乎每一个人的周围都充满了广告，几乎每一时刻都被广告所占据。

1）提供商品信息，满足消费需求

虽然我们有时厌恶广告的狂轰滥炸，但不得不承认的是广告给我们提供的商品信息已经成为我们生活的必需品。广告通过加剧竞争，使生产者不断提高产品的质量和丰富产品种类，从而使消费者有更多的选择空间，他们的需求也能够更好地被满足。

2）引导消费理念进步

消费理念的进步也是社会文明进步的一个重要体现。如果说消费理念的形成和进步是物质和文化综合作用的结果，那么广告应该是消费理念的指引者。广告总是把最新的产品、最时尚的生活场景、最流行的行为方式展现给消费者，它像老师一样循循善诱，不仅告诉你买什么是"对"的，还告诉你什么行为模式是"对"的。这种作用和影响在我国改革开放之后尤为明显，在这40多年中，中国消费者的消费理念发生了巨大的变化，是广告引导了这种变革的潮流。

1.2.3 广告对社会发展的影响和作用

广告也不可避免地有其自身的弊端。从它诞生那天起，这个行业便一直被诚信和道德问题所困扰。事实上，早在20世纪初期，广告业就曾被迫对自己的道德行为进行过修正。多年来，消费者因产品承诺模糊不清而深感头疼，尤其是对专利药品和医疗保健的广告更是如此。对这种现象的深恶痛绝最终引发了一场声势浩大的消费者运动，进而导致了政府的法规干预，最终导致了广告业的自律。

以美国为例，为了平息民众的愤怒，美国国会于1906年通过了《纯粹食品与药品法》，以此保护公民的健康并对药品广告加以管理。1914年，国会又通过了

《联邦贸易委员会法》，以保护公民免受不正当商业行为的伤害，其中就包括了涉及误导和欺骗性广告的条文。

广告从业人员也纷纷组建团体，以改进广告效果，提高专业化程度。他们着手成立了广告安全委员会，捍卫本行业的诚实信誉。今天的美国广告主协会（ANA）、美国广告联盟（AAF）以及商业促进局（BBB）便是当年这些团体“发展的产物”。

但是每到经济危机来临，虚假和误导广告又会无一例外地出现，这大概出于广告主孤注一掷的心态。在20世纪30年代的“大萧条”时期，有几本畅销书将广告业刻画成利用消费者的贪婪家伙，结果又导致了一场新的消费者运动，这使得政府在法规和管理方面更加严格。

1962年，肯尼迪总统对国会发表演讲时说：“如果消费者花高价买到的却是质量低劣的产品，如果消费者不能够在知情的状态下选购，那么他的钱就白花了……国家的利益也会受到损害。”在他的消费者权益提案中，肯尼迪赋予美国消费者四种基本权利，其中就包括了“保护消费者免受虚假的、欺骗性的或者明显误导性的信息、广告、产品标识或其他类似行为侵害的权利。消费者还应该享有对产品真实特性的知情权”。

20世纪70年代，在经历了肯尼迪遇刺、越南战争、“水门事件”以及人们赖以生存的自然资源的突然短缺之后，美国到处弥漫着一股失落的情绪，紧接着便在70年代爆发了又一场新的消费者运动。这一切都通过卫星技术立刻传到了世界各地。这些问题使得人们对现状与传统产生了怀疑，人们愤世嫉俗，道德意识再次扭曲。一方面，人们借自我完善为自己的不负责任和自我放纵辩护；另一方面，他们又借社会责任对企业的美国式自我实现（即追求利润）横加指责。

今天，绝大多数美国企业都在自己的广告中杜绝了严重的不正当行为，人们更加关注广告中的夸大、儿童广告、合法但不健康的广告以及广告道德这类问题。我们认为，广告中的伦理问题是一个非同小可的问题。

总而言之，广告对社会的影响同其对经济的影响一样，它也导致了一系列社会心态和法律条文的产生，这些反过来又对广告本身产生了巨大的影响。

对广告对社会发展的影响和作用可从以下几个方面阐述。

1）成为市场经济发展的风向标

广告不仅在微观层面引导着我们的生产和消费，它还是一种社会力量，促进了市场经济的发展和完善，推动整个世界人民生活水平的提高，给整个社会的物质文化发展提供了丰富的机遇。从这个意义上来说，市场经济是现代广告行业生存和发展的契机，而广告则是市场经济发展必要的催化剂。

2）促进大众传播媒体发展

广告一直为大众媒体提供发展所必需的经济、技术乃至理论发展的动力。从报刊诞生到电子媒体的兴盛乃至互动媒体的成熟，广告一直是大众媒体的经济支柱。能否争取到广告投放、争取到多少广告投放将关系到每个媒体组织的生存和发展。

3）提高社会的文化素养，丰富文化生活

广告不仅促进了媒介的发展，而且也为阅读大众媒介的受众提供了可以廉价甚至免费获得媒介内容的机会。应该说广告赋予了大众能够更加平等地获取信息的可能性。而且，为了使广告更具有说服力和感染力，广告必须不断地在表现形式和表现技巧上推陈出新，以至美至新的形式来打动消费者，其本身也丰富了我们的文化生活，使审美走下精英化的“圣坛”成为日常之物。

需要指出的是，广告作为一种商业传播方式，不可避免地带有商业的逐利性。广告过多地传播物质享受的信息，可能诱导人们盲目追求物质享受；广告中出现的低俗的表现方式，也有可能对儿童和其他辨别能力较弱的群体产生负面影响；而有些广告以虚假信息误导消费者，那就更要对其进行批评和纠正了。这就要求我们在广告传播活动中一方面要加强自律和自省，另一方面要完善广告的法律法规建设和消费者监督的机制。

1.3 广告的分类

对广告分类的研究，是建立当代广告学范畴体系和概念体系的基础。通过对广告的分类，可以加深对研究对象具体内容的了解。从不同角度对现代广告进行分类，有利于准确地使用具体概念，并了解其范围和意义。常见的有以下分类方法。

1.3.1 根据广告传播媒体分类

广告根据媒体的不同自然属性，一般可分为：

（1）印刷品广告。这是指以印刷方式表现广告内容的广告。其形式主要有报纸广告、杂志广告、包装广告、邮寄广告、招贴画广告、传单广告等。这类广告的共同特点是：保留时间较长，费用支出弹性较大，传播范围取决于发行（印刷）量和传阅率。

（2）电波广告。这是指借助电波这种物理介质传播广告内容的广告，主要包括电视广告、广播广告、国际互联网广告等。这类广告的共同特点是：传播面广，覆盖率大，费用较高，一般借助瞬时记忆产生效果。

（3）交通工具广告。这是指以交通工具作为广告媒体的广告。它包括电车广告、汽车广告、轮船广告、火车广告和飞机广告等，是户外广告的一种形式。交通广告具有制作简单、收费较低、能利用人们在途中的闲暇时间形成较高的注意率和记忆等优点。

（4）珍惜品（礼品）广告。这是指在有一定保留价值或赏玩价值的物品上附加的广告。如年历上印的广告，在小工艺品上做的广告等。

凡在广告前冠以媒体名称的都属这种分类。常见的还有电话广告、路牌广告、霓虹灯广告、橱窗广告、气球广告等。

1.3.2 根据广告设置的地点分类

广告可分为户外广告、销售现场广告（point of purchase advertising，POP）和非销售现场广告。

凡是在露天或公共场合利用一定的物质或工具传播广告信息均被称为户外媒体广告。凡是设置在商业街、购物中心、商店及其周围的广告叫作销售现场广告，主要有橱窗广告、货架陈列广告、商店内的灯箱广告、卡通式广告等。销售现场广告具有非常独特的功能和特点，在广告发展史上占有重要地位。除销售现场广告以外的一切广告形式统称为非销售现场广告，如路牌广告、招贴广告、交通工具广告、霓虹灯广告、建筑物广告等。

1.3.3 根据广告传播范围分类

广告可分为国际性广告、全国性广告、地区性广告、区域性广告、针对某一具体单位甚至个人的广告。

不同传播范围的广告需要使用不同的媒体。如国际广告，一般需要利用中国对外广播、《中国日报》、卫星转播的电视台、国际互联网等具有国际传播特征的媒体。

1.3.4 根据广告具体目的分类

广告一般可分为销售广告和需求广告。最终以促进商品销售为目的的广告，如商品广告、企业广告、观念广告等在绝大多数情况下属于销售广告。但是，它们也可能是需求广告的形式。需求广告是指为了购进某种商品的广告。如工厂的原材料购进广告、零售批发商业企业的商品求购广告以及银行鼓励存款的广告、保险公司招揽保险业务的广告等，均属此类。需求广告是销售广告的一种变换形式，销售广告的一般原理均适用于需求广告。

1.3.5 根据广告的内容分类

广告可分为商品广告、企业广告、服务广告、商品（或服务）与企业综合广告、观念广告、商品（或服务）与观念结合的广告等。

（1）商品广告是广告中最常见的形式。这类广告根据商品的具体内容可作进一步的分类，如化妆品广告、家用电器广告、纺织品广告、服装广告等。在商品大类下还可以进一步细分。有多少种商品，就可以进行多少种分类。不同商品具有不同的广告规律、特点和广告管理方法。

（2）企业广告是为了树立企业形象，维持企业信誉，提高企业知名度，引起消费者对企业的关注和好感，使他们了解企业的价值观和文化所进行的广告。企业广告一般都是配合企业公共关系活动所进行的广告。

（3）商品（或服务）与企业综合广告是同时以企业及其提供的一种或几种商品

（或服务）为内容的综合性广告。它既具有商品广告的特点，又具有企业广告的特点。要成功地进行这类广告比商品广告要难，繁多的广告内容不易使人记忆和接受，会削弱广告的冲击力。

（4）观念广告是最常见的广告形式之一。只告诉人们有什么商品，而不对商品进行任何宣传的广告今天已不多见了。观念广告是现代广告学要研究的重点。企业广告也是观念广告的一种。

1.3.6 根据广告的长短分类

广告可分为时机性广告、长期广告和短期广告。

（1）时机性广告是指为传播某些特殊的、有明确时间要求的信息所进行的广告，包括在新产品问世、展销会开幕、价格变动、企业开业等某些对商品销售有利的时间和机会所进行的广告。它要求在尽可能短的时间内将信息传达给特定消费者。

（2）长期广告是指在一段较长时间内连续进行的广告，主要包括与企业战略有关的、创名牌商品的、长时间不间断地对某一种商品进行的广告活动。

（3）短期广告一般指在短时间内进行的广告，如季节性广告等。

1.3.7 根据广告对播放频率的要求分类

广告播放频率是指在一定时间内每次广告的间隔时间，一般有以下类型：

（1）高频率型广告，指在一段时间内不间断地、频繁地进行广告。

（2）低频率型广告，指在一段时间内不间断地但次数较少地进行广告。

（3）间断型广告，指在一定时间内间隔较长才进行一次的广告。

1.3.8 根据广告表现的艺术形式分类

广告可分为图片广告、文字广告、表演广告、演说广告、情节广告、Web标志广告等。

（1）图片广告主要指以摄影、绘画等手段制作的平面广告。它以诉诸视觉的写实或创作为形式。从目前看，摄影广告的比重越来越大。一般认为，摄影广告的写实性程度优于手绘，而且制作速度快，所以其发展速度较快。但也应看到，摄影广告不可能完全取代绘画广告，绘画广告有其独特的魅力和适用性。

（2）文字广告是指单纯以文字作为表现形式的广告，常见于标语广告、印刷品广告等。

（3）表演广告是用各种表演艺术形式来达到广告目的的。电视广告和销售现场广告经常采用这种形式。

（4）演说广告指用语言艺术来推销商品，主要有广播广告和销售现场广告等。

（5）情节广告主要指用故事或事件作为内容的广告表现形式。它几乎适用于所有媒体。

（6）Web标志广告是指在网页上利用图标进行广告的形式，它是目前互联网广告的最主要表现形式。广告对象在Web标志上进行点击，就可以进入有关网页或网站。

广告经常同时采用几种艺术形式相结合的表现形式，以弥补只用单一艺术形式表现手段的不足。

1.3.9 根据广告的表现形式分类

广告可分为印象型广告、说明型广告和情感诉求型广告。

（1）印象型广告是指仅以给人留下印象为目的的广告表现，是很常见的广告表现形式。受媒体的限制，一般广告时间都很短，大部分广告被看（听）的时间都是以秒计算的。因此，宣传一个简单而重要的广告主题，使人形成广告印象，往往是很多广告不得不采取的表现方式。成功地进行印象型广告是广告学要研究的重要课题之一。电视、广播、路牌、交通工具等媒体在很多情况下只能进行印象型广告。在这类媒体上进行说明性广告一般是达不到说明目的的。据对收看（听）广告的人进行的测试结果显示，电视广告主题一旦超过3个，被记忆的可能性就下降90%以上。一般人们收看（听）后只有一个印象，即这种商品好像有很多效用。

（2）说明型广告是指对产品进行详尽说明的广告表现。高价耐用品、专用商品、生产资料等一般采用说明型广告，因为这类广告产品更多的是需要理性购买，仅靠情感诉求是行不通的。

（3）情感诉求型广告是指用特定的情感诉求方式进行的广告表现。这类广告利用人类情感中的一些永恒主题，如爱情、死亡、友谊、离别以及一些特殊的感情追求和体验，比较容易引起共鸣、同情、信任和喜爱，并使消费者对广告的商品或企业产生特有的感情形象。这种方式较多用于消费品，如化妆品、饮料、食品、服装等。

以上是广告最常见的一些分类。对现代广告还可以从很多角度分类，如：根据商品的生命周期，广告可分为开拓性广告、竞争性广告和维持性广告；根据广告的目标对象，广告可分为向特定消费者，如儿童、妇女、高收入群体、大众等进行的广告；根据广告发展阶段及广告创作思想等进行的分类也较常见。

1.4 广告发展史

1.4.1 广告的历史沿革

几千年前，人们大多从事狩猎、畜牧、农业或手工活动，用较为原始的手工工具制造产品，人们的主要精力都放在满足基本生存需求上：衣、食、住。他们居住在彼此分隔的小型社会中，工匠和农夫以易货贸易的形式彼此交换产品与服务，产品流通的范围仅限于小贩的脚力范围，而“广告”则倚仗于他们叫卖声的大小。当时，由于商品还未达到批量生产的程度，因此也无须利用广告来刺激人们的批量购买，即便有广告主，也没有大众媒介可以利用。话虽这么说，考古学家们却发现了公元前3000年的古巴比伦广告的证据。

广告学最早产生于经济发达的美国。美国的广告历史沿革可分为几个历史时期。

1）前工业化时期

随着市场的扩大和日益复杂，对产品的需求日益增加，对广告的需求逐渐形成。最初，商人在自家店门口挂上雕刻符号，以便让路人了解他们在卖什么产品。那时，绝大多数人都不识字，因此，符号多选用一些象征物，如用一只靴子代表修鞋铺。这个时期被称为前工业化时期。在西方文明史中，这一时期的时间跨度从有记载的历史开始，直至19世纪初前后。

在前工业化时期，有几项重大发明促成了现代广告的诞生。中国人发明了造纸术，欧洲人则在1275年建造了第一家造纸厂。1440年，约翰内斯·古登堡在德国发明了活字凸版印刷机。印刷机的发明不仅仅是广告史上最重大的发明，也深刻地改变了人们的生活方式和工作方式。

在印刷机发明以前，大多数人都不识字，只有僧侣和学者能读会写，而一般人则只能凭借脑子记忆重要信息，靠口头进行交流。由于口头传播无法记载，人们只能生活在极少有文字记载史实的社会中。而且，由于不同地区的方言各有不同，大部分消息都只能在方圆80公里以内传播。

印刷机的发明使得人们可以方便地记录发生过的事件，并保存下来继续传播。人们不再完全依赖于自己的记忆，活字印刷为记录各地方言和各种拼写内容提供了灵活性。过去只有少数人能读到的稀少的僧侣手抄本逐渐让位于大多数人都能享受到的高速批量生产的印刷品。一些商人购买了印刷机，将其装在马车上，在城镇间往来出售印刷服务。这种技术不仅催生了广告最初的几种载体——海报、传单、标识，还最终导致了第一种大众媒介——报纸——的出现。此时，小贩的叫卖声被印刷术放大了许多倍，足以让街道以外的人“听”到了。

1472年，第一条英文广告出现了。伦敦一家教堂门上张贴了一张传单，向周围的居民宣传出售一种福音书。尽管如此，第一条报纸广告的出现也是200年后的事了，那条广告的内容是悬赏找回被盗的12匹马。此后不久，报纸便逐渐开始刊登咖啡、巧克力、茶叶、房地产和医药的广告，甚至个人的广告。不过，早期的广告针对的人数依然极其有限：那些到咖啡馆里的顾客。报纸在咖啡馆最有市场。

到了18世纪早期，世界人口已接近6亿，一些大城市的人口规模已足以承载大量的广告。事实上，正是广告量的增加导致了广告战略的改变。英国著名文学家塞缪尔·约翰逊于1758年观察到：广告已多如牛毛，但少有被人“仔细阅读”的。因此，广告如果想引人注目，就必须要有“惊天动地的承诺”。这便是广告夸大的开始。

在美洲的殖民地，《波士顿简报》于1704年开始大量刊登广告。大约2年以后，广告艺术之父本杰明·富兰克林首开大字号标题和空白之先河，使得广告具备了更强的可读性。事实上，富兰克林也是已知的第一位在广告中运用插画的美国人。

2）工业化时期

18世纪中叶，工业革命在英国兴起。到19世纪早期，工业革命已波及北美洲，机械开始取代畜力，大企业可以用机器大批量生产品质统一的商品，生产能力得到提高，人们第一次发现买东西比自制东西更为经济合算。随着人们离开农村进城工作，城市中的大众市场开始形成，这又进一步加速了市场和广告的发展。

到了19世纪中期，世界人口已翻了一番，达到了12亿，生产厂家需要大量的消费来适应较高的商品生产水平。好在批量运输工具铁路和轮船的出现，使生产厂家可以将产品销售到产地以外的市场。随着大规模消费的需求不断增长，对广告的需求和应用以及大众营销的技巧也都有了进一步的发展。

在这个工业化时期，时间大约持续到第一次世界大战末，生产厂家的精力主要集中在生产方面，营销的压力主要由批发商来承担，因为他们了解供货来源、运输渠道、市场需求以及产品铺货安排。他们主要把广告当作一种信息载体，在出版物上发布“现行价格”之类的公告，通知零售商有关基本的、无品牌商品的供货情况和运输情况。对消费者进行广告宣传则是地方零售商或大型邮购目录商——如蒙哥马利·沃德的任务。只有少数几家富有创新思想的生产厂家（主要是专利药、肥皂、烟草制品和罐装食品）预见到了大众媒介广告在刺激消费者未来需求方面的作用。

对美国人而言，把广告当作一门职业始于1841年，沃尔尼·帕尔默在费城开办了广告代理公司。他与报纸签约，以折扣价批量购买广告版面，然后再以稍高的价格将版面以零售的方式卖给广告主。当时，广告主一般都自己准备广告。

1869年，21岁的弗兰西斯·艾耶在费城创办了一家广告代理公司，为了使这家公司听上去更可靠，他便以父亲的名字命名。N.W.艾耶父子公司是第一家按“版面纯成本”收取代理费的广告公司，也是第一家进行正规市场调查的广告公司。1890年，艾耶成为第一家按现行广告公司体系进行运作的公司——集策划、创意与实施于一身，收取媒介返回的代理费或广告主支付的酬金。1892年，艾耶成立了文案部并聘请了第一位专职文案人员。在接下来的20世纪里，艾耶广告公司成了美国历史最悠久、规模最大的广告公司之一。2002年，艾耶的名字消失在一场并购中。

工业革命带来的技术进步使广告业发生了自15世纪以来最大的变化。1839年兴起的照相技术提高了广告的可信度并为创意打开了一个全新的领域。现在，广告可以真实地展示产品、人物和场所了，远胜过美工的画笔。

19世纪40年代，一些生产厂家开始利用杂志广告将产品推广到大众市场，刺激大众消费。杂志由于可以刊登全国性广告并且具备最佳再现效果，因而成为他们最理想的媒介。

电报、电话、打字机、留声机以及随后出现的电影，都使得人们得以用从前不曾有过的方式进行交流。随着全国性铁路系统的发展，美国进入了一个辉煌的经济成长期。1896年，当联邦政府实行乡村免费邮递制度时，直邮广告和邮购生意一下子兴旺起来。生产厂家提供的产品种类日益繁多，也有了向大众传递广告信息和发送产品的新途径。

随着大众教育的出现，美国国民文盲率降到了前所未有的10%，生产厂家有了大量能理解印刷广告的民众。于是，美国以一个由广告推动的全国性营销体制的工业大国的姿态迈进了20世纪。伴随着第一次世界大战的结束，现代广告也宣告来临。

3）工业时期

工业时期始于19世纪与20世纪之交，直至20世纪70年代。这一时期以工业基础的巨大发展和成熟为标志。美国的工业已能满足绝大多数人的基本生活需求，商品市场趋于饱和，于是，为新兴的、低价的消费奢侈品和方便商品——我们称之为民用包装商品（consumer packaged goods）——品牌提供舞台的新型大众市场逐渐形成。

在19世纪的工业化时期，批发商分销生产厂家的非品牌商品，从而控制营销过程。当这些市场饱和时，批发商便开始利用一个生产厂家来打击另一个生产厂家。这极大地损害了生产厂家的利益，于是，生产厂家也开始想办法夺回控制权。它们将注意力从生产转向销售，致力于开发新产品，加强自己的销售力量，对产品进行包装和品牌标识，发布大量的全国性品牌广告。这一时期的早期品牌有里格利（Wrigley）的留兰香口香糖、可口可乐、开乐（Kellogg）的玉米片、吉奥（Jell）的凝胶以及康宝（Campbell）的汤等。

20世纪20年代，随着从战争机器转变为和平生产的工具，美国社会逐渐成为一个消费导向的社会。推销术的时代已然来临。阿尔伯特·拉斯克尔的广告代理公司——罗德暨托马斯公司（Lord & Thomas）的传奇文案人员克劳德·霍普金斯撰写了《科学的广告》一书，该书一出版即被奉为广告界的圣经（此书于1923年出版，随即被视为经典，分别于1950年和1980年再版）。广告已达到了科学的高度，霍普金斯宣称，它是以固定法则为基础的。霍氏法则将幽默、风格、文字小游戏以及任何有损于他所提倡的产品优先的东西排除在文案战略之外。

时效性很强的广播大约也产生在这一时期，并迅速成为美国的主要大众传播手段和有力的新式广告媒介。国际、国内消息可以直接来自事件发生现场的报道，一系列新的家庭娱乐形式——音乐、戏剧和体育也出现了。突然之间，全国的产品广告可以在很短时间内到达大批受众。实际上，第一批广播节目就是由广播赞助商的广告代理公司制作的。

1929年10月29日，美国股市崩盘，“大萧条”开始，广告费支出也随之直线下降。面对消费者对销售的抵制以及企业对广告预算的削减，广告业必须改进自身的工作。于是，调查业应运而生。丹尼尔·思达奇、尼尔森、乔治·盖洛普分别成立了调查小组，研究消费者的心态和偏好。他们提供有关公众舆论、广告信息的执行情况以及广告产品销售状况的信息，从而开创了一个全新的行业：市场营销调查业。

在这一时期，每个品牌都力争向公众推销自己的特殊品质：小麦制品成了“冠军的早餐”，不是因为其营养成分，而是因为它所做的广告。生产厂家狂热地按产品差异化战略行事，希望通过向消费者提供优质、多样的产品和便利的条件而将自己的品牌刻画成有别于甚至优于竞争对手的品牌。

尽管如此，直到1941年电视诞生之后，所有媒介才得到了空前的发展。第二次世界大战后，电视广告飞速发展，很快便占据了重要地位，成为收入最多的广告媒介。

在第二次世界大战后的20世纪40年代后期和50年代初期这一段繁荣时期里，消费者希望借不断地购买现代化产品而进入上层社会。广告进入了黄金时代，创意革命开始。广告更加注重宣传产品所代表的社会地位、时髦、奢华或成功。这时候出现了一些业内巨擘李奥·贝纳、大卫·奥格威和多威廉·伯恩巴克，他们白手起家，并从此改变了广告策划与创意方式。

贝茨广告公司的罗塞·里夫斯提出了一个新的观点，他认为每条广告都应提出产品的“独特销售建议”——有别于其他竞争产品的特点（unique sales proposition，USP）。其实，USP不过是拉斯克尔和霍氏“因果”原则的逻辑延伸。但由于人们到处运用USP，以致消费者现在已经很难发现什么叫“独特”了。

其后，随着越来越多的仿冒产品充斥市场，而且全都向消费者提供优质的、多样化的服务和便利的条件，这种战略的效果不再突出。于是，企业转而寻求新的秘诀：市场细分，即按特定产品适应特定消费者的方法划分消费者的过程。20世纪60年代，产品形象广告时代的出现是创意革命的自然产物。广告的重心从产品特点转向产品形象或产品个性，广告主寻找机会使自己的品牌与某一部分消费者产生联系，以便从中获利。凯迪拉克（Cadillac）成为奢华的世界级形象和成功完美的象征，只有贵族似的劳斯莱斯（Rolls-Royce）才有资格超越它。

既然仿冒产品可以扼杀产品差异化时代，那么仿冒形象也同样可以扼杀市场细分时代。随着竞争的加剧，一种崭新的广告战略于20世纪70年代出现，竞争对手的实力显得与广告主的实力同样重要。杰克·特劳特和艾尔·里斯宣告了定位时代的来临，虽然他们深知产品特点和形象的重要性，但他们坚信，真正起作用的是产品品牌在消费者心目中的地位，即产品品牌的定位。

事实证明，定位可以将某一特定品牌与消费者的某些优先需求结合起来，因而能有效地使该品牌与其竞争对手区别开来。这样一来，采取产品差异化和市场细分的方法便如虎添翼。定位时代最著名的美国广告要数大众汽车的“想想小的”篇、安飞士租车行“我们是老二”篇和七喜（7UP）的“非可乐”篇。产品差异、市场细分和定位都是非常重要的战略。

与此同时，在大西洋彼岸，新一代广告专业人员也已从宝洁（P&G）和高露洁-棕榄公司（Colgate-Palmolive）的培训中毕业，开始向各自的客户传授大众营销秘诀。

4）后工业化时期

后工业化时期大约从1980年开始，这一时期充满了剧烈的变化，人们第一次开始真正关心自己的生活环境，开始对自然资源短缺对生存造成的威胁深感恐惧。在20世纪七八十年代这一严重的能源短缺时期，一个新的营销术语——反营销——登上历史舞台。能源生产厂家和耗能产品利用广告来减少人们对这些产品的需求，如呼吁人们在白天用电高峰期减少使用洗衣机、烘干机等家用电器。很快，反营销便成了广告主与竞争对手、政敌以及社会问题抗衡的战略武器，比如，今天的许多组织都会主动利用反营销手段降低人们对香烟的需求。

随着西方前所未有的繁荣和东方的大萧条、“柏林墙倒塌”、“铁幕撤离”，“冷战”终于结束，受国防驱动的经济模式随之结束。西方金融家和生产企业早就窥视前华沙公约国家这块巨大的新兴处女市场，个个摩拳擦掌。为了向全球扩张自己的势力，一些大型跨国广告公司携手合作，并购其他大公司，由此金融词汇中出现了一个新名词——“大兼并”。

此时，欧洲与亚洲的广告业发展已赶上了美国，电视突然成为热门媒介，广告代理公司更加注重自身的发展壮大，并购重组，推出好创意。纽约扬-卢比凯公司和日本电通公司有好几年都是并驾齐驱，轮流担当世界广告业的龙头老大。后来，伦敦的兄弟俩查尔斯·萨奇和莫里斯·萨奇开始在全球范围内收购广告公司，并很快获得了成功，不少美国顶尖广告公司，如贝茨国际、丹塞尔、菲兹杰拉德、上博等，纷纷被纳入萨奇旗下，萨奇公司（在中国称盛世公司）终于一跃成为世界上最大的广告代理公司。紧接着，欧洲、美国和日本的大公司竞相模仿这种做法，于是又出现了多宗并购。公司创始人的名字消失了，取而代之的是一些字母缩写或字头组合，如WWP、RSCG（灵智）、TBWA（李岱艾）、FCA、DDB Needham（恒美）和FCB（博达桥）等。

然而，这段蒸蒸日上的时光只是昙花一现。因国防工业大规模裁员所引发的经济衰退在美国及世界的大部分地区蔓延开来，虽然从技术上看其持续的时间很短，但其影响却从20世纪80年代后期一直持续到90年代。兼并浪潮暂时平息后，工商界陷入全面困境，管理层开始信奉“全面质量管理”、“重组”和“缩小规模”等专门针对降低成本、提高效率的新理论，而且全都打着提高服务质量的旗号。这一时期的营销特点可以用两个相关的经济因素来概括：传统产品老化而竞争不断加剧；以庞大的“婴儿潮”一代为首的消费大众日益成熟和富裕。

贸易壁垒逐渐被打破以及国际贸易的兴盛使得竞争更加激烈。受高额利润的驱使，仿冒者在市场中出现，他们都以更低的价格向消费者提供最诱人的产品。自然，消费者是最大受益者，他们拥有了更多的选择余地、更好的质量以及更低廉的价格。定位理论大师艾尔·里斯和杰克·特劳特早就预见到了20世纪80年代中期的竞争，他们出版了《营销战争》一书，将营销描绘成一场企业不得不随时准备的战争。企业必须瞄准自己的竞争者，同时要时刻准备防御可能出现的入侵者，捍卫自己的阵地。

从需求的角度来看，新富裕起来的消费群更加注重自己的生活质量，“婴儿潮”一代的基本生活需求已经得到满足。在这种情形下，他们开始关心如何节省时间和金钱，以便将这些时间和金钱花在休闲活动或那些他们认为代表某种身份的产品、服务和社会活动上。

至20世纪80年代中期，雪片似的广告，尤其是卫生用品和化妆品广告，开始瞄准“自我”一代，如“欧莱雅，因为我值得拥有”。与此同时，美国大型的工业企业纷纷出资百万制作企业广告，借以宣传自己热爱清洁、保护环境的社会责任感和公民形象。

随着美国经济发展速度的减缓，开始出现众多公司争抢几个铜板的局面。广告客户开始削减广告预算，许多还转而采用更经济的销售推广方法，如使用优惠券、直邮和直接营销等方式。至1990年，25%的广告营销预算已经被其他营销传播形式挖走。

20世纪90年代，美国经济进一步衰退，传统的广告业发现自己已是深陷重围，四面楚歌。人口的过度膨胀也使其受害不浅：广告主更加精打细算，要求更多；而一些富有想象力的新兴小公司也敢于去争取（而且有的也确实赢得了）一些过去它们从不敢奢望的大客户；电视观众具备了摆脱俗套广告的能力；而建立在新技术基础上的新兴媒介又保证了广告过程的再一次革新。在短短的三年间，广告业裁掉了13 500个职位，像可口可乐这样的大客户将不同业务细分后分别给了区域性专业小型创作公司和媒介购买公司。但是，受衰退冲击的并不仅限于广告代理业，整个媒介行业，报纸、杂志和电视的广告收入都大幅度下降。在这几年低谷期里，约有40家杂志社倒闭。

到了20世纪90年代中期，美国的生产厂家开始将用于促销的资金投向广告，希望以此来重塑自己的品牌价值。1994年，广告预算激增至1 500亿美元，比上一年增长了81%。90年代后半期，每年的增长速度都保持在7%左右。到2000年，美国广告主一年花在广告上的费用约有2 474亿美元，与上一年相比增幅达11.3%。

然而此后，泡沫破灭了。2001年，由于经济小幅衰退，股市急速下挫及网络经济泡沫消失等共同作用，广告活动也明显萎缩。这一现象发生的范围不仅局限于美国本土，还蔓延到世界的各个角落。2001年9月11日，恐怖分子袭击了美国。事件发生后，一切营销活动及广告活动都戛然而止。这一年，美国国内广告费支出降至2 310亿美元，比上一年下降了6.5%，海外广告费支出降幅也达到8.6%，跌至2 100亿美元。

一年以后，美国经济开始回暖，广告上的投入预算开始增加。2003年，美国的广告费支出达到了2 450亿美元，基本上回到了2001年以前的水平。不过当时，人们对前景并不乐观。新科技、新生活方式、对安全的担忧和到达目标受众所需成本的日益增长等因素，永远地改变了广告业的面貌。随着国际互联网发展的突飞猛进，我们正在进入一个新的电子领域，即洛德电通伙伴公司副总裁兼创意总监汤姆·库尼夫所说的“第二次创意革命”。

5）世纪互动时期

过去10年间层出不穷的新科技对广告产生了极其深远的影响。随着有线电视和卫星接收器的出现，电视观众可以收看专门播放某一类节目的频道了，如新闻频道、家庭购物频道、体育频道、喜剧频道等。这使得电视由传播最广的“广播”媒介转而成了一种更有针对性的“窄播”（narrow-casting）媒介。如今，面向有限顾客的小公司和产品卖主也可以利用电视来让产品到达各自的特殊受众了。

另一个让广告主担忧的变化是录像机和遥控器的出现，它们使得观众得以在电视台播出广告时换台或在收看录像节目时快进跳跃，从而完全避开广告。广告主和电视台主管更不愿意看到像TiVo这样的个人视频录制机（PVR）的出现。TiVo能使个人随意录制、快进、回放现场节目，从而完全避开广告。虽然TiVo从来不向消费者宣传其广告去除功能，但这已经成为众人皆知的秘密了。

具有讽刺意味的是，TiVo推出后不久，其经营者就开始邀请企业和广告公司加入其广告计划，该计划能引导观众收看专为某一企业或其产品定做的节目。百思买（BestBuy）最先加入该计划，然后是索尼音像、雷克萨斯、宝洁和美乐酒业。TiVo的主要卖点在于它具备瞄准潜在客户、测量宣传效果的能力。就如《广告时代》指出的那样：“对于广告主来说，和客户建立一对一的关系就是通向成功的阶梯，而以许可和选择收看为基础的互动节目的出现，则增加了这种成功的可能性。”

电脑科技也对广告产生了深远的影响。个人电脑、国际互联网、电子邮件和BBS都给广告从广告主到达潜在客户提供了新的媒介。现在，即便是最小的企业也可以建立自己的顾客数据库，并将其运用到营销战役中。

我们正在经历一场互动革命。广告正在进入一个双向媒介时代。现在，在个人电脑、国际互联网、CD-ROM和有线电视的武装下，消费者完全可以自由地选择自己想看的内容，搜寻想要的商品信息。有了互动媒介，消费者不必再用“快进”“跳过”来躲避广告，而是主动地寻找广告。这将是广告由广告主到达消费者的一次方法革命。广告公司有机会再次证明：广告创意不是为了获奖，而是为了促进产品销售。

从鞋铺门口的简单标志到现在，广告走过了一条漫长的路。今天，广告已发展成为宣传产品及其购买地点、描绘产品品质与价值、树立品牌个性、标明买主个性、愉悦人们身心的有力工具。广告不仅反映社会及其欲望，也开创或终结某种时尚、潮流和信条。

正是广告用以传递信息的那些技术造就了今天的广告。过去，广告总是一言堂，如今，广告已发展成了对话，媒介与信息实际上已不可分割。

对竞争优势和效益的无限追求使广告在最近一百多年的历程精彩纷呈。现代企业已经意识到，它们最宝贵的财产不是资金设备，不是研发能力，不是产品线。在这个激烈竞争的全球市场中，它们最宝贵的财富是它们的顾客以及它们彼此之间的关系，保护这种财富已成了这些企业进入21世纪的新的营销重任。只有保持言行一致，才能把“关系营销”做得更好。光凭出色的广告已不再奏效，它们还必须将营销传播与自己的所有言行结合起来，这才是整合营销传播的真正含义。这必将对未来的广告从业人员提出更高的、更刺激的挑战。

1.4.2 中国广告学的产生与发展

中国最早出版的广告学研究专著，当推由甘永龙编译的《广告须知》。该书1918年6月由商务印书馆初版，至1925年11月已出至第7版。它译自美国的How To Advertise一书。全书篇幅不大，其中第14章“稿本为广告之魂魄”中认为广告是“将有关发卖品之事实，布告于公众，并宣传其价目也”。我国最早的广告研究团体是1918年成立的北京大学新闻研究会，它把广告作为新闻学研究和教学的组成部分。1919年12月，北大新闻学研究会所聘的导师之一徐宝璜，出版了我国第一部比较系统、全面的新闻学著作《新闻学》。全书共14章，其中把“新闻纸之广告”列为第10章，予以专章探讨。作者认为：“求一报广告之发达，应先求其销路之推广。”1920—1925年，一些大学相继开设了广告学课程，如上海圣约翰大学、厦门大学、北京平民大学、北京国际大学、燕京大学和上海南方大学等。当时的广告学课程只是作为新闻学研究与教学的一个组成部分，而且仅限于对报纸广告的研究。早期在广告学的研究方面作出过贡献的还有新闻界名人戈公振。他在1927年出版的《中国报学史》中，利用丰富的广告史料，较系统地论述了关于广告学的理论和观点，并着重论述了广告的政治思想和文化价值。他认为，“广告为商业发展之史乘，亦即文化进步之记录”，“不仅为工商界推销出品之一种手段，实负有宣传文化与教育群众之使命”。他还指出：“人类生活，因科学之发明日趋于繁荣与美满，而广告即有促进人生与指导人生之功能。”作者深刻认识到广告除了推销商品的功能之外，还具有宣传文化、指导人生和教育群众的功能，这种看法颇具远见卓识。他还强烈抨击了“不道德与不忠实之广告”，认为其“不但为我国实业界之大忧，亦广告界之大耻”。稍后的广告学专著还有1929年出版的蒯世勋的《广告学ABC》、1930年出版的刘葆儒的《广告学》、1931年出版的孙孝钧的《广告经济学》、1933年出版的王贡三的《广告学》等。但是，20世纪二三十年代，广告学对社会经济活动的影响非常有限。我国从“五四运动”以来开始的广告学研究与教育，由于受到社会经济发展的影响，其发展速度受到限制，比较缓慢。广告理论研究还很肤浅，体系还不完善。

自中华人民共和国成立到改革开放以前，我国的广告理论研究几乎停滞不前。1983年6月，我国第一个广告学专业在厦门大学新闻传播系创办，这标志着我国广告专业人才培养和广告理论研究走上了正规的发展轨道。随后，广告学成了一门热门学科，许多高校相继开设了广告学专业或广告学系。至1998年止，全国已有近90所高校开设广告学专业。高校广告学专业的开办，促进了我国广告理论研究和广告学科建设的快速发展。

20世纪80年代中后期，在我国广告事业蓬勃发展的推动下，广告理论界告别了仅靠翻译海外广告读物的"拿来主义"的日子，开始进入广告理论建树的发展期。广告理论研究和著作的出版，在一定程度上反映了我国广告理论研究正从浅表向深层发展。他们尝试着把广告理论与广告教育、广告理论与广告实践、外来的广告理论与国内的实际结合起来。20世纪90年代以后，我国市场经济体制的确立推动了广告业的空前繁荣，广告理论研究也向更为科学化、系统化、多元化的方向发展，出现了一批较有影响的广告系列丛书，为不断巩固广告学的独立学科地位立下了汗马功劳。

改革开放以来，我国广告学理论建设和学科建设取得前所未有的成就。但是，在中国广告事业迅猛发展的过程中，广告理论工作者面对着更多的无法回避的广告学理论中的新课题。例如，以计算机为主的网络发展成为继报纸、杂志、广播、电视之后的第五大广告媒体。从广告发展的历史来看，新媒体的出现为广告业拓展了新天地，同时也为广告理论研究带来新的课题。

展望广告学理论研究的趋势，今后将更加集中在广告文化学、广告传播学、广告信息学、广告社会学、广告美学等更加宏观的领域和更加相互融合的范畴。在研究重点上也发生了转移：从理论的研究到行为的研究；从分离的研究到综合、交叉的研究；从静态的研究到动态的研究。其核心是从以作品为中心的研究，到以人为中心的研究。总之，要不断探讨构建既适合我国国情，又有独立学科意义的广告学理论，使广告学理论研究更具有现实性。

1.5 广告学

广告是一种古老的社会现象，广告学却是一门年轻的学科。19世纪末期，很多学者开始从经济学、传播学、心理学等角度研究广告现象，形成了早期的广告理论研究热潮。在整个20世纪，广告理论迅速发展并走向成熟，广告学终于以市场学和传播学为理论基础，建立了其自身的理论体系，从而成为一门独立的学科。作为一门年轻的学科，最重要的是确立独立的学科地位和学科身份。这就必须明确：什么是广告学？广告学的研究对象和研究内容是什么？广告学与其他学科的关系是什么？

1.5.1 广告学以及广告学的研究对象

广告活动是人类社会中一种重要的信息传播现象，它从经济、文化、社会等多方面反映并影响着人类的历史轨迹。广告学是研究广告活动的过程、规律和现象的一门科学，它的研究领域十分广泛，包括广告现象的历史、广告运作的基本程序、广告运作的基本原理、广告经营与广告产业、广告管理及广告伦理等内容。

随着广告研究的不断深入，今天广告学的构成和内容越来越丰富完善，形成了比较系统的学科体系，并衍生出很多新的研究领域，如广告文化学、广告美学、广告管理学、广告心理学、广告生态学等。随着这些研究领域的发展和深入，广告学逐渐成为一门充满活力和具有潜力的独立学科。

1.5.2 广告学与其他学科的关系

现代广告学是一门综合了多种学科理论发展而成的综合学科。它借鉴和吸收了社会学、传播学、统计学、心理学、营销学、经济学等多种学科的研究方法和研究成果，它的发展与众多相关学科的哺育密不可分。我们可以从它与其他相关学科的关系厘清广告学的研究体系和研究领域。

1）广告学与传播学

在我国的学科划分中，广告学是传播学的分支学科。传播学是研究人类一切传播行为和传播过程发生、发展的规律以及传播与人和社会的关系的学问，是研究社会信息系统及其运行规律的科学。广告学是研究广告活动的过程、规律和现象的科学，它的研究对象是一种以大众媒介为载体的特殊的传播活动。因此广告学的研究对象的范畴更为集中，它是一门具体科学的研究，是一种偏向“术”的研究，它对传播学研究有提供材料、充实内容的作用；传播学是一般科学的研究，对广告学的研究内容和方法有规范、指导的作用。

2）广告学与营销学

传播学和营销学是广告学的双脚，缺一不可。营销是对观点、商品以及服务的设计、定价、分销和促销进行策划以及实施的过程，其目的是引起交易，从而满足个人或组织的预定需要、欲望和目标。如果简要地将营销概括成生产、定价、渠道、营销传播四个环节，那么，广告只是营销传播工具中的一种。由此来看，营销学的研究对象和研究范畴更为广泛、更为宏观，而相对而言广告学是一种微观层面的研究。

3）广告学与心理学

在广告学的形成过程中，心理学扮演着重要的催生角色。广告心理学也是广告学研究体系中最具历史的一个研究领域。20世纪广告心理学研究起点的标志就是1900年美国心理学家哈洛·盖尔（Harlow Gale）撰写的《广告心理学》一书。之后广告心理学的研究一直非常活跃，至今已经发展成为广告学科体系中的一个重要领域。广告心理学将实验法、观察法、测验法、模拟法等多种研究方法引入广告学中。

在今天的广告学研究领域中，我们能看到实验心理学、格式塔心理学、行为主义心理学、精神分析学、认知心理学、脑的机制研究等多种心理学理论和思想对广告学的影响。

4）广告学与新闻学

广告学与新闻学在学科发展过程中，曾有过十分密切的关系。报纸作为第一种大众媒体给新闻和广告都带来了发展的契机。广告作为报刊赖以生存的经济支柱之一，曾被纳入新闻学的研究领域中。比如，在20世纪20年代，我国广告理论是新闻学研究和教学的组成部分，很多开设新闻学的高校都有广告学的相关课程，后来随着广告学研究的纵深发展，它才逐渐从新闻学中独立出来。

新闻学的研究对象是新闻信息，广告学的研究对象是广告传播活动，两者虽然都以传播学为理论基础，并依托于大众媒介，但它们研究的具体对象和范畴显然不同，因此应该分属于各自独立的学科。

5）广告学与公共关系学

广告与公共关系都是企业经常使用的营销传播手段，很容易让人混淆两者之间的关系。事实上，广告与公共关系就好似一对孪生兄弟，外表相似，内在却有本质的不同。从传播的目的上看，广告多以推销产品为使命，注重短期的经济效益，而公共关系则着眼于宏观的长期的组织形象。从传播方式上来看，公共关系常常使用组织新闻发布会等方式“软性”使用大众媒体，而广告则以付费的方式“硬性”使用大众媒体。因此从传播效果来看，公共关系能够更有效地帮助企业树立良好的形象。广告与公共关系的这种差异性，也使得企业在运用两者时常常取长补短，整合使用。

因此，广告学和公共关系学在各自的学科领域中，既要研究自身的现象、规律和原理，也要研究广告学与公共关系学在配合使用中的现象、规律和原理。

1.6　广告产业

广告人所做的工作远不止我们每天在电视上看到的那些，实际上，那不过是冰山的一角，还有许多人和许多机构也与广告行业有着千丝万缕的关系，这是因为每一个成功的企业都要做广告。

1）广告业的构成

广告业由下列四个部分构成：其中最重要的两个部分是广告主和广告公司。第一部分是广告主，又称广告客户，是那些对自身及其产品进行宣传的企业，如本田公司、可口可乐公司或者某地的一家鞋店等。它们大小不一，从巨型跨国公司直至小型独立店铺；种类也不相同，从服务型机构到产业公司，到地方慈善机构，直至政治行动团体。协助广告主的是第二个部分——广告公司。广告公司为客户的广告与促销材料进行策划、创作和工作准备。第三部分为广告的协助与技术支持公司，包括摄影工作室、图片社、印刷厂、数字处理公司、彩色胶片分色厂、录影制作社、国际互联网设计公司等所有协助广告主和广告公司准备广告材料的公司，还包括配合广告主和广告公司的咨询公司、调查公司，以及其他专业服务公司。第四部分为广告媒介，它们出售时间（电子媒介）和版面（印刷媒介），向广告主的目标受众传递广告信息。

2）与广告有关的人员

一想到广告，多数人立刻联想到在广告公司里进行广告创作的文案人员和艺术指导。其实，大部分做广告的人都在广告主那里，许多企业都拥有广告部，哪怕这个部门只有一个人。

此外，还有不少人为协助与技术支持公司和媒介工作，他们也在做广告。实际上，广告是一个相当大的行业，在其中工作的人有销售人员、调查人员、管理人员、会计人员、计算机专家、法律专家以及各种传播艺术方面的专家——艺术家、作家、图片摄影师、音乐家、演员以及电影摄影师等。

1.6.1　广告主

虽然有的企业设有某种形式的广告部门，但广告部门的重要与否却取决于企业的规模、企业所处的行业、广告活动的规模以及广告在该企业营销组合中扮演的角色，最重要的是，取决于上层管理人员对广告的重视程度。

为了对发布广告的不同企业有所了解，我们分别对地方性广告主、区域性广告主与全国性广告主的经营活动进行了解，看看它们是如何运作的。

1）地方性广告主

地方性广告有时又叫零售广告，发布者以零售店居多，但零售广告却并不仅限于当地。而且，除零售店以外，也有不少其他行业使用地方性广告，如银行、房地产经纪、电影院、汽车维修、水暖、电台、电视台、殡葬、博物馆和地方政府等。

地方性广告至关重要，这是因为大部分消费品的销售均是在当地实现的。比如，一家汽车制造商可能花上百万美元在全国范围内为其新车型做广告，但如果当地的经销商不太卖力，那么，广告主的金钱就很有可能白白浪费掉。若论实现交易、与顾客打交道，地方性广告才应该是真正的着眼点。买卖双方的关系往往是从此开始并真正得到发展的。

地方性广告主大致分为四大类：①为全国性企业主经营某一主要产品或服务的经销商或地方分店，如丰田专营店。②经销多种品牌商品的店铺，通常为非独家代理形式，如便民店、杂货店和百货店。③卖店和服务公司，如银行、保险、餐饮、音乐商店、修鞋铺、装修承包商、花店、发廊、旅行社、律师事务所、会计师事务所。④官方、半官方和非营利机构，如市政、慈善、艺术团体或政党竞选人。

一家小规模的地方性企业，如一家硬件公司、制衣厂或电子器材商店，可能只有一个人负责广告，这个人（或叫广告经理）身兼数职，发挥着管理、策划、预算、协调等全部功能。画广告草图、写文案、选择媒介，可能全归他一人。如果这位广告负责人还具备点艺术才能的话，可能还会设计出一幅广告并用台式计算机制作广告。

连锁店一般设有全套广告班子，负责广告制作、媒介发布和营销支持工作。这个班子需要有美工、文案和制作方面的员工，其主管领导一般为副总裁或营销经理。

在地方媒介上发布的绝大多数广告都是产品广告、机构广告或分类广告，每种广告都各有其不同的功能。

2）区域性广告主与全国性广告主

有些企业只在国内某一地区（一个省或几个省）开展广告活动，并且只在那一地区进行销售，这类企业被称为区域性广告主，一般多为区域性杂货店、百货连锁店、政府机关、分支机构、电话公司以及市级银行或跨省银行。

另有一些企业是面向几个区域或全国的，它们被称为全国性广告主，包括包装商品生产厂家（如宝洁和强生）、国家航空公司（如南方航空）、媒体与娱乐公司（如迪士尼）、电子生产厂家（如苹果、惠普）以及所有的汽车制造商。这些企业共同组成了全国性广告主协会，其成员都是最大的全国性广告主。

全国性广告的基本原则同样适用于地方性广告，但地方性广告主自有其因各自情况不同而引发的特殊问题。因此，地方性广告主和全国性广告主在关心点、时间概念和资源状况上都有所不同，区别在于：

(1) 全国性广告主比较注重树立自己的品牌，因此它们的广告往往侧重于品牌之间的竞争；地方经销商往往同时经销众多的不同品牌，因此它们更关注如何吸引顾客光顾自己的店铺，它们的着眼点在地点上，即它们的经营场所。

(2) 在每一个产品种类中，每家大企业与为数不多的几个竞争对手争夺市场份额，但地方性广告主则要与许多企业展开竞争，因此它们更关注销售总额。

(3) 全国性广告主从总体上策划、发布、建立并维护品牌，而地方性广告主则从局部入手，着眼于战术，如布置新灯箱广告是否会给本店带来更多的客流量？节假日是否还应开门营业？如果降低价格或软饮料免费续杯，是否会吸引更多的人来吃午餐？

(4) 与顾客的关系可能是全国性广告主和地方性广告主之间最大的差别。全国性广告主的市场营销人员眼中很少有单个的顾客，相反，它们一贯看重的是带有不同地域、人口学和消费形态特征的顾客群体——细分市场、特定市场和目标市场，它们的战略目标和广告目标都是要打动这些大群体，但地方性广告主却日日与顾客个体打交道，地方性广告主每天都可以通过调查或顾客的投诉得到反馈，比如，企业的广告如何？商品价格如何？产品性能如何？员工服务如何？店面装潢如何？店外新灯箱如何？

(5) 在时间概念上，全国性企业一般从长计议，制定为期几年的年度广告活动规划和预算，而地方性广告主则关心本周的广告是否能像上周那样“拉”到同样多的顾客。

(6) 在资源问题上，全国性广告主无论是从人力还是财力上讲都具有更丰富的资源，它们一般拥有一支专门经营自己品牌的专业队伍，而地方性广告主也许只有几个通才，有些甚至只有一个人——老板自己。因此，地方企业家必须了解营销传播的每一个环节。

1.6.2 广告的协助与技术支持公司

为广告业提供特殊服务的人员和机构叫作广告的协助与技术支持公司，没有它们的服务，就不可能有每年发布的数量巨大的广告。几种重要的广告的协助与技术支持公司包括：美术工作室、印刷厂、影视制作公司和调查公司。

（1）美术工作室。它们主要进行广告设计、制作美术作品或插图，有时转包某家广告公司美工部的工作，有时干脆就充当某家小广告公司的美工部。小型美术工作室通常只有三四个人；稍大一些的包括美术指导、平面设计师、草图美工、制作美工和销售代表等岗位。

大多数美术工作室的工作程序是：由一名平面设计师或插图画家掌管项目，通过他向广告公司或企业广告部推销工作室的产品，从它们那里领回要做的项目，制作完毕后再拿去征求客户的认可。这些工作非常花费时间，不仅要求其具备组织和管理才能，还要求其对美术指导和电脑设计有全面的了解。与之相似，网页设计社聘请一些了解HTML和Java程序语言并能为广告主设计成功高效的国际互联网网页或广告的专门人才。

（2）印刷厂。它们负责制作手册、宣传品、商业卡片、促销材料和焦点展示，是广告制作过程中至关重要的一个环节。印刷厂大小不一，既有规模很小的速印店，也有规模很大的轮转平版印刷厂。印刷厂聘请精于此行业的专业人员来准备复制件，操作数字扫描机进行分色处理和制版，操作印刷机和检集机直至完成最后装订。

印刷制作人员一般在平版印刷、凸版印刷、照相制版、轮转印刷和其他技术方面比较精通，他们的销售代表也必须具备非常专业的技术知识。

（3）影视制作公司。广告代理公司很少有专属的电视制作设备，小公司常常与当地电视台合作共同制作影视广告；大公司一般让影视制作公司制作广告。

（4）调查公司。广告主关心自己顾客的态度、潜在市场的大小，以及自己的产品在市场上的受认可度；而广告公司希望了解哪种广告方法最有效，哪个概念的传播效果最好，过去的广告活动效果如何。媒介关心自己受众的阅读习惯和收视习惯，而广告主关心自己到达的预期市场以及人们对自己的印象。这时候，它们就需要配备调查部门或利用外面的独立调查公司或顾问。调查公司大小不同，专业各异，一般配有统计人员、实地调查面访专家、计算机程序人员以及心理学、社会学、营销学方面的分析人员。

1.6.3 广告媒介

传播广告信息的媒介是连接生产产品或提供服务的企业与打算购买物品或服务的潜在顾客之间的重要桥梁。虽然媒介一词常用来指电视、广播、报纸和杂志这类大众传媒，但也可用来指其他传播载体，如直邮、户外媒介（交通、路牌等）、特殊媒介（如小飞船、充气模型）、特制广告物件（如印花咖啡杯、气球）以及新型传播技术（如数字媒体、互动电视、卫星网络）等。

我们有必要了解各种媒介及其在广告中的角色，以及媒介的重要发展趋势。对于有志于从事广告业的人，媒介也许会成为其职业生涯的起点，而对许多人来说，媒介已经为他们带来了可观的经济回报。

广告媒介划分为六大类：印刷媒介、电子媒介、数字互动媒介、户外媒介、直邮媒介和其他媒介。根据近年来的媒介发展潮流，它们之间有互相重叠之处。

本章概述

作为一种营销工具，广告就是对信息进行有组织的、有控制的非人员传播，通常由已确认的出资人通过各种媒介对产品、服务或观念进行有偿的劝服性传播。

营销是策划和实施构思、定价、流通和促销，以引起交换，满足个人和组织已知需求的过程。广告帮助企业实现自己的营销目标，因此广告专家要想使自己的营销策划富有成效，就必须对整个营销流程了然于胸，这样才能针对特定的情况运用正确的广告形式。

企业和组织应当根据各自的具体营销战略采用不同类型的广告。营销战略决定了广告目标人群是谁，广告的投放地区在哪里，要采用哪些媒介以及广告要实现哪些目标。

按经济学理论讲，自由市场经济的存在应该有几个基本前提：自利、完全信息、更多卖主、更多买主和无外在性。假定这几个前提成立，广告就可以在自由市场经济体系中发挥许多作用，产生多种影响。广告可以赋予产品某种身份，使其有别于其他产品；可以传播有关产品的信息，吸引非用户尝试产品，促使老用户重复购买产品；可以刺激产品流通，增加产品使用量；可以创造产品价值，建立品牌偏好和忠诚；降低整体销售成本。

对广告发展影响最大的莫过于经济。在古代，绝大多数人不具备读写能力，对广告的需求很少，卖主利用某种象征标识来宣传自己的产品。随着城市人口的飞涨和生产、通信技术的发展，广告也得到了飞速的发展。印刷术是第一个影响广告发展的重要技术，而有线电视和电脑则是影响广告的新技术。

随着经济的变化和竞争的加剧，广告已从前工业化时期，逐步走过了工业化时期和工业时期，进入了后工业化时期。自第二次世界大战结束以来，为了使自己的产品有别于同类，广告主已经采用了多种广告战略，如产品差异化战略、市场细分战略和定位战略。近年来，广告业经历了一个紧缩开支和重新审视的时期，但这却为广告主和广告公司的未来提供了一个新的机遇，使它们能够利用国际互联网革命加深自己与顾客之间的关系。

作为一种社会力量，广告在提高世界人民生活水平的过程中发挥了推动作用。广告使我们知道哪里有产品可买，并且赋予了产品个性，使我们得以通过自己购买的产品来传递有关自己的信息。广告甚至通过财力支持，加速了新闻自由的进程和许多非营利机构的成长。尽管如此，多年来仍一直有人严厉批评广告缺乏诚信和道德，这曾引发过多次消费者运动，导致针对广告行为的大量法规产生。

广告理论迅速发展并走向成熟，广告学终于以营销学和传播学为理论基础，建立了其自身的理论体系，从而成为一门独立的学科。

作为一门年轻的学科，最重要的是确立独立的学科地位和学科身份。

经典案例

农夫山泉，甜并快乐着

农夫山泉稳居职业三甲，其成功要素之一在于差异化推行策略。差异化的直接体现来自于“有点甜”的概念构思——“农夫山泉有点甜”。

农夫山泉真的有点甜吗？非也，传达概念罢了。农夫山泉的水来自千岛湖，是从许多大山中汇总的泉流，通过千岛湖的净化，完全能够说是香甜的泉流。但怎样才能让消费者直观、形象地认识农夫山泉的“身世”，怎样形成夸姣的“甘泉”形象？这就需要一个简略而形象的传达概念。

资料来源　佚名. 农夫山泉，甜并快乐着［EB/OL］.［2016-08-23］. http://blog.sina.com.cn/s/blog_eb8ebb040102wsrx.html.

复习思考题

1. 什么是广告？广告的基本特征是什么？
2. 阐述广告在商业活动、消费者和社会发展中的影响和作用。
3. 从不同角度可以对广告进行怎样的分类？
4. 广告的历史沿革分为几个时期？
5. 后工业化时期，什么因素对广告的影响最大？
6. 试举出你所知道的参与营销竞争的企业。
7. 假设你是一名消费者，你会为省钱而到不做广告的商店购物吗？为什么？

第2章 广告受众

学习目标

广告首先强调的是传播效果，受众面越广越好。其次要在沟通的基础上诱导受众成为商品或劳务的消费者，这是广告成功的关键。而把广告信息的受众转化为消费者还需要一个过程。通过对本章的学习，了解广告受众的权利、广告对受众的影响及广告受众的相关概念，理解广告信息的传播方式与广告受众特征，掌握广告受众的心理与购买行为模式。

广告要取得好的效果，离不开对广告受众的深入了解与把握。尤其在营销以消费者为中心、传播以受众为导向的今天，企业如果对广告受众一无所知，将无法使其产品发挥应有的市场效应。要了解广告受众就要理解广告与受众的关系，熟悉广告中信息传播的方式，抓住不同媒介受众的特征制作和投放有针对性的广告。制作广告时不能无视广告受众的权利和心理，只有尊重他们的权利制作符合他们心理特征的广告，才有可能被他们接受，否则再有创意的广告也不会达到预期的效果。最后，通过对受众购买行为的了解，熟悉受众的购买特点，以使广告发挥预期的效果。

2.1　广告与广告受众

广告受众指的是接受广告信息的各个对象。各种大众传播媒介的接受对象指的是网络读者、报纸读者、广播听众、电视观众和其他各类传播媒介的受众。

2.1.1　广告信息的受众与传播方式

1）受众的特点

由于人们的觉察能力和理解能力受到心理、文化、物质世界等因素的限制，因此，在广告传播系统中不存在一成不变的受众，即使就某种具体的媒介而言，其受众也是变化多端的；人人都是广告的受众，而每个人都具有其独特的反应；如果一些受众有过共同的经历，受到同样的社会关系的影响，那么他们对广告宣传会作出类似的反应；受众彼此相互影响，从而引起观念、态度等方面的变化。

广告传播作为大众传播的一个组成部分，其受众是一大批读者、听众或观众，其与大众传播受众也具有共同的特点。

（1）每种媒介的受众都是由个人组成的。这些个人常常有类似的经历与社会联系，他们按照现实和自身的习惯，对来自某种媒介的信息进行有意识的选择，这种选择有重要作用。

（2）大众传播的受众是大批人。“大众”既有时间与空间的含义，也有数量的含义，即信息在短时间内跨越空间的障碍传给数量众多的受众。

（3）大众传播的受众是由复杂的成分组成的，并且不是一成不变的。来自不同社会范畴的个人，会合为某一媒介的受众。

（4）相对而言，大众传播的受众通常是不知名的。传播者可能了解受众总体的某些特点，但对具体的受传播者往往是不熟悉的。

（5）受众和传播者在时间和空间上有一定的距离，彼此间一般是分隔的，没有直接的接触。

2）广告信息传播方式

广告信息传播可以从不同的角度来划分它的传播方式，如按信息的流向可划分为三种方式。

(1) 单向传播

单向传播是直接由广告信息的传播者把信息传播给需要者。在这种方式的传播过程中，传播者和受众不发生直接的交流，传播也是单向进行的。各种新闻媒介发布的广告、户外广告等都属此类。这种传播方式的特点是直接满足受众的被告知的要求，清除受众的不肯定性。这是广告信息传播的主要方式之一。

但这种方式并不意味着传播者可以不顾受众的需要，由自己任意决定信息传播的内容。正相反，只有充分了解受众的要求，针对受众的实际需要，所传播的信息才能真正被受众所接收和利用，达到传播的目的。

(2) 双向传播

双向传播是接收者与传播者都向对方发出信息，两者共同参与的传播方式。在这种方式中，传播者可以是受众，受众也可以是传播者，如网络交流展销会、现场推销会等都可以起到交流情况、联系业务、推销商品的作用。这种传播方式的特点是，能在很大程度上打破传播者与受众之间的界限，可以进行反复传播，使所传播的信息更容易被接收。

(3) 反馈传播

反馈传播是传播者发出广告信息后，要求受众作出反应的一种传播方式，如网络、报纸广告等，其业主可以得到反馈消息。

由于这种方式是直接按照传播者的要求来传播信息的，因此它具有一个明显的特征：所传播的信息具有很强的针对性，有用程度大，不会出现无的放矢的毛病，增强了传播者与受众之间的联系。

2.1.2 受众需要

1) 信息传播要引起受众注意

信息传播要引起受众注意作为达到广告目的的先决条件，具有重要作用。任何一个信息，如果不能引起人们的注意，就不可能被人们感知和理解，传播信息的人要达到目的，也只能是他个人的主观愿望而已。受众在是否应该注意和了解某一信息方面有完全的主动权，大众传播机构对他们不具有行政约束力，无法采取强迫手段使他们注意，而只能靠传播信息本身去吸引他们的注意。

那么，什么样的信息最有可能被受众注意？很明显，答案就是受众需要的信息。这样的广告信息在某种程度上或者满足了他们自然性的需要，或者满足了他们社会性的需要，或者同时满足了这两种需要。

2) 广告信息的价值评价

一则广告信息的价值核心在于它能否满足社会和个人的需要。这种价值不是经济学中的使用价值与价值，而是以广告信息对人们的有用程度来划分其大小的，有用程度大价值就高，反之则低。广告信息的有用程度与价值是一种正比例关系。由于每个人都有自己特定的工作性质与任务，个人的兴趣、习惯也不同，同一条广告信息对不同的人来说，其有用程度是不同的，因而它的价值也是不同的。例如，“哈萨克斯坦的原油将进入中国”这条信息，它对中国的油类企业价值大，而对IT企业则没有什么价值。因此，广告信息价值的大小不能用统一的尺度来衡量。

在经济工作中，还存在着如何充分发挥广告信息价值的问题。广告信息的价值是客观存在的，能不能发现它的价值，利用它的价值，这与人的认识能力、工作状况有很大关系。首先，同一个信息源发出的信息，由于人们的着眼点不同、看问题的角度不同和认识能力的差别，获得这个信息的价值也不同。现实生活中，一条普普通通的广告信息，有人从中发现了别人没有发现的价值，从而为其带来巨大的商业收益，获得了事业成功；有人虽然可能整天看到它，却视若无物。事实证明，只有那些见识高超、独具慧眼的人，才能发现广告信息中别人不能发现的价值。其次，广告信息的价值与它的时效性、真实性关系很大。广告信息的时效性越强，越真实可靠，其价值就越大，否则就失去了其自身应有的价值。要充分发挥广告信息的价值，就需要在信息工作中努力提高广告信息的时效性、真实性。

2.1.3 网络与电视媒介受众的特征比较

广告宣传总有一定的目的和意图，受众也有自己的兴趣和爱好。如果传播者传出的内容正是受众所需要的，那么，此时的广告效果最佳。可是在大众传播媒介中，由于传播者和受众之间通常并不存在反馈通道，受众需要什么，传播者不甚了解，这就构成了矛盾，使广告传播的“价值”不能全部“兑现”，造成信息的巨大浪费。要解决这个矛盾，关键在于了解不同媒介受众的特点，从而使广告更有针对性。下面仅以网络浏览者和电视观众为例，考察他们各自的特点。

1）网络浏览者的特征

网络浏览者主要具备以下四个方面的特征：

(1) 注重自我。由于目前网络用户多以年轻、高学历用户为主，他们拥有不同于他人的思想和喜好，有自己独立的见解和想法，对自己的判断能力也比较自负。所以他们的具体要求越来越独特，而且变化多端，个性化越来越明显。因此，广告信息要着眼于满足其独特的需求，而不是传递大众化的广告信息。

(2) 头脑冷静，擅长理性分析。由于网络用户是以大城市、高学历的年轻人为主，他们不会轻易受舆论左右，对各种产品广告宣传有较强的分析判断能力，因此网络广告要突出真诚性与可靠性，这样才能在众多广告中脱颖而出。

(3) 喜好新鲜事物，有强烈的求知欲。这些网络用户爱好广泛，无论是对新闻、股票市场还是网上娱乐都具有浓厚的兴趣，对未知的领域抱有永不疲倦的好奇心。因此，企业投放广告时内容上要注重新颖奇特，同时注意投放在能激发浏览者好奇心的网站上。

(4) 好胜，但缺乏耐心。因为这些用户以年轻人为主，而年轻人比较缺乏耐心，当他们搜索信息时，经常比较注重搜索所花费的时间，如果连接、传输的速度比较慢的话，他们一般会马上离开这个站点。所以，网络广告要注重于快捷、迅速呈现，没人会细细品味慢慢展开的广告。

2）电视观众的特征

电视观众对电视艺术和电视广告的欣赏有许多不同的要求和特点。据调查，目前电视观众具有以下三个突出特征：

（1）观众构成的变化。一是年轻化；二是文化水平普遍提高。青年观众比例的增大，对电视广告节目的制作提出了新的要求，他们喜欢看既有艺术性又有趣味性的广告节目。

（2）喜闻乐见，要以家庭为基础。创作群众喜闻乐见的电视广告节目，不能忽略受众家庭结构的构成。在一项调研中，当问道“当收看电视频道发生冲突时，以谁为主”，结果发现，不少城市家庭填“以孩子为主”，农村家庭大多填“以老人为主”。它除了说明农村老人在家庭中的地位之外，也反映出城市观众家庭结构的变化。作为信息传播工具的电视要闯出一条具有中国特色的道路来，就要从家庭观众开始。电视广告也要适应这一特点。

（3）观众的随意性。电视不同于影院，电视观众可以根据自己的意愿选择看或不看。这样，观众的心理发生了变化，由专注变为随意。这种随意性要求电视广告要形式多样，吸引人。由于是家庭收看，它适于反映同人们生活息息相关的问题，要稳住观众的注意力，最好在插播电视广告时要与有针对性的文艺或娱乐节目搭配。

2.2 广告受众的权利

广告受众在广告传播活动中虽处于一种相对来说比较被动的状态，但这并不意味着广告受众在广告活动中无所作为，任凭广告传播者控制。相反，随着社会文明的进步和受众权益保护观念的发展，有着特定角色的广告受众在广告活动中也就有了相应的权利，广告传播者应当尊重广告受众的权利。这些权利包括：

1）接收真实信息的权利

获得真实而完整的信息，是受众判断消费价值，并采取合理的购买行为的基本依据。由于广告传播特性的制约，广告受众难以直接从广告作品中获取比较完整的商品和服务信息，因此，广告作品中传达的有限信息的真实性就显得尤为重要。广告受众有接收真实信息的权利，对此，世界各国的受众权益保护法和广告法都作了相应的法律规定。在我国，广告受众的这一权利是受国家法律保护的，如《中华人民共和国广告法》中的许多条款，对此都有比较细致的法律规定。在《中华人民共和国消费者权益保护法》中，将利用广告欺骗受众的行为视为非法行为。另外，在《中华人民共和国反不正当竞争法》中，还将虚假广告列为不正当竞争行为的具体表现形式之一。上述各项法律对虚假广告的法律责任，还作了严格的规定，充分说明了国家对保护广告受众这一权利的重视。

2）利益不受侵害的权利

广告是有一定社会影响的劝说性传播活动，广告活动的社会影响不仅在于其信息传播的广泛性，更重要的是其对广告受众实际消费行为的诱导、激发和推动。虚假广告的危害也不仅在于其信息的虚假欺骗了广告受众，更在于使受众受其影响而采取了实际购买行为或其他消费行为，使受众的物质利益受到了实际损害。对此，受众不仅有接受广告传播者更改悔过的权利，更有向有关当事人进行物质索赔、保证物质利益不受侵害的权利。这也是法律确定并予以保护的权利之一。如《中华人民共和国广告法》规定："发布虚假广告，欺骗、误导消费者，使购买商品或者接受服务的消费者的合法权益受到损害的，由广告主依法承担民事责任。"广告经营者、广告发布者"明知或者应知广告虚假仍设计、制作、代理、发布或者作推荐、证明的，应当与广告主承担连带责任。""广告经营者、广告发布者不能提供广告主的真实名称、地址和有效联系方式的，消费者可以要求广告经营者、广告发布者先行赔偿。"

3）质询的权利

广告受众在接收到广告作品中的有关信息后，有向广告传播者一方的有关当事人就信息的真实性、确切含义等问题提出质询的权利，广告传播者一方的有关当事人也有义务向提出质询的广告受众作出证明或说明。

4）人格受尊重的权利

这一权利具体体现在这样两个方面：一是广告受众的人格，不因性别、年龄、民族、宗教、种族、健康等因素，被广告传播者在广告作品中歧视和侮辱。在这方面，性别歧视是比较多见的一种表现。二是广告受众的判断力不被愚弄。现代大众传播媒介的影响力是巨大的，一般受众对大众传播媒介都抱有比较信任的态度，有的广告传播者即利用人们的这种心态玩弄一些文字游戏，使广告受众的判断力受到愚弄，同时也使广告受众的人格尊严受到侵害。

5）社会良好风尚不被嘲弄和违背的权利

社会良好风尚是为社会普遍尊重和遵守的道德规范和行为准则，对这些道德规范和行为准则的嘲弄和违背，实际上也是对社会大众总体人格的一种亵渎，是侵害广告受众人格的一种表现。

6）诉讼的权利

从法律角度来看，广告行为实际上就是一种民事法律行为，而从合同法的角度来看，广告活动实际上属于一种合同法律行为。有些类型的广告作品的发布活动属于合同行为中的要约引诱，如广告作品中标有产品价格、邮购方式等具体内容的广告作品的发布，就是一种要约，广告传播者一方的各有关当事人在实施这些行为时，也就意味着承担了相应的法律责任。而作为这种民事行为的另一方当事人的广告受众，在其合法权益受到侵害时，就有提出民事诉讼的权利。这一法学原理在西方法律中体现得较为明确，广告受众的利益受到侵害时，也主要是以民事诉讼的方式来维护自身利益的。

2.3 广告受众的心理

任何一则广告都是通过影响受众心理，从而启迪受众或引发受众的购买行为而发挥作用的。这就决定了广告设计和受众心理之间的密切联系，即受众心理是广告设计的前提或基础。为了有效地发挥广告的引导和促销作用，广告设计人员应研究受众的各种心理现象，了解受众心理的基本特点，根据受众心理进行广告设计。也只有以受众心理为导向，才能增强广告设计作品的心理渗透力，使之更有效地影响受众，进而使受众接受各类广告的宣传信息，并与之产生共鸣，实现各类广告宣传的预定目标。

受众心理指广告受众对客观现实，如企业形象和商品形象的客观的综合能动反应。我们研究受众心理实质上是研究其基本特点，进而在把握它的基础上，有的放矢地进行广告设计。而一般来说，受众心理的基本特点主要体现在以下几个方面：

（1）需求心理。需求心理是受众普遍存在的心理现象。它与受众的各种心理活动都有密切关系，并对受众的行为产生重要影响。为此，广告宣传要特别突出受众的需求，并适应和满足受众的需求心理。

（2）好奇心理，也称喜新心理。好奇心理是一种直接兴趣，是不需引导即可产生的一种关注与感兴趣的心理指向，它不是出于得益动机，而是一种无专门目的的、感受上的愉悦与满足。在广告宣传活动中，受众对于奇怪、少见的宣传信息和反常、超常的宣传形式，常常会表现出强烈的关注和浓厚的兴趣，这就是好奇心理的反应。因此，广告设计可以广告内容的新奇来满足受众的接受需求，以手法新奇来刺激、引起受众的集中注意。

（3）从众心理，或称遵从心理。在这种心理状态下，个体的行为总是尽可能地与群体的总趋向相一致，使群体影响由压力变为动力。当受众感知所属群体对某种广告信息持肯定或否定态度时，就易采取与群体相一致的态度；当群体中的各个小团体意见不一致时，受众就会感到矛盾和不安，并最终倾向于选择与优势团体相一致的广告信息。而且，在广告宣传实践中我们可以发现，受众对于被群体认同的广告，更容易产生共鸣。

（4）表现心理，即在群体面前显示自己优势的一种欲望。这种心理现象与从众心理相互联系、相互补充。人们在遵从优势力量的同时，潜藏着使自己成为优势力量的愿望，希望得到群体的肯定或奖励，其表现的最高程度便是成为英雄或主角。表现欲进一步发展，便是领导欲和支配欲，其心理机制与从众欲相通。

总之，广告设计与受众心理的关系是密不可分的，一个成功的广告设计师必须要了解广告受众的心理，才能事半功倍，设计出优秀的广告作品。否则，其设计的广告作品就不易为受众所接受，达不到广告的推销或说服目的。

2.4　广告与购买行为

2.4.1　受众购买行为基本模式

受众购买行为研究的关键是弄清受众在以下一系列问题上的决策：①谁参与购买活动（Who）？②他们购买什么商品（What）？③他们为什么要购买（Why）？④他们在什么时候购买（When）？⑤他们在什么地方购买（Where）？⑥他们准备购买多少（How many）？⑦他们将如何购买（How）？

这些决策的作出是受众在外部刺激下产生的心理活动的结果。我们将外部刺激被受众接收后，经过一定的心理过程（购买者的黑箱）而产生的看得见的行为反应，叫作受众购买行为模式。所谓"黑箱"，是指人们不能或暂时无法分解、剖开以直接观察其内部结构或分解、剖开后其结构和功能即遭到破坏的系统。黑箱概念只有相对的意义：同一系统对不同主体来讲，可能是黑箱，也可能不是黑箱；随着主体认识的提高，黑箱也可转化为灰箱或白箱。因为受众心理过程对企业而言是不易捉摸的，故借用此概念。而对于企业来讲，对受众购买行为的分析和研究中最重要的恰恰是对受众黑箱中发生的情况的分析和研究，以便安排适当的"市场营销刺激"，受众产生有利于企业市场营销的反应。经验表明，受众黑箱中包括的两个主要方面：一是"购买者特性"，它会影响购买者对外界刺激的反应；二是"购买者决策过程"，它会直接决定购买者的选择。

购买者行为的基本模式是：营销刺激和其他刺激→购买者的黑箱→购买者的反应。

2.4.2　广告对受众行为的影响

广告的功能是使受众对商品形成明确的概念，诱发受众的感情，引起购买欲望，促使购买行为发生。通过对受众行为的分析，进而力求使一则广告包含更多的信息量，以便有针对性地作用于受众购物的全过程，增强广告的效果。

受众购买决策过程一般包括五个阶段：认识需要、收集信息、评估选择、购买决策和购后行为。

1）认识需要

购买过程开始于认识需要——购买者认识到一个问题或需求。需求可能由内部刺激引起，也可能由外部刺激引起。如饥、渴可以驱使人寻求可供吃、喝的东西，而超市里诱人的食品、饮料，也会引发人的饥渴感。

广告人应了解与广告产品种类有关的实际的或潜在的需要、在不同的时间里这种需要的程度，以及这种需要会被哪些诱因所触发。这样，可以通过合理的、恰当的广告引导，在适当的时间、地点，以适当的方式引起需要。

2）收集信息

如果引起的需求很强烈，周围又有现成满意的产品，那么受众极有可能进行直接购买，但若不能立即得到该产品，强烈的需求就会使受众产生注意力去寻求更多有关该产品的信息资料。受众可以从下列来源中寻求信息：①个人来源，如家庭、朋友、邻居、熟人；②商业来源，如广告、销售人员、经销商、包装、陈列；③公共来源，如大众媒体、受众信誉机构；④经验来源，如接触、检查及使用某产品。

广告在这个阶段要通过多种媒介来引起受众的需求，并帮助人们记忆广告的内容，以便完成从知觉到坚信的心理程序，达成购买决策。

3）评估选择

受众利用从广告传播得到的资料，进行分析、对比，评价商品，作出选择。为了让受众作出有利于自己的选择，广告设计人员应了解评估选择，即受众如何利用信息来评价可供选择的品牌而作出抉择。①受众会把产品看成是一系列产品属性的集合；②受众会根据他（她）独特的需要和希望而区别不同属性的重要性程度；③受众会形成一系列关于各个属性中不同品牌的性能如何的品牌信念；④受众期望的产品的满意程度随不同的属性水平而变化；⑤受众通过某种评价程序而形成对不同品牌的态度。

4）购买决策

并非所有感到需要的人都会进行购买，有些人的需要在购买前的心理过程中，会逐渐衰退或徘徊于“不确定”之中。采取购买行为之前，需要作出购买决策。购买决策是许多项目的总抉择，包括购买何种商品、品牌、款式、数量等。受众对某一项目作出抉择时，又会受到很多因素的影响与制约，如个人行为因素、环境因素、经济因素等。经过比较，在众多的商品里挑出自己最钟爱的商品。

因此，在受众的购买决策阶段，一方面，要向受众提供更多详细的有关产品的情报，便于受众比较优缺点；另一方面，则应通过各种销售服务，形成方便顾客的条件，加深其对企业及商品的良好印象，促使其作出购买本企业商品的决策。

5）购后行为

受众购买商品后，往往会通过使用或通过家庭成员与亲友的评判，对自己的购买选择进行检验，重新考虑购买这种商品是否明智，是否符合自己的预期，这就形成了购买后感受。由于有的受众过高地估计了商品的质量，购买后容易产生疑虑，怀疑自己所作的购买决策是否适当，即产生认识的不和谐性。这种不和谐的程度，随着使用中预期效果的实现程度和需求的满足程度的变化而发生变化。

购买后感受是一种重要的信息反馈。行为影响态度，态度又影响以后的行为。如果已购买的产品不能给受众以预期的满足，使其产生失望的情绪或在使用中遇到困难，受众就会更正其对该商品的态度，并在今后的购买行为中予以否定，不仅自己不会重复购买，而且还影响他人购买。如果所购买的产品使受众的需求得到满足，就能使销售者和受众建立起良好关系，并因此吸引更多的顾客。因此，公司的明智之举是定期衡量顾客的满意程度并采取额外的行动来减少顾客购买后的不满意程度。

本章概述

广告受众指的是广告信息的接受者与消费者。两者的关系既有统一性又有背离性。广告首先强调的是传播效果，受众面越广越好。其次要在沟通的基础上诱导受众成为商品或劳务的消费者，这是广告成功的关键。而把广告信息的受众转化为消费者还需要一个过程。

制作符合受众心意的广告首先要研究受众的特征、权利与心理，满足了受众的需要，才能达到预期的效果，否则，广告只能是无源之水，无本之木。

现代广告的指导思想是以消费者为中心。消费者了解了广告信息并不等于就会去购买该产品，还应分析其消费动机与特性，因势利导，使广告有针对性地作用于消费者购物的全过程。

经典案例

在产品包装上做文章

今年让我们感受非常深刻的是许多科技巨头们扎堆更换Logo，他们通过这种变化来彰显自己品牌的新形象和企业发展战略的调整。食品和饮料生产企业也在产品包装上大做文章，争取通过新颖别致的包装来促进产品销售，提升品牌形象。昵称瓶包装的可口可乐上市使得可口可乐的销量较前一年同期增长了20%，超出了10%的预期销售增长量。除了可口可乐，百事可乐、百威、士力架等品牌也开始推崇个性化的产品包装，以丰富的形象面对年轻消费者。不仅如此，在普及健康生活理念的形势下，这些食品、饮料生产企业还纷纷推出了迷你包装。我们还观察到，亚马逊、天猫、京东都在快递盒子上印广告。快递盒是电商兴起后产生的一种新媒介，如同消费者主动索取、精准投放的直邮广告。这些有趣的快递盒对消费者产生视觉冲击，他们纷纷拍照晒朋友圈，这对于第三方品牌和这些电商而言是一个成本比较低、收益较好的宣传机会。

资料来源　佚名. 2016年你不能错过的10个创新营销趋势［EB/OL］.［2015-10-19］. https：//www.prnasia.com/blog/archives/17759.

复习思考题

1.简述广告受众的特点。
2.广告信息可划分为哪几种传播方式?
3.如何看待广告信息的价值?
4.广告受众有哪些权利?
5.简述广告受众的心理。
6.受众购买行为模式有哪些?
7.简述广告对受众行为的影响。

第3章

广告策划

学习目标

通过本章的学习，了解广告策划的特性，通过广告策划确定现实的、可行的目标，广告策划的具体方法，制定实现这些目标所需的战略，以及确定广告资金分配和划拨方法，掌握广告策划书的写法。

3.1 广告策划概述

广告策划是营销或整合营销传播计划的自然产物，与营销策划的准备方法大致相同，紧接在营销策划之后，以广告活动设定的目标为出发点。这些目标被细化为具体的广告目标，在此基础上形成创意战略和媒介战略。广告策划通常包含理性的预算部分与实施调查的计划。

3.1.1 审查营销策划

广告经理首先要审查营销策划，了解企业预定目标，打算用什么方法达到那个目的，广告将在营销组合中扮演什么角色。广告策划首先应该组织信息，将营销策划中的形势分析分为内部优势与弱势（SW）以及外部机遇与威胁（OT），即SWOT分析。内部因素可以由企业控制，但外部因素很难控制。比如，麦当劳的优势包括强势的品牌识别和数以万计的零售店铺；然而，它的劣势包括不健康的食物菜单和与之相匹配的形象。现在，麦当劳正试图通过增加健康食品来树立一个全新的形象。麦当劳正是通过这些行为来抵御竞争者的威胁的。

3.1.2 确定广告目标

在营销策划的基础上，广告经理决定广告必须完成什么任务，有哪些优势和机遇可以加以利用，有哪些缺陷和威胁应该加以说明。遗憾的是，有些企业主管（或广告经理）表述的广告目标并不明确，比如，“在市场中为产品创造有利形象，以增加销售、扩大利润”这种表述，没人能够弄明白广告到底打算干什么，这样做要花多少成本，又如何去测定其结果。广告目标应当具体、明确、便于测定。

1）了解广告能做些什么

多数广告活动鼓励潜在消费者采取一定的行动，但就此把实现销售的全部责任都推给广告并不现实。销售的终点是营销目标，而不是广告目标。在广告主动服顾客购买之前，必须先向目标受众进行有关企业、产品、服务或问题的宣传、劝服或提醒活动。在确立目标时，牢记这条简单的格言：“营销是卖，广告是劝。”换句话说，就是广告目标应该与传播效果挂钩。

2）广告金字塔：目标确定指南

所谓广告金字塔，就是最下端是“知晓”，最上端是“行动”。由下而上的顺序是知晓、了解、信服、期待、行动，共五层，如图3-1所示。它是广告目标确定的指南。

假设你要宣传一个新品牌，但对其结果却没有把握，那么，广告金字塔可以向你指出广告能够担负的一些任务。显然，在你的产品推出之前，潜在顾客对此一无所知，因此，你的首要广告目标应该是创造知名度，让人们知道你的公司、产品、服务或品牌。

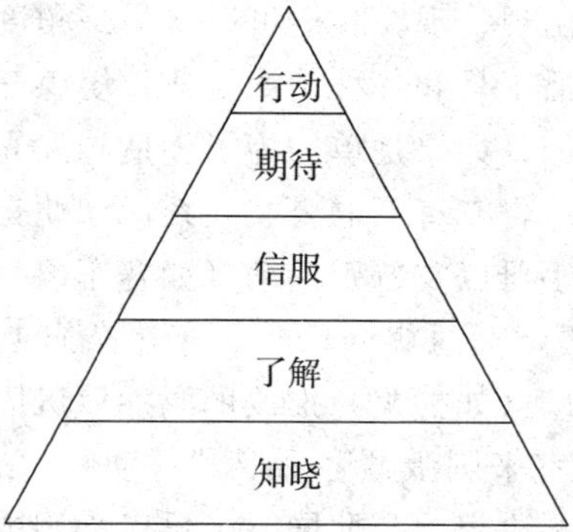

图3-1 广告金字塔

下一个任务是促进了解，即传递充分的产品信息，使知晓人群中的一部分人认识到产品的功用、形象、位置和某些特点。

接下来，广告还要传递足够的信息让人信服，即劝服一定数量的人相信产品的价值。在被打动的人中，有一部分人也许会期待这个产品，有购买产品的欲望。

最后，在期待这个产品的人中又有一部分会采取行动——索取额外信息、回邮优惠券、光顾商店或购买产品。

广告金字塔的作用体现在三个方面：时间、资金和人。广告结果的体现需要时间，特别是较为昂贵或购买频率低的产品。经过一段时间，随着企业不断发布广告，知晓产品的人会越来越多。了解产品、信任产品、期待产品的人越多，采取最终行为、购买产品的人也越多。

我们将这些原则应用到一个假设的案例中。假如你现在负责“发光甲壳虫”这种新产品的广告，这是大众汽车公司生产的一种油电混合车，可以同时使用汽油和电力驱动，你给这种虚拟车制定的初步广告目标大概可以表述如下：

（1）在两年内，向50多万每年购买外国经济车的人中的一半传递“发光甲壳虫”上市的消息。

（2）让上述“知晓”人群中2/3的人知道“发光甲壳虫”是一种技术优越的经济车，有设计多样、安全、车内环境好等特点，是建立在优质的服务、质量和价值基础上的全新品牌，只通过大众特约经销商出售。

（3）让2/3的“了解”人群相信“发光甲壳虫”是一种高质量的汽车，可靠、经济，开起来乐趣无穷。

（4）在“信服”的人群中，激发2/3的人试车的欲望。

（5）促使2/3“期待”该车的人群光顾某家经销商，体验驾车的乐趣。

这些广告目标在时间和程度上都很具体，像营销目标一样被量化了。从理论上讲，在第一年的年底，消费者态度调查可以表明有多少人知道了“发光甲壳虫”，多少人了解该车的主要性能等。因此，对广告的效果可以测定。

大众汽车的广告可以实现知晓、了解、信服、期待及行动这些目标，一旦顾客进了商店，通过有效的推销与服务完成销售就是零售商的责任了。

随着整合营销传播的出现，现在我们可以从另一角度看待这个金字塔。我们可以利用大量不同的营销传播工具和各种传统及非传统媒介，更加有效地实现金字塔中所提及的传播目标。例如，如果是单纯为了创造“发光甲壳虫”新车和品牌形象的知名度，那么大众媒介广告支持下的公共关系活动便是首选的营销传播工具；媒介广告、新闻炒作、直邮手册以及特别活动（如赛车展）可以实现“了解、兴趣与信服”目标；“期待”则可以通过媒介广告、车迷杂志上的评述文章、精美图片手册造成的影响以及销售推广（如抽奖）推波助澜加以巩固；最后，由直邮、销售推广以及参观零售商的车展室来刺激顾客采取“行动”。在销售完成之后，媒介广告应该继续巩固消费者的购买决定。与此同时，可以采用电话的方式致电消费者，向他们表示感谢，征求他们的意见，向他们提供必要的帮助。由此我们可以看出，销售只是宝贵关系的开端。

3）新旧模式之争

广告金字塔代表着广告效应的认识→感觉→行动模式，也就是说，假定人们能理智地考虑购买某件物品，一旦他们对此感觉良好，他们便会采取行动。这种理论的出发点是广告影响态度，态度导致行为。对某些需要人们仔细斟酌的贵重产品，这也许是适合的，但其他购买情形却未必如此。例如，交款台附近的冲动型购买可能就是一种行动→感觉→认识模式，此时，行为导致态度。还有一些购买行为可能遵循其他模式。因此，在确定广告目标时，必须考虑很多营销因素，而且必须考虑周全。

广告金字塔还反映出一种一言堂式的传统大众营销模式：广告主讲，顾客听。在计算机和数据库产生之前，这是一种不错的形式，对那些别无选择的生产厂家，这种模式仍然有市场。

但如今，正如整合营销传播表明的那样，很多生产厂家建立了自己的顾客信息数据库，如他们家居何处、购买何物、喜欢什么、讨厌什么。当卖主可以和自己的消费对象建立起一种关系并进行对话时，模式就不再是金字塔形而变成了一个循环的圆。消费者和行业用户以优惠券、电话查询、调查和购物数据信息的形式将信息反馈给卖方。借助互动媒介，反映可以同步进行。这种反馈有助于卖主改进产品、服务和信息。而用于培养品牌忠诚的巩固广告则促使人们回忆起自己使用该产品的成功经验，鼓励他们再次使用该产品。

企业从顾客入手，然后整合其营销传播的各个方面——从包装与店面设计到人员销售、广告、公关活动、特别活动和销售推广，希望借此加速传播过程，使其更加有效，从而获得顾客对“好”卖主的持久忠诚。

3.1.3 确定广告战略

广告（或传播）目标是指广告主想获得消费者的知晓、态度和偏好的程度；广告（或创意）战略则是指如何达到这些目标。广告战略包含两大部分：创意战略和媒介战略。

创意战略是设计广告的指南，这一环节至少要界定目标受众、重申广告目标、具体指明要传达的利益，然后为这些利益提供支持。

媒介战略为媒介策划人提供方向。它规定必须完成哪些传播目标，然后描述如何通过媒介载体完成这些目标。

3.1.4 广告资金分配

金钱是驱动每一个营销和广告策划的发动机，如果突然关掉发动机，车还会向前走一段，但很快就会停下来。此时，营销部门面临的一个艰巨任务就是说服企业的高层管理者，让他们相信，传播支出会给企业带来好处，即使在恶劣的经济气候下也是如此。

3.1.5 广告：对未来销售的投资

财会人员和内部收益部把广告当作一种现行经营支出，因此在销售状况特别好或特别差时，不少管理者把广告当作一种和其他支出项目一样可以随意压缩或取消的预算项目。这种做法可以理解，但却是很短视的行为。

修建厂房或商品仓库的成本是企业对未来生产和分销产品能力的一种投资，同样，广告——作为传播组合的组成部分——也是对未来销售的投资。虽然广告常被用来激发立竿见影的销售，但它最大的威力还在于其累积的和远期的巩固效应。

广告能培养消费者的偏好，促进好感，进而提高企业和品牌的声誉和价值，促使消费者重复购买。因此，虽然广告眼下是一种财务上的支出，但它也是一种长远的资本投资。不过，对于那些把广告视为投资的主管，他们必须了解广告与销售以及利润的关系。

许多内在的和外在的变量都会影响企业营销与广告的效果，测量广告与销售、销售与利润之间的关系的方法尚不健全。不过，大量调查支持以下几点：①在消费商品营销中，市场份额的增加与营销预算之间有着密切的关系。市场份额是企业是否盈利的一个主要指标。②随着广告的增加，销售量一般也会增加，但在到达某一个点后，回报率却会持平，然后开始下降。③广告经过一段时间可以引起销售反应，但由于广告比较简短，因此不断投入是很重要的。④广告有最低线，未达到此线，广告支出不会对销售产生影响。⑤即使不发布广告，也可能会有一定的销量。⑥广告存在着由文化和竞争引起的饱和限度，超过这个限度，广告再多也不会使销量增加。

对管理层来说，上述客观事实可能意味着：支出更多的广告费，直至其不能发挥作用为止。但事实上，问题并不那么简单。广告并不是影响销售的唯一营销活动。质量、口碑、新产品上市、竞争性贸易促销、更吸引人的零售店开业、更好的人员销售，甚至商业循环中的季节性变化，都有可能导致市场份额的变化。

再者，多数企业对如何确定广告、销售与利润之间的关系并没有一个明确的方法。如果企业同时销售多种产品怎么办？是哪条广告推动了哪种产品的销售？

有一件事是清楚的：由于对广告的反应要经过较长的时间才会表现出来，因此，广告应该被视为一种对未来利润的长线投资。像其他所有支出一样，对广告也应按其是否有浪费现象来加以衡量。纵观历史，凡是在艰难时期把广告当作替罪羊的企业，结果都在经济复苏之前丧失了大片领地。

从中推出的结论也千真万确：在困难时期坚持做广告可以保护（有时甚至可以增加）市场占有率、树立品牌形象。在最近的一次全球性经济衰退中，欧洲的主要卖主纷纷认识到了这一点，在意大利、奥地利、德国、法国和西班牙，只有不到40%的大广告主削减了自己的广告预算。

3.1.6 资金划拨方法

大多数企业主愿意在广告上花费更多的资金，只要他们确信广告会给他们带来更多利润。但在制定广告预算的过程中，这个均衡点却很难预料。企业有一系列的方法来决定应该在广告上花费多少，如销售百分比法、利润百分比法、销售单位法、竞争对抗法、市场份额法和目标或任务法。任何一种方法都不可能适用于所有的场合，以下探讨的三种方法是制定全国性广告预算时最常用的方法。当然，零售商也同样可以使用这些技巧。

1）销售百分比法

销售百分比法是确定广告预算最常用的一种方法，可以以上年的销售、来年的预期销售为基础，也可以两者合一。因为这种方法最简单，无需任何花费，但又与收入有关，因而被视为一种安全、可靠的方法，很受商业人士的欢迎。这种方法的难点在于要判断使用多少百分比，即使是同一行业的顶尖企业，也会采用不同的百分比，从1.5%～22%不等。

通常，百分比是按行业的某个平均数或企业的经验来决定的。然而，这种方法的随意性往往较大。使用行业平均数的前提是同行业每家企业的目标大致相同，面对的营销问题相同；利用企业经验法的前提是市场高度固定。但这种情况几乎是不可能存在的。

不过，如果以未来的销售作为参考，这种方法的效果一般较好。它假设销售一定数量的单位需要一定数量的资金，如果广告主知道它们之间的百分比，广告与销售之间的相互关系就可以保持和谐。其前提是市场稳定，竞争对手的广告又没有变化。由于这种方法很普遍，因而营销战发生的可能性倒反而减少了。

销售百分比法最大的缺陷在于它违背了营销的基本法则。营销活动应该刺激需求，然后引起销售，营销活动不应该是销售的结果。如果广告随销售的涨落而涨落，那么就有可能忽略所有其他引起反向运动的潜在因素。

2）市场份额法

在产品同质化的市场中，企业的市场份额与其在同业中的广告份额之间一般具有较为密切的关系。

市场份额法又称广告份额法，是将广告资金与销售目标联系在一起的大胆设想。其前提是：企业保持其市场份额的最佳途径是保持其广告的市场份额略高于其产品的市场份额。比方说，企业的市场份额为30%，那么企业在整个行业内的广告份额就应达到30%。

新产品导入期经常采用市场份额法或广告份额法。按照这种方法，在推出某一新品牌时，头两年的广告预算应该是头两年品牌预定份额的1.5倍。也就是说，假设企业头两年的销售目标是占有10%的市场，那么头两年企业支出的广告费应占到全行业广告费的15%左右。

这种方法的弱点在于它有可能导致滥做广告。因为单纯保持较高的媒介暴露百分比往往并不足以达到预期结果。全国性包装食品骨干企业仍将其25%~30%的营销预算投在消费者促销和商业促销上，而不投在消费者广告上。因此，企业必须掌握其他竞争对手的全部营销活动，而不仅仅是广告。

3）目标或任务法

美国大部分全国性广告主都采用目标或任务法。目标或任务法又叫预算累进法，这种方法把广告视为一种有助于产生销售的营销工具。

目标或任务法分为三步：界定目标、明确战略、估算成本。在定好具体的量化营销目标后，广告主着手制订达到该目标的计划。比如，如果目标是让咖啡的销售数量增长10%，那么广告主就要决定哪种广告手段最有效，广告应该以什么频率投放，应该利用哪种媒介。估算出来的成本将成为广告预算的依据。当然，企业的财务状况也必须作为一个考虑因素。如果成本太高，目标就要降低一点。广告活动开始后，视其结果比预期的好还是坏，在下一次预算时进行修正。

目标或任务法迫使企业以实现目标为出发点，如果对某一广告或某一系列广告的结果便于测量，目标或任务法的效果就非常明显。目标或任务法较适用于市场条件不稳定的状态，比较容易修正。不过，要提前决定需要多少资金才能实现某一特定目标一般比较困难。测定广告效果的技术仍然存在着很多不足。

3.1.7 底线

广告的主要职责是通过宣传、劝服和提醒活动影响消费者的感知。广告的确会影响销售，但它只是影响消费者感知的众多因素之一，企业在进行广告策划和广告预算时必须时刻牢记这一点。

3.2 广告策划系统的特性

3.2.1 广告策划系统

广告策划系统由五个部分组成：市场调研；消费者动机和行为调查；细分市场和确定目标市场；产品调研和产品定位；广告目标和广告策略。五个部分环环相扣，并逐层展开延伸。作为基础的市场调研，就如同地球的核心，所有的能量借助这个基础，通过广告策划科学、有序的层层规划散发出来，达到广告策划预期的效果。

广告策划作为一个动态的系统过程具有的特征是：指导性、整体性、事前性。

指导性——指导广告活动中各个环节的工作以及各个环节的关系处理。

整体性——广告策划是由若干相互联系、相互作用的要素所构成的有机整体，涉及广告活动的方方面面。

事前性——广告活动中所涉及的广告目标、对象、媒介、预算、设计、制作等都必须事前确定。

3.2.2 广告策划的特性

广告策划作为广告公司运作业务的战略性统筹谋划，具有以下不同于一般计划的特殊性。

（1）战略性：广告策划是从广告角度对企业市场营销管理进行系统整合和策划的全过程，因而它要配合企业的整体营销，进行战略层面上的运筹。策划思维要开阔，策划要具备实效性。

（2）全局性：广告策划的全局性表现在广告策划者在策划时必须尽量全面地考虑一切因素，包括常规的和突发的，要时刻秉持整体的概念，这样的策划才能统筹全局。

（3）策略性：广告策划的灵魂和核心是战略指导思想、基本原则和方向的确立，是决定“做什么”的问题。一旦战略被确定，就要有与此相匹配的可操作性强的、巧妙的战术和方法，就要同时制定出关于“如何做”的一系列策略。

（4）动态性：广告策划伴随着整个广告活动的全过程，包括事前谋划、事中指导、事后监测，因而各个环节都具有相应的阶段性。它要适应变化多端的未来环境和条件，因此应该是富有弹性的、动态有变化的。

（5）创新性：广告策划活动是一项创造性思维活动。创造性的策划要求策划人具有从别人的所有特点中找出空隙的能力，具有找出别人所没有做过事情的能力，其具体表现在广告定位、广告语言、广告表现、广告媒体等各个方面。

3.3 广告策划的主要内容

广告策划的内容因具体策划活动的不同而不尽相同，但这些内容彼此密切联系，相互影响又相互制约。将广告策划的内容进行梳理后，大致可分为调研阶段、分析阶段、决策阶段三个方面。在此，详细介绍后两个阶段。

3.3.1 分析阶段

分析阶段是根据调研阶段所获取的信息，结合本次策划活动的要求，对获得的信息进行深加工以求使复杂的环境条理化，寻找本次策划活动的优势和劣势，找准机会和问题点。此阶段的主要任务包括市场分析、产品分析、消费者分析、SWOT分析。通过以上分析过程，可以确定本企业在竞争中的地位和角色，针对消费者的心理与行为，采取不同的营销措施。

（1）市场分析。市场分析是广告策划和创意的基础，主要以产品营销活动为中心而展开，围绕市场供求关系来进行，分析得出广告主和竞争对手及其产品在市场上的地位，为后续的策划工作提供依据。

（2）产品分析。对产品的分析要从产品的供求关系、产品方案、企业等方面进行。具体是指对产品的成本、费用、产量、价格、特点、性能、寿命等进行分析。①产品供求关系分析，是指了解、分析哪些产品是滞销产品，哪些产品是畅销产品。②产品方案分析，包括对企业产品的政策、产品规划和产品开发经营计划、品种搭配情况进行分析。③企业分析，主要是对企业规模、企业观念、企业文化等进行分析。

（3）消费者分析。消费者分析主要包括了解消费者的风俗习惯、生活方式，不同类型消费者的性别、年龄、职业、收入水平、购买能力以及对产品和广告的认知态度。

（4）SWOT分析。SWOT分析方法用来确定企业本身的竞争优势（strength）、竞争劣势（weakness）、机会（opportunity）和威胁（threat），从而将公司的战略与公司内部资源、外部环境有机结合。因此，清楚地确定公司的资源优势和缺陷，了解公司所面临的机会和挑战，对于制定公司未来的发展战略有着至关重要的意义。

3.3.2 决策阶段

根据上面的分析结果，确定目标消费者、目标受众、广告目标、产品定位、表现策略、广告效果等。从本质上讲，广告是一种以说服为目的的信息传播活动。广告能否针对目标消费者进行诉求、广告诉求能否达到预期的效果，决定着广告活动的成败。除确定正确的诉求对象，明确恰当的广告主题、诉求点和采用正确的诉求方式外，广告策划还要追求最佳创意。

（1）广告目标确定。广告目标是指企业广告活动所要达到的目的。确定广告目标是广告计划中至关重要的起步性环节，是为整个广告活动定性的一个环节。企业制定的广告目标主要有以下几种：①加强新产品宣传，使新产品能迅速进入市场。②扩大或维持产品目前的市场占有率。③提高产品和企业的知名度。④帮助消费者确认其购买决策是正确的、有利的。⑤增强消费者对企业的好感，为企业建立信誉。⑥介绍新产品的新用途。⑦纠正错误印象和不正确的传闻，以排除销售上的障碍。

（2）广告定位。广告定位是企业制定广告战略的起点。它是利用广告为商品在消费者的心中找到一个位置，其关键点在于抓住消费者的心，并通过广告定位为其创造一个崭新的、恰到好处的购买理由，从而促使其产生购买欲望。

（3）确定广告创意。广告创意是将广告策划人头脑中的东西从无形转为有形的阶段，也是广告策划的重点。首先要对产品信息和消费者心理构成进行详细分析，然后确定能打动消费者的广告主题，再在此基础上进行广告创意。

（4）广告媒介选择和规划。媒介策划是针对既定的广告目标，在一定的预算约束条件下，利用各种媒体的选择、组合和发布策略，把广告信息有效地传达给市场目标受众而进行的策划和安排。广告活动是有价的传播活动，因此只有选择合适有效的媒介组合并进行科学的规划安排，才能使传播更有效。

（5）广告预算。“花的广告费一半浪费掉了，但却不知道是哪一半”，这句流传于广告界的名言透露出一个信息，即要对广告活动进行科学合理的预算，规定在一定的广告时期内，从事广告活动所需的经费总额、使用范围和使用方法。准确的广告预算能确保企业的广告活动顺利进行。

（6）决定广告实施策略。在广告活动实施的过程中必须制定出一套具体的措施和手段，其中的每一个步骤、每一个层次、每一项宣传都规定了具体的实施办法。其内容包括：①广告应在什么时间、什么地点发布出去。②发布的频率如何。③广告推出应采取什么样的方式。④广告活动如何与企业整体促销策略相配合。

（7）广告效果评估。广告发布出去之后，想要了解有没有达到广告目的或能否产生对其他方面的影响，这就要对广告效果进行全面的评估。为了增强广告的有效性，还应在广告活动中甚至广告活动前进行广告效果的监控和评估。

通过对广告效果的评估，可以了解到消费者对整个广告活动的反应，对广告主题是否突出、诉求是否准确有效以及媒体组合是否合理等作出科学判断，从而使有关当事人对广告效果做到心中有数。

3.4 广告策划的作业流程

所谓广告策划的作业流程，就是在广告策划的具体作业中，通过操作性强、效率高、专业化的方法步骤，有目的、有计划地使广告目标、广告策略、广告预算、广告实施计划及广告效果监测等逐渐明晰和完善，最终形成可供操作的策划方案的过程。

广告策划的作业流程包括以下六个阶段：

（1）整体安排和规划阶段：成立广告策划专组；规定任务和人员安排；设定时间进程。

（2）调查研究阶段：市场调查和收集资料；研究和分析相关资料。

（3）战略规划阶段：规定广告战略目标；选择广告战略。

（4）策略思考阶段：总结前期成果和进行选择；确定广告策略；其他策略思考。

（5）制订计划和形成文本阶段：制订计划；编制计划书。

（6）实施和总结阶段：计划实施和监控；评估和总结。

3.5 广告策划的策略应用

3.5.1 广告策划的战略决策

广告策划的战略决策包括以下步骤：

（1）分析广告战略环境：广告战略环境可分为内部环境和外部环境。

内部环境分析，主要是指对产品的分析——对产品、产品供求关系、产品方案和企业（包括企业规模、企业观念、企业文化）进行分析。

外部环境分析，主要是指对市场环境及竞争对手的分析——竞争对手的数目、信誉、优势、缺点、产品情况等，以及消费者的分析——风俗习惯、生活方式、性别、年龄、职业等。分析外部环境主要是为了找出外部环境中的问题与机会，从而把握有利因素、消除不利因素，制定出正确的广告战略。

（2）确定广告战略思想：广告战略思想决定着整个广告活动的价值取向和行动特点，从而产生不同的广告运作效果和风格。广告战略思想包括四种类型：积极进取型、高效集中型、长期渗透型、稳健持重型。

（3）选择具体广告战略：在分析了广告战略环境，确定了广告战略思想、战略任务之后，接下来的工作就是对广告战略进行选择。

以下结合具体案例列举的几种战略手段是广告策划中经常用到的，具有显著的实效性。

1）集中战略

选中一个目标市场，采取立体式广告，在最短的时间内突破一点，取得市场优势，然后再逐步扩大到其他地区。

2）进攻战略

针对竞争对手的弱点，以主动进攻的态势抢占市场，志在必得，赢得同类市场的制高点。

3）渗透战略

瞄准竞争对手的同类产品在市场上的已有地位，通过广告渗透及营销扩散战略，把自己的产品打入同类产品所占市场。

4）心理战略

主要针对消费者心理需求和感受对某一产品或消费观念进行引导，从而使消费者对某一产品或企业产生兴趣，进而转化为购买行动。

5）名牌战略

针对消费者追求产品的附加值，并以此获得荣耀感以及身份、地位象征的心理，引导消费者产生购买行为。比如金利来领带、宝马汽车等产品，其价值已超越简单的功能价值，其身份、地位的符号意义更明显。

3.5.2 广告策划的策略运用

1）广告产品策略

产品策略具体又可分为产品定位策略、产品生命周期策略。

（1）产品定位策略

产品定位是指确定产品在市场中的最佳位置，以利于自己的产品创造一定的特色，满足消费者的某种需求和偏好，从而达到促进销售的目的。

以我国香港的手表业为例，香港的手表业能够从落后到与瑞士、日本并列三强，靠的不是用技术、工艺压倒对方，而是对自身行业进行了精准的定位，推出了一系列多功能定位的手表，如时装表、儿童表、情侣表等，从而一举畅销全世界，获得了巨大成功。

（2）产品生命周期策略

任何产品都有一个发展周期，不同时期的产品，它的工艺成熟程度、消费者心理需求、市场竞争状况都有不同的特点，因此其广告策略运用也就不同，具体如表3-1所示。

表3-1 **产品生命周期策略**

生命周期阶段	策略特点
产品投入期	重点提高产品知名度
产品成长期	强调品牌意识
产品成熟期	强调服务质量和优惠政策
产品衰退期	发掘新的消费方式

2）广告市场策略

确定广告市场策略，首先要细分市场，把市场分为消费品市场和生产资料市场。

消费品市场细分标准：地理、人口、经济、心理。

生产资料市场细分标准有不同角度，可根据不同用户作为细分标准，还可根据用户规模和购买力大小以及用户的地理位置作为细分标准。

市场细分为广告策略的选择与制定提供了依据，使广告策划目标准确，通过细分市场，还为确定目标市场提供了可选择的多个市场面。为了从多个市场面中选出理想的目标市场，必须认真评估每一个细分后的市场。适合产品生存的目标市场一般应具备以下两个条件：第一个条件是，该目标市场具备一定的消费规模与增长潜力；第二个条件是，企业有能力满足目标市场需求。

广告市场策略可分为三类：

（1）无差别化市场广告策略。针对的是大一统的大目标市场，所有的消费者对某一商品有共同需求，广告主题相对单一。

（2）差别化市场广告策略。针对多个细分市场的不同特点，采取不同的广告形式，以不同的广告主题、媒介组合向不同的消费群体进行有差别的广告宣传。

（3）集中市场广告策略。把广告宣传重点集中在细分市场中的一个或几个主要目标市场上，以求在市场中先突破一点，进而向市场的广度扩张。

3）广告促销策略

广告促销策略如图3-2所示。这种广告策略由于向消费者提供其感兴趣的有价值的信息，同时给予消费者更多的附加利益，因此具有明显的促进消费的诱导作用。

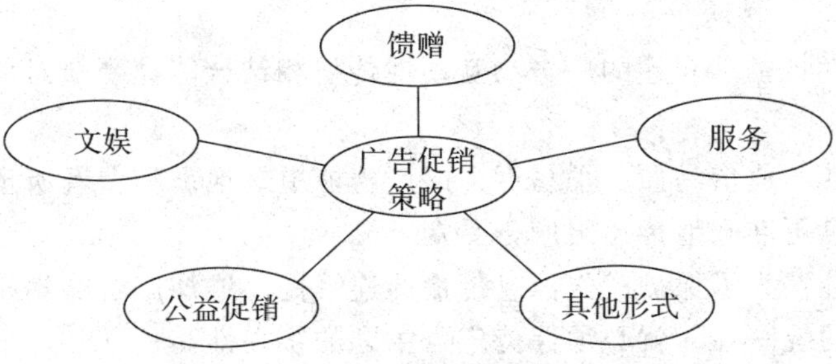

图3-2 广告促销策略

4）广告实施策略

广告策划变为现实行动必须有具体的实施策略。广告实施策略包括：①提前策略，即产品上市前先行广告宣传。②即时策略，即广告宣传与产品上市同步进行。③置后策略，即产品先行上市试销，随后根据市场情况确定广告宣传的力度。④时机策略，即把握节假日产品销售的淡旺季和重大活动时机，使广告信息融入节日文化气氛之中，易被消费者所接受。

5）广告媒介策略

广告媒介策略，实质上是根据广告的战略要求，对广告媒介进行选择和搭配的策略。其目的在于用最低的投入取得最大的广告效益，因此在选择媒介时，应对媒介社会威望、受众范围、受众对象、有效目标、受众群作详细了解，这样才能使媒介应用得当，使广告收到最好效果，保证整个策划的实施效果。

3.6 新媒体环境下的广告策划

新媒体环境的"新"体现在以高科技为基础的技术手段及数字技术上。新媒体的表现形式集中体现在传播媒介上，特别是作为网络广告载体的"第五媒体"。

3.6.1 广告目标与受众的策划

新媒体环境下广告预期目标的完成首要取决于对广告受众的策划。

为了迎合受众的消费需求，新媒体广告对受众可进行分众传播、聚向传播和窄告传播等定向传播，将广告内容和信息有针对性、一对一地传送给需要得到信息的消费者，以引起受众的注意和兴趣，消除他们对广告的抵制心理，提高广告的到达率，产生更大的经济效益。

3.6.2 广告主题策划

新媒体广告主题的策划主要根据消费者的物质需求和精神需要制定对应的广告诉求重点。为了使消费者能更好地接受广告所要表达的主题思想，应使广告主题具有以下特征。

（1）显著性：主题的显著性能更好地刺激受众，最大限度地引起人们对主题的注意。

（2）趣味性：幽默有趣的广告与互动性传播相结合能让受众对广告留下深刻的记忆。

（3）易懂性：通俗易懂、平易近人的广告能更好地被消费者所理解和接受，将广告的核心信息更准确地传递给广告受众。

（4）统一性：为了保护广告信息传播的连续性，增加广告的累积效应，使广告信息具有内在的统一性，就必须保持广告主题的统一性。

（5）创新性：广告主题以创意为基础，帮助客户品牌的广告抵挡住竞争广告的攻势，使得信息能更好地被受众吸收，留下更长久的印象。

3.6.3 广告的媒体策划

新媒体环境下的广告媒体策划是将现有的多种媒体进行选择与组合，最大限度地发挥各种媒体的影响力，从而达到广告目标。仅凭借单一媒体向消费者诉求极易淹没在媒体的相互干扰中，很难引起消费者的关注。为了使广告信息更容易被消费者注意与记忆，必须根据广告主题进行广告媒体的选择与策划，根据选择媒体的结果和广告的目标进行搭配组合。这是因为：

（1）媒体都有其特定的受众群，不可能覆盖所有的目标对象，靠单一媒体是不能有效锁定所有的目标对象的。

（2）今天的消费者获取消费信息的途径是多样化的，如果只是死守单一媒体，企业将失去其他与消费者接触的机会，无法获得预期的认知度。

（3）媒体本身所具有的属性特征不同，决定了不同媒体在同一广告活动中扮演着不同的角色，而不同角色之间的相互补充和相互强化更能达到广告的有效传递。

因此，综合考虑媒体自身的特性，对媒体进行有机组合的媒体策划，是决定广告传播效果的关键一环。

新媒体环境下的广告策划应根据广告目标的特征，通过广告媒体的组合宣传建立良好的产品品牌形象和企业形象。广告媒体组合策略可通过各种媒体之间的组合、媒体内部的组合、媒体中广告内容的组合来实现。广告媒体的组合须遵循以下原则：

（1）互补性原则。利用不同媒体间的优势互补，实现媒体运用的“加乘效应”。

（2）有效性原则。能有效地显示企业产品的优势，有效地传递企业的各种有关信息，不失真、少干扰，有说服力和感染力。

（3）可行性原则。选择广告媒体时应当充分考虑各种现实可能性。

（4）目的性原则。遵循企业经营目标，适应企业的市场目标，并充分考虑广告所要达到的具体目标，选择最有利于实现目标的广告媒体。

（5）效益最大化原则。以最小的经济投入达到最佳的广告效果。

3.7 广告策划书

广告策划在对其运作过程的每一部分作出分析和评估，并制订出相应的实施计划后，最后要形成一个纲领式的总结文件，我们通常称之为广告策划书。广告策划书是根据广告策划结果而写的，是提供给广告主加以审核、认可的广告运作的策略性指导文件，是反映广告活动策略和具体实施方案的应用文件。“广告未做，策划先行”，撰写广告策划书是企业营销过程中的一个重要环节。一份好的广告策划书能够成为企业创立名牌、迎战市场的决胜利器。

3.7.1 广告策划书形式

广告策划书有两种形式。一种是表格式的。这种形式的广告策划书上列有广告主现在的销售量或者销售金额、广告目标、广告诉求重点、广告时限、广告诉求对象。广告目标一栏又分为知名度、理解度、喜爱度、购买意愿度等小栏目。一般不把具体销售量或销售额作为广告目标。因为销售量或销售额只是广告结果测定的参考数值，它们还会受商品（劳务）的包装、价格、质量、服务等因素的影响。这种广告策划书比较简单，使用的范围不是很广。另一种是以书面语言叙述的广告策划书，运用广泛。这种把广告策划意见撰写成书面形式的广告计划，又被称为广告计划书。人们通常所说的广告计划书和广告策划书实际是一回事，没有什么大的差别。

3.7.2 广告策划书写作要领

一份完整的广告策划书至少应包括如下内容：

1）前言

前言部分，应简明概要地说明广告活动的时限、任务和目标，必要时还应说明广告主的营销战略。这是全部计划的纲要，它的目的是把广告计划的要点提出来，让企业最高层次的决策者或执行人员快速阅读和了解，当最高层次的决策者或执行人员对策划的某一部分有疑问时，能通过翻阅该部分迅速了解细节。这部分内容不宜太长，以数百字为佳，所以有的广告策划书称这部分为执行摘要。

2）市场分析

市场分析部分，一般包括四方面的内容：企业经营情况分析；产品分析；市场分析；消费者研究。

撰写时应根据产品分析的结果，说明广告产品自身所具备的特点和优点。再根据市场分析的情况，把广告产品与市场中各种同类商品进行比较，并指出消费者的爱好和偏向。如果有可能，也可提出广告产品的改进或开发建议。有的广告策划书称这部分为情况分析，简短地叙述广告主及广告产品的历史，对产品、消费者和竞争者进行评估。

3）广告战略或广告重点部分

广告战略或广告重点部分，一般应根据产品定位和市场研究结果，阐明广告策略的重点，说明用什么方法使广告产品在消费者心目中建立起深刻的印象；用什么方法刺激消费者产生购买兴趣；用什么方法改变消费者的使用习惯，使消费者选购和使用广告产品；用什么方法扩大广告产品的销售对象范围；用什么方法使消费者形成新的购买习惯。有的广告策划书在这部分内容中增设促销活动计划，写明促销活动的目的、策略和设想。也有把促销活动计划作为单独文件分别处理的。

4）广告对象或广告诉求

广告对象或广告诉求部分，主要根据产品定位和市场研究来测算广告对象有多少人、多少户。根据人口研究结果，列出有关人口的分析数据，概述潜在消费者的需求特征和心理特征、生活方式和消费方式等。

5）广告地区或诉求地区

广告地区或诉求地区部分，应确定目标市场，并说明选择此特定发布地区的理由。

6）广告策略

广告策略部分，要详细说明广告实施的具体细节。撰文者应把所涉及的媒体计划清晰、完整而又简短地设计出来，详细程度可根据媒体计划的复杂性而定。也可另行制定媒体策划书。一般至少应清楚地叙述所使用的媒体、使用该媒体的目的、媒体策略、媒体计划。如果选用多种媒体，则需对各类媒体的刊播及如何交叉配合加以说明。

7）广告预算及分配

广告预算及分配部分，要根据广告策略的内容，详细列出媒体选用情况及所需费用、每次刊播的价格，最好能制成表格，列出调研、设计、制作等费用。也有人将这部分内容列入广告预算书中专门介绍。

8）广告效果预测

广告效果预测部分，主要说明经广告主认可，按照广告计划实施广告活动预计可达到的目标。这一目标应该和前言部分规定的目标任务相呼应。

在实际撰写广告策划书时，上述八个部分可有增减或合并或分列。如可增加公关计划（公关策划）、广告建议等部分，也可将最后部分改为结束语或结论，根据具体情况而定。

广告策划书一般要求简短，避免冗长。要简要、概述、分类，删除一切多余的文字，尽量避免再三再四地重复相同概念，力求简练、易读、易懂。撰写广告策划书时，不要使用过多代名词。广告策划的决策者和执行者不在意这是谁的观念、谁的建议，他们需要的是事实。广告策划书在每一部分的开始最好有一个简短的摘要。在每一部分中要说明所使用资料的来源，使计划书增加可信度。一般说来，广告策划书不要超过两万字。如果篇幅过长，可将图表及有关说明材料用附录的办法解决。

在撰写过程中，视具体情况，有时也将媒体策划、广告预算、总结报告等部分专门列出，形成相对独立的文案，随后分而述之。

3.7.3　广告策划书写作格式

（1）市场分析：目前的市场规模；目前的市场占有率；市场未来的潜力；产品销售现状；各竞争品牌情况。

（2）消费者分析：购买量与购买频率；购买时间与地点；购买动机；品牌转换情况；品牌忠诚度；消费者使用产品状况。

（3）产品分析：产品寿命周期；产品的品质与功能；产品的价格；包装；产品的旺季与淡季；产品的替代性。

（4）企业分析：该企业在同业中的地位；该企业给消费大众的印象；该企业的竞争优势与劣势；该产品在公司里的地位。

（5）推广分析：与竞争品牌广告的比较分析；与竞争品牌人员销售的比较分析；与竞争品牌促销的比较分析；与竞争品牌服务的比较分析；与竞争品牌公关的比较分析；问题点。

（6）市场策略。

（7）广告策略。

（8）广告表现。

（9）媒体策略。

（10）相关附件。

本章概述

广告是制订营销计划的自然产物，广告策划的准备方式与自上而下式营销差不多，包括内部优劣势分析、外部机遇与威胁分析、广告目标和广告战略。

可以用潜在顾客在广告金字塔中的活动方向（知晓、了解、信服、期待、行动）来表述广告目标，也可以用查询数、优惠券返回数或态度变化来表述广告目标。广告目标说明广告主希望达到的目的，而广告战略则说明如何达到那个目的。广告战略包含两个小战略：创意战略和媒介战略。创意战略是设计广告的指南，而媒介战略则为媒介策划人员指明方向。

广告主采用几种方法来分配广告资金，最流行的方法有销售百分比法和目标或任务法。在推出新产品时，广告主经常运用市场份额法。

经典案例

跨界营销

跨界营销在营销界早已经不是什么新鲜名词，许多品牌针对同一档次的目标消费者即“共有消费群”，联合举办营销活动。看似风马牛不相及的产品通过跨界营销，将各自已经确立的市场人气和品牌内蕴相互转移到对方品牌身上，实现双赢，产生品牌叠加效应。在跨界营销方面，Uber可以说是玩得最为风生水起的品牌。

热衷于跨界营销的Uber在2015年暑假与梦龙、Enjoy等品牌合作推出送雪糕、日料上门等服务。8月22日和23日，Uber则与淘宝合作打造移动试衣间。杭州、成都、广州三地Uber用户可一键呼叫，体验神秘专业人士的一对一换装搭配指导。

资料来源　佚名. 2016年你不能错过的10个创新营销趋势［EB/OL］.［2015-10-19］. https：//www.prnasia.com/blog/archives/17759.

复习思考题

1. 什么是广告策划？企业广告目标是怎样确定的？
2. 为什么说广告是未来销售的投资？
3. 全国性广告预算最常用的方法有几种？
4. 简述广告策划系统的构成及特性。
5. 广告策划的内容是什么？它有怎样的流程？
6. 通过案例说明怎样实施广告策划的战略决策。
7. 简述广告策划的策略运用。
8. 新媒体环境下怎样实施广告策划？
9. 简述广告策划书的书写要领及写作格式。

第4章 广告美学

学习目标

通过本章的学习，了解广告审美是现代的潮流，广告的当代美学趋势和误区，理解广告美属于实用艺术之美。现代广告的审美规律：真实性是广告审美的根本性规律；竞争性是广告审美的一般性规律；重复性是广告审美的重要性规律。掌握广告美的审美类型及受众审美心理类型，重视对广告受众的审美心理进行分析和把握。

4.1 广告美的属性

广告是大众传播的一种有偿形式，它的主要目的是推销商品，以功利为本，以艺术形象为载体，故广告既是物质和经济活动，又蕴含着深厚的文化底蕴和艺术意向，甚至还可以作为人类文明史和艺术史的见证。所以，广告是人类社会进步过程中所创造的文化和美学符号之一，它不仅具有深厚的文化意蕴，也具有鲜明的美学属性。

4.1.1 广告是一种美的创造

广告是人的本质力量物化的产物，是人通过体力和脑力劳动创造出来的。根据马克思“劳动创造了美”的美学观点，广告的确是一种美。一方面，无论是从广告活动的整体实施过程，还是从创意、文案、设计、制作、发布等具体操作过程来看，毋庸置疑，它们均符合“内在的尺度”和“任何一个种的尺度”这一美的规律；另一方面，广告是属人的对象，在它上面有着人的意志和印记，蕴含着人的本质力量，从中人们可以体味到自己创造的业绩，从而获得乐趣，产生美感。因此，广告也是“按照美的规律来构造”的产品，自然具有审美价值，是一种美的创造。

4.1.2 广告美应归属艺术美

广告美属于什么形态的美呢？美学家按照美的不同性质把美分为现实美和艺术美；又把现实美分为社会美和自然美。在这一分类前提下，有的美学家把广告美归类于社会美，他们认为这种美存在于人们的日常生活中。这种观点不无道理，但并不科学。其实广告中又何尝没有自然美的因素？广告是被人加工了的自然，或保留着自然的形态，或显露着自然的痕迹。但这些都不能成为确定广告美归属的主要标志。

1）广告美不是社会美

社会美主要指现实生活中社会事物的美，也指人本身在社会活动中表现的心灵和行为等的美。由于人在劳动中“使自己的生命活动本身变成自己意志的和自己意识的对象”，从而产生了社会性的品格，人执意地追求并观照着本身这个带社会性的审美对象。社会美以善为本质，以承担社会责任为己任，不带有任何的功利性。广告则不然，它以功利性为本质特征，以推销商品和营利为主要目的，它更多的是一种经济行为，社会功用只是其附加价值而已。所以，广告美不是社会美。

2）广告美不是自然美

自然美，是人类出现以后，自然界由“自在之物”成为“为人之物”呈现出的一种美，它不是人为加工和制造的产品，而是浑然天成的、属于自然界本身的财富。而广告是人的本质力量物化的产物，它是人有意识地运用体力和脑力劳动加工和创作出来的对象。很明显的，广告美的属性也不是自然美。

3）广告美属于艺术美

自然美和社会美的共同点在于不经过人的物化加工的直接现实性，所以它们共同归属于现实美。艺术美则不同，它的特点恰恰是人经过自由创造取得的产品（广义产品，包括精神的和物质的）的形象之美。在这个根本点上，广告美和艺术美是一致的。因此，广告美应归属于艺术美。

有些人可能会不同意这一观点，他们会说："人为地加工和制造是技术，而不是艺术。"这种看法固然有一定的道理，但技术和艺术并不是完全排斥的。因为产品的制造，无论是物质的还是精神的，不光依靠技术，还必须有创造者的独具匠心。有资料显示，最早的技术和艺术是同一的，紧密结合的；实用和审美是同一的，紧密结合的。后来随着社会的进步和技术的发展，技术和艺术才逐渐区别开来，成为两个既互相独立又有所联系的领域。总之，技术中包含着艺术，艺术是技术的衍生物。相信到这里，把广告美归属于艺术美应该是顺理成章的了。

4.1.3 广告美的属性——实用艺术美

1）两种艺术并存现象

随着物质生产的发展、生产力的提高、脑力和体力劳动的分化，从实用艺术（即"艺术前的艺术"）中分离出了一种脱离直接实用目的的纯粹的审美对象，这就是我们今天说的艺术（即狭义的艺术）。应该说，纯粹的艺术出现以后，人类艺术史上出现了两种艺术并存的现象：有直接功利目的的艺术和有间接功利目的的艺术，也可以叫作实用艺术和纯粹艺术。

（1）实用艺术和实用艺术美

实用艺术指物质产品，包括建筑物、交通工具、机械设备以及经过人加工改造的环境、设施和人为设计的蓝图等。它们主要是为了满足人的物质实用需要，是以直接功利目的为特征的，但又是技术和艺术相结合、有着明显审美功能的产品。它们所表现出来的美叫作实用艺术美。

（2）纯粹艺术和纯粹艺术美

纯粹艺术主要指音乐、文学艺术和造型艺术，如绘画、舞蹈、雕塑、工艺美术品等。但纯粹艺术并不是超功利的，因为世界上没有一种艺术或一件艺术品是与功利目的完全绝缘的。所以，我们说纯粹艺术以间接功利目的为特征，是因为它主要追求精神方面的功用。它所表现出来的美叫作纯粹艺术美。在人类艺术发展史上，实用艺术和纯粹艺术是作为艺术美中的"姊妹花"并驾齐驱地向前发展的，没有粗细高下之分。而且，两种艺术在平行发展的过程中，并不是完全绝缘的，而是相互为用的。

2）两种艺术审美的不同心理特征

我们知道，从审美客体对主体的作用来说，实用艺术美有着直接的功利目的，纯粹艺术美有着间接的功利目的。但从主体对客体的审美感受来说，纯粹艺术美给人的感受一般是直接的，而实用艺术美则是间接的。实用艺术美和纯粹艺术美都具有一定的审美价值，但是，人们在对两者的审美过程中表现出的心理特征却不尽相同。这种美感心理活动的差别来自于两种不同形式的艺术美的本质特点。

（1）纯粹艺术美的审美心理特征

纯粹艺术美是脱离了直接实用功利而精神化了的艺术，它可以充分、明确、深刻地表现现实事物形象，向人们提供富有深刻的、强烈的思想意义的审美对象。人们对纯粹艺术的审美过程是一种心理过程，属于精神活动，它可以和纯粹艺术美建立思想意识上的沟通，这就为产生直接富于思想内容的审美感受提供了可能性。自然而然地，人对纯粹艺术审美心理活动的特征，也就主要表现在对对象思想深刻性的感知上。

（2）实用艺术美的审美心理特征

实用艺术美恰恰相反，它在反映现实生活的深度和广度方面远不能和纯粹艺术美相提并论。实用艺术美的造型意味着产品使用功能获得了合理的表现形式。这种形式体现了产品内部结构关系以及产品与人体生理相应的协调关系。它提供给人们的美，不可能像纯粹艺术美那样具有强烈的、深刻的、直接的思想意识方面的意义。因此可以说，人们对实用艺术美的审美心理活动特征，主要不是体现在对对象的思想深刻性的感知理解上。

那么，它的心理活动特征是什么呢？人的品格、道德观念的形成，不只是靠直接的教育，间接的熏陶感染也起着举足轻重的作用。审美观念的形成亦然。人对实用艺术的审美就是在对对象的合理的美的形式的观照中，使性情获得陶冶，进一步转化为情感和意识，最后达到美感来实现的。它是一种间接的审美活动。

3）广告美属于实用艺术之美

广告具有明确的实用目的，即有十分明显的功利性。广告自诞生之日起，就是有偿的、有责任的传播活动，它的使命主要在于推销商品，获取物质和经济利益。在当今的知识信息时代，生产力的超高速发展和科学技术的日新月异，使得各种新产品不断涌现，产品的品种和数目日趋丰富，市场竞争也越来越激烈。为了增加商品的竞争力，最终更多地推销商品，广告的内容需要不断充实，形式也开始走向艺术化，开始具备审美功用，优秀的广告作品甚至可以作为艺术品加以欣赏。广告采用艺术手段，并不意味着广告作品就是纯粹艺术品。因为广告从本质上是功利的，它的艺术性与审美价值是从属于其功利性并存在于实用功利之中的。如果丢掉了广告的实用功能属性，那么这则广告无论多么美，也只是一例失败的广告，甚至根本就称不上是广告。

4）广告艺术和纯粹艺术的区别

（1）本质上的区别：广告是一种有很强物质功利目的的经济行为和有偿的传播行为；而纯粹艺术以形象形式表现艺术家对生活的看法和领悟，不具有直接的物质功利性。

（2）目的上的区别：广告虽大量运用艺术手段和艺术技巧塑造商品形象、企业形象、品牌形象甚至地区和国家形象，但它的目的仍是推销商品；而纯粹艺术的目的则在于，以深刻的思想感情与优美和谐的方式，陶冶人的性情，美化人的品德，给人以心理愉悦和美感享受。

（3）性质上的区别：广告是一种物质与精神相综合的活动；而纯粹艺术的创作和欣赏是纯精神性的。

（4）追求上的区别：纯粹艺术是艺术家艺术创造的结晶，它追求以美的形式供人欣赏，在欣赏中给人以美的享受；广告刻意追求的并不是优秀作品的艺术形式可以给人以美的熏陶，而是如何以新奇的、原创性的、个性化的形象吸引消费者的注意和诱导其购买行为。

简言之，审美功能是纯粹艺术的主要或唯一功能，而广告的功能除了审美之外还有其他，而且审美功能并不是广告的首要功能。

5）广告的实用价值与审美价值的统一

功利性是广告的第一性，审美价值是它的第二性，从属于功利性，但两者又是相互联系、相互包容、相互依存的关系。优秀的广告作品无一例外都是实用与美感和谐统一的典范。现代广告以艺术形式为载体，但其根本目的并不是让人欣赏，而是为了增强广告本身的感染力，以更好地为其功利目的服务。故无论广告采取哪种艺术手段，趋于哪种审美倾向，都不能改变广告实用功能的本质属性。所以，广告具有实用与审美相统一的艺术个性，实用价值和审美价值的高度和谐统一是广告作品审美的基本尺度。一则好广告就是商业性和艺术性的和谐统一。

6）广告艺术与产品设计艺术的异同点

广告是一种实用艺术，但这并不等于它和其他的实用艺术（如产品设计艺术）没有区别。广告艺术与产品设计艺术的异同点如下：

（1）相同点：两者都是物质功利价值第一性，都是人类实践创造的结果，所以均属于实用艺术。

（2）不同点：产品设计艺术是将精神艺术与物质载体直接结合在一起，成为物质产品的一部分，可谓是浑然一体；而广告艺术是将精神艺术融会于善的“劝说”中，最后达到对物质产品的出售目的，在这里，广告只充当了消费者与产品之间的中介。

产品实用艺术造就的商品美体现了直接实用艺术美的品质；而广告艺术所创造的广告美则促成商品直接艺术审美的实现，具有很强的目的性和工具性。

总之，广告是人们在实践活动中进行的一种美的创造，一方面，它表现为广告的基本形式和手段的艺术化；另一方面，这些形式和手段始终都要为广告的实用功能服务。广告的“用”和“美”，或者说对“两个尺度”的关系的把握，成为衡量广告实用艺术成败的一把根本性标尺。

4.1.4 广告审美是现代的潮流

这里的广告审美并非指以审美为目的，而是指以审美为手段，即为了达到实际功利目的而采用的广告手段的审美化。先是审美，然后通过审美达到功利目的。

为了达到功利目的，尤其是在世界性市场竞争极端激烈的形势下，要占据上风，就必须充分调动广告的审美功能，采取多种艺术手段和高科技手段，创作出既具有丰富的文化和美学意蕴，又具有很强的效益性和效率性的优秀的广告作品，进而引起受众积极的心理状态，从而使其接受广告宣传。现在世界上许多成功的广告作品已表现出这种审美的趋势。所以，现代广告的艺术化已成为一种世界潮流。

这种潮流的形成有着它客观的原因，这些原因是：

1）现代人需求动机高层化

根据马斯洛需求层次理论，人的需求主要包括五个层次：生理需要、安全需要、爱的需要、自尊需要和自我实现的需要。随着信息时代的到来，信息大爆炸使得消费者拥有更多的信息，更趋于理性。消费者需求已从物质需要为主转变为自我尊重和自我实现的需求为主，人们更多地追求个性化、定制化、艺术化的产品和服务，这要求广告内容艺术化。

2）现代市场竞争的激烈化和国际化

市场营销在经历了以生产观念、产品观念、推销观念为指导的阶段后，开始进入了社会营销、关系营销、定制营销的阶段，销售观念发生了根本性的变化，从过去的以产品、销售为中心转变到"以顾客满意"为中心，而推动这一阶段演进的巨大动因就在于市场竞争的激烈化和国际化。厂家为了争夺顾客，取得消费者的"欢心"，保持或扩大市场份额，使出了浑身解数。这种情况迫使广告公司和广告主不得不采取各种出奇制胜的艺术审美手段。广告竞争的触角只有伸向艺术，才会具有广泛发挥的余地，其开拓是无限的，因为精神艺术的创造是无限的。相反，质量、功能、价格等"硬件"竞争对象则是有限的，且现在越发失去竞争优势，日趋同质化，故发挥余地是很有限的。

3）科技发展和媒介开拓

科学技术的发展，媒介的开拓，为艺术表现开辟了广阔的天地。20世纪，世界上经历了许多重要的科学发展阶段，比如收音机、电视机、电子计算机的发明，广告专业人士开始将科学的方法应用于广告业之中。媒介的广泛开拓，使得世界上充满了许多像三维动画那样强调技术效果的广告，当然还有网络广告。新材料的发明创造和新技术的应用，如空中广告、书云广告、视幻技术、光导纤维等，也极大地丰富了广告的艺术表现载体、手段和方法。一些广告人相信，他们能通过将艺术与科学有机结合的方法来改进广告。

4）广告人艺术思维的进步

高科技促进人类思维的进步，为广告艺术化提供了内在条件。随着高科技的发展与进步，形象化与抽象化相统一成为科学思维的新特征，简单化成为科学研究的高目标。这种思维特征影响广告创作，改变了以往再现形象的传统方法，而将目标集中到创意，即艺术表现的构思上，使得广告在创意的构思和表现上表现出高度的艺术创造性和创新性。

5）国际化创意水平的构筑

在当今世界中，一种持续影响广告的趋势就是全球化，许多国家都部分或全部地开放了自己的市场。中国当然也不例外。

4.2 广告美的审美类型

广告艺术永远是实用第一性，审美第二性。广告艺术创作的宗旨不是为了欣赏，而是为了增强以商品为中心内容的广告本身的感染力，达到向大众传播商品信息、促进商品销售的目的。但是，这并不意味着广告仅仅以商品形象的再现作为自身存在的形态和构思的表现形式，它还是一种美的创造，包含着深刻的文化和审美内涵，可以采取多种多样的艺术表现手段，塑造关于商品的多种艺术形象，传达各种各样的审美价值和意向，是展现艺术美的窗口和发挥创造力的舞台。随着科技的进步、经济的发展和信息时代的到来，产品产量大幅度增长，更新换代的速度加快，同类产品不断涌现，产品日趋同质化。与之相对应的是，由于物质的丰富和生活水平的提高，人们的需求开始由表层化走向深层化，从物质主导走向精神追求，现代消费市场由同质化向异质化发展。产品的同质化和消费需求的异质化共同表明：人们在购买商品时，除了购买质量、功用等实用功能外，更倾向于购买商品中所包含的时尚观念、身份象征、个性化概念、精神愉悦等审美价值。所以，广告人、广告主、广告公司在为商品创作广告时，除了关注和展示商品本身的实用功能之外，还要注意运用艺术手段去提高产品审美的附加价值，如设计的人性化、包装的新颖性、构思的新奇性等。

由于各类商品本身的特点和功能不同决定着它们与大众的物质、精神生活关联的深浅程度不一，有些是低卷入的商品，如日用品，有些是高卷入的商品，如医药、汽车等。这影响商品在广告中应该以何种艺术形象、运用何种艺术表现与受众发生审美联系。毋庸置疑，它们不可能是千篇一律的，就像口香糖广告不可能与感冒药广告如出一辙。

从宏观来看，我们通常把社会产品划分为物质产品和精神产品，也就是我们经常说的产品（狭义的）和服务。它们与人的日常生活发生的联系不同，给人们带来的效用也不同，而人们从这两类商品中获得的感受也是大不相同的，有些更多的是需要理性的把握和参与，如高卷入产品；而有些则主要依靠感性、直觉和感官感受，如低卷入产品。体现在广告艺术创作中，有些艺术形象只传达出某些信息、知识、技术，其审美感受是间接的；有些艺术形象则更感性、更生动、更加生活化，从而传递出的美感是直接的，给人以直觉愉悦的审美感受。

面对商品的种种不同特性，我们将广告美的审美类型大致分为以下四种：一是满足人们对商品使用知识和商品信息的获取为主要特征的信息型；二是以娱乐为主要特征，在传递主要商品信息的同时，使受众获得直觉愉悦的情趣型；三是具有极强审美意向和审美价值的艺术型；四是以上三种类型中两种或两种以上的组合，如既有信息告知又有艺术创意，称为综合型。

4.2.1 信息型广告

1）信息型广告的含义

信息型广告，也叫知识型广告。这类广告中理性诉求所占比重较大，所以其艺术形象和艺术造型多体现出理性的审美因素，而不像情趣型和艺术型广告那样以生动、感性为基调。在大多数情况下，信息型广告的主要表现对象是生产用具、家用电器、机械产品、高科技产品、药品等高卷入产品，因而它的内容常常围绕指称对象的实用性、功利性展开，形象上的审美性则退居次要地位，显得非常低调。

2）信息型广告的美学特点

一般而言，信息型广告在创作意图上，不以追求艺术性和满足人们的审美需求为主要目标，而更倾向于以朴实、真诚、直率的方式去展示有关商品本身的信息和商品的使用价值。因为对于消费者而言，这些商品能否为他们所接受和信赖的关键在于，广告能否准确、真实、清晰地把产品的形状、颜色、质感、功能、操作或使用方法、附加价值等信息呈现在人们面前。在这里，商品自身的信息传达是不可或缺甚至是至关重要的。但这并不意味着信息型广告与美无关，只能枯燥地传达硬性的知识和信息。恰恰相反，这类广告同样是美的存在形态和人们的审美对象，同样可以通过艺术技巧的运用最有效地将商品知识介绍给受众。

一方面，现代的产品不仅拥有高科技赋予它的实用价值，而且随着现代技术美学在生产实践中的广泛应用，生产者越来越意识到产品造型的美观可以增加产品的附加价值，继而可以吸引受众的注意，赢得他们的好感，于是开始讲究商品外观的线条美、色彩美、造型美、包装美等。这类美感附加价值在人人追求个性化的现代社会，往往取代原有的使用价值成为产品的核心竞争力，手机市场的竞争就充分说明了这一点。相应地，广告创作者在设计这类产品的广告时，可以以产品的这些附加价值给人的情感、心理带来的审美感受为诉求点，凸显其中的美学因素。

另一方面，信息型广告也可以通过在产品拍摄过程中对光影、色调、虚实的恰到好处的处理，拍摄角度的选择，形式美规律的运用，实现广告构图的新颖别致，再加上语言措辞的鲜明生动，合适媒介的选择，新技术的应用等，来增添广告的审美因素。

总之，综合运用各种表现手段比单调乏味的解说和呆板生硬的展示具有更大的“可读性”“可看性”，可给人带来较强的审美感受。

4.2.2 情趣型广告

1）情趣型广告的含义

情趣型广告所表现的商品往往与人们的日常生活密切相关，产品的内涵很简单，使用方法较为简易和明显，不需要大张旗鼓地介绍，例如饮料、服装、皮包、饮用水等。这样，在为这类商品设计广告时，就有较大的发挥余地，可以运用多种多样的艺术表现形式和表现手法，塑造出各式各样的艺术形象，创作出富于浓郁生活气息和人文情感的色彩、画面、文字、情节，并用这些去表达人们对美好生活的感受，满足人们对生活美的追求和美化生活的愿望。

2）情趣型广告的美学特点

情趣型广告在所有审美类型的广告中，所占比重较大。这与生活类用品在人们日常生活中的覆盖面较为宽广有关，也与这类广告具有更大的艺术表现空间有关。没有生命的产品可以通过三维动画等拟人化的技术使之变得活灵活现；极平常的日用品可以随着轻快的音乐伴奏翩翩起舞；很大众化的产品可以通过漫画形式的艺术夸张获得别具一格的意味；抽象的解说可以经过形象化处理而变得妙趣横生。情趣型广告的表现可以是文艺式、动画式、幻想式，也可以是怀旧式、生活形态式、幽默式等。即使是文字广告，其广告用语也可以借助巧妙的艺术构思，强化其抒情状物的功能，做到情趣盎然。就连许多人眼中“不苟言笑”的品牌广告，也大有文章可做。比如美国一家眼镜公司的品牌由O、I、C三个字母组成，在为其设计品牌广告时，广告创作者将其编排成恰似一副架在鼻梁上的眼镜，而其读音恰恰是“Oh, I see”（啊！我看见了）。这个创意可谓是亦庄亦谐，乐趣无穷。人们在购买日用品时，不必像购买高投入商品那样，需要详细了解商品的功用才购买，而大多是即兴购买，感性多于理性，往往由于商品的颜色、图案、包装等引起了自身的兴趣或受到广告的感染而迅速作出购买决定。因此，广告在对这类商品进行宣传时，自然要动用一切可以动用的艺术表现方式，去引起消费者的兴趣，赢得消费者的喜爱，诱导消费者产生购买的冲动。

4.2.3 艺术型广告

1）艺术型广告的含义和美学特点

艺术型广告一般具有较强的形象塑造力和艺术色彩表现力，故常富有深刻的审美内涵和意蕴。其宣传的产品大多是满足人们精神层面需要的，如电影、音乐会、芭蕾舞、旅游、珠宝、工艺品等。这些产品往往被当作精神食粮或用于彰显身份、个性等，所以商品本身就富有艺术美、自然美、形式美等特征，本身就是艺术的化身、美的存在形态，本身就具有很高的审美价值和情趣，这些都为产品广告的创作提供了可供发挥的素材，即进行再创作。广告创作者可以在广告设计的艺术性上下大功夫，使广告在传达出商品本身具有的艺术价值的同时，也成为一件艺术品。

2）艺术型广告和情趣型广告的异同点

艺术型广告和情趣型广告既有共同点，也有差异性。它们的共同之处在于，由于所表现的指称对象自身的一些特点，因此它们可以采用多种艺术表现形式；艺术手段的采用和艺术形象的塑造，可以引发受众美好的联想，赢得他们的好感。此外，这两类广告都诉诸人的情感，容易引起情感共鸣。

艺术型广告和情趣型广告的不同之处在于：

(1) 表现特征上的区别：由于情趣型广告主要针对大众消费者而做，因此往往采用娱乐的方式，艺术处理较为轻松、随意、幽默和大众化；而艺术型广告往往针对特定的高层次消费者群，再加上表现对象自身的艺术特征，故而在创作上追求艺术形象的完美和艺术境界的高雅，以设计出近乎纯粹的艺术品为目标。

(2) 审美对象上的区别：情趣型广告以最广大消费者为对象，希冀人人产生兴趣；艺术型广告则对目标受众有较大的、较稳固的选择性和针对性，只希望特定受众对产品发生兴趣即可。

(3) 欣赏方式上的区别：情趣型广告主要表现为直觉愉悦，具有消遣性、娱乐性；艺术型广告则主要表现为情感体验，具有鉴赏性。前者常常先产生审美快感，后者则令人反复品味其审美意蕴。

4.2.4 综合型广告

1）综合型广告的含义

随着广告制作技术的提高和人们对广告的审美要求越来越高，出现了融合多种审美类型于一身的广告，如既有信息告知，又有艺术创意，甚至不乏情趣，这类广告我们把它定义为综合型广告。

2）综合型广告的美学特点

在信息极度丰富的今天，消费者无时无刻不处在广告信息的包围之中，他们对于纯理性化、灌输式的广告早已熟视无睹，甚至无形之中还产生了对此种广告的排斥心理。现在的受众要求在接受广告信息的同时寻求娱乐，所以，除了基本的信息传递之外，审美因素被认为是主导广告风格的最主要的元素。我们必须考虑“旧的元素，新的组合”。于是，十分单纯的情趣型、信息型、艺术型的广告已经开始逐渐减少，而整合了上述几种类型长处的综合型广告应运而生。综合型广告可以同时满足受众获取信息的需要、精神享受的需要、审美的需要，具有唤起受众心理共鸣和产生直觉愉悦的强大力量，而这一点是其他类型的广告所无法比拟的。所以，综合型广告必将被越来越多的广告创作者所采用，进而成为业界一大趋势。

4.2.5 广告审美类型的选择

尽管广告的审美类型和产品类型有一定的对应关系，却并不是绝对的。例如没有生命的产品，哪怕是再大型的产品，也可以通过电脑三维动画处理合成，成为有生命力的艺术形象。同样的，枯燥无味的信息传达也可以变成生动活泼的人物对话。

所以，选择什么广告审美类型去进行产品宣传和促销，除取决于产品本身的性能特点外，还要考虑到受众的心理意向、广告战略的意图、广告的时效性等问题。下面分不同情况来分析：

（1）新产品上市：多采用信息型或信息趣味综合型的广告形式。因为它要借助广告，使目标受众了解和熟悉新产品的特点、它与其他同类产品的区别等具体详细的信息，但又不能太理性，故可以运用一定的艺术手段，取得独树一帜的广告效果。

（2）激烈竞争的同类产品：广告多在趣味性和艺术性上下功夫，以图在广告大战中脱颖而出，吸引大多数消费者的注意，赢得他们的好感，使他们选择该产品而远离其他同类产品，建立高度的品牌忠诚。因此，这类产品可选择情趣型、艺术型、综合型的表现方式。

（3）以树立企业形象、品牌形象为主旨的长期性广告：要注重强化审美诉求和情感诉求，故大多数偏向于艺术型或艺术情趣综合型。因为其形象大多偏重于象征性和联想性，与产品几乎没有多大的联系，所以往往倾向于渲染、描绘出一种意境，以期给受众一种关于企业、品牌的心理联想和个性化的形象表达，如万宝路香烟广告（男子汉气概）、伊云矿泉水广告（青春健康）等。

（4）独特销售卖点（USP）明确的产品要与同类竞争：其广告往往要围绕产品的USP大做文章，期望传达出产品的与众不同之处，所以四种广告类型均可以选择。

（5）媒体对广告的类型选择也有影响：如报纸更适合于信息型广告，路牌更适合于艺术型或情趣型广告，电视适合于情趣型、艺术型、综合型广告，广播更适合于情趣型广告，网络广告可采用多种审美类型。

4.3 现代广告的审美规律

现代广告的审美规律和实用艺术的审美规律有相似之处，都有别于艺术品的纯粹精神审美规律，以实用功能为主，审美功能为辅，且审美功能附丽于实用功能。

但广告审美和实用艺术审美又有所不同。严格说来，广告审美也是实用艺术审美之一，但实用艺术美主要指产品的美，是附丽于功用之上的美，并逐渐由产品之美扩而大之到包装装潢之美、营销手段之美、营销行为之美等。这些都是为了销售产品，其审美价值和产品紧密相联。广告的目的也是推销产品，但它脱离商品实体，以媒介为载体，采用各种艺术表现方法来说服消费者接受指称对象。因此，它是介于产品和受众之间的一种中介之美，其审美规律主要表现在产品与受众的关系上。这样，广告审美不但要从商品本身出发，而且尤其要重视消费者的需求，只有如此，才能较准确地把握现代广告的审美规律。另外，广告活动是一个开放的动态系统：广告的信息来自于生产和流通领域，广告的内容来自于现实生活，广告的表现形式来自于艺术和文化积淀。故广告体现着现实社会的政治、经济、文化以及悠久的历史，具有文化和艺术品质，具备审美规律和审美功能。因此，研究和掌握广告审美规律不但对广告艺术创作具有很强的指导意义，而且更有助于把握受众对广告的认知和感受，还有助于推进我国文化和艺术的发展。

4.3.1 真实性审美规律

1）真实性是广告审美的根本性规律

（1）真实性

所谓真实性，是指广告无论以什么方式宣传内容、传达信息、塑造形象都必须真实可靠，准确无误，不能弄虚作假，吹嘘夸大；对于商品品质、功能、材质、加工以及造型、装饰等都必须实事求是地介绍和说明，绝不允许以次充好、以假乱真，造成对消费者的欺骗和误导。

美是客观对象的感性形象中所体现出的真、善、美相统一的审美价值。只有建立在真、善基础上的美才是真正意义上的美。启蒙主义哲学家狄德罗曾说过，真、善、美是紧密结合在一起的，在真或善之上加上某种罕见的、引人注目的情景，真就变成美了，善也就变成美了。所以美是内容和形式的统一，内在与外表的统一。真、善、美是相容类种的关系。真是美的最根本的基础，美必须包括真、善，善中也必须包含真。广告是向消费者介绍和推荐商品、说服消费者认知和购买商品的一种有偿传播形式，也是一门实用性、功利性、说服力极强的艺术。它的目的在于，引起消费者的注意并激发其购买欲望，与此同时提升产品形象、品牌形象和企业形象，提高知名度和美誉度。

（2）真实性尺度的把握

正由于广告处于科学和艺术的交会点上，因此，一方面，它必须以事实为依据，严格而准确地表述指称对象的品质和功能；另一方面，它又必须以艺术表现为手段，劝说和感染受众对指称对象的亲和和认同。这两者关系尺度的把握常常使广告成为一个激烈的矛盾体：消费者利益和国家广告法规要求广告内容必须真实，而广告主和广告公司自身的利益又促使广告“含有虚假内容”或“打擦边球”。

①从广告主占有市场、建立和提升品牌形象的长远考虑，从维护消费者的利益和产出社会效益出发，广告的内容更应该真实，以诚信为本，一是一，二是二，不能以虚假信息欺骗消费者。

广告界有一句经典名言：“说什么比如何说更为重要。”说什么，是指广告的内容、本意、信息等；如何说，是指文案的加工、构图的创新、音乐的渲染等艺术手段的采用。其中，前者是后者的基础，后者令前者锦上添花。如果脱离了前者，即使后者再天花乱坠，也只能归入虚假广告的行列。因此，真是广告的基础，善是广告的灵魂，在真善的基础上，创造出优美的或出奇制胜的形象，就是广告力求的真善美的统一。

②由于消费者不可能做到与每一件商品面对面地接触，再加上现在的许多商品又是高卷入的科技密集型产品，因此消费者必须通过一定的认识中介去获取有关产品的真实而全面的信息。广告就是认识中介的一种重要形式，所以广告中的信息必须实事求是，来不得半点虚假，否则会害人害己。

③中外广告法规无一例外都强调真实性。我国《广告管理条例》规定：“广告

内容必须真实、健康、清晰、明白，不得以任何形式欺骗用户和消费者。”世界广告大国美国的广告法规中，特别强调防止不正当竞争，制止虚假广告。早在1911年，美国的广告联合俱乐部就提出了广告必须真实的口号。此后，美国立法部门制定的广告法案明令禁止欺骗性的广告宣传。英国1995年颁布的广告新法规也强调广告应该“合法、适当、诚实、真实”。

以上三点充分说明，真实性是广告的生命，真实性是广告的灵魂。真实性的规律，始终是广告首要的和基本的法则。真实性关系到广告、商品、企业的信誉，关系到消费者对它们的印象，因而绝不能在真实性上有丝毫的马虎。广告只有在真实性的基础上，运用艺术手段去赋予产品魅力，才能使消费者受到情绪感染和直觉愉悦，广告也才具有实用艺术美。

（3）虚假广告

①虚假广告及其形式。所谓虚假广告，是指直接向消费者提供虚假的信息，或者利用消费者心理上的弱点、语言方面的模棱两可之处去误导消费者的广告。它违背了广告真实性的审美规律。现代市场经济飞速发展，物质极度丰富，市场竞争机制日趋完善和规范，消费者的权益也受到了越来越多的维护。在这种情况下，广告真实性的问题受到了普遍的重视，一系列相应的广告法规也陆续出台。但是，虚假广告仍然层出不穷，成为广告市场上的一股浊流，丑化了社会环境，也污染了人们的心灵。我们对此要给予充分的重视。

虚假广告的形式可谓五花八门：有的吹嘘夸大功能效用，言过其实；有的以承诺为诱饵，骗人上钩；有的利用人们举一反三心理，移花接木；有的冒充名牌，李代桃僵；也有的在表现中形成误导；甚至还有无中生有，公然诈骗……

②虚假广告的负效用和整治举措。营销效用是广告的基本效用，是广告的重要职能。虚假广告给产品的营销带来的只能是负效用，这种负效用是难以估量的。首先，降低了消费者对广告、广告主、广告公司的信任度；其次，损害了消费者的经济利益乃至身心健康；最后，破坏了社会风气，造成负的社会效益。因此，要加大整治虚假广告的力度，采取有效措施规范广告市场。

2）广告的艺术夸张和真实性的统一

在谈过虚假广告违背了真实性的原则之后，也许有人会问：广告的艺术夸张是否也违背了真实性的审美规律？

（1）艺术真实和生活真实的关系

要鉴别广告的渲染描绘是否真实，首先要解决艺术真实与生活真实的关系问题。这原本是一个艺术理论问题。我们知道，广告也是一种艺术，是科学加艺术，至少包含着很强的艺术性。因此，无论从理论上还是从事实上都无法回避这个问题。所谓艺术真实，是指作者在生活真实的影响感召下所产生的情感和思想的形象表现，也即作者根据自己的体验对生活真实的提炼和再创造。艺术作品不能凭主观臆造，要来源于生活真实，但又必须符合艺术的规律。作品符合艺术真实的规律，才有感人的魅力，易于引发人的心理和情感共鸣，从而使人获得真实感。例如李白的诗句“燕山雪花大如席”，一下子使人眼前出现燕山满天鹅毛大雪飞舞的壮阔意境，其实李白根本没有去过燕山，但他创造的这个艺术真实却使人感到真切、形象、自然。谁也不会去计较雪花直径的大小，只有塞上漫天大雪这个真实的感觉。如果有人写出燕山雪花“大如叶”“大如钱”来，不但不会感染人，甚至会引起人们对“钱”和“叶”大小的仔细考证来。这是因为这种描写不符合艺术真实，由于较接近生活真实，反而与生活真实混淆了，使人们丢弃情感和意境，将注意力集中在与真实生活的比较上。由于毕竟不是生活真实，结果往往使人以假当真。这种不符合艺术真实的表现，从来为艺术家们所摒弃，但是却被一些广告人所青睐。他们特别看重的是这种方法可以诱人以假当真。于是许许多多的虚假而难辨的广告，就在这种艺术表现的大旗下制造出来。

艺术家说“大话”（夸张等艺术加工），说得自己如醉如痴，说的“大话”离奇古怪（如李白怀念长安的“狂风吹我心，西挂咸阳树”），反而说得真实（情感灌注，进入角色），别人也听得真实。其实这些艺术家委实真诚得可爱，他们的艺术方法不过是一种表现真诚的手段。而有些所谓“精明”的广告创作者则将艺术方法当作表现虚假的工具。他们写广告是在玩弄“明修栈道，暗度陈仓”的计谋，其目的在于骗得“项羽”上钩。

（2）渲染法运用的尺度把握

运用渲染法表现怎样才算真实？关键是广告提供的感知对象会使受众获得艺术真实而不是生活真实。

例如美国有两个皮箱广告，一个是报纸广告，画面是轿车压碾皮箱，而皮箱安然无恙。一个是电视广告，画面是一辆大型载重汽车将水泥马路上的皮箱压碾到入地十多厘米的深度，取出箱子后，路面出现箱子陷入的长方形凹槽，而皮箱却完好无损。这两个广告都采用了同一艺术表现手法表现同一指称对象，给受众的感受完全不同。第二个广告显然不是生活真实，是一种艺术夸张，不过采用了夸张手法表现此箱的坚固品质。而第一个广告给人的感受在似是而非之间，有些受众认为是生活真实，确实是商品的品质说明，有些则认为是夸张。这种广告最容易造成误导，在艺术创作时，必须详加说明。

（3）广告艺术≠纯粹艺术

还有一点需要说明：我们不能完全将艺术作品中的艺术真实和广告艺术表现中的艺术真实等同起来。

艺术作品属于纯粹艺术，广告作品属于实用艺术。前者只有间接精神功利性，没有直接物质功利性。它是要给人一种意念启发和情绪感染，它的功利目的表现为开放式，人们可以在长时间内甚至永久性地理解它和感受它，这便是人类永恒性艺术的秘密。

广告艺术则不同，它有着直接的物质功利性，它给人的一切启发和感染只是一种手段，为了达到一定时间范围内认知的广告意图，达到销售的目的。这种目的性表现为封闭式，这使得广告艺术手段必然集中表现指称对象的某一特征或某几个主要特征，并使受众在感受广告艺术表现时认知产品的某一个或某几个主要特征。

总之，广告艺术无论怎样震撼人、感染人，必须在一定的时限内回到对指称对象的认知这一现实目的上来，这一点是它与纯粹艺术表现出的艺术真实的根本区别。

3）广告艺术表现真实性应遵循的原则

广告艺术表现的弹性品格（艺术真实与生活真实界限的界定）具有明显的模糊性和随意性，很难采用监控系统来鉴别。为了对其中的虚假进行有效的辨别，必须制定一些原则来把握。这些原则既要从广告的现实状况出发，在实际运行过程中，能够判断出广告是否有误导消费者和损害消费者利益的企图，还要有利于广告市场的健康发育和规范运行，而不是妨碍和束缚广告市场的发展。

从这样两个因素出发，我们认为，广告艺术表现真假的识别原则应主要包括：

（1）比喻不出歧义。比喻是广告艺术表现的常见形式，较易引起歧义，使消费者误解，因此，广告比喻必须消除歧义。

广告比喻有三种。一是明喻，这种比喻必须冠以比喻词。例如那则著名的童鞋广告，以手喻鞋，标题："像母亲的手一样柔软舒适"，"像"字一出，歧义全消。二是暗喻，这种比喻必须使喻体与本体分离。例如美国一则特快专列电视广告，画面是一群缓慢蠕动的蜗牛在爬行，音响却是交通堵塞时真实的嘈杂之声，音、画使喻体和本体泾渭分明。三是抽象比喻，企业形象类广告常常用它来表现一种理念，这种比喻要做到意向传达。如国外一家冶金公司为自己的又一次巨大的风险投资做广告，用"咬子弹"来做这种比喻，其画面使人一看便知远离生活，明显要说明某种意向。

（2）夸张不致乱真。夸张手法最易形成虚假，是广告辨伪的重点。夸张要使人一眼看出，不致误信。乔治·葛里宾为不缩水的"箭牌"衬衫创作过一则著名广告，说"我"的朋友乔被别的缩水衬衫的领子勒死而变成了马；还有如法国马丁尼酒的醇香诱天外神女飞来等，这些夸张使受众一目了然。

有些夸张容易造成误解，应在画面或文字中有意示明。松下干电池广告中，启动卷扬机将一个巨人吊在半空，取掉一节电池，巨人掉入水中。这则广告易使人误以为小小电池竟然有如此大的功能。于是广告又专门拍摄一个镜头：从若干串联的电池中取下一只，示明落水为断电所致，达到纠误的目的。艺术夸张类广告不宜对直接性能夸张，也要防止近于事实，似是而非。例如有些广告把某一医疗器械说成"家庭医生"，几乎无所不能；再如索尼彩电广告说，"你是成功的父母吗？给孩子请一位全天候全能的教师吧"，很容易形成误导。

（3）即此论此，防止"意错"。所谓意错，可与"视错"类比，即指意念中形成错觉，如"龙生龙，凤生凤"、看古知今等。许多广告艺术表现利用人们这种类推心理进行有意误导，如渲染历史、荣誉和名人评价，目的在于：用过去，包装现在；用优质，包装劣次；用名人，包装自己。有些甚至在产品质量急速下滑的情况下，依然用往日的荣誉瞒天过海。也有用整体包装个别的现象，即扛上著名企业的牌子，将个别不合格产品出售给消费者。鉴于这种状况，广告艺术表现要求即此论此，表现对象与销售对象同一，防止受众产生意念错觉。

(4) 两种真实的界限必须明确。许多广告集两种真实于一体，既有神采飞扬的艺术感染力，表现出艺术真实性，又有实实在在的商品或劳务信息，表现出生活真实性。这种广告，要求两种真实的界限必须明确，使人既受到感染，又不致迷途。

(5) 感受类广告表现要求生活化。一些与人们日常生活联系紧密的商品，其广告常常采用消费者使用的感受（即消费者证言式）来表现，因为消费者更容易相信同伴消费者的说法。这类广告必须表现得真切、自然，不要采用远离生活的方法去追求奇异的感受效果，那样反而给人不真实的感觉。

(6) 朦胧类的广告表现不宜文案再渲染。现在国外许多广告追求朦胧感，着意营造一种氛围，引起人的通感和联觉，从而感受商品。为了不致出现理解的随意性，这类广告的文案不宜再多采用渲染描绘的手法进行艺术表现，而应该采用显示说明法，进行切实的表达。

(7) 广告承诺的表达必须具有可兑现性。这类广告一般不宜采用艺术渲染的手法，应表现出刚性品格，表达必须明确、具体。

(8) 特殊商品广告一般不宜采用渲染描绘的方法表现。女性卫生用品、用于治疗特殊疾病的药品等属于特殊商品，其广告表现为敏感区，务必要真实恳切。

(9) 广告表现应有文化把握。广告是一种文化现象，广告对象事实上组成了一定的亚文化圈、文化丛、文化细胞。不同文化主体具有不同的文化心理积淀，表现为思维模式、行为模式、心理模式的差异性。广告创作和广告感知也会表现出这种差异性，尤其是艺术表现形式。这就要求我们在鉴别这类广告时，一定要进行文化把握，以免由于不同国家、地区、民族甚至不同的相关群体等文化心理和习惯的差异而对广告的真实性作出错误评价。当然，除了这些主要原则外，还要遵循一定的伦理道德原则以及其他一些具体的原则。总之，广告的生命在于真实，在具体操作中，要对广告的真实性予以足够的重视。

4.3.2 竞争性审美规律

1）竞争性是广告审美的一般性规律

(1) 竞争性的表现：市场经济的核心特点是竞争性。随着整合营销时代的到来，我国的物质和精神产品极大丰富，由卖方市场过渡到了买方市场，市场竞争进入白热化阶段。

在这种形势下，消费者成为决定企业生存的举足轻重的力量，成为真正意义上的“上帝”。各个企业、各种产品争先恐后、使出浑身解数，试图满足目标受众的需求，真正做到使消费者满意。这里特别要强调的是，竞争的武器究竟是什么？是“打扮”，是装饰，是艺术性，是审美价值。现代的消费者，由于自身经济条件的改善和提高，再加上商品的日趋同质化和选择余地成几何倍数地扩大，他们的需求已不仅仅停留在生理、安全这样的低层次上，而是向自我尊重和自我实现这样的高层次过渡。相应地，产品竞争的武器也不应该仅仅是质量、功能、价格等“硬件”，更应该是产品能给消费者带来的附加价值等“软件”。掌握和揣摩消费者的心理偏好，了解竞争对手的特点和弱点，形成自己产品的核心竞争力，如产品给人以与众不同的个性化感受，这才是现代商场的竞争之道、制胜之道。

（2）广告竞争性的表现：企业间、产品间竞争的加剧，使得广告市场的竞争也十分激烈，广告大战愈演愈烈。作为推销商品、开拓市场的利器，广告本身就具有强烈的竞争性。如果说商品这个“待嫁娘”尚且还有一些静处待嫁的矜持羞涩的话，那么作为她的“红娘”的广告则要直接站在前台，在消费者面前极尽劝说之能事，只求能给商品寻着“婆家”。在这场交易的过程中，广告成了沟通的桥梁，起到商品销售“助推器”的作用。那么广告这位“红娘”靠什么武器在竞争中脱颖而出呢？当然是靠她眉飞色舞的描绘，巧言劝诱的言辞，活灵活现的表演，真实诚信的承诺等，即靠她的劝说艺术和魅力感染。这是一种不同于商品美——静态艺术的美，而是一种集造型、行为、语言、表情、心理满足等多项艺术手段于一体的综合性的美。因此，广告审美的竞争性更为复杂而强烈，更应该对它进行认真研究和把握。

2）关于比较广告

任何一类商业广告都有其竞争性。竞争性广告按其针对对象的具体情况，可分为笼统战略竞争性广告（即广告中并不指明特定的比较对象，往往以“一般产品”“同类产品”等隐含形式进行比较，也叫间接比较广告）和直接比较广告（即广告中明确涉及另一品牌的商标或名称）。下面谈一下比较广告。

现代意义上的比较广告诞生于19世纪30年代的美国。在比较广告的发展过程中，各国对待比较广告的态度有极大的差异，存在着两种长期相持不下的态度：一种认为比较广告是有益且重要的，应该支持，如英国、美国、荷兰；另一种认为比较广告无助于资源的节约，只会带来难以排解的纷争和混乱，应该反对，如比利时、卢森堡、意大利和德国。

3）增强广告审美竞争性的方法

（1）恰如其分、实事求是地评价商品，不可言过其实、文过饰非、任意吹嘘，这样很容易造成消费者的反感和逆反心理。劝诱语言和感情表达等艺术表现，往往是素胜于华，朴高于饰。就像古典诗词一样，平淡、朴实无华是一种很高的美学境界，因为它更容易征服人们的心，更具亲切感，更容易感染人。

（2）敏锐地抓住商品和企业（即广告指称对象）的优点和特点，这对消费者最有意义，是广告宣传艺术表现的基点，应抓住这个基点不放，从而设计出恰如其分的艺术表现形象，运用合适的艺术表现载体，去表现这个基点，并将这一基点通过广告审美过程传达给消费者，使之获得审美愉悦，最终接受指称对象。

（3）准确地适应受众的需求心理和接受心理。需求心理属于市场营销范畴，接受心理属于文化审美范围。广告诉求和艺术表现一定要准确捕捉特定受众的特殊需求和接受心理，以做到准确到位。

4.3.3 重复性审美规律

1）重复性是广告审美的重要性规律

许多商业广告都倾向于采用多次重复出现的方法，反复刺激消费者，给消费者留下较为清晰、深刻的印象。这就是广告审美的重复性。为什么广告要多次重复呢？原因在于广告的无效率太高。有专家测定：人一天接触上千个广告，存留在大脑中的只有极少数，绝大多数被遗忘了。在心理学上有一条关于加强记忆的规律，即反复刺激，强化高级神经暂时联系。现代市场竞争的主要目标是企业形象和商品形象的竞争，而广告正是树立商品形象、企业形象的重要工具之一。为了克服遗忘，树立形象，并增强受众记忆的牢固性，采取重复刺激的方法是广告的一大特点，于是重复性也就成了广告审美的重要性规律之一。重复会不会造成受众的厌烦、逆反心理呢？这个可能是存在的。任何一般事物的多次重复都会造成人的反感。但人们对于美好事物、具有较高审美趣味的艺术作品，则是百看不厌，甚至还会产生"一读一回新""一看一回新"的感觉。这就要求广告要在美学因素的运用上下功夫，要有可观赏性，让人回味无穷。

2）在实践中应注意的问题

（1）重复的运用要适可而止，否则过犹不及，如果无休止地运用重复，形成大脑神经疲劳，受众反而会视若无睹。就像抗生素服用过多，身体形成抗体，就算以后吃得再多，也无济于事一样。克服这一问题的方法之一是在重复中有所间歇，形成韵律，这样就会收到良好的效果。例如新产品上市，必须集中力量重复播出广告，以求在受众心目中留下印象；随着产品进入成长期和成熟期，广告的重复次数可适当减少，采取间歇播出的方式，以强化受众对产品的记忆。这样做不仅不会招致受众的反感，反而可以使他们形成关于商品的牢固的印象。

（2）重复性审美规律在实行的过程中不是一成不变的，也可以采用变化的重复。一方面，可以在同一创意思路下，运用不同的广告形象、广告人物；另一方面，也可以在品牌核心价值（定位）不变和创意关联的前提下，追求广告的系列化。变化的美有规律地重复可以收到令受众百看不厌的广告效果。

4.4 广告审美心理

广告的美学规律研究，除了从现实广告本身研究分析之外，也应十分重视对广告受众的审美心理进行分析和把握，这样有助于同广告受众进行深层心理沟通，进而加速其采取消费行为，取得更好的广告效果。

4.4.1 广告受众审美心理的差异与沟通

1）审美心理差异性

人的审美心理具有很大的差异性。人的审美心理的形成与人的社会实践的范围、条件有关，与人生存的社会环境以及个人的教养、素质等有关，这样就形成了人们形形色色的审美心理倾向和审美心理能力，对同一审美对象，是美是丑，是善是恶，是高是低，是亲是疏，便产生了各自不同的感受。这种现象，不只表现在纯粹艺术上，对于实用审美对象的刺激也是如此，如现代服装流派可分为庄重型、浪漫型、潇洒型、传统型等，各自有不同审美心理。又如不同时代有不同的审美观念，而审美观念实际是不同时代带有共同性的审美心理。同一时代审美心理也会因年龄、社会经济、文化地位、民族宗教、地域环境等的不同而异。这种审美心理差异同样表现在对广告的审美上。

（1）不同审美主体的审美心理

①从表现形式和风格来看，不同受众对广告的形式和风格有着不同要求：广告的形式主要有画面图像（包括商标、标志）、广告语言、音乐和音响，这些形式因素的和谐统一构成广告的形式。

画面图像是最主要的形式因素，它是由线条、色彩、影调等造型语言构成的。线条、色彩、影调等形式因素普遍存在于自然界和人们的生活中，由于世世代代实践经验和心理反应，这些本无感情的形式因素带上了丰富的感情意味。例如，以男性为受众的广告中通常大量使用直线条或冷色调，表现出刚硬强劲、理智冷静的形象特征，很容易得到男性的心理认同。相反，女性往往更偏爱曲线和暖色调，这与她们温柔母性的内在心理是分不开的。

广告语言、音乐和音响也很重要，对人们心灵具有很强的冲击力。如“壮骨关节丸”的广告，因为面向国内受众，又是中国传统的中药制品，为了引起受众的心理共鸣，广告采用了二胡演奏的“龙的传人”的振奋旋律来表现，深深地触动了受众的民族情结和历史积淀感，唤起了他们强烈的民族文化认同心理，所以广告的效果很好。

广告形式还包括不同的广告形象类型，如知识传达型、生活趣味型、艺术表现型等，通常知识分子比较喜欢知识传达型，平民百姓多关注生活趣味型，而年轻人可能更偏爱艺术表现型。不过这三种类型还可以细分为若干具体类型，如知识传达型可分信息型、品牌型、效果型等，生活趣味型又可分为品味型、幽默型等，艺术表现型可分为情节型、审美型、刺激型等。之所以能细分这么多的类型，也是因为大的群体中因为种种因素还存在广告审美心理差异，所以说形式的多样化与审美心理的复杂性之间有着密不可分的关系。广告的风格十分丰富，主要有浪漫风格、庄重风格、喜剧风格、质朴风格、后现代风格等，不同的风格同样对应了不同的广告审美心理。如恋爱中的男女自然对浪漫风格比较感兴趣，工人或农民则喜欢质朴风格的广告，从事艺术创作的人或爱标新立异的新新人类很有可能更加欣赏后现代风格等。

②从表现手段来看，不同受众倾向于不同的广告表现方法和媒介载体：图像表现手段的广告在普通大众中极受欢迎，光幻律动表现手段的广告年轻人喜欢的较多，而语言艺术表现手段的广告却容易受文化层次较高人群的青睐。另外，老年人

爱听广播广告，小孩子喜欢看电视广告，白领常买中高档杂志和报纸，因而对上面的广告关注更多，还有喜欢上网的人通常也经受不住网络广告的诱惑等。

③不同受众的审美心理不同，即使是同一受众，其审美心理也会随着诸多因素的变化而变化。

前者很明显地表现在东西方人的广告审美心理差异上，如东方的广告常常强调神秘、含蓄、典雅、人情味和浓重的家庭观念，而西方的广告往往更多偏向于幽默、荒诞、刺激和性感。当然，同是东方文化或西方文化，也因不同的国度和地区表现出相异的广告审美心理。如荷花深受中国人民喜爱，是纯洁的象征，经常被用作广告的形式因素，但是，在一衣带水的日本却为人们所厌恶，在广告中是不会出现它的踪迹的。

后者也很容易理解，如年轻时和年老时喜欢的广告类型差别就很大，年轻时可能更喜欢快节奏的，而年老时则偏爱慢节奏的。同一个人在不同环境下的审美心理也有变化，如在热带和寒带对暖色和冷色的心理感受就有不同。

值得强调的是，当今时代流行趋势的变换越来越快，这对于那些爱追赶时尚的人们来说，无疑大大增加了审美心理变化的影响因素，从服装和化妆品千变万化、推陈出新的大量广告中就可见一斑。

（2）新的审美心理差异为广告准确把握受众心理提出了新的难题

首先，现代市场营销强调市场细分化，而且细分化的程度越来越高，这就意味着不同细分市场的受众已经无法接受一般性的广告审美心理，他们需要的是对他们这一细分群体具有很强针对性的并能完全同其他细分群体相区别的广告。因此广告一定要有特色，要能打动目标对象的特定的广告审美心理。

其次，现代人的个性化心理需求越来越强烈，不愿追随大众潮流，热衷于表现自我，彰显个性。这是随着社会文明程度的提高，人们自我意识逐渐恢复的一种表现。在营销领域已经出现的新趋势之一就是大规模定制个性化产品，如汽车、房屋、电脑等。所以，为这些产品做广告比为细分化的市场群体做广告显得更为困难，因为在这里需要把握形成审美心理差别的细微性特征，因人而异的特点的确很难在广告中准确表现出来。

再次，随着物质生活水平的提高，人们的精神化心理需求日趋明显。很多时候，人们已经不再满足于商品提供给他们的使用价值，而是希望在获得实用功效的同时，还能得到一种精神上的享受或情感上的愉悦。其实这种心理早已被高度关注，许多品牌不遗余力地宣传它们的个性和可以带给受众的心理体验，就是想通过增加商品的附加价值来满足消费者的精神需求。不过，这当然给广告与受众的审美心理沟通造成了不小的困难，也是内蕴类广告表达方法现在被广泛采用的重要原因。

最后，对日益受人瞩目的逆反心理需要特别注意。营销要面向未来，自然不能忽视正在成长的年轻一代和少儿群体，把握他们的审美心理无论对现在还是将来的营销工作都有十分重要的意义。

总之，对广告的审美心理存在差异是非常正常的现象。在许多情况下，似乎有大致相同的同一性，其实，在相同的前提下也会有许多细微的差异性。差异性是绝对的，相同性是相对的。了解了这些，我们就能够正确对待这种复杂的审美心理现象，寻找规律，采取对策，收到最佳效果。

2）受众审美心理差异性的形成因素

审美心理形成的根本原因是人生存和实践的环境和条件。如果生存环境条件相同，便会形成大致相同的审美偏好和趣味。正因为如此，18世纪英国艺术理论家、美学家越诺尔兹（J. Reynolds）说："由于习俗，我们才偏爱欧洲人的肤色而不爱非洲人的肤色，同理，非洲人也偏爱他们自己的肤色。我想没有人会怀疑，如果非洲画家画美女神，他一定把她画成黑皮肤、厚嘴唇、平滑的鼻子、羊毛似的头发……我们根据什么说他的观念不恰当呢？我们固然常说欧洲人的模样和肤色胜过非洲人的，但是除掉看惯了之外，我们找不出任何理由。"同一民族，所处的地理环境、生活习惯、宗教信仰等社会条件基本相同，因而具有大致相同的审美共性心理。同一年龄阶段的人也基本如此，因为他们在不同年龄段的社会实践环境中经历着不同年龄的社会实践内容。男女性别更是如此，在长期社会历史中形成了男女有别的社会心理和审美心理。影响广告审美共性心理的社会条件总的说来，可以分为四个方面：环境条件、习俗条件、生态条件、阶层条件。这四方面条件中，又各包含一些具体不同的条件。

（1）环境条件

环境条件主要是指人生产生活实践的一切客观环境，其中包括时代、国度、地域、城乡等。环境条件形成的根本原因是物质生产。时代的发展、社会的进步，总是离不开社会物质生产水平的提高。社会物质生产状况的不同决定了政治制度、意识形态的不同，形成了不同的时代特征。国度是一个复杂的综合体，其中民族习俗条件也很重要，但现代国与国之间的差别根本还是经济制度、生产方式以及由此决定的上层建筑。地域因素中主要是自然地理条件之别，但自然地理条件直接影响到物质生产。城乡差异、集体（这里主要指工作单位等）差异，主要还是反映了物质生产状况的区别。所以，要研究形成广告审美共性心理的环境条件，必须认真考察物质生产和社会实践状况。

①时代：时代是一个纵向的历史范畴。我们之所以把时代归于环境条件，是因为广告审美的时代特征总是以"横断面"环境形式出现的。不同时代，存在不同的广告审美共性心理。每一个时代的审美趣味，总是出现在该时代的特定环境中。即使在同一时代内，也会因社会政治经济等原因而发生变化。我们要掌握各个时代实用艺术的风格特点和审美心理，就要从经济基础、政治制度和实用艺术的历史资料入手，认真研究，发现其共同性和差异性。

研究时代因素主要为了现代所用。从对过去时代的规律性因素的研究和比较中，我们还发现现代实用艺术发展的时代特征，从研究现代经济、政治和艺术中也会发现和预测广告审美心理的时代性要求，以作为指导广告创作和营销的一项重要美学依据。

现代人对广告审美的时代感要求特别强烈，这种心理普遍存在于各种类型的消费者身上，尤其是青年消费者。因此，我们要着重对广告审美心理的时代性特征进行研究。

②国度：国度是一个综合性因素，其中包括物质生产的水平和方式、政治、地域、宗教习俗、自然条件等一系列内容。这里我们主要指物质生产的水平、方式和社会政治条件以及生活观念。

世界上不同国家消费者的消费方式和消费心理的差别主要取决于该国的科学技术发展、物质生产状况和生活水平。大体上说，当代世界上的国家可以分为三类：

一是科学技术发达，经济力量雄厚，生活水准高的国家及地区，如美国、欧盟、日本以及中东一些石油输出国。这类国家的消费者对广告审美的要求是，广告中的商品造型外观优美、精巧、奇特。他们在追求现代化和科学化的同时，也流露出对文明古国传统艺术的浓厚兴趣。

二是科学技术正在起步、经济力量正在增强的国家，如中国、印度、巴西等亚洲、拉丁美洲大多数国家，大洋洲以及欧洲一些国家虽然较为发达，但从总体看也应属于这一类。在这些国家里，消费者对广告形象方面体现现代化科技水平的情感因素要求特别强烈，如商品的材质美、简洁明快的风格和抽象图案等，因为在最新现代科技特征上寄托着人们的需求和理想。

三是科学技术比较落后、发展速度较慢、经济力量比较薄弱的国家，包括非洲大多数国家、拉丁美洲一些国家和长期进行战争的国家如柬埔寨、阿富汗以及中东一些国家。这些国家的消费者对广告审美的需求较为淡漠，对广告诉求的商品功能比较侧重，对广告中商品造型的装饰一般重在民族特色。

国度因素决定的共性心理还常常表现在长期形成的某种生活观念和传统成见上，这些观念和成见产生了不同国家的许多广告审美的禁忌。例如，泰国重佛，忌用佛像装饰商品和广告，索尼公司在泰国投放的一则广告中采用了佛的形象，遭到了泰国人民的反感和抗议，最后不得不撤掉该广告。在我国，人们认为“9”比较吉利，常将其应用到广告中，而在日本，“9”则被看作不吉利的数字加以避讳。这些不同国度的喜好和禁忌直接影响消费者的广告审美习惯和心理。

③地域：地域因素主要指国内地区与地区之间（大到北方和南方，小到一个省的不同地区），国际上的洲际间（如非洲地区、欧洲地区）和地区之间（如东南亚地区、北欧地区）的差异，还指地理位置的差异，如寒带地区与热带地区。地域差别往往与自然资源、地理位置和地形物产的条件有关，而这些条件又直接影响着社会经济的发展。地域因素对审美共性心理的影响也是很大的。例如，上海和西安同是大城市，但消费者因地域差别而引起的审美共性心理就各不相同。以服装而论，上海地处沿海，受外来影响大，轻工业非常发达，上海人很重时尚性。西安则地处西北，较为闭塞，土厚民淳，加之为我国历史古都，表现在人们的审美心理和行为上就是重传统性。以色彩的审美而论，有的色彩学家认为色彩的审美心理与地区有关。例如，南半球居民对自然变化反应明显，喜欢强烈的鲜明色，而北半球居民则

对自然变化反应慢，喜欢暗淡柔和的色彩。

研究地域因素十分重要。在现代营销竞争中，不但要调查研究不同国家的广告审美共性心理特征，还要调查研究不同地区的审美共性心理特征。

④城乡：严格说来，城乡差别也属于地域因素，因为我国城乡差别对广告审美心理影响特别大，故特为表出。我国城市和乡村的差别是十分显著的，这是我国社会经济、文化长期发展变化的结果。城乡这种社会状况的差别影响着人们的审美心理，尤其是广告的审美心理。在农村，就色彩而言，人们喜欢对比鲜明的颜色，所以农村的广告画面一般单色居多，形成较强对比。在城市，人们多喜高雅、素淡，喜不同色彩间的协调和谐，所以广告多表现为调和色。

就广告商品形象而论，总的来说，农村喜体现传统特征的形式，如圆、方、对称、厚重等传统形式的造型，城市则偏重于体现现代特征的形式，如喜欢表现现代科学技术情感的抽象几何图案，多样变化和构成主义形式的造型等。

必须指出，我国农村的面貌在改革开放后发生了显著变化，农村人民的审美趣味也在迅速地改变。在许多地区的农村，农民的收入和商品购买力有了较大幅度的提高。这种状况使农民的消费观念发生了很大变化，对商品和广告的审美趣味开始向城市靠拢。尤其是农村中的青年人，他们不满足于以往的审美要求，打破了保守和传统的藩篱，努力学习城市人的生活方式，对具有现代化情感的商品和广告需求越来越迫切。

对这种在农村迅速发展起来的审美心理趋势，应当予以充分重视。但是，农村趋向于城市，却并不完全等同于城市，广告设计者和营销人员应及时了解和满足他们新的商品和广告审美需求，赢得这一重要市场。

（2）习俗条件

习俗条件主要指人们在社会生活中长期形成的风俗习惯和宗教信仰等。能够体现习俗条件的社会因素主要是民族，因为不同民族最明显的特征在于风俗习惯和宗教信仰。当然民族的形成及民族特征的形成也与地域、经济状况有关，但在这里，我们主要探讨长期形成的民族习惯和意识观念对广告审美心理的影响。民族是一种社会现象，不同民族的生产生活（尤其是生活）方式、性格、行为等有很大的不同。在长期的历史发展中，由于客观自然条件、生产方式和历史文化传统以及宗教信仰等各种因素，形成了本民族的风俗习惯及特定的美学观念和审美趣味，也形成了广告审美的民族共性心理。例如，黄色在中国古代汉族统治者那里被认为是尊贵祥瑞之色而专为帝王使用，所以在中国一些表现汉民族特色的广告中经常见到，而基督教徒则认为黄色是卑劣可耻的象征，因传说出卖耶稣的叛徒犹大即身着黄色，因而在广告中使用得很小心。民族习俗条件给消费者审美趣味带来的影响也是不断变化的。这种变化的原因是多方面的，有社会政治的原因，也有生产力发展、社会文明进步的原因。

因此，我们研究民族习俗对广告审美心理的影响，不仅要看到其静的一面，更应把握其动的一面，看到其发展变化。

（3）生态条件

生态条件一般是指人的生理因素，如年龄、性别、肤色（指人种的肤色差异，而非同一人种中个人肤色的差异）等。但这里有必要指出，我们所说的生态条件不是指年龄、性别、肤色等生理因素本身，而是指社会性在生理因素上的体现。例如，青年和老年年龄不同，他们各自有不同的广告审美心理，这种心理是在长期社会实践中形成的，所以我们所说的生态条件主要是指其生态的社会性。按照上述标准，我们把人的生态条件分为年龄周期和性别差异，至于人种肤色差别问题，由于多表现在民族、地域和国别等差异上，故在此不再论述。

①年龄周期：可以分为少儿期、青年期、壮年中年期、老年期等。

A.少儿期。儿童和少年主要指学龄前儿童和初中及以前阶段的学生，他们正处于人生年龄周期的初级阶段，大脑机能正在发育，因此，他们与成人相比有着很大的生理和心理差异。少儿的认知活动，基本形式是直觉，表现为对客观事物的感性认知和模仿。认识世界缺乏深度，认识人，只注重自然性，缺乏社会性。他们甚至常常把人和动物以及外界其他事物放在一个平面上看，这就是他们看重动物，对动物感兴趣的基本原因。他们的这种感性直觉性还表现在看事物突出局部性，缺乏整体性。因此，他们特别喜欢用品造型和广告形象上有局部的夸张。此外，这种感性直觉性还表现为很强的可塑性。他们好动，注意力极易转移；他们还好幻想，喜欢提出各种新奇的问题，对神话尤其感兴趣，这也是由于缺少实践经验和理性所造成的。少儿身上表现出的这些心理特点，要求我们对他们的商品和广告设计应注意以下审美特征：注重模仿造型，尤其是对动物的模仿，也应有对成人商品的模仿；在造型和图案上应多用幻想，多用夸张手法，并力求体现出具有喜剧幽默的风格；另外还要形式多样，丰富多彩，切忌广告形式的单一化。

必须指出，少儿后期，即初中阶段的学生，随着知识的增加和生理的发育，他们的心理特征与少儿前中期有明显的差异，如他们对模仿的兴趣已开始下降，而幻想兴趣尤增，由对神话的幻想转为对科学的幻想。他们对儿童时期的那种幼稚的纯形式的夸张和幽默已不感兴趣，而要求在夸张和幽默中增加一定的社会内容，并开始重视商品的实用性等。这种变化，也应在广告中体现出来。

B.青年期。青年正处于人生生命周期精力最旺盛的阶段，已不像少儿期那样幼稚，其脑机能已经成熟，具有一定程度的科学文化知识和社会生活经验，有的已从事一定范围的社会实践活动，成为创造世界的生力军。其心理特征表现为活泼奔放、情感丰富、感觉敏锐、善于创新、富有理想等。因此，青年对广告审美的最主要的心理特征是追求时代感和崇尚时尚性。在现代，这种时代感和时尚性主要表现在：反映时代潮流、风格和情感；体现现代科学技术发展的水平；表现社会上当前最流行的某种风尚、时髦和特色。这几点都表现在广告的新、奇、美的特征上。

C.壮年中年期。壮年中年期是人生生命周期中相对稳定的阶段，也是人的生理和心理完全成熟的阶段。壮年、中年人大都以重要角色参加社会实践，获得了比较丰富的社会经验。他们有较强的事业心，又有成就事业的途径和方法，这使得他们的思想由青少年时期的幻想型转入现实型，思维较深刻且具有理性。他们不仅承担着各种社会责任，也是家庭的主要负责者。随着年龄和经验的增长，他们的性格也由活泼变得持重起来。另外，由于他们在社会中负有较重的责任，经济状况开始优越起来，这又使他们变得比较自信，因而常常要显示出他们工作和生活的能力和活力。壮年、中年人这种心理状况决定了他们对广告审美的心理特征。他们首先关心的是办事效率，这反映在对广告的要求上是要讲求实际、可靠。

一般而言，壮年、中年人对名牌比较向往，但是他们与青年年龄周期相毗邻，昨天的消费趣味还深深留在脑海里，尤其是壮年人，他们不愿让青春年华轻易逝去，所以仍然对商品和广告的时尚性有着很大的兴趣，只不过不如青年人那样强烈。对太“时髦”、太“出格”的商品和广告他们兴趣并不大，他们最喜欢稍带一点传统风格的商品广告。至于中年人，则更持重一些，他们感到时髦已经不适合自己了。但是必须指出，随着我国经济的振兴，中年人的审美要求也空前强烈起来，他们要求在自己生活中体现现代科学技术的魅力和自我尊重的动机。对家用电器、家具灯具和交通工具等所谓“硬性商品”，他们要求在广告中看到最新产品和名牌产品，而化妆品、装饰品、衣料时装等所谓“软性商品”，他们则希望广告能多表现质量，体现一些传统性，但也要有一定的时尚性。中年人这种两重性广告审美心理是比较复杂而微妙的，很值得认真研究，在广告创作中绝不可采取简单态度去对待这一部分消费者。因为，他们的审美心理是复杂的，而他们的购买力是强大的。

D.老年期。老年是人生生命周期的垂暮阶段，这一时期人的生理发生很大变化，机能衰退，对外部环境和生活条件的适应性越来越差。因为记忆力衰退，加上长期生活习惯的影响，老年人头脑中很少建立并保存当前各种事物的暂时神经联系，而大量保存着的是对过去的牢固记忆。

老年期的这种生理和心理特征的变化，形成了区别于中青年的广告审美共性心理：希望广告重在说明商品使用起来能有利于特有的生理机能，不要求为了美化而在广告中影响这种机能的诉求，美化装饰是为了服从这些功能。在广告商品形象的美化方面重传统性，尤其表现在对传统名牌产品的老形象、老商标的执着。对他们用的“软性商品”，不要在广告中轻易搞过分的时髦设计。当然，也有的老年人不甘衰退而讲时尚，如20世纪80年代中期，日本出现的一些高龄老人特别喜欢“花哨”的社会现象，广告中他们穿着色彩浓艳、质地优良的服装，向社会表示他们“没有衰老”　“老当益壮”，从而获得一种精神上的满足。

②性别差异：性别差异也是形成不同广告审美共性心理过程中的一个重要因素。性别差异有男性与女性之别。男性广告审美心理与女性有很大差别。这种差别的原因表面看来是由于性别造成的，实际上却是长期社会实践形成的社会性在男女不同性别上的表现。男女生理上的差异，在社会分工中起着不同的作用，在家庭中也有不同的作用，加上几千年来传统观念的影响以及现代家庭和伦理观念的变化，男女双方都有着差别明显的社会性。例如，男性多承担社会重任，在社会生活的重要领域，与男子相比，女子处于相对次要地位。但是对于家庭而言，女性的地位非

常重要，她是联结丈夫、孩子和老人的纽带，是家庭事务的组织者和主要管理者。男女在社会生产、生活实践中的地位和作用的不同，形成了他们不同的观念和素质。这些观念和素质表现在家庭内部，男子本能地认为自己应当保证家庭物质基础稳固。因此，在广告内容方面，他关心最基本的生活用品，如交通工具以及大件家具、家用电器等不易损耗的所谓“硬性商品”。女子则本能地认为自己是家庭主妇，应该使家庭生活舒适、幸福、美满，特别关心家庭的美化。在广告内容方面，其关心最多的是“软性商品”，如首饰、化妆品、小百货、时髦家具、小型家用电器以及其他装饰品等。

应该指出，男子关心购买的广告商品一般是“永久性”的，并不需要频繁地去旧购新。女子关心购买的广告商品一般是易耗商品，需要更新换代和重复购买，因而女子成了这类商品广告最主要的诉求对象，这就决定了这类商品广告的无限广阔性。这是我们研究性别因素的一个重点。据统计，家庭消费品购买决策者以女性居多，因此，我们必须十分重视对女性广告审美共性心理的研究。

女性有着与男性明显不同的广告审美心理。一般而言，男子注重广告中商品的功能，女子注重广告中商品的审美。

男子虽也有审美要求，但没有女性强烈。男子要求审美价值偏重于粗犷、刚直、庄重、大方、古朴、高雅等美学风格，喜欢冷色系的各种色调。女子则要求审美价值偏重于活泼、文静、清新、精巧、秀美、妩媚、婉曲等美学风格，喜欢暖色系的各种色调，对于冷色系中的绿、青等色也颇有兴趣。例如，对于服装广告，男子体征伟直，客观上和心理上要求广告表现服装笔挺、端庄；女子体征柔曲，则要求广告表现服装窈窕、秀婉。在形成购买意志过程中，男子一般多受理性支配，考虑广告中商品的物理、化学性能与社会环境协调一致等因素较多。女子一般多受情感支配，考虑广告中商品外观造型美化和体现情感特征的因素较多。男女对广告审美的这些不同心理特征表明，广告设计和营销要深入调查研究，“硬性商品”的广告形象要重男性的审美要求，与此同时，要充分重视女性的审美趣味，有的放矢地研究“软性商品”的造型、装饰，以满足广大女性消费决策者的审美要求。

（4）阶层条件

阶层条件主要是指人的经济状况、职业状况、文化教养以及由此而决定的人的生活方式等。对这些形成不同阶层条件的重要因素，应予以认真研究。

①经济状况：经济状况是广告审美要求变为现实的根本条件。人的审美需求属于高层次的心理动机，它是建立在基本物质条件满足了生理动机需求的基础之上的，一定的经济条件才会使这种动机得以实现。尤其对于广告美，由于它是依附于实用价值之上的，因此，经济状况的优劣与广告审美需求心理动机的实现程度关系更为密切。这里我们所说的经济状况，主要指消费者的经济收入。

必须指出，经济收入是一回事，人们对经济收入的支配方式是另一回事。后者也与商品广告审美心理密切相关。例如，一个城市青年职工有50 000元存款，一个农村的青年农民也有50 000元存款。青年职工面对商品涨价的现实，认为货币可能不断贬值，因此决定用这笔资金购置车、电冰箱等现代化商品，改善自己的生活条件，提高生活水平。所以他自然会更加关注这些商品的广告。而青年农民最关心的却是购置木料、砖瓦来修建新房，至于日用商品，则认为应一切从俭。这种由消费者对资金支配方式的复杂性所决定的不同的广告审美心理，也是营销工作中必须加以重视的。

②职业状况：职业状况对广告的审美心理影响很大。这是因为：美的客观社会性产生于社会生产生活实践中，而职业是社会实践的一种形式。不同职业标志着这种社会实践的内容和范围的不同。同一职业的人们从事着相同的社会实践和审美活动，必然受一定职业环境审美观念的影响，具有相应的广告审美共性心理。受职业因素影响的广告审美共性心理也较复杂。不同职业审美心理和审美趣味有较大差异。一般而言，农民喜欢朴实，工人喜欢新颖，干部喜欢庄重，知识分子喜欢典雅，商人追求时尚，军人喜欢清新，文艺工作者喜欢奇特。以色彩而论，工人、农民喜欢鲜明色，知识分子、干部喜欢稳定色，军人喜欢单纯色，文艺工作者喜欢调和色。

即使在同一职业内部，人们也会因为细分不同的工种而具有不同的审美心理。例如建筑、石油工人和仪表、纺纱工人各自的审美心理和趣味就不相同。前者一般尚豪放、粗犷，后者一般尚婉约、精巧。

③文化教养。文化教养包括以正规教育、自学、环境熏陶等方式达到的文化水准和文化素养等。文化教养之所以对审美心理具有重要作用，是因为文化是人类社会实践的精神形式，人们的审美理想及其所创造的审美价值，集中地凝聚在文化形式里。文化水平的高低，标志着审美理想的高低和对美的理解能力的程度的高低。在现实生活中，文化水准和文化素养较高的人，审美能力、艺术欣赏水平可能就比一般人要高些。一般说来，文化教养与审美的广度和深度密切相关。文化教养越高，审美活动就越广阔，越深刻。广告审美也是如此。例如，曾流行一时的宇宙色，对于它的美感和理解，文化教养不同的人感受是不同的。文化教养较差的人认为它不过是一种新奇的“时髦”而已，而文化教养高的人则认为这种新的美的形式是人类探索宇宙新纪元开始之后兴起的，它的美寄托着人们对未来科学和文明的向往。可以说，任何一种审美对象，文化教养不同的人都会有不同的心理体验。文化教养不同的人有不同的广告审美心理，当然也就有不同的审美要求。文化教养越高的人，对广告审美价值追求越精神化、抽象化，他们追求的广告美不仅仅在形式上，更在其中的韵味、精神蕴涵上。文化教养不高的人多追求广告的形式，要求形式多变、新奇而且具体，对色彩的对比效果等也有一定要求。所以，广告设计和营销要因不同文化教养的消费者不同的审美趣味而异。

3）受众审美接受心理的特征

（1）探究：探究是一种带有强烈的情绪色彩的意向活动，它以认识兴趣为其动机的最现实、最活跃因素，这样就要求广告作品能产生新异刺激以引起暂时兴趣，从而使广告受众在探究心理支配下让接受行为变得更积极主动。

（2）觉差：“觉差”即感觉差异。现在的人们每天被动地让广告包围着，无数的广告确实使消费者烦不胜烦，而消费者在对广告排斥与企图由广告受益的心理矛盾中，最优选择的落点应在强化刺激上。要强化刺激就必须和其他同类刺激或熟悉的刺激拉开差距，显出不同。心理学指出：同类刺激物之间的差别量必须达到一定的限度，才可以使人觉察出来。这个限度，即同类刺激物之间刚好能引起差别感觉的最小差别量，就叫作“差别感觉阈限”，或称“最小觉差”。广告受众都在面对的广告信息群中选择最能引起自己注意的信息。对特别强烈、特别刺激、特别陌生而有意思的信息，挑选得特别严格和敏感，而且往往接受下来并不易忘记，好感也常常由此而生。一个广告的推出，必须在众多同类者中寻找到这种“觉差”并加以适度夸张，才能让消费者青睐，让他们特别觉察并产生兴趣。幽默风趣、顺口押韵的广告词听多了，那种只有在厨房中才能听到的“煮咖啡声”便异军突起；悦耳流畅、声情并茂的广告歌听多了，那种只有亲试烹饪才体验到的“香肠煎炒声”便能投受众所好。这便是“觉差”为熟视无睹的消费者带来的广告接受效应。

（3）忘情：在某旅游广告中，你看到画面中被命名为阿诗玛的石柱时，起初你以一种“现实”的态度去注释，它不过是钟乳石的石柱而已，可是当你想起美丽的阿诗玛的传说时，你的心境倏然间改变了，眼前的石柱随之变了，那坚硬的石块变得柔和了，那转折生硬的轮廓变得流畅了，那坚硬的石质变得丰腴了，于是一个神态活泼、楚楚动人的“阿诗玛”站在我们面前。这就是广告审美接受心理的一个非常重要的特征——忘情，即潜意识地进入想象和钟情的心理过程。上面所说的最后那个阿诗玛形象，已经不是石柱的形象，而是我们的想象和情感赋予它的形象。究其过程，可以说是特定的环境和特定的自然形象为我们营建了一个特定的心境。特定的心境又激发了我们一种特定的情感，特定的情感又呼唤出了与之相吻合的我们头脑中的一种形象。当我们头脑中的阿诗玛形象与石柱交融成一体时，原本的石柱便隐退了，幻化出一个颦笑动人、婀娜多姿的“阿诗玛”。她发乎自然而又不同于自然，外部自然只是一种死的物质，而想象和情感却赋予她以生命。自然好比未经冶炼的矿石，而心灵则是一座熔炉。受众在忘情的过程中获得了强烈的广告审美感受，对广告的接受和记忆程度大大提高。现代广告的审美趋势之一是力求简洁，但又不失内蕴的丰富性。大量的广告借助联想、想象和情感互通，让受众在脑海中对形象进行补充和完善，利用受众记忆深处的形象和情感因素使其对广告形象也产生好感，在不知不觉中达成心理认同。

（4）抗遗：美国曾经有一个叫作“蕾格丝”的女性裤袜电视广告，其品牌名称在该广告中反复出现了12次。这明显地运用了加深“记忆痕迹”的心理规律，也可称为“抗遗”，即抗拒遗忘。人的记忆，是人大脑对过去经历过的事物的反映，记忆其实是对遗忘的抵制。如果消费者对广告信息没有记忆，便失去了在消费行动中对该商品的再认，也就是丧失了购买的原发欲求。“识记—保持—再认—再现”是记忆的基本过程，其全部生理机制可以揭示为暂时神经联系的形成、巩固和恢复的过程，即一定的神经冲动，通过一定的通道进入大脑，在大脑的有关神经元之间由于反复作用形成暂时联系，再由于巩固作用，在大脑皮质上留下痕迹。广告受众的记忆，就在于这“痕迹”的不断加深和巩固。如上面所说的“蕾格丝”广告，在很短的时间内，受众对“蕾格丝”这个品牌，已连续完成了与感知密切联系的“瞬时记忆”和被特别加以注意的“短时记忆”，以及通过有意的重复的“长时记忆”这“初级—次生—高级”的记忆三阶段。

所以广告制作者应保证记忆的各个环节能发生相应连贯机制，注意受众“记忆痕迹”的心理效应。下面四种增强广告信息记忆效果的方法是常用的：①利用多次重复，强固“记忆痕迹”。一般像“蕾格丝”电视广告这样重复12次的品牌是较罕见的，但以像美的牌风扇的“美的风扇，美的享受，要买风扇，请认明‘美的’牌风扇”这样的重复来强固消费者的记忆是常见的。②利用直观的、形象的信息，甚至有时使用新奇形象的信息传递，增强消费者对事物的整体印象，形成一种清晰透彻的“记忆痕迹”，如实物的展示、使用操作的出现等。③利用通俗易懂，简短精练，幽默风趣的语言突出商品关键性信息，其实是留下特殊的“记忆痕迹”。④利用强迫记忆。这是运用长时间的视听觉重复产生的效果，是通过反复强迫把信息输入受众的记忆。

4）打开沟通之门

沟通，是和消费者心灵的交流，但若把消费者的心灵想象成来者不拒的信息接收站便大错特错了。沟通是一种艺术，与消费者沟通不可避免地会遇上三道心理之门。只有正确找到打开这三道防线大门的钥匙，才能使沟通渠道畅通无阻，最终到达消费者心灵深处，与他们进行最直接、最有效的对话。

这三道心理之门即沟通的三个层次，分别为沟通的需求层（即消费者对产品的利益关注点）、接受层（即消费者对信息接受的文化符码水准）、兴趣层（即消费者对广告创意与表现的趣味点）。只有在这三个层次上获得消费者的认可，才能顺利通过心理之门，完成沟通使命。

（1）沟通的第一道心理之门——需求层

需求层是消费者通过使用产品希望满足的需要和欲求。广告与消费者沟通在需求层上打开心理之门的钥匙是利益点，利益点是能满足某种需要的利益承诺。只有广告诉求的利益点和消费者关注的利益点吻合，才能在需求层上引起消费者共鸣。所以，广告诉求利益点的选择必须无条件服从消费者需求的关注点，这一点在沟通过程中至关重要。不同的消费者有不同的利益关注点，而且每个消费者的利益关注点也呈现出多样性和有序性。如某消费者购买某产品时利益关注点可能有功能、外观、品牌等，但这三个利益关注点不是平分秋色，而是有一定主次顺序的。这将依消费者的消费观念和个性特征而定。随着经济的发展，人们在解决基本需要之后，对自尊和自我实现的需要日益增强。人们在消费商品的时候越来越明显地受内省式自我评价和外显式社会评价的支配。自我评价是消费者在消费行为过程中期望得到一种良好的自我体验的认定。社会评价是消费者在消费行为过程中期望得到的社会的认定和赞誉。自我评价和社会评价决定了消费者利益关注点的选择及排序。

①自我评价：自我评价因人而异，不同个性、素质、价值观、生活观的自我评价者，其有意识选择的利益关注点不同。

不同的自我评价影响了不同的利益关注点，同样，不同的利益关注点也体现了不同的自我评价。自我评价受时间、空间的影响而发展变化。例如，随着个人消费者社会责任感的增强，他会逐渐把自我评价定位于“我是一个有环保意识的人”，从而把“无磷”作为选择洗衣粉时的主要利益关注点。广告与消费者沟通是要通过调查分析目标消费者的自我评价，找准主要利益关注点，并对其集中诉求。自我评价是一种内省式心理体验，和社会评价相比，通常更在意个人的感受，而社会评价是一种外显式心理体验，往往需要通过他人的认可来达到内心的满足。

②社会评价：社会评价是在生存和文化环境影响下产生的一种心理需要。在马斯洛需要层次理论中属于较高层次的需要，具有典型的社会性。从社会评价到利益关注点是消费者为满足这种心理需求来指导自己的消费行为。与消费者沟通就是要从各类特定目标消费者渴望得到的社会评价出发，在广告中着重诉求能满足这种心理需求的利益点，引起消费者的共鸣。社会评价也是随时间、空间的变化而发展变化的。

③自我评价和社会评价的关系：自我评价和社会评价是对立统一的关系。自我评价受社会环境影响，期望的社会评价又受消费者个性特征的制约。两者不可割裂开来。自我评价和社会评价是统一的。如消费者购买服装时注重品牌，他的自我评价是“我是一个有社会地位的人”，同时他希望得到同样的社会评价。自我评价和社会评价的统一，强化了共同的利益关注点，在沟通时就要以这个利益点为诉求的重中之重。自我评价和社会评价又是对立的。例如，就消费者在选购洗衣粉时自我评价“我是一个节省的人”来说，他会关注洗衣粉的用量和价格。但若周围的人都使用价格较高的环保型洗衣粉，迫于社会舆论压力，他会希望得到的社会评价是“他是一个注重环保的人”。自我评价和社会评价的矛盾使消费者将两者结合起来，在利益关注点上形成需求组合，即既环保又经济。广告在与消费者沟通时要兼顾这两种需要，以需求组合作为主要利益诉求。当购买者和使用者是不同消费者时，利益关注点的选择更趋复杂化，如母亲给孩子购买儿童食品，母亲关注的利益点往往是营养和健康，而孩子却关注食品的口味、包装的趣味性甚至附赠的小玩具。广告在此时面对两个沟通对象，在需求层上应兼顾两者利益，不可偏废。若忽视购买者的利益关注点，则购买行为可能不会发生，若忽视使用者的利益关注点，则消费行为可能会因使用者的拒绝而不会长久。广告要抓住两者利益结合点进行诉求，才能使消费行为持续下去。

（2）沟通的第二道心理之门——接受层

沟通的双向性特点决定其关键在于消费者的接受。接受最基本的条件是信息载体——文化符码的同一。人类的信息特性由来已久，现代信息社会不过是将载体扩大到电子领域而已。文化符码过去是，现在是，今后将永远是信息传播最基本的手段。所以，广告沟通必须十分重视文化符码的可接受性。从符号学的角度来看，人类是创造符号和进行符号活动的动物。在符号创造与活动中存在两种形式：表现符号和推论符号。表现符号如绘画，推论符号如语言文字。在长期的交际实践中，人类建成了这两种符号体系，各司情感沟通和思想沟通，共同完成着信息传播和交流。商业广告是人类在商品交换中创造的一种重要的符号形式。这种符号，有着最明显的信息传播功能，而且同时兼有表现和推论两种符号形式。广告是一种典型的综合性的文化符号体系，研究广告的文化符码的同一性、接受性至关重要。广告文化符码具体表现为广告的文案和图像。广告与消费者的成功沟通建立在消费者对广告文化符码的客观识别基础上。

①文案。文案即广告中的语言文字部分。对文案的识别由浅入深，从一般到特殊可分为两个层次：其一，对字形的识别和对字词基本含义的认知。消费者对字形有一定的认知范围。文案中所使用的文字若超出这个范围，就会超出消费者的文化领域而造成一定障碍。随着对外交流的深入和发展，在中国的广告中越来越多地出现了外文，尽管其对于丰富文案内容，活跃文案风格起到一定作用，但也要考虑到消费者对外文的认知程度。其二，对特殊语言组织方式的认知，主要是修辞方法、方言、俗语的认知。修辞方法的使用要注意其可理解性。只有被消费者认同和理解，修辞方法才能发挥其更贴切地表达语义的作用。否则，运用不当的修辞只会阻碍与消费者的沟通。方言和俗语受时间性、地域性制约。在文案中运用方言或俗语要考虑到消费者的经验领域，如南方方言在北方可能让人费解，北方俗语在南方可能不被人知道，这样就发生沟通困难。"吃嘛嘛香"作为京津一带方言，让外地人尤其是南方人不甚明了，只有那些谙熟京津方言的人才知道"吃什么什么香"的原意。

②图像。图像视觉冲击力强，并对准确传递广告信息起着重要作用。图像需具有可解读性，才能更好地和文案配合，完成沟通的使命。图像的可解读性体现在它和消费者生活经验的结合。生活经验不仅包括消费者对图像本身的识别，还包括对图像特定含义的知解。例如，用文房四宝的图像来烘托浓郁的文化氛围，消费者不仅要认识这是文房四宝，还要对文房四宝所蕴含的文化气息有所了解，这样才能准确理解广告图像意图。广告在运用图像的时候要注意消费者的生活经验，要考虑图像及其含义是否在消费者生活经验范围之内。文案和图像在消费者的经验领域内具有可解读性，这是广告与消费者沟通的前提条件，也是顺利通过沟通第二道门的先决因素。

(3) 沟通的第三道心理之门——兴趣层

消费者关注广告的利益诉求点，同时也能理解和接受广告的文化符码，那么，是否对广告的诉求方式和创意感兴趣，便形成了广告与消费者沟通的第三道心理屏障。广告的总体风格影响了消费者对广告的第一印象。创意在营造总体风格的时候要考虑消费者在何种风格下产生何种情绪，在何种情绪中最容易接受产品。选择恰当的风格是诉求方式或创意的氛围和特定产品在特定消费者主观感受上的对位。诉求方式和创意本身都体现一种风格，或严肃或诙谐或刺激或优美。特定消费者对特定产品总是乐于以某种风格接受，如儿童对玩具乐于以活泼、趣味性的风格接受；女性对首饰乐于以温馨浪漫的风格接受；男性对科技产品乐于以严谨、现代感的风格接受。风格是一个广告的感情基调，在合适的基调下传递广告信息，有助于消费者更好地接受产品。在传统的切入角度下改变切入方式，也可以产生新颖的创意。新的切入角度和切入方式均体现了创意的偶得性原则。创意的创新也要具有时代感，符合现代审美趋势。不管采用何种角度、何种方式，切入利益关注点时一定要直接、快捷、准确。现代快速的生活节奏和资讯爆炸的市场，使消费者在购买产品时采用“浅尝资讯式购买决策”，这就要求广告与受众的沟通必须清晰，易于理解。寓意复杂、晦涩的创意很可能首先被受众拒之门外，沟通更无从谈起。即使受众努力去理解这类创意，也会由于理解过程中的挫折感而使沟通效果大打折扣。

打开第三道门，与消费者的沟通才真正实现。沟通的道路是曲折的，面临三关的考验，广告与消费者的成功沟通关键在于找到打开这三道心理之门的钥匙——在沟通的需求层上找准消费者的利益关注点，接受层上考虑消费者的文化符码接受水平，兴趣层上研究特定消费者对特定产品乐于以何种方式接受。只有在沟通的需求层、接受层和兴趣层上对受众的广告审美心理准确把握，才能顺利到达消费者心灵深处，最有效地传达广告信息。

4.4.2 广告受众审美心理类型

根据对目前广告作品中的大量现实现象的分析，受众审美心理的类型主要有以下几种：

1）重温情心理

随着现代生活水平的提高，人们的需求动机精神化、情感化，在购物中表现为需要对商品、品牌进行情感认同。针对受众重温情心理创作的广告富有人情味，能够运用诉诸人情感的创意打动人心。它作用于人情、人性，是一种重要的心理抚慰和情感满足，具有深沉美感。它主要是通过各种艺术手段对受众进行感情诱发，使受众与广告产生情感共鸣。这种心理类型运用得比较多的是日常生活用品的广告，尤其是软性商品如服装、面料和女性用品等的广告。

（1）重温情心理的成因

广告由最早的标志型（幌子）到后来的重理型（道理说服）以及到现代的重情型有一个发展过程。重情型兴盛发展于近代尤其是现代社会，重情型广告的发展趋势体现了广告本身的发展趋于成熟化，因为人们越来越明白动之以情比晓之以理对受众的诱导力大得多，深厚得多，但主要还在于人们审美观念随着现代社会生产生活方式的变化而发生的变化。

首先，现代社会工业生产取代繁雕缛饰、富于艺术个性的手工业生产，而出现了大量的标准化、雷同化的现代工业产品。尽管这种产品随着现代产品形态学的发展在一定程度上克服了工业初期的苍白面貌、呆板神态，但出现的以简洁明快为特征的工业产品却失去了昔日手工产品千姿百态、面孔各异的个性。标准化、模式化的工业品、建筑物、教科书、符号信息等随着机器生产的高速度大量体现在外形上面，拦住我们的视野，成为我们主要的视觉对象和感受对象。这些没有个性、失去情感的审美对象虽然培养了我们工业时代的新的审美趣味和能力，如形式美、抽象美和系列美等美感，但却同时使人们产生了对多样美、具象美、自然美、个性美等美感的失落感，形成了审美心理失衡。于是人们迫切需要召回自然，召回个性，召回人情味和丰富多彩的情感世界，便特别产生了对大自然的美和深情厚谊的人情味的渴望。

其次，现代市场经济人与人的利益关系，社会组织中的契约关系使得社会世态淡化情感而重视制度和理念，这种情况反而激发了人们的情感回复的本能。这些都被现在纯粹艺术注意到了，被许多实用艺术注意到了，被广告注意到了。许多广告正是突出情感，以情打动人心，取得诱导成功的。

最后，人们接受一个事物，即包括从认知、认同到商品购买意志的形成，感情感染往往要比理性说服效果更好。例如，金融类的产品向来都是在广告中不厌其烦地将利益点一一摆出，俨然一位理性十足的理财专家，而我国台湾某银行曾经专门针对女性推出了一款“玫瑰卡”，广告宣传却大反其道。广告语“认真的女人最美丽”一出即刻轰动宝岛，引起千千万万女性受众强烈的情感共鸣，不仅成为当年台湾最受欢迎的广告金句，而且创造了“玫瑰卡”的销售奇迹。

(2) 针对受众重温情心理创作的广告表现形式

①要求温馨意境，即通过刻画使用商品而带来的美好感受和意境来感染受众。例如，“柔柔的风，甜甜的梦”这一电风扇的广告语很自然地将受众带入一个优雅舒适的睡眠环境中，身心愉悦的状态不禁让人心驰神往。

②要求情感本能，即富有人情味，如体现亲情、友情等人类基本情感，多为具体细节表现。例如，在一则童鞋广告中，一双稚嫩圆实的小脚被掬放在年轻母亲的手中，构成了一幅美丽的图画。广告词“像母亲的手一样柔软舒适的儿童鞋”不但表现出母亲的爱心，更表现了一种无与伦比的柔软和舒适感，而这种感觉对年轻母亲具有极大的感染力和诱惑力。这则广告人情味表达自然、感人、影响深远，对受众产生了极大的心灵震撼。

③要求人文关怀。从社会大环境来说，为了顺应人们情感回归的本能，成功的企业总是把人文关怀、情感关爱作为制定营销战略的基础。

④爱情永恒。爱情是人们历来歌颂的对象，美好的爱情总是具有震撼人心的力量。

(3) 广告创作要点

重温情是一种审美价值很高的现代广告诉求目标，温情就是一种感情境界的审美，就是一种美感享受过程。需要注意的创作要点是：

①情感诉求必须把握对位原则。在现实生活中，情感需求是具体的，非笼统的，不同消费者具有不同的性格、气质、爱好和情感心理，而广告总是以特定的目标消费者为对象的，所以准确把握特定消费者的情感心理十分重要。

②温情表现要力求细腻化、真实化，具有较强的感染力。要善于发现和挖掘日常生活中可以引起人们情感趣味的素材和细节，并以此为基础构思创意，选择恰当的表达方式。只有人情味鲜活生动，贴近生活，才能吸引受众进入角色。但切忌画蛇添足。

③重温情要特别关注现代人的情感方式和价值观，如对上网的迷恋和对高科技的钟爱等，以便更有效地指导广告的创作。

2）寻刺激心理

寻刺激心理指受众对广告艺术审美的一种激起情绪亢奋的心理需求，如一个奇异的构想，一个反常的画面，一种令人惊异的动作、声音乃至色彩等。出其不意，突兀出现，引起人的注意，诱发人的激情，产生强烈的心理震撼，从而获得奇谲美、变异美、对比美。追求刺激是现代一部分广告受众一种重要的心理状态，尤其是中青年消费者，以男性居多。这种心理的美学价值在于激发一种积极的心理状态，获得经受恐怖艰险的痛快淋漓的满足心态。

（1）寻刺激心理的成因

寻刺激心理的形成原因较复杂。首先，现代激烈的竞争环境，尤其是市场竞争与广告竞争，已使人们的接受心理钝化，必须要有强刺激才能令其产生格外的注意与兴趣。所以，广告追求刺激成为竞争的主要手段之一。其次，现代工业产品的标准化，信息的符号化，使得人们生存环境中刺激物过于雷同，基本相似的物质对象和信息对象形成了刺激的单一性，需要用奇异刺激打破这种沉闷重负心态，获得情感平衡。而且越来越富裕的物质生活使人们要求得到充分的精神享受，于是产生了精神需求的异质刺激性要求。

（2）针对受众寻刺激心理创作的广告表现形式

①大场面刺激。

案例1

美国某汽车电视广告

在纽约最繁华的街道上，一群庞然大物几乎挤占了所有的空间，而且还在漫不经心地踱步前进。看看这些家伙就会令你瞠目结舌，触目惊心。大象、犀牛、独角兽、非洲狮甚至还有史前各种怪异的恐龙等全都不约而同地汇聚一堂，让人不禁立刻联想到是不是回到了电影《勇敢者的游戏》的情节中去了。

如此大的场面向来只有在大片中才能看见，广告出现这种刺激镜头，给人以强烈的视觉冲击，引起人们的高度注意，并在对这些猛兽的关注中发现了穿梭其中、游刃有余的××牌汽车，用大场面和小汽车作对比，更加突出了该汽车轻巧灵活的特点。而且似乎也暗示汽车的主人就像一名真正的勇敢者，面对凶险的环境毫不胆怯，从容不迫，最终化险为夷。所以该广告一方面满足了人们寻求视觉刺激的心理需要，另一方面也赋予了产品刺激性的特征，暗指受众一旦使用该产品就能获得一种刺激满足的心态。

②危险危难刺激。

案例2

美能达照相机电视广告

在这则电视广告中，一位男子携带一架美能达相机走在飞架万丈深涧的桥梁上，突然他纵身跳了下去，令人万分惊骇！然而他并未粉身碎骨，而是在下落半空被一条系在背上的细绳拉住。原来他趁身体下落的一刹那追寻拍摄一只飞旋于山间的苍鹰，这一出人意料的惊险镜头，惊心动魄，极富刺激性，给人以极深刻的印象，非常有效地引起受众对广告的注意和兴趣。

处在危险危难中的事物总是能给人以强刺激，该广告使用险中见奇的创意手法，满足了现代消费者的审美需求，使受众反而获得了一种由奇崛到平静的美好心态。

③荒诞刺激。

案例3

索尼娱乐站电子游戏电视广告

这则电视广告曾获1998年戛纳广告节金狮奖。

情节是：一位厨师偷偷地抠出鼻屎放进即将上桌的菜里，然后又拿起一块生肉来到洗手间，把肉放在洁具里……画面因为荒诞之极，所以让人大感刺激。看到如此令人作呕的不道德行径，谁还有欲望去餐馆进餐呢?！其实广告主的意图正是如此：与其去餐馆遭受"虐待"，不如在家里安心玩游戏。这则广告由于"大倒胃口"的荒诞镜头带给受众强烈的视觉和心理冲击，令受众印象极其深刻。

（3）广告创作要点

①要注意视觉形象与广告主题和广告目标的一致性，切忌牵强附会，为了刺激而刺激。

②要结合受众的民族文化背景进行创作。一般来说，西方人更偏爱于刺激类的广告表现手法，而东方人只有少部分对此感兴趣。所以，在学习西方的优秀广告作品时，切忌生吞活剥，全盘西化，而是要考虑受众的文化心理和接受心理进行再创作。

③要考虑到媒体的表现力，选择合适的媒体或者根据媒体选择合适的广告刺激创意。

④要讲求美感。其实刺激手法也是一种特殊的美学方法，之所以具有审美价值是因为其往往采用悬念方式来表现，开始似乎很刺激，令人吃惊不小，然而后来却是另有防备、化险为夷。但刺激型广告要讲究节奏起伏，不可连续高强刺激，那样容易形成疲劳，影响效果甚至引起受众反感心理。

3）反传统心理

反传统心理又称尚悖论心理，是一种反向思维的结果。本来客观事物的发展逻辑或关系逻辑按照常态有一定的顺序，在一般情况下，人们的思维逻辑也是按照正常须序进行的。而广告受众的反传统心理是在一部分广告受众（主要是城市中的青年）中滋长的与传统常态审美心理相悖的广告审美心态。反传统心理就是想让人们在相互抗衡的矛盾状态中，看到事物不合理中的“合理”内核，从而更深刻地表达事物的本质特征。

（1）反传统心理的成因

①反传统心理在很大程度上受后现代主义思潮的影响。后现代作为20世纪60年代以来的一个“阶段标签”，是相对于现代主义而提出的一种泛社会学描述性词汇，表述了社会的时代性变化。它是现代主义的延伸，也是对现代主义的反驳、批判，对于传统文化而言，它既是终结，又是开端。

后现代主义呈现一种多元状态，主张价值观念多样化、表现形式多样化，表现出一种消解传统、离析规范的特征。它最突出的特点是它那没有旧的规范约束的开放性结构，它对所有约定俗成的概念提出了大胆的质疑。后现代主义思潮的兴起在人们心理上的投射通常表现为反传统或尚悖论，即逆向思维的多重性。

②反传统心理的形成原因还与寻刺激心理有相似之处，因为反常心理就是对面前审美对象的一种刺激性需求。

③现代青年在社会生活的加速度形式变革中形成了改变现状的要求，创新欲望强烈。所以反传统心理在构思巧妙又具可理解性的广告面前得到满足后，获得的美感是十分强烈的，而且印象也十分深刻。

④还有一个比较重要的原因就是在激烈的广告竞争中形成的求异需求，而“异”的最直接的方式就是反传统或悖论。

（2）针对受众反传统心理创作的广告表现形式

①艺术形象表现的反向思维。

案例4

丹波牌长袜平面广告

一般女长袜广告都是女郎穿短裙，抬腿、露袜展示商品，这种方法已经司空见惯了。这幅广告一反常态：一位穿绿色连衣长裙的女郎，手执雨伞，遇到迎面大风，便转身向前倒行。结果，伞被大风往外吹得张起，就像要被刮走似的。女郎双手紧拉，长裙亦被风吹起，露出纤纤玉腿和长袜，造型美丽，构思新颖。

类似女长袜这种商品的广告在女性商品广告中比较常见，要脱颖而出，就必须在艺术形象的表现方法上下功夫，而通常采用反向思维能取得不俗的效果。比如该广告除了形象造型独特外，其色彩的选用也是反传统的。它不像许多广告那样鲜艳夺目，而是让穿着水鸭绿衣裙的模特在都市灰黑色背景衬托下，显得冷艳、洒脱、动人，透出一股湛深、典雅的迷人气质。

②另类表现。打破传统广告主流创意规则，广告创意也就打开了缺口，并展现出令人鼓舞的新局面。

案例5

“斯米尔诺夫伏特加酒”系列广告

罗威国际广告公司创作的“斯米尔诺夫伏特加酒”系列广告，完全背离了传统酒类广告在社交场合中享受饮品的创意模式，而是以“透过酒瓶”为创意生发点，表达伏特加酒制造幻象的特性，是一种无色的、能引起迷幻作用的纯饮品。无论平面广告还是影视广告，透过品牌酒瓶展示出极有情趣和出乎预料的影像：羊群中一只羊变成狼，国际象棋中对阵的棋王棋后变成佳侣，石雕能张口吞下鸽子等，把观众引入一个奇幻的场景之中，使人感到在有“斯米尔诺夫伏特加酒”的地方一切都变得鲜活、浪漫、充满情趣。

案例6

哈根达斯冰淇淋平面广告

传统广告中的图文应该是相互配合，互为呼应的，这已是一个公认的创作法则。但英国哈根达斯冰淇淋的广告却有意违反这个法则，广告画面中展现了床单下一对男女相拥，引人想入非非，风格十分性感。英语标题“Melt Together（融为一体）”本身并没有什么含义，也没有给什么暗示，但等你读完广告语“本公司的冰淇淋具有速溶性，这是不含添加剂的表现，用最纯的材料制作而成，为你提供无与伦比的味觉享受”之后，不禁会哑然失笑——原来是自己在胡思乱想。

③荒诞表现。荒诞是完全与人们常见的事物形象相违背的一种怪诞状态，这种状态会使人吃惊、诧异和激动，从而集中注意和认知广告。

案例7

思薇尔（SWEAR）运动鞋平面广告

这则平面广告的画面是酷似蜈蚣的怪物，但面向受众的头分明是一张年轻男子的面孔，而且更让人惊讶的是“蜈蚣”所有的足全是一条条男人腿，乍一看还以为是某科幻片中的异形人！广告中出现如此荒诞怪异的视觉形象，能够引发受众极大的心理震撼和好奇心，在关注了广告中的产品图案和广告语之后明白了，原来该广告是想告诉受众穿上思薇尔（SWEAR）牌运动鞋犹如长出了多双强劲的双腿，自然会快跑如风。诉求点通过这种反常思维创意表达得十分准确到位。

（3）广告创作要点

①利用受众的反传统心理进行广告创作一定要追求美学价值，尤其是荒诞表现手法中更要清晰界定美丑的标准。因为荒诞广告总是力图看似荒诞不经，所以很容易流于恶俗，出现一些极端恐怖和丑恶之作，污染人的视线，引起人的反感，这是应该加以制止的。

②要注意结合受众的文化背景，尤其是正在成长的年轻一代，因为他们常常是反传统的先锋，带有更多后现代主义的痕迹。在同一文化环境下还要仔细研究特殊受众的接受心理，即使同为反传统，心理上也还存在着千差万别，所以准确把握受众理解力很重要，要避免引起歧义。

③如果能与幽默结合运用则效果会更佳。

4）乐参与心理

乐参与心理是指受众在广告审美中欲求进入广告创意角色，从而获得身临其境美感的心理。这种审美要求是时代审美理想之一，标志着人类自我意识的增强。例如，曾有一个灭蚊剂广告，洁白的画面上只有一句话：“请您找找看，哪里有一点蚊蝇的痕迹？”画面右下角是一瓶灭蚊剂。这个广告就是着意要将受众带入广告意图中，从而增强体验和感受。

（1）乐参与心理的成因

①乐参与心理同现代人普遍增长起来的自我实现意识是分不开的，并随着现代科学技术的进步而发展，如现代媒体中的各种互动娱乐节目：现身说法、评论他人、电话参与、幸运观众评选等都是人类自我意识增强和乐参与心理作用的表现形式。

②乐参与心理也和现代人都市生活方式有关，钢筋水泥的写字楼和单元房阻隔了人与人之间的交流，影视剧进入家庭后，很多人越来越习惯被动接受这种对生活和外界的无能为力，从而形成了都市心态——孤独与冷漠。可是强大的心理压力反过来又迫使现代人产生极力寻求参与的逆反心理，人们希望通过参与这种方式来重新获得群体的归属感和社会的认同感，以减轻内心的孤独、寂寞和不安。

③现代广告竞争激烈，其核心就是要争取受众，而广告满足受众的乐参与心理是个很好的方法。参与到广告活动过程中来，受众自然会产生对品牌的亲和感，从而易于对商品进行认知、认同和购买。受众对广告的主动性考察和体验过程也正好满足了他们的欲望表现心理，使他们在获得强烈美感享受后的精神愉悦中潜移默化地接受了广告的诉求。

（2）针对受众乐参与心理创作的广告表现形式

①观念性参与。这是指利用广告文案或图案与受众进行一种认识理念的沟通，广告多采用同受众对话的口气。

案例8

英国吉尼斯啤酒平面广告

这则平面广告的画面俨然是一幅迷宫图，目的地是一杯吉尼斯啤酒。通常人们遇到这种迷宫游戏，总免不了激起试一试的参与心理，如果能找到那条通往目标的道路，则会感到有种胜利的喜悦，获得很强的满足感。但是要从入口到达中心极为不易，要绞尽脑汁，煞费苦心。等到进入中心，自然已经心神疲惫。所以目的地有一句广告语提示受众：“当你疲劳时，喝杯吉尼斯。”提示出现得及时恰当，犹如雪中送炭，使受众比较容易接受广告的主张。

②动作性参与。这是指诱导受众按照广告的建议亲自动手尝试或全身心投入到某项大型的广告活动中来，通过亲身体验或验证而获得更深刻的感受和认识。

案例9

某洗发水平面广告

该广告创意十分独特，整个画面都是一片黑纸，在右下角有一行白色小字：“挠挠你的头，看看你的头皮屑有多少?”就这么简单的一句话却能诱发受众情不自禁地开始用手挠起头来，头皮屑落在了这幅广告上，因为全黑的背景，所以头屑是多是少立刻见分晓。

也许平日里无法遇到这样一个现成而又简单易行的测试方法，所以一旦发现，人们的参与热情是很高的。最重要的是，参与的结果更容易使人接受为减少头皮屑而选用某洗发水的广告诉求。

③实物性参与。这是指让受众身临其境，充分感受产品或服务的好处。

案例10

新加坡酒铺广告

新加坡曾有一个酒铺给自己做了一个小广告，在门口的酒桶上写着："不许向桶内观看。"而这句话其实正是要激起人们的好奇心，从而引发人们都走到酒桶边往里看一看。原来桶的另一端通向酒铺，展示在眼前的是琳琅满目、各式各样的美酒，并且还伴有醉人的酒香，令所有观看的人都赞叹不已，神魂颠倒，酒铺因此吸引了无数的顾客。

(3）广告创作要点

①广告创作要在尽可能的情况下设法打破受众与广告之间的界限，使受众参与其中，但分寸掌握要恰当得体，反之，会使人感到勉强造作，破坏了美感。

②受众参与的时候要直接进入主题，引导他们认同诉求点，而不是绕弯子。对需要选择受众的广告而言，一般选择那些参与意识高、积极热情的中青年群体比较合适。

③广告中的参与观念或动作不能太过复杂，应该尽量简单、易行。

5）爱幽默心理

爱幽默心理指受众对广告喜剧谐趣效果的追求。爱幽默心理已经成为广告的一种普遍的审美心理，许多广告大师本身就是幽默艺术家，许多电视广告的主角也多由喜剧演员来担任。他们设计和表现出的广告作品或使人感到意味盎然而会心微笑，或使人忍俊不禁而仰笑开怀，总是给人留下极其深刻的印象。现代广告的幽默感是一种高品位的审美感受。它一方面使人们感受到人类创造幽默感的聪明和智慧，因为幽默体现着一种以轻松的智慧驾驭生活的能力，是人的非凡创造和本质力量的外显；另一方面，幽默给人带来心灵的震撼，使人心荡神摇，心领神会，获得一种轻松和快慰，它是一种品位很高的美感。它进入生活，使人类生活不止满足于物质的享受，而是进入更高的艺术境界和文明境界，进入一个童话般令人心旷神怡的世界。人类在幽默谐趣中将反面情感如哭泣、生气、责难等，通过理性倒错或逻辑反常等手法变为正面情感如会心的微笑等，使人们在正面情感中获得了生物本能的正面积极效应，避免了反面消极效应，从而心情愉快，获得美感感受，有利于对广告的认知和理解。

(1）爱幽默心理的成因

①在工业社会，感受对象的单一化、模式化，标准化产品的堆积，符号化形象的充斥使人产生单调沉闷的生活心态，人们需要调节，变呆板为生动、活泼、有生气，幽默滑稽总是最好的调节方法之一。

②现代紧张快节奏的生活给人们带来了强大的心理压力，幽默是人们寻求心理轻松和平衡的精神追求。

③由于卖方市场向买方市场转移，消费者的选择更加多元化，因而对商品及其广告的要求也越来越高，人们喜欢在轻松的情绪中接受广告和购物。

④广告竞争加剧，为了争取消费者，开拓市场，用幽默手法赢得受众的注意和接受成为必然。

西方民族粗犷、率直和热爱幽默的性格作为一种民族文化由来已久。我国改革开放后，受国外广告影响，幽默谐趣类广告也大量出现。但由于民族文化心理重庄重、重秩序、重理性的特征，我国在广告幽默创意方面显得不够，而且还有明显模仿的痕迹。在这方面，我国广告界还要下很大功夫，开拓创新，力争创造出一些具有独创性的影响较大的幽默广告来。

（2）针对受众爱幽默心理创作的广告表现形式

①产品主体幽默：用滑稽有趣的广告画面或文案来突出产品本身。

案例11

美国男士长裤平面广告

本来世界上最严肃的莫过于法律，法庭是最庄严的场所。然而这则广告的创意者却将法庭场景信手拈来，运用理性倒错的喜剧表现手法，使严肃的法官、律师以及证人和听众个个变得忍俊不禁，哄堂大笑。引起发笑的原因是被告穿着一条十分漂亮的西式长裤，让在场的人赞不绝口，欣喜若狂。这个和人们惯常生活逻辑反向思维的创意，设置了一种十分有趣的喜剧氛围，形成了强烈的喜剧效果，从而引起受众的关注。

②情节幽默：追求可笑情节，引发受众关注广告和产品。

③寓意幽默：运用比拟、象征、寓意等手段表达幽默。

④会心幽默：这是一种较为含蓄的幽默方法，人们在“会心的微笑”中获得意味隽永的美感享受。

（3）广告创作要点

①进行幽默广告创意一定要紧紧抓住广告的主题和意向，寓庄于谐，保证广告诉求点准确、清晰、对消费者具有影响力，决不能沉湎于幽默而离题。

②幽默具有很高的美学价值，所以既要有味有趣，又要高雅健康。要克服趣味不浓、过于平淡的倾向，也要杜绝庸俗低级情调，使形象充满美感内涵。

③由于民族、地区的文化心理差异比较大，因此幽默创作一定要与受众的文化生活背景相贴近，才能表现得恰如其分，适宜得体。

6）求简约心理

求简约心理是一种以形符涵盖和控制丰富广告信息内涵的心理诉求，即对广告创意崇尚形象简单、意蕴深沉的审美心理。简单化是一种美学追求和美学境界，表现了现代人的审美理想，具有一种统摄复杂内涵的智慧审美效果，在众多无效竞争的现代广告中易于被认知。简约性的美学价值还在于体现了人对客观世界把握的巧妙性、科学性，体现了人的本质力量展开的非凡魔力。

（1）求简约心理的成因

①求简约心理是一种社会审美心理的时代要求。人类创造能力的空前提高，使得现代工业产品品种复杂而繁多，尤其是现代信息社会更是以惊人的速度制造了大量的信息和概念，这些都对人类产生巨大压力，人们迫切需要将这些令人晕头转向的感受对象删繁就简，钩玄提要，使内部世界和外部世界建立新平衡。

②求简约心理还来自于现代艺术乃至科学的简单性原则。简单不是一般的简

化，而是超越了复杂、融化了复杂的简单。简单性使一切深奥理性变得和谐完美，使一切艺术变得深沉合理，成为人类把握和创造世界的总体性原则之一。

③求简约心理还与当今信息时代的符号化特征相合拍。简单的符号是一种特殊的刺激，能够激活人们的经验积淀的心理机制，产生丰富得多的心理体验和情感。所以，现代广告中也多用一些妙在其中的形象性符号，明确集中，唤起受众深厚而强烈的感受，通过理解和通感等心理作用转换为现实价值。

（2）针对受众求简约心理的广告表现形式

①品牌表达。这是运用求简约心理进行形符化创作的最常见和最重要的形式之一。如著名的麦当劳“婴儿篇”电视广告：小宝宝荡在摇篮里一会儿哭一会儿笑，反复几次，全是因为外面麦当劳标牌的缘故。这则广告没有情节，而是运用生活中最司空见惯的现象——婴儿对事物的表情来营造悬念，从婴儿的表情变化上，人们读懂了“M”符号对于他来说是多么重要，商品品质自在不言之中。

②寓意性形符化。日本沃尔沃汽车“安全别针篇”平面广告就是一个最好的例子。该广告用一种日常生活中的小物品作为比喻符码，引起受众自然联想，诉求点十分准确、到位。

③形缺性形符化。这是指广告中的事物形象不完整，需要借助受众的完形心理和想象来丰富广告内涵，意会广告信息。

④运用短句。主要通过文案中凝练简洁的句子来引起注意，打动人心。如雀巢咖啡的“味道好极了”，人头马酒的“人头马一开，好事自然来”，爱立信手机的“一切尽在掌握”等都给人留下深刻印象，成为经典名句。

（3）广告创作要点

①广告创作关键在于使形符形象的选择要对所体现的意义内涵具有制约性、统摄性，即符号和广告所要传达的信息之间对位要准确，避免出现联想误差或歧义。

②形符的选择和设计一定要具有强烈的美感效果和艺术气息，这样才能吸引受众的注意力，满足他们的审美心理需求。

③创作这类广告不能忽视受众的知解力，要与受众的特点结合起来，以取得更好的广告效果。

4.5 广告的当代美学趋势和误区

国际化、全球化是世界的主旋律，我国广告业要赶上国际先进水平，除了“硬件”方面的构筑之外，“软件”方面也亟待提高。在这一前提下，研究现代广告的美学趋势和误区就变得十分必要，它是在当代广告创作构思实践基础上，在借鉴世界潮流发展趋势的前提下，去把握现代广告的美学新动向、新特征、新规律以及广告艺术创作中存在的最常见的错误。这些观点和理论代表着世界广告最前沿的和未来的发展脉络，对我国广告业的发展具有很高的参考价值，有利于我们把握世界广告的潮流，并及时作出调整和采取应对措施。

4.5.1 广告的当代美学趋势

任何一个时代的意识形态（如道德观念、审美心理、艺术情操、价值观等）或者说是上层建筑都要受制于这个时代的物质基础（如生产力、生产方式、科学技术等）。陶之于原始社会（雅拙之美），铜之于奴隶社会（狞厉之美），铁、瓷之于封建社会（理韵之美），机器之于资本主义社会（智慧之美），都表现了每一个特定时代的物质生产水平和与之相适应的社会政治形态、文化观念、审美意识的同步和统一。这说明，审美意识、审美理想、审美趣味这些审美观念上的追求，总是与社会的物质生产水平紧密关联着的。当代社会的物质基础变化表现为：

第一，当我们从更高的世界观出发，甚至从一种宇宙观的角度去回望人类几千年的历史时，总的来说，人类文明史可划分为三个阶段：农业社会阶段、工业社会阶段以及知识经济时代。在过去的几十年里，伴随着信息技术、国际互联网和经济全球化的发展，世界经济从几乎纯粹是基于生产的价值系统转化到基于知识和技能的价值系统，人类进入了一个崭新的时代，即知识经济时代。在这一时代，以知识、技术为基础的产业必将获得迅速、持续的发展，并最终改变国民经济中工业、农业和知识产业所占的比重，经济的信息化、知识化以及知识管理将成为知识经济时代的基本趋势。在这种经济背景下，社会的物质文明已经达到了相当完善的境界，社会产品极大地丰富而且日趋同质化，此时人们不再局限于对产品耐用、便宜等物理用途的关注，而是更多地聚焦于环保、个性化、时尚化等精神方面的享受。与此同时，社会大众也从过去审美活动的被动地位解放出来，成为审美活动的主体，拥有更大的自主选择的空间。相应地，人们的审美观念也发生了变化，更趋于个性化、多元化、互动化、形象化、符号化等。

第二，世界经济趋于全球化和一体化。伴随着信息时代和国际化大分工的到来，各国的经济发展逐渐超出了国界，世界市场出现了互动和国际间合作的新局面，贸易壁垒的减少和跨国公司的出现，使世界经济正在趋于多元一体化。现代世界中发生的这些变化影响着全球的国家和地区，使这些国家和地区以极快的速度改变着自己的现状，以适应世界经济发展的潮流并迎接来自其他国家和地区的挑战。广告作为反映这些变化的意识形态产物之一，其审美观念、创意思维模式、艺术表现形式也自然而然地会发生一些潜移默化的改变。

具体到我国广告业，我国广告创意设计中的艺术审美观念和经验也在跟随着世界广告前进的脚步发生着同步的变化，出现了下述几种美学趋势。

1）多元化美学趋势

多元化美学趋势是指广告美学风格和艺术特征的多样化。例如，现代广告风格多样，包括民族传统风格、时代感风格、简约风格、精致风格、抽象风格、质朴恬淡风格、高科技风格等。多元化既体现在同一时期、同一媒体上的各种各样的广告表现风格上，又表现在同一广告中多种艺术表现风格的融合上。多元化美学趋势具有以下三个突出的特点：

（1）不同审美文化的融合

①世界文化融合局面的出现：21世纪是一个急剧变化的时代，是可以用各种说法——后工业社会、跨国资本主义社会、消费社会、信息社会——来概括的一个新的时代。在这个时代中，文化大交流成为社会发展的大趋势。世界文化的并存和融合局面的出现，有其必然性，当然更有其必要性。知识信息时代的到来，加速了全球经济一体化的步伐，世界各国的市场开放程度与日俱增。随着我国改革开放进程的加快和我国加入WTO，中国市场也成了世界市场的一部分，也上演着激烈的国际竞争。经济的交往必然要带来文化的交流，这是一条亘古不变的规律。当然，文化上的沟通与融合反过来又可以进一步促进经济上的合作，加速世界经济一体化格局的形成。因此，伴随着全球经济一体化的到来，国际间文化的交流和融合是必要的也是必然的。这种融合既表现为地区间文化的融合，如中国和日本，也表现为不同宗教间的文化融合，更主要的是表现为东西方文化间的融合和渗透。经济需求的增长有着明显的文化导向，文化正以其诱人的魅力影响着社会生活的方方面面。广告作为一种社会现象，自然也会受到文化的影响和制约，也会具备一定的文化内涵和艺术内涵。

②中国广告审美文化与世界的融合。国际国内交往进一步扩大和深入所带来的结果之一就是国际间广告审美文化的交流和融合，其中最为典型的就是东西方广告审美文化的并存和相互渗透。具体到我国广告审美文化与西方的融合，主要体现在两个方面：外来广告的本土化操作和中国广告的国际化制作。

A.外来广告公司的中国本土化操作。在一大批国际顶尖的广告公司落户中国的过程中，跨国广告公司与本土广告公司之间的竞争与合作、交流与撞击、认同与异议从来没有停止过。跨国广告公司的特点是专业化、规范化、成熟性、高技术，但缺乏的是对中国深厚的文化底蕴、中国消费者的消费心理与习惯以及具有特殊性的中国市场的了解，这成为它们本土化操作的“瓶颈”。然而，经过一段时间的摸索，许多跨国广告公司成功地实现了本土化的操作，主要体现在以下方面：培养和选拔本土人才、致力本土市场开发、挖掘本土语言的创造力、创造中国名牌。跨国广告公司借助招聘中国广告精英以及深入调查中国消费者的情况，建立起了关于本地消费者的消费习惯、消费观念、审美心理等一系列资料的数据库，从而创作了许多优秀的本土化广告作品。麦肯光明广告公司为可口可乐制作的“泥娃娃阿福贺新年”广告片是洋品牌做足中国文化的圭臬之作，可谓“中国味儿”十足。这则广告发布于2001年春节期间：一个富有中国特色的北方小村庄覆盖着正月的冬雪，一对可爱的小兄妹正在贴对联，可是门太高了，他们使足了劲儿却还是够不到，爸妈走出屋外鼓励小兄妹加油，美味怡神的可口可乐令小兄妹终于想出了办法，最后全家在新年的鞭炮声中欢庆新年。此外，可口可乐公司还推出十二生肖包装，这一运用中国传统文化设计包装的举措颇对国人胃口，因而也成为本土化操作的典范。

B.中国广告的国际化制作。近年来，国内广告公司虽然也作出了一些国内公认的有创意的广告作品，但真正够国际创意水平的却十分罕见，戛纳广告节的几次空手而归就说明了这一点。如为国人津津乐道的南方黑芝麻糊“小巷篇”广告，尽管其创意中包含了中国的市井文化与风土人情，也具备本土化的特色，但是其使用的语言符号在国际上并不具备公认性与普遍性。在国人看来，“小孩儿舔碗”的确有几分童真与可爱，但是在外国人看来，这一举动却是不卫生的表现。大多数的中国广告人认为这是外国广告人对中国文化的不理解，即所谓的“文化隔阂”。其实，“文化隔阂”只是国人自我解脱的说辞，真正的原因在于中国的广告审美文化缺乏国际化的视野。真正的国际化审美观念应该是简洁化、符号化、主体化、新奇化的。中国广告应该吸收西方的一些审美观念，结合中国自身的文化优势，制作出既有国际共性又有民族个性的优秀广告作品，如获得莫比广告金奖的广东移动“牵手篇”、“天涯若比邻篇”和广西电视台的“山、水、海”篇。

（2）多种表现方法的融合

①再现型和表现型表现方法的融合：在广告创意的设计中，有各种各样的表现方法，归纳起来，不外有再现型和表现型两大类。再现型广告表现方法以具象写实为特征，表现了一种视觉形象美，视觉形象美中又有自然写实型、神态形象型、细部显示型、群体反射型等类型；表现型广告表现方法则以抽象写意为特征，表现了一种视觉意向美，视觉意向美中又有纯粹抽象型、具象夸张型、具象意象型、平面构成型、立体结构型等类型。现代广告设计，固然有单一的表现方法，如抽象型、具象型，而且各种细分类型又各有单一造型，但是在多数情况下，广告设计往往表现为多种类型的综合造型，经常的状况是以一种表现方法为主，其他为辅，共同表现广告指称对象和广告主题。

②广告表现手段的多样化：广告表现方法的融合还表现在广告总体表现手段的多样化并存的格局上。由于现代人思维方式的开拓，各种艺术门类和手段的不断涌现，媒介种类的不断丰富，同一类媒体的广告、同一地区的广告、同一类别商品的广告呈现出丰富多彩、百花齐放的表现方法，共同营造了一个美轮美奂、五彩缤纷的广告世界。

（3）各种不同媒体的融合

①广告制作技术的丰富与提高：现代科技的发展、计算机的应用、新材料的发明，为艺术表现开辟了广阔的天地。如电子计算机的发明，使得广告专业人士开始将电脑制作、电脑绘图、电脑排版等方法应用于广告创作之中。现在，世界上充满了许多像三维动画那样强调技术效果的广告，当然还有网络广告。一些广告人相信，他们能通过将艺术与科学有机结合的方法来改进广告。再比如空中广告、书云广告、视幻技术、光导纤维、三维技术等，这些都极大地丰富了广告的艺术表现载体、手段和方法。

②广告媒介的开拓与扩充：在广告制作技术丰富与提高的同时，作为广告发布载体的媒介也得到了广泛的开拓，如网络广告的出现及兴起、电子商务方式的采用、直投邮件（direct mail，DM）的完善与扩充等。各种媒介都有属于其自身的独

特的艺术表现力和传播优势。如传统的广告四大媒体——电视、广播、报纸、杂志就各有特色：报纸广告更长于语言艺术的应用；杂志广告则以精美的画面和印刷技术的进步占据着无可替代的广告载体的位置；广播广告的优势在于语言音响艺术的逼真感和诱惑力；电视广告集色、声、光、画于一体，是一门综合的艺术。新型媒体网络广告更是集众家之所长，再加上一个无可比拟的互动优势，成为广告媒体中一支异军突起的力量。

③媒介的整合传播：随着广告市场的日趋成熟，广告竞争也随之达到白热化的程度。如何在不计其数的同类竞争品的广告中突出自己，如何提高广告传播的效率，成了亟待解决的问题。方法之一就是促进不同媒体的组合，实现优势互补，主要表现为：大众媒体的重组、集团化经营、电子媒体与印刷媒体的兼容、媒体的整合传播等。知识经济的发展正在打破传统的分工，以传播手段为标志的传媒分工已经被打破，加入WTO以后，这种相互兼容的步伐将进一步加快。电子媒体可以同时经营印刷媒体，印刷媒体也可以经营电子媒体，这种新的形势已经初露端倪。在当今信息社会里，消费者获得信息的渠道越来越多，传统的四大媒体仅仅是其获得信息渠道的一小部分而已。面对信息的过度传播，消费者只能凭主观感觉非常迅速、肤浅地进行接收和处理。在这种情况下，广告主力图通过广告传达的信息很容易被消费者误解或忽略，沟通也就无从谈起，因此，广告的无效率现象十分严重。针对这种情况，广告主只有根据目标受众的实际需要和需求特点，采取全方位的信息沟通方式，整合一切可能利用的信息传播渠道资源，尽可能地把同一信息传达给消费者，做到“一个声音”说话，这就是整合营销传播，即综合、协调地使用各种形式的传播方式，传递本质上一致的信息，以达到宣传商品、企业形象或品牌形象的目的。若应用到媒介资源上，就是在财力可能的情况下，整合现有的一切媒介手段，如报纸、电视、杂志、广播、户外、POP、网络等，全方位、立体化地同时向目标受众传达同一信息，这样广告的效率就会大大提高，还可以避免资源浪费，收到事半功倍的效果。

2）互动性美学趋势

（1）互动性美学趋势出现的原因

互动性美学趋势将成为未来广告审美的主流趋势之一，原因在于两方面：一是4C营销观念的影响和整合营销时代的到来；二是网络广告的出现和兴起。

① 4C营销观念的影响和整合营销时代的到来。

广告是针对消费者的信息传播活动，其目的是使消费者对企业、产品或服务产生认知，改变消费者对企业、产品或服务的态度，促进消费者产生有利于企业的消费行为。广告能否针对目标市场进行诉求，广告诉求的内容是否针对消费者的心理需求，决定着广告活动的成败。著名的广告创意人克里奇（Craig Davis）认为：“爱”与“沟通”就是创意，“爱”对于好广告作品的产生及知名品牌的塑造都是十分重要的。随着现代化进程的加快，产品日趋同质化，相反地，消费者的需求却越来越趋于异质化。4C和整合营销传播（IMC）观念的推广，从真正意义上确立了消费者在营销活动中的核心地位，同时也带来了广告理念上的一次革命，即广告是针对消费者的信息传播活动，应该一切从消费者的利益出发，一切从消费者的切实需要出发，一切从消费者的价值取向出发。在知识经济时代，人们从内心深处渴望被爱、被尊重，渴望人与人之间的沟通，广告的任务就是与人沟通，吸引他们的注意，煽动他们的欲望，使他们在思想上靠近你的产品而远离你竞争对手的产品。所以，广告越简单、越生活化越好，要完全无条件地满足消费者的正常心理需求，要真正注重与消费者的沟通和互动，只有这样，才能在众多同类广告中脱颖而出。所以，互动性美学趋势是未来广告审美的主流趋势。

②网络广告的出现和兴起。

网络广告又称为互动广告，是指广告的内容和形式可因消费者的要求不同而发生改变，消费者有权对广告信息作出选择。这种互动广告不但顺应了整合营销传播的要求，而且代表了未来广告的发展趋势，所以，网络广告的出现标志着人类传播史上第五次传播革命的到来，即互动传播，当然也预示着互动性将成为广告审美的新趋势。网络广告的历史极短，1994年年末世界上才出现第一则旗帜广告，它刊登在当时美国的网络杂志《热线》（HOTWIRED）上。从那时起，网络广告的发展规模和进步速度超出了每个人的想象，它的制作变得越来越容易，交互功能越来越精确，被动的传统媒体与它的差距越来越大，无论是广告主还是广告公司都面临着彻底改变营销与传播方法的压力。网络广告科技含量很高，无论是可测量性和智能性，还是互动性和即时反馈性，都显示出特有的优势。

A.互动广告使得消费者能够即时与广告进行深入的双向的交流，使其与品牌的对话随心所欲。具体表现在：一方面，消费者可以免受无用广告的骚扰，而只与他感兴趣的内容深入接触；另一方面，广告主也可以通过互动广告收集对其产品进行深入了解的消费者的信息，以便与这些有购买意向的消费者培养一种更亲密的关系，这样企业的营销投入才会更具实效。

B.互动传播的出现，使得传统的广告传播规则发生了根本性的变化。在传播方式方面，互动广告改变了传统广告传播中信息发送和反馈单向流通、相互隔离、有时滞的缺点，实现了即时的双向沟通，更好地满足目标受众的需求。此外，它还改变了传统广告传播中“推”的方式，即信息交流中不管受众是否需要的单向灌输的方式，而使受众主动寻找自己需要的信息，沟通的效率因此提高。

C.虽然网络广告现在还不能彻底取代其他传统的传播方式，但是它具有传统媒体所不具备的优点，如双向沟通、个性化、受众参与、主动选择等。它还具有文字、图片、声音、色彩、动画、电影、三维空间、虚拟现实等所有广告媒体的功能。因此，它能提供给消费者生动活泼、具有震撼力的多媒体资讯，维系消费者对互动广告的好奇心和注意力，加强传播促销效果。而且，它使广告摆脱了费用、传播速度、传播量等多方面的束缚，给予创意更加自由广阔的空间，进而使得广告的艺术表现形式更加丰富，更趋于个性化，更加适应消费者的审美观念、审美心理、审美趣味，使消费者的个人价值得到提高。

(2) 互动性美学趋势对广告创作的要求

①简洁性。知识经济时代，信息爆炸的程度令人瞠目结舌，每日出现的信息之多，让人无从下手。在这种情形下，广告无论是内容还是形式都必须比现在更趋于简化和符号化，否则它只能成为浩渺的广告信息海洋中一滴不起眼的水滴，摆脱不了被淹没的命运。

②互动性。从市场营销的角度看，互联网是一种抗拒"推"的传播方式的"拉力"，强调信息主体双方的互动性，而不是像传统广告那样强迫受众接受广告信息。现在的受众更愿意把自己放在主动选择的位置上，更强调自我尊重和自我实现，所以互动广告将越来越容易被消费者所接受。

③多向性。传统广告表现方式的劝说意图太过明显，使消费者在接触广告时会有预先抵触的态度，从而在一定程度上抵消了广告的劝服效果。为了达到预期的效果，广告的内容不应该只有主体信息，还应该适当加入一些社会形态、文化意识形态等方面的信息，以和受众在其他意识流中先达成心理默契，接下来再进行主体信息的沟通，这样消费者就会放下心理防线，在潜移默化中接受劝说。

④整合性。网络的发展，导致传播工具的多样化，使广告印象难以统一；信息纷纭杂乱，致使广告效果难以累积，企业、品牌形象的提升更是难于上青天。因此，广告信息的传达必须高度统一，在对消费者、消费市场、产品、媒体进行深入了解的基础上，制订一套高瞻远瞩的信息传播计划，建构完整的整合传播战略，以使品牌、企业形象得到提升。

⑤审美性。从对广告的认知来说，广告的过程也是对艺术的一种感受、认知和理解的过程。广告是美的创造性的反映形态，所以，广告的目的不仅仅是推销商品，同时也传递着某些艺术价值，承担着一定的社会责任，使人们在对广告的认知中得到美的熏陶，提升自身对艺术的领悟能力。尤其是在知识经济时代，人们十分注重在有限的时间内，从接触的信息中获得尽可能多的东西，尽量去陶冶自己的情操，提高自身的修养，除了商品信息外，更希望获得社会信息、文化信息、美学信息等。所以在制作广告时，应该十分注重美学因素的添加，只有这样才能不白费功夫。

3）绩效化美学趋势

(1) 广告的绩效化

绩效化是针对广告无效率太多的弊端而出现的一种当代美学趋势。所谓绩效化，主要是指广告对受众的诉求命中率有较大的提高。有人说，我们是生活在由空气、水和广告组成的世界中。仔细想想，这种说法并不过分。信息时代的到来，使得世界上每天充斥着不计其数的信息，广告作为有偿信息的一种，其数量自然多如牛毛。再加上社会物质的极大丰富，同类产品的数量越来越多，相应地，作为促销中介的广告自然也是与日俱增。但是，面对形形色色、难以数计的广告，我们每天、每周乃至每月能记住几条呢？在记住的这几条中，又有哪几条真正发挥了作用呢？据专家统计，电视台每天播出的广告中，一般居民每人最多只收看3%，看后能留下印象的只有1%，能在24小时内被记住的仅占0.05%。这种情况足以说明广告的无效率之高。广告大师奥格威认为，要吸引消费者的注意，同时让他们来购买你的产品，非要有好的点子不可，除非你的广告有很好的点子，不然它就会成为被黑夜吞噬的船只。种种数据和说法表明，广告的无效率是一个由来已久的问题。全世界的广告人都在研究广告的效率和效果，以竭力提高广告的到达率和有效率。

（2）绩效化美学趋势产生的原因

促使绩效化最终上升为广告审美的主流趋势的原因如下：

①营销理论的影响和促进。

A.定位理论：定位就是为产品在消费者心目中找到并确定一个位置。在产品有了明确的定位以后，就要对其目标消费者进行详细的分析，根据目标受众的差异性和共同点，将他们细分成不同的市场，并针对每个细分市场采取不同的产品策略、广告战略、沟通策略，这样广告的效率就会有所提高。

B.整合营销传播理论：该理论大胆否定了传统的“以产品为导向”的4P理论，主张“以消费者需求为中心”的4C理论，即：要研究消费者的需求；要了解消费者为满足自身需求愿意付出的成本；要为消费者的购买便利考虑；要注重与消费者的互动和“一对一的沟通”。这一营销理论的诞生，对广告的实践提出了新的要求：现代广告的创作和发布应以消费者资料库为基础，以消费者对有关商品的心理图式和偏好为依据，整合协调地使用各种传播方式，针对确切的目标消费群体，传递本质上一致的信息，强调广告诉求的“到位”，即真正符合消费者的物质需求、个性化需求、审美需求以及其他方面的需求。

②广告产业经营的整合和分化。

A.集团化：适应现代市场环境、消费者需求和广告主要求的变化，广告公司已经不再局限于原来的四大媒体加户外广告的经营范围，而是呈现出两极分化的业务运作模式。大广告公司的业务范围不断扩展。原因在于，适应全球化的发展趋势，广告代理商必须向跨国公司客户提供更具全球影响力的广告服务，这加快了当前世界广告业集中发展的趋势，全球广告业掀起兼并、收购与联合热潮，造就了许多大型的广告集团。这些大的广告集团整合资源优势开展广告运作，可以有效地避免资源的浪费和重复建设，广告的效率自然得到提高。

B.专业化：与集团化趋势相反的是，“小公司越来越小”。在大广告公司不断整合，组建大型广告集团的同时，广告业内的分工也越来越精细，从而出现了许多专业化的小型广告公司。这类广告公司可以适应小广告客户的需求，为他们提供某一方面十分专业化且物美价廉的服务，从而使广告的有效性得到提高。

C.新技术的采用使媒介发布质量大大提高：近几年来，随着媒介的多元化、整合化、集团化以及立体化全方位的传播，广告的发布和监测质量得到很大的提高，有效地提高了广告的传播率、到达率和覆盖率。

另外，新材料和高科技手段的应用，使得媒介更富表现力。先进的桌面系统和印刷设备的使用，使报纸、杂志、海报、招贴及其他印刷品广告更加精美；一流的设备和技术应用于影视广告前后期制作，大大改变了影视广告的面貌；电子喷绘、喷笔、静电仿真技术使户外广告变得更精美，善诠含义，巧传真实。

（3）中国广告绩效化的措施

①健康有效机制的建立。

要促进我国的广告行业走上现代化的发展道路，关键在于以推行广告代理制为契机，加快广告经营体制改革，进行广告行业内资源的科学合理配置，形成与世界广告机制同步的基本机制。实行广告代理制有利于实现广告市场运行的科学化、效率化与现代化，有利于提高广告业的全面服务水平和广告效果，进而提高我国广告行业在国际广告市场的竞争能力。广告代理制还有助于促进广告行业内分工明确，形成一种以广告公司为主导，广告公司、广告客户与媒介之间相互协作、各司其职、互有裨益的广告经营关系。所有这些，都将为广告人的艺术创作提供一种最合理的机制保证。

②专业化进程的加快。

从我国目前广告公司的现状来看，小而精、大而全的公司占了绝大多数，这种现状如果不改变，就很难顺应绩效化的新潮流。我国的广告行业必须按照国际化的惯例和专业化的要求，把广告公司的数量降下来，素质提上去，建立一批专业化的广告公司和专业化的媒介公司，如调研公司、设计制作公司、媒介信息研究公司、媒介购买公司、媒介企划与实施公司、广告效果监测公司等。做到“术业有专攻”，促进我国广告行业的可持续发展。

③广告主角色的端正。

端正客户在广告经营中的角色，对广告主进行广告行业知识教育是十分必要的。当广告主进入广告市场的运作过程中，其就已经成为广告经营中的一个角色，必须按照行业规范及机制的要求规范自己的行为。广告主与广告公司之间应该是一种平等的、合作式的伙伴关系，而不是一种雇佣与被雇佣的关系，广告主可以就一些实质性问题与广告公司进行平等的协商及讨论，但不能过分地干涉或者支配广告公司的正常运作。

④广告公司素质的提高。

广告行业是一个服务性行业，服务性行业最重要的经营资本就是自身的服务水平和良好的信用机制，两者是相辅相成的。我国广告业发展的特殊市场背景造成了本土广告企业多、小、散的局面，广告业内人才流动过大，广告经营运作服务水平很低，不正当竞争过度，自杀性压价、吃回扣以及非专业水准的广告作业等现象，严重伤害了广告业的发展，也损坏了广告业和广告人的形象。再加上广告专业人才的缺乏，使得广告作品水准不高，广告客户怨声载道，广告行业的信用大打折扣，如此恶性循环，行业形象可想而知。所以，广告公司必须进行深层转型，真正按照广告代理机制行事，以培育高素质的广告人才为核心，努力构建公司自身的核心竞争力，从而提升广告行业整体形象，树立行业信用机制。以上措施的采取，可以在很大程度上改变我国广告业的现状，从而真正提高广告的绩效。

4）人文化美学趋势

（1）人文化美学趋势产生的原因

所谓人文化美学趋势，是指广告的艺术表现由以物质功利诉求为主提升为以人本原则和精神诉求为主的美学趋势。那么这种美学趋势是如何形成的呢？

①“以人为本”管理思想的全面建立。

以人为本和人文主义是近代产业革命以后形成的文化思想潮流，是一种精神上的追求，这种追求一直为人们所向往。产业革命的巨大成功证实了人的创造力的发挥是社会进步的根本动力。进入20世纪后半叶，人的创造性更是发挥得淋漓尽致，人的能力得到了空前的重视，人文精神更为人们所向往。在21世纪知识经济时代的背景下，人力资本更是超过工业和农业时代的物质资本和自然资本，成为最主要的生产要素和社会财富。人作为知识的源泉，具有灵魂力、意识力、情感力、推动力、创造力，可以支配、利用其他资源，是唯一可以连续投资、重复开发利用的关键性资源。因此，在知识经济条件下，伴随着以知识、技术为基础的产业的发展，人力资源作为第一资源的地位也日益凸显出来。除此以外，人才还是一种价值含量极高的无形资产，是唯一可以反复开发并能转化为物质产品与精神产品的资本。于是，“以人为本”的现代人力资源管理观念全面树立起来。

②4C和整合营销传播观念的引入。

随着科技的进步、经济的发展和知识信息时代的到来，产品产量大幅度增长，更新换代的速度加快，同类产品不断涌现，其差异越来越小，产品日趋同质化。与之相对应的是，人们的需求开始由表层化走向深层化，从物质主导走向精神追求，现代消费市场由均质化向异质化发展，买方市场逐渐形成。在这种时代背景下，4C和整合营销传播观念应运而生。营销新观念的提出，从真正意义上确立了消费者在营销活动中的核心地位，同时也带来了广告理念上的一次革命，即广告是针对消费者的信息传播活动，应该一切从消费者的利益出发，一切从消费者的切实需要出发，一切从消费者的价值取向出发。消费者是广告服务的起点和目标，以消费者需求为导向表明人的需求得到了空前的重视。

③生存的人文关怀被提到议事日程。

所谓人文关怀，从哲学的角度来说，是指对他人的生存状态的关注，对他人权利的尊重，同时注重人的命运与价值对人生意义的思考。现代人类物质文明的高度发展带来的弊端之一，就是生态环境的恶化和人文环境的污染。资源的无节制开发，稀缺资源的利用过度，垃圾的堆积，水和空气资源的污染，病态的享乐主义等严重威胁到人的生存环境和社会环境，人文危机正在加剧，保护环境、绿色消费、精神文明建设的呼声日益高涨。对于广告来说，广告垃圾、虚假广告、色情广告等也在威胁人们的身心健康。以上几种因素的共同作用，使得人文关怀成为未来社会的主题之一。广告作为社会时尚潮流的一种反映形式，也自然而然地把人文化作为广告审美的主导趋势之一。

（2）中国广告人文化的措施

面对人文化的趋势，广告应该作出哪些调整呢？

①广告应注重人文关怀：广告的人文关怀是指社会群体对广告和广告主体生存状态的关注、对广告人的尊重、对符合人性的生活条件的肯定以及广告主体价值在社会中的体现。广告既是商业行为又是艺术创造，在体验消费、体验社会、关怀社会、为社会创造物质精神财富的同时，广告也理应受到社会的人文关怀。当然，反过来，广告还必须注重对人类整个生存环境和空间、对人类物质和精神状态的关怀，担负一定的社会责任。广告的艺术表现应以人文精神诉求为主，如倡导环保观念、绿色消费观念，宣传“希望工程”和“助残工程”，提倡义务献血、关心他人，传播健康的道德观、价值观、审美观，为企业树立以人为本的企业形象。

②广告公司应有过硬的自律意识和精品意识：广告市场秩序、规则的建立和维护需要广告人有良好的社会责任感和道德操守。自律的基本原则是：广告应该合法、得体、诚实、值得信赖，应该对社会和消费者负责，遵守公平竞争的各项规则。建立和完善自律机制，有利于优化广告业生态环境，有利于提升广告行业的整体形象，有利于提高人们对广告和信息交流的信任度，更好地发挥广告在市场经济中的作用。除此以外，广告作品是衡量广告人社会价值的尺度之一，是广告人向社会公众展现自我形象的窗口，广告人要有精品意识，排斥俗媚平庸之作。

③广告公司应有过硬的人本经营理念和学习型组织：所谓人本管理，是指人在管理活动中占主导地位，管理活动围绕调动人的积极性与创造力展开，管理的构成要素——主客体、内外环境和价值取向都以人的全面发展为准则。广告公司的人本管理要特别强化在具有人格尊重下的创作，使创作者意识到人格独立，意识到其劳动和创造的高尚，体现自我价值。所谓学习型组织，是指大家通过不断共同学习突破自己的能力上限，创造真心向往的结果，培养全新、前瞻性的开阔的思考方式，全面实现共同抱负。广告业是集知识、信息、技术为一体，各门学科交叉的一个行业，是一个对创新能力要求较高，需要不断更新知识的行业，因此急切需要建立具有共同愿景的学习型组织，为员工提供一个“创造学习的概念，扩展自我创造能力”的场所。学习型组织有意识地进行立体思维、发散性思维和逆向思维的训练，可以充分挖掘广告人的创新能力和敏锐的洞察力。没有丰富的知识，没有广告创作的知识背景，没有一定的艺术底蕴，就不会有耳目一新的构思、振聋发聩的创意和真心实意的人文关怀。

4.5.2 我国广告的美学误区

康德曾说过，要评判美，就要有一个有修养的心灵。所谓“有修养的心灵”，是指具有高度的文化修养和审美修养。广告作品作为审美对象的一种，本身渗透了创作人自身的情感和对美丑评断的标准。倘若广告创作人员在创作广告时，一味注重广告的经济效益而忽视其社会效应、美感效应等，就很容易使广告走入误区。当今广告作品中就存在着与美学标准相悖的美学误区。

1）画龙无睛

（1）画龙无睛的含义

所谓画龙无睛，主要是指广告创意、设计尽管具有艺术性，感官感觉良好，但却缺乏对广告诉求对象和目标的准确表达。广告是一种实用艺术，功利性是其本质属性，艺术性对广告来说虽然也很重要，但终究是第二性的，必须依附于广告的功利性，紧密配合广告策略。如果广告人离开广告的功利性，纯粹追求“纯艺术”和“个人风格”的凸显，那么创作出来的广告一般只会流于形式，只能成为一具无心之躯、一条无睛之龙。画龙无睛是广告艺术创作的大忌，它使广告的外在形式与内在主题相脱离，致使广告主虽进行了大量的投资，但却收效甚微。

（2）画龙无睛的表现

画龙无睛的美学误区主要表现在：①广告主题模糊。视觉图像画面完整优美，但广告主题与目标不明确或模糊，品牌与指称对象特点不突出，对广告受众没有导向意义。②视觉形象与广告主题不相契合。广告虽有目标，但与视觉形象所表现的意向不一致或偏差较大，出现逻辑错位。

（3）对策

对这类问题，要在广告策划和创意的环节加以解决。尤其要重视市场调查的开展和实施，详细了解目标受众对产品的物质需求、精神需求、审美需求，然后进行准确的市场定位和市场细分，根据定位和细分市场的消费者的特点进行广告的策划和创作，语言文字的表达和视觉艺术形象必须准确到位，又不失美感。

2）以丑为美

（1）以丑为美的含义

所谓以丑为美，主要是指那些过分追求奇异、荒诞、丑恶、性感等表现方式，以迎合小市民低级趣味为目的的广告形式。美与丑从来都是一个矛盾体的两个对立面，总是相依相伴而生。在某些情况下，美丑之差近乎毫厘。有时候，追求美过了分，就会变成丑。广告作为一种社会意识形态的表现形式，不可避免地会掺杂进丑恶的东西，如腐朽没落的事物、社会道德的沦丧、脱离生活常规的种种病态的生活态度等，这些现象在广告的审美活动中引起的不是肯定性情感反应，而是否定性情感反应，是审美意识中的反价值。

（2）以丑为美的广告种类

以丑为美的广告主要有以下几种：①脱离广告主题与目标的美人广告。这种广告给人的视觉感受的确很好，但它离开了广告的意图和产品本身的风格特点，使得广告的功利目的搁浅，这对广告来说就是丑。②出了格的性感广告。性感广告在一些发达国家也是个敏感问题，性暴露、性诱惑过分的广告常常引起法律纠纷。这类广告在我国也时有出现，应该认真对待和解决。《克劳尔斯百科全书》中写道：“庸俗艺术是一种虚假的艺术创作，它通过内容上的（性爱的、政治的、宗教的和感伤的）幻想刺激弥补形式力量的匮乏。”例如，某沐浴露广告中，一只猫偷窥美女洗浴，并津津乐道："不是猫儿馋，确是花儿香。"言语之外的隐意公众早已心知肚明，表现出了猥琐狎邪的低级品位。③荒诞的视觉形象广告。例如，一则"看车篇"广告：一位顾客想要看一下专卖店中的汽车，在得到推销商首肯后，一辆巨大的叉车轰鸣着进入专卖店，最后一辆崭新的汽车瞬间成了废铁。这则广告虽然具有较强的视觉冲击力，但由于夸张过度，而且创意的表现形式与中国受众的审美心理存在较大的差距，从而很难让中国的消费者接受。

(3) 对策

对美与丑分寸的把握是一门艺术。丑是一种客观存在的自然属性，它不因人在艺术活动中形成的审美关系而改变丑的本质，制作者必须通过对现实丑恶事物和现象的审美评价，间接反映自己对美的肯定和追求，并在艺术活动中培养正确鉴别和反映现实美丑的能力。在广告设计中切忌闭门造车、以丑为美。广告设计创作定稿后，最好先在目标受众中进行实验性的发布、监测和评估或者进行一下市场调查，试探一下消费者对广告的初期反应。这种做法不仅可以纠正广告创意设计中的偏颇，也可以听取受众的真实意见，并以此作为重新创作的依据或作为成功的经验进行累积。

3）华而不实

(1) 华而不实的含义

所谓华而不实，主要是指那种徒有其表，矫揉造作，却忽视实际效果的广告表现形式。广告是一种物质功利和审美价值两者兼有的实用艺术，而且以功利目标为根本，广告的直接目的是劝说消费者采取购买行为甚至进行重复购买。在知识经济时代，随着技术变革和科学的进步，消费者将拥有更多的信息，更趋于理性，这使得消费者成为市场中举足轻重的力量。人们对关系自身切实利益的事物总是采取非常实际和理性的思想行为，那些节外生枝、画蛇添足一类的装饰最终会被排除掉。所以，广告的形象再诱人、再华丽，都必须实实在在地作出对受众的承诺，承诺还必须是朴实的、诚实可信的，这样才能够通过消费者接受广告的最后关隘，达到"善诠含义，巧传真实"的境界。

(2) 华而不实广告的表现

有些广告并不作出承诺，或者胡乱承诺，或者承诺的语言风格浮躁华丽，太过艺术化，缺乏实在性和真实感，这是必须加以克服的。

(3) 对策

关于什么是好广告，广告界有三种不同的观点：一是客户认可的就是好的；二是不仅能使受众接受推销，而且被公认为是可钦可佩的杰作；三是没引起公众注意就把商品推销出去的广告作品。美国广告大师大卫·奥格威最赞成第三种观点，因为这种广告将受众引向产品，公众并不说："多妙的广告啊！"而是说："我从未听说过这种产品，我一定要买它来试试。"大卫·奥格威意在告诫人们千万不要忘记广告说服消费者接受和购买商品的实用功能，其他一切艺术手段的运用都是为了衬托和渲染功利功能，在广告具备了这一本质功能之后，其他的艺术手段功能可以精简到最小程度。

4）改头换面

（1）改头换面的含义

当一个电视或平面广告打破常规的创意出现时，很快你会见到类似的东西被“大规模定制”出来，可谓是如出一辙。例如，有一段时间语带双关的广告标题令人眼前一亮，于是东施效颦的作品便鱼贯而出；又曾几何时怀旧式手法的广告作品颇受青睐，接下来就有大量类似的作品被炮制出来。种种类似的现象，我们称之为改头换面。所谓改头换面，也可称作东施效颦、创意克隆等，主要是指那些没有独创性的广告，虽然视觉形象优美，但其实在很大程度上或者基本上是模仿、克隆其他广告作品的创意而来的。

（2）改头换面广告的表现

凯兹（KEDS）童鞋的广告是美国观众耳熟能详的一个成功的广告策划案例。柔美的母亲的双手托着一双稚嫩的婴儿小脚的画面和那句经典的广告语“像母亲的手一样温暖舒适的儿童鞋”已在我们的脑海中打下深深的烙印，这是一则极其动人心弦的广告，人人竞相传诵。但是，有一些其他儿童用品的广告，也效仿了这个创意，于是，随后产生了一批换汤不换药的效仿广告。由于先入为主的心理规律，人们早已认定这种广告风格和审美趣味是属于凯兹童鞋的，因此对于其他模仿性的广告就产生了一种心理抵触，即使后来的广告构图比原来的优美，人们也会觉得它毫无美感可言，只不过是“一只学舌的鹦鹉”。因为“第一个发现的是天才，第二个发现的是人才，第三个就变成蠢材或庸才了”。依葫芦画瓢之所以非美而丑，主要在于它不是创造，不是人的本质力量的积极发挥，而是人的惰性的体现和创造性的萎缩，这种思维方式与时代进步的方向是背道而驰的。改头换面用在广告创作和设计中，会使受众产生藐视和排斥的心理，甚至会招致侵犯知识产权的官司，必须在实际操作中加以杜绝。

5）文化错位

（1）文化错位的含义

所谓文化错位，主要是指广告的审美风格、特征和诉求方向与目标受众接受此广告时的审美文化心理不一致，甚至发生文化心理移位。这种审美诉求，很可能使广告文不对题，失去与目标受众的心理撞击。例如，一位对文房四宝十分感兴趣的大学文史教授，他对钢笔的要求是什么？如果广告一味地向他说明钢笔如何便宜，或钢笔人见人爱，结果会使广告指称对象与消费者之间在文化层次和品位上失去交集，因为教授要求的不是大众喜爱的普通型或是经济型的钢笔，而是典雅型和高档型的钢笔。如果观照对象的卖点与目标受众的心理需求一致，那么广告的审美价值和功利价值便会大大增加。

（2）文化错位广告的表现

文化错位广告主要表现在以下方面：①广告诉求对象和目标受众需求不对位：对于广大受众来说，那些过分诉求高档、豪华的产品广告，很可能是阳春白雪，曲高和寡。②广告诉求与受众的审美文化心理相背离：广告诉求与受众的审美文化心理不但不对位，甚至方向完全相反，如创意脱离生活。

（3）对策

审美文化的对位来自于精确周密的市场调查，特别是对细分市场目标群体消费习惯、消费心理的调查和了解，然后在市场调查的基础上进行广告的策划、创意和设计。这是一项十分细致的工作，必须认真对待，来不得半点马虎。广告必须符合特定消费群体的兴趣和利益，要把握消费者的物质和审美需求并因势利导，注重与消费者的沟通，设身处地的广告作品才能产生实效。

6）创意平庸

（1）创意平庸的含义

所谓创意平庸，主要是指广告缺乏创意，流于一般的告知式，或者创意缺乏原创性和感染力。例如，2000年的中国电视媒体上演了铺天盖地的药品广告，几乎每则广告都以每天数十次的频率轰炸着消费者的视觉，广告代言人声嘶力竭地叫卖着“补铁”“补钙”“补血”，达到了让消费者“看之色变，闻之换台”的地步。

（2）对策

广告是人的本质力量的一种对象化的形式，而现代广告是人的本质力量的一种新的对象化的形式，因而它也跟其他产品一样，必须满足人的不断变化的需求与动机。根据马斯洛需求层次理论，人的需求主要包括五个层次：生理需要、安全需要、爱的需要、自尊需要及自我实现的需要。现阶段，我国消费者的需求已由以前的物质层面发展到精神层面，叫卖式、推销式等一般性的广告已不能满足受众的心理需要，受众需要有创意的广告。创意是一种具有智慧美的美学价值，是现代受众对广告的一种有时代特征的审美需求，只有有创意的广告才能满足受众的心理及精神层面的需要。广告是针对消费者的信息传播活动，其目的是使消费者对企业、产品或服务产生认知，改变消费者对企业、产品或服务的态度，促进消费者产生有利于企业的消费行为。广告能否针对目标市场进行诉求，广告诉求的内容是否针对消费者的心理需求，决定着广告活动的成败。总之，缺乏创意的告知式广告，即便是对视觉效果修饰得很完善，总体美学价值也是不高的，市场竞争力也比较低。这种状况在我国广告中较普遍存在，应该引起广告人的关注。创意越简单、越生活化越好，要完全无条件地满足消费者的正常心理需求和接近受众的文化心理积淀。

7）切入泛化

（1）切入泛化的含义和表现

所谓切入泛化，主要是指广告切入点不够准确，易于发生歧义的现象。它主要表现为以下两个方面：①重点不突出：广告对各构成要素均匀用墨，力求多而全，结果导致重点不突出。②似是而非：广告做得似是而非，表面上看来是在做一种产品的广告，但实际上是在做另一种产品的广告，容易让人产生误会。如巨能钙的一则电视广告，绚丽的画面背景前，打出一系列数据：8位博士、48位科学家、100项科学实践、10年呕心沥血，最终研究出一种产品，那就是巨能钙。刻意宣传如此庞大的科研队伍和如此长久的时间，但却没有说明产品的功效承诺，实在让人有

“做秀”的感觉。

（2）原因和对策

切入泛化的主要原因仍旧在于指称对象的功能诉求与消费者的需求相脱节，或者说，广告创作者、广告主根本不知道消费者到底需要些什么。广告主不管有多强的实力，广告创作人员不管有多高明的本领，也不可能凭空揣摩出消费者的真实意愿，如果一味地自作聪明、自以为是、夸夸其谈，那么广告的结果必定是“成也萧何，败也萧何”。只有踏踏实实地做好市场调查，真实地了解消费者的意愿，然后找准产品的卖点进行整合传播，广告才会取得好的效果。

8）大而不当

（1）大而不当的含义和表现

所谓大而不当，主要是指广告一味追求大场面、大刺激和离奇情节，但视觉形象与广告本体的关系并不直接，很难让人认知。中国广告人在认识到中国创意水平过低的现实后，开始着力改进、提高其创意水平，力求达到国际水准。但是，在改进的过程中，有些人盲目崇外，认为只要是国外的就是好的，一味追求大场面、大制作的广告表现形式，认为只有这样才是国际的。殊不知，一方面，中国广告企业的经济实力与国外广告企业比较起来，简直是判若云泥，根本无法负担这种昂贵的广告支出，同时也给广告主带来很大的经济负担和风险，甚至因此而一蹶不振，如秦池、爱多的“标王”之举；另一方面，创意的高水平和高审美价值，并不是与大场面、离奇刺激的广告情节画等号的，所谓优秀的广告创意，就是最能打动消费者的创意。许多广告在创意表现上采用大制作、过分刺激的方式，希望能以此引起消费者的注意，试图在消费者心目中留下深刻的印象，使消费者对品牌产生好感。但是这种广告过分追求表现，反而会让受众产生疏远感，甚至会由于设置的广告情节脱离了现实生活而招致消费者的反感。

（2）对策

中国的广告公司和广告创作人员应该从我国实际情况出发，在纠偏的同时脚踏实地地去提高中国广告的创意水平，切忌盲目追求表面化和形式化的东西。DDB广告公司认为，一个“美”的创意必须符合三条原则：相关性、原创性、冲击性。这看似简单，真正做到却十分艰难，借用一句广告金句来说，就是“通往成功的道路总是在施工中”。

本章概述

我们探讨了广告美实用艺术之美的属性、广告美的审美类型、现代广告的审美规律等广告美学的基本理论问题。它是从广告这一市场经济中特定对象的本质及其受众的审美需要出发，从总体层面来把握其特征与规律的。因此，这些基本理论问题对广告美学的其他一系列问题都具有重要的制约作用。

现代广告的审美规律和实用艺术的审美规律有相似之处，都有别于艺术品的纯粹精神审美规律，以实用功能为主，审美功能为辅，且审美功能附丽于实用功能。广告审美也是实用艺术审美之一，但实用艺术美主要指产品的美，是附丽于功用之上的美，并逐渐由产品之美扩而大之到包装装潢之美、营销手段之美、营销行为之美等。这些都是为了销售产品，其审美价值和产品紧密相联。广告的目的也是推销产品，但它脱离商品实体，以媒介为载体，采用各种艺术表现方法来说服消费者接受指称对象。因此，它是介于产品和受众之间的一种中介之美，其审美规律主要表现在产品与受众的关系上。这样，广告审美不但要从商品本身出发，而且尤其要重视消费者的需求，只有如此，才能较准确地把握现代广告的审美规律。

真实性审美规律，是指广告无论以什么方式宣传内容、传达信息、塑造形象，都必须真实可靠、准确无误，不能弄虚作假、吹嘘夸大；对于商品品质、功能、材质、加工以及造型、装饰等都必须实事求是地介绍和说明，绝不允许以次充好、以假乱真，造成对消费者的欺骗和误导。

竞争性审美规律是广告审美的一般性规律，企业间、产品间竞争的加剧，使得广告市场的竞争也十分激烈，广告大战愈演愈烈。作为推销商品、开拓市场的利器，广告本身就具有强烈的竞争性。

重复性审美规律，倾向于采用多次重复出现的方法，反复刺激消费者，给消费者留下较为清晰、深刻的印象。

现代营销尤其是4C营销观念时期，人们将目光集中于商品消费者的需求上，因此现代消费心理研究被重视起来。广告的美学规律研究，除了从现实广告本身研究分析之外，也应十分重视对广告受众的审美心理进行分析和把握，这样有助于同广告受众进行深层心理沟通，进而加速其采取消费行为，取得更好的广告效果。

广告采用艺术手段，并不意味着广告作品就是纯粹艺术品。因为广告从本质上是功利的，它的艺术性与审美价值是从属于其功利性并存在于实用功利之中的。如果丢掉了广告的实用功能属性，那么这则广告无论多么美，也只是一例失败的广告，甚至根本就称不上是广告。

广告作为反映不同的意识形态的载体之一，其审美观念、创意思维模式、艺术表现形式也自然而然地会随着意识形态的变化而发生一些潜移默化的改变。具体到我国广告业，我国广告创意设计中的艺术审美观念和经验也在跟随着世界广告前进的脚步发生着同步的变化，出现了以下几种美学趋势：

（1）多元化美学趋势，是指广告美学风格和艺术特征的多样化。例如，现代广告的风格多样化，包括民族传统风格、时代感风格、简约风格、精致风格、抽象风格、质朴恬淡风格、高科技风格等。多元化既体现在同一时期、同一媒体上的各种各样的广告表现风格上，又表现在同一广告中多种艺术表现风格的融合上。

(2) 互动性美学趋势将成为未来广告审美的主流趋势之一，原因在于两方面：一是4C营销观念的影响和整合营销时代的到来；二是网络广告的出现和兴起。

(3) 绩效化是针对广告无效率太多的弊端而出现的一种当代美学趋势。所谓绩效化，主要是指广告对受众的诉求命中率有较大的提高。

(4) 人文化美学趋势，是指广告的艺术表现由以物质功利诉求为主提升为以人本原则和精神诉求为主的美学趋势。

我国广告业应在当代广告创作的实践基础上，在借鉴世界潮流发展趋势的前提下，把握现代广告的美学新动向、新特征、新规律，避免进入广告艺术创作中常见的诸如画龙无睛、以丑为美、华而不实、改头换面等误区。

经典案例

H5《此处故意留白》抄袭

3月30日上午，朋友圈被一支叫作《此处故意留白》的H5刷屏了。该H5以一镜到底的素描风，加上清明节的热点借势，讲述了现代人被工作拖垮身体的事情，引人共鸣，短时间内便成为了爆款。在即将成为H5营销的经典案例时，却又被爆出抄袭，瞬间被人从天堂打入地狱。

对于营销人来说，抄袭永远让人不齿，唯有杜绝抄袭，才能让明天不是自己的“清明”。

资料来源　佚名. 年中盘点：2017年上半年刷爆朋友圈的十大营销案例［EB/OL］.［2017-06-15］. https：//www.sohu.com/a/149110869_441449.

复习思考题

1. 比较说明纯粹艺术美与实用艺术美的不同心理特征，并解释为什么广告美属于实用艺术美。

2. 为什么说广告审美是现代世界性的潮流？

3. 试分析艺术型和情趣型广告的异同点。

4. 广告审美类型主要有哪几种？其含义及基本美学特点各是什么？

5. 现代广告的审美规律有哪些？举例说明。

6. 如何理解广告的艺术夸张和真实性的统一问题？

7.广告受众审美心理的差异性主要表现在哪些方面?
8.试分析广告受众审美接受心理的特征。
9.当代广告美学趋势有哪几种?举例说明。
10.互动性美学趋势对广告创作的要求是什么?
11.我国广告绩效化和广告人文化的措施有哪些?
12.我国广告的美学误区有哪几类?举例说明。
13.针对受众重温情心理的广告,其表现形式有哪些?创作要点是什么?
14.针对受众反传统和求简约的广告审美心理分别创作一个广告。

第5章

广告创作

学习目标

通过本章的学习，应该能够：了解广告创意的含义、原则和过程；掌握广告受众的心理和广告文案的写作技巧；熟悉广告表现手法以及广告作品设计。

案例1

欧蕾化妆品广告

这是欧蕾化妆品公司在中国台湾推出的一则广受欢迎的广告文案：一男孩见到一美貌女子，十分倾慕，就用“好像在哪见过”的小伎俩主动上前搭话：“你是我高中的同学吗？”不料美貌女子竟答道：“我是你的高中老师。”

“你是陈老师？”

“是啊，王同学。”

该广告的策略是，女人喜欢被误认为年轻，这是对她们很大的恭维。“我是你的高中老师”这则广告文案巧妙地抓住了女人这一心理，含蓄地表现出欧蕾化妆品的美化功效。这种“误会”小插曲，比“今年二十，明年十八”的直接表述更传神和高明。

资料来源 鹏程. 文案力［M］. 北京：机械工业出版社，2006：146.

广告创作如何将商品信息及创意点以最恰当的、最巧妙的方式传递出去，从而达到最佳的市场营销和传播效果呢？广告创作重点在于创意过程：创意从何而来？如何设计创意？创意与企业的营销战略和广告战略有什么关系？要想对创造力有一个正确的认识，我们就必须首先弄清杰出的广告有什么特征，它是什么样子以及它从何而来。

我们都见过自己喜欢的广告，也见过自己讨厌的广告。我们喜欢的，就叫它“杰出”。但是，当我们说“杰出”时，到底是什么意思？如果我们看一看历史上的一些经典广告，也许可以从中找到一些线索。这些广告具有什么共同之处？为什么大家都普遍认为它们是杰出的广告？这是一个非常重要的问题，因为最近的广告调查显示，“广告喜好”对“广告的成功”有着极大的影响。因此，毋庸置疑，广告公司愿意创作、广告主也愿意出资制作人们喜爱的广告。但是，“喜好”是否就是“杰出”广告所有的条件呢？

无论“这条广告”是一幅海报、是杂志中的一页、是电视或广播中插播的一节，还是电脑中的一个热门新网站，杰出广告均具有某些特定的共同点，我们在此将这些特征大致归纳为两大类：受众共鸣和战略关联性。

(1) 受众共鸣。共鸣指回响、回荡或振动，也指回音、呼应或和谐。其实，这就是杰出广告与其受众之间关系的写照。广告拨动他们的心弦，在他们的耳中回响，在他们脑海里回荡，引起他们的共鸣。

为什么？因为“轰动”因素。

当炮声轰鸣时，它会立刻引起你的注意，广告也一样。就因为其中有让你惊讶的“啊、哦、噫……”这些元素，但在广告中，这些元素不仅让你注意，还会让你展开想象的翅膀。从这个意义上讲，广告就像一件伟大的艺术品，让你在它面前驻足流连，琢磨它的讯息。实际上，它本身告诉你的东西不如你自己设想出来的那么多。每条广告都应力求达到“轰动”效果，这是广告在读者或观众心中产生直接而长久印象的基本素质。

然而，大多数广告，信息性的也好、转换性的也好，均未能引起受众的共鸣。

为什么会这样呢？这也许是因为它们缺乏“大创意”，或许是因为在实施上有误：也许是因为文案让人无动于衷，也许是因为画面不够吸引人，也许是因为制作技术太差。反正从消费者的角度看，这些广告简直是在浪费时间。

从广告主的角度看，不能引起共鸣的广告是对他们金钱的极大浪费。事实上，对他们来说，广告之所以杰出，就在于其“物有所值”。好广告使出资人投入的一分一厘都能产生更多的回报。从现实来看，有不少资金被投在平庸的广告上了，这岂不很滑稽吗？

（2）战略关联性。某条广告也许会让你琢磨：正文和图形传递着广告讯息，但在创意小组所选的基调、文字和创意的背后，却是广告战略在起指挥方向的作用。完成后的广告必须与广告主的战略相关联，否则便注定会失败——即使它能引起受众的共鸣。换句话说，它也许是了不起的娱乐作品，但绝不是杰出的广告。杰出的广告必然要完成某个战略任务。事实上，战略是产生杰出创意作品的关键。

5.1 广告受众心理分析

人的认识及其态度的产生有其内在的规律性，任何与人的行为有关的研究都离不开对人的心理活动规律的研究与运用。广告宣传就是一种通过影响公众心理进而影响其行为的活动，它通过吸引公众的注意、刺激公众的消费欲望来引发公众的购买行为，并强化公众的记忆。因此，为了实现广告的有效传播和诉求，无论是广告创意、广告策划，还是广告设计，都必须重视公众的心理分析，并根据公众的心理特征和心理需要，制定科学的心理影响策略，从而提高广告宣传的科学性和艺术性，获得良好的广告传播效果。

5.1.1 广告受众的心理活动过程

广告受众心理是指广告受众在接受广告信息时所产生的关于企业、商品的一系列心理活动。广告受众的心理活动包括以下三个过程：

（1）认知过程。人们购买商品的心理活动，是从对商品的认知过程开始的。所谓认知过程，就是通过感觉、知觉、记忆、思维等心理活动，将商品的个别属性相互间加以联系和综合的反映过程。认知过程是广告宣传对受众施加影响的基础，其结果就是引起受众的高度注意、强化受众的记忆心理。

（2）情绪过程。情绪过程就是广告受众根据自己的需求、动机、兴趣、理想、信念等个性意识倾向和性格、气质等心理特征，对企业形象、商品形象产生满意或不满意、愉快或不愉快等态度体验。情绪过程是受众心理活动的一种特殊反映形式，它贯穿于购买心理活动中的评价阶段和信任阶段，对购买活动的顺利进行有重要的影响。在广告宣传与商业经营活动中，重视对广告受众积极而强烈的情绪与情感的开发与诱导，有助于增强广告宣传效果，有利于促成购买行为。

（3）意志过程。广告受众心理的意志过程本质上是其消费行为的决策过程。心理活动的意志过程有以下两个特征：①有明确的购买目的。一般来说，在进行购买活动之前，广告受众活动的预期结果已经作为意志行为的目的，观念地存在于他们的头脑之中；要想把这种观念变成现实，他们就必须以预期的目的去指导自己的行动，并据此寻找实现购买目的的途径。②排除干扰的特征。为了实现购买目的而进行的意志过程往往会受到主观与客观两方面因素的影响，会出现心理反复和心理动摇，甚至产生怀疑心理，在完成购买行为的过程中，还会产生情绪性心理障碍，为此必须付出一定的意志努力，才能解决社会性需求与个人经济条件之间的矛盾，排除各方面的障碍和干扰，实现购买行为。

5.1.2 广告与知觉

知觉是在感觉的基础上形成的，所谓知觉是指客观事物直接作用于人的感觉器官，人脑中就产生了对这些事物各个部分和属性的整体反映。知觉的形成受人们以往知识、经验、注意力及定式作用等心理因素的影响。知觉与广告的关系研究主要集中在广告知觉的选择性、广告知觉的整体性、广告知觉偏见等方面。

1）广告知觉的选择性

决定知觉选择性的机制有三个，即知觉的超负荷、选择的感受性和知觉防御。

（1）知觉的超负荷：无论哪一类人体感受器，对刺激的反应总存在一定的局限性，太小或太弱的刺激无法觉察，而太强的刺激则又可能导致回避觉察。前者存在一个下阈限，后者存在一个上阈限。从下阈限至上阈限的这个区间称为感觉阈限，只有处于感觉阈限内的刺激才能被人们察觉到，低于或超出感觉阈限的都不可能成为人们知觉的对象。

（2）选择的感受性：人对外界刺激的感受是通过各种感觉器官来实现的，不同的感觉器官具有不同的感觉能力。而且，在不同情况下，感受能力的强弱也不一样。例如，一个消费者对于自己急切需要、盼望、感兴趣的商品信息能准确、迅速地知觉，而对于他不感兴趣的刺激物则知觉得迟缓而且笼统。选择的感受性可以使我们理解为什么对同一广告不同的受众会有完全不同的反应。

（3）知觉防御：知觉防御是指个体对感到恐惧、威胁或厌烦的刺激倾向于回避、阻滞或反应缓慢的表现。对于受众而言，并不是所有信息、商品、广告方式等都是他们需要、喜欢或乐于接受的。当他们认为某些刺激对自己不利，使他们感到恐惧、威胁、不快时，就会产生反感情绪和心理屏障，抵制有关信息的输入。

2）广告知觉的整体性

客观事物具有多种属性，并且由不同部分组成。当客观事物作为刺激物对人发生作用的时候，大量离散的感觉信息通过人的感觉器官传送到大脑，大脑再按照一定的规则将它们组成某个整体或完形。这种把事物各个部分有机地结合在一起的特性，称为知觉的整体性。人们常按照下述原则将信息组成整体。

（1）图与背景原则：人具有把知觉到的各种刺激组合成图和背景关系的倾向。其中图是知觉的主体，它是封闭的、实在的，并且是突出在前面的，因而常常被人们知觉，而背景则是模糊的、朦胧的和连续的，与图形相比，它是次要的。根据这一原则，在进行广告设计时，我们就要把想宣传的产品作为主体凸显出来，使其成为整个广告的“图形”而不是“背景”。例如嘉士伯啤酒的招贴画，画面的中间是一只注满啤酒的异形酒杯，背景是一种上下略有变化的深色，受众的眼光自然会落在这个杯子上。然而广告设计者并不满足于受众对杯子的注意，广告下方的广告语又把杯子变成了背景：“倒进咱们的啤酒之前，我从来没有想到这杯子是这么漂亮。”由此，那琥珀色的酒液与洁白的泡沫，就成为这则广告的唯一中心，嘉士伯啤酒得到了很好的宣传。

（2）组合原则：组合原则是指当知觉对象在空间和时间上接近时，知觉会自动地将这些知觉对象加以组合，形成一个完整的图像或印象。在广告设计时如果能够恰当地运用这一原则，有意识地在广告作品中增加一些与商品或劳务有联系的积极信息，引导受众在看到广告作品时产生一些美好的联想，就可以收到较好的广告效果。例如，法国埃文天然矿泉水的平面广告，画面清新、明快，构图为一人正在畅饮该品牌矿泉水，背景是阿尔卑斯山，这很容易使人联想到矿泉水的纯天然品质。

（3）封闭原则：当人们遇到不完整的刺激模型时，知觉倾向于有意无意地将其补全与完善，并将它作为一个整体来识别。就像断臂的维纳斯，人们对她的审美，并没有因为其断臂而感到不完美，相反，这断臂反而给人们留下了广阔的想象空间。进行广告设计时，如果能够利用这一原则，巧妙创作出不完整的广告画面和广告语言，为受众留下一定的想象空间，往往能引起受众的兴趣，并产生完善的冲动，从而达到吸引受众注意，加深受众对广告的印象的目的。

3）广告知觉偏见

广告宣传中常见的知觉偏见有：模特效应、晕轮效应、权威效应。

（1）模特效应：所谓模特效应，是指受众对某种广告产品的特性进行归因时，往往具有把自己所熟悉的人物形象与其相联系的倾向。正确利用这种倾向能大大提高广告的说服力。如金帝巧克力广告：“瑞士最佳风味，只给最爱的人。”受众往往会把自己想象成广告中的男女恋人，想象自己把这种巧克力送给恋人时所产生的幸福、温馨与浪漫感觉，因而也就很容易接受广告诉求。

（2）晕轮效应：这是知觉者以偏概全的一种心理现象。晕轮效应是指受众将某种商品所特有的好或不好的印象扩大，并影响到其他商品知觉的心理现象。如对喜欢吸红塔山牌香烟的人来说，可能会觉得云南其他品牌的香烟品质也很好。

（3）权威效应：在某种程度上，人们对知名人士的选择、权威专家的见解总是存有一定的盲从心理，所以他们的观点往往对受众具有很大的影响力。正因如此，在进行广告宣传时，聘请名人推荐产品、请专家评价产品的特性，甚至请他们作为广告产品形象代言人，能够比较容易地建立起广告产品在受众心目中的威信。

案例2

李嘉诚使用的手提电话

多年前在中国香港举行的一次土地拍卖会上，当竞投进行到最紧张之际，李嘉诚忽然拿出一部手提无线电话，与外面通话联络，在场的记者们纷纷迅速按下快门捕捉了这个“大哥大”亮相的镜头。翌日，香港报刊均刊出这张照片。无意中，富豪李嘉诚为所使用的手提无线电话做了一次具有独到功效的广告。

李嘉诚所持的是旗下公司和记电话代理的摩托罗拉手提电话。由于当时香港已有不少显贵人物使用这种电话，因此，手提电话被香港人称为“大哥大”，尤其是李嘉诚手持“大哥大”的照片见报后，更使得拥有“大哥大”成了有身份的象征。一时间“大哥大”在香港热销起来，并且很快传到了我国台湾以及内地。

资料来源　钟毅，等. 中外广告营销集萃［M］. 北京：中央广播电视大学出版社，2006：336.

5.1.3　广告与注意

广告要获得成功，首先必须能吸引受众的注意。所谓注意，是心理或意识活动对一定对象的指向和集中，它是我们所熟悉的一种心理现象，明显地表示了人的主观意识对客观事物的警觉性和选择性。

注意具有指向性和集中性。所谓指向性，指的是人的心理活动所具有的选择性，即在每一瞬间把心理活动有选择地指向某一目标对象，而同时离开其他对象。所谓集中性，是指人的心理活动只集中于少数事物上，对其他事物视而不见、听而不闻，并以全部精力来对付被注意的某一事物，使心理活动不断地深入下去。

广告界流行这样一句话：使人注意到你的广告，就等于你的产品推销出去了一半。可见在商业广告设计中，应充分应用注意的心理功效。正确运用刺激因素，是提高广告效果的重要环节。根据注意产生的原因及特点，广告宣传与创作要吸引和维持消费者的注意，大多采用如下办法：

（1）增大刺激物的强度。刺激达到一定的强度，会引起人们的注意。刺激物在一定的限度内的强度越大，人对这种刺激物的注意就越强烈。不仅刺激物的绝对强度有这种作用，而且刺激物的相对强度也有这种作用。因此，在广告设计中，可以有意识地增大广告对消费者的刺激效果和明晰的识别性，以在无意中引起消费者强烈的关注。例如，在一项对刊物不同篇幅大小的广告效果进行的对照实验中发现，半页广告的注意值平均分数是13.3，而全页广告的注意值平均分数是25.9。调查还发现，占两页的广告，常常比占一页的广告更容易引起注意。

（2）提高刺激物的感染力。刺激物的强度和对比度固然可以引起人们的注意，但倘若它反映的信息毫无意义，缺乏引起人们兴趣的感染力，即使引起注意也是短暂的。在广告设计中，有意识地增强广告各组成部分的感染力，激发消费者对广告所含的各种信息的兴趣，是维持注意的有力支柱。

（3）适当利用悬念吸引注意。进行广告策划、设计时适当利用悬念，能够使受众对广告从被动的接受转为主动的关注，让他们主动去注意悬念的结果。悬念型广告采取系列广告形式，先提出问题，然后逐渐完善与充实，最后揭晓答案。由于悬念型广告提供的信息不完善，这刺激了受众的探究欲望，并为他们留下了充分的想象空间，因而受众会更加关注并主动寻找信息和线索。

案例3

酒桶里的广告

国外一家饮食店在门前摆了一个大酒桶，酒桶上写有四个大字："不准偷看"。过往行人都忍不住向前看个究竟，却发现桶里写着："我店有清香甘洌、与众不同的生啤酒，一杯5元，欢迎享用。"这则悬念广告不仅新颖，而且富有童趣，让人觉得店主童心未泯，与行人开了个捉迷藏似的小玩笑。该饮食店从此生意兴隆。

资料来源　钟毅，等. 中外广告营销集萃［M］. 北京：中央广播电视大学出版社，2006：323.

（4）抓住注意热点。当绝大多数人对某一事物高度注意的时候，推出相应的广告效果最佳。这个被大多数人注意和关心的事物就是人们的"注意热点"。利用"注意热点"发布广告具有受众多、传播面广、注意集中、能在短时间内提高企业和产品的知名度等优势。

案例4

派克笔的广告

美国派克金笔在我国香港的总代理，抓住美苏两国首脑签署销毁中程导弹协议的时机，在报纸上用一个版面刊登了里根和戈尔巴乔夫签署协议后互赠签字笔的照片作为广告，照片下面写着："千军万马难抵大笔一挥。大笔乃派克。"广告一经刊出，派克笔销量大增。

资料来源　钟毅，等. 中外广告营销集萃［M］. 北京：中央广播电视大学出版社，2006：323.

5.1.4　色彩的心理作用

民族的起源或文化会对人们的色彩偏好产生一定的作用。例如，暖色——红、黄和橘黄——大多表示刺激、兴奋，能引起积极的反应。显然，来自热带地区的人对暖色最敏感。某些色彩组合带有民族含义，如金色和红色总让人联想起中国；青绿色和灰棕色则让人联想起美洲西南部的印第安部落。

颜色可以透露出一个人在生活方式上的偏好，生动的基本色（红、蓝、黄）与白色条纹搭配表示果断，因而常用作运动员队服的颜色，因此，这类颜色与运动生活方式有关联。

我们所经历的四季的颜色常常指导着我们如何搭配颜色，如果某人用特定的季节色彩打扮自己或装饰自己的房屋，我们就可以从四季色彩来推断他的脾性。例如，黄、绿、浅蓝象征着春天的颜色，代表着清新、充沛的个性；深蓝、深紫和黑色则象征着冬季的颜色，让人联想到冷漠、沉静的性格；一觉醒来，我们总感到精力充沛，因而，我们常把早晨的色彩——翡翠绿、紫红和浅黄——与朝气蓬勃联系在一起；一天的劳作之后，回到家，放松自己，此时此刻也正是夕阳西下，斑斓的色彩布满天空之际，因此，我们往往将夕阳西下时的颜色——桃红、青绿和橘红——与放松和沉思的气氛相联系。

有些颜色含义不太明确，例如，紫色和叶绿色就既可以算作暖色，又可以算作冷色，这要视其色度而定。以下，让我们来看看几种具体的颜色的象征意义：

红色：血与火的象征，是人们喜爱的第二种颜色（第一种为蓝色），适用范围更广，是最热烈的色彩。“行为商数”最高。适用于汤类、速冻食品和肉类。传递较强的男性信息，因此常用于剃须膏的容器。

棕色：也是一种男性颜色，与土地、森林、成熟、岁月、温暖、舒适相关。可用于任何物品，甚至化妆品。

黄色：吸引消费者目光的能力非常强，特别是与黑色搭配使用。最适用于谷类、柠檬或防晒护肤品。

绿色：健康与朝气的象征，常用于薄荷制品和软饮料。

蓝色：最冷的颜色，亦是诉求最多的颜色；适用于速冻食品（冰的感觉）；如果用在轻薄的易拉罐上，则会产生“甜”的感觉。

黑色：传递出精致、高级商品的信息，一般用于刺激人们对贵重物品的购买欲，用作背景色或其他颜色的陪衬色效果较好。

橘黄：最好“吃”的一种颜色，尤其是在棕色调中，使人想起秋天或好吃的东西。

5.2 广告创意

现代广告的核心在于创意，其魅力也在于创意。正确掌握广告创意的含义、过程与原则，是提高广告创意水平的保证，同时也是广告运作的保障。

广告创意就是广告人员对广告活动所进行的创造性思维活动。具体而言，即为实现广告目标，广告人员根据市场调查结果、商品特性和公众心理对广告的主题、内容和表现形式所作出的创造性意念和艺术构想。

研究广告创意，首先应研究市场、研究产品。凭简单的感觉或喜好进行构思，很难达到其商业目的。广告活动实质上是市场竞争的一种表现形式，要竞争就要研究竞争者的市场状况，找出自身与竞争者的差异，确定自身的特点和优势，并通过广告将之表现出来，这才是广告创意的内涵。

当然，形式是内容的烘托。忽略了形式上的表现，内涵再好也难以得到受众的关注和认可。当广告创意的内涵确定之后，应加强形式上的设计创作，力求展示出创意的内涵，否则再好的创意也会前功尽弃。这是广告创意的外延。广告创意的内涵与外延两者应是密切相联的统一体，是缺一不可的。

5.2.1 广告创意的原则

在进行广告创意时，应遵循下述原则：

（1）科学性原则。广告创意以科学调查为基础，以相关的自然、人文科学为基础，这是众多广告大师留下的宝贵经验。广告大师詹姆斯·韦伯·扬（James Webber Young）重视广告的科学性，重视对消费者的深入调查和了解。他的方法是，博闻强记，努力地积累资料，分析、重组各种相互关系；深入地观察、体验人们的欲求、希望、癖好、渴望及其风俗与禁忌，从哲学、人类学、社会学、心理学以及经济学的高度去理解人生，通过研究实际的案例来领会广告创意的要旨。广告从业人员在进行广告创意时必须先做科学的调查与分析，充分掌握政治、经济、文化等各方面的信息，以使广告创意真正有效。

（2）艺术性原则。任何一件有生命力的广告佳作，都具有某种触动人心、给观众带来美感和愉悦的艺术魅力，这就是广告创意的艺术性原则。

（3）目标性原则，即广告创意应与广告目标和营销目标紧密联系。广告创意是广告的促销因子，应是以广告服务对象为出发点和落脚点的创造性行为，其目的是刺激人们的消费心理，促成营销目标的实现，否则再好的创意都是无用的。

（4）关注性原则。广告创意应能吸引消费者的注意力，使其关注广告内容，只有这样才能在消费者心中留下印象，才能发挥广告的巨大作用。因此，在设计广告作品时，尽量刺激人们的欲望，运用各种可能的手段去吸引尽可能多的消费者的关注，是广告创意的一个重要原则。

（5）合规性原则。广告创意必须符合广告法律法规，符合社会的基本道德规范，还要符合不同国家和地区的经济观念、宗教信仰和风俗习惯等。

案例5

发生在“女神庙”的广告官司

1992年春天，一家制鞋公司刊登了这样一则广告：在雅典卫城的胜利女神庙里，4个石柱女中间，一位现代装束的女郎迈步向前，镜头突出其脚上的鞋……

该广告刚一刊出，一些考古学者及文物工作者纷纷联名上告至法院，认为这条广告有损希腊著名古迹声誉，玷污了希腊人的宗教信仰。法院裁决：广告非法，停止刊登并处以罚款。

此案过后不久，意大利一家广告公司为可口可乐公司做的一条广告中，将胜利女神庙的石柱女改成了可口可乐瓶。希腊文化部出面交涉，意大利公司不得不收回该条广告。

这两起广告官司违反了希腊广告法第3条：广告不得利用宗教经文、圣文、有关宗教的古迹，不得有损民族问题、文化传统……

考古和文物工作者说，雅典卫城的胜利女神庙是古代希腊人的神圣殿堂，是宗教圣地，用它做广告为非法。

资料来源　钟毅，等. 中外广告营销集萃［M］. 北京：中央广播电视大学出版社，2006：166.

5.2.2 广告创意的过程

1）收集资料阶段

广告创意者的工作首先从收集资料开始。优秀的创意是以缜密的调查和分析为基础的。创意者在这一阶段必须收集所有相关资料，一方面是解决眼前的问题所需的资料，另一方面则是平时不断积累的一般知识资料。

2）分析资料阶段

这一阶段主要是对获得的资料进行归纳和整理，找出商品本身最吸引消费者的地方，发现能够打动消费者的主要之处，也就是广告诉求点。这一阶段的工作主要包括以下几点：①列出广告商品和同类商品所具有的共同属性，如产品的设计思想、生产工艺水平、适用性、耐久性等。②列出广告商品与竞争产品各自的优势和劣势，通过对比分析，找出广告商品的竞争优势。③以列表方式列出有关商品的特征，以清楚地了解商品的性能与消费者的需求和所能获取利益之间的关系，最后结合目标消费者的具体情况，找出诉求重点，即定位点。

3）酝酿构思阶段

这是广告创意的潜伏阶段。在这一阶段，广告创意人员为找到一个好的创意点子，会在问题的引导下，积极思考，运用、改造素材，把积极的形象、语言、片段等在脑海中进行各种排列组合，可谓绞尽脑汁、冥思苦想，甚至到了废寝忘食的地步。这时，广告创意者往往处于焦躁、激动、不安和煎熬当中。

4）灵感闪现、产生创意阶段

在这一阶段，会浮现出很多好创意，这些创意往往具有不同的特点，应做好记录以备筛选。广告大师冯·奥克推荐了几种寻找创意的技巧：

（1）调整。从其他角度提示受众改换思维方式，从而加深其印象。例如康宝汤的一则广告，画面是一碗热气腾腾的西红柿汤，碗下醒目地写着“健康保险”。这是借保险的概念来突出康宝汤的功效。

（2）想象。多问“如果……会怎样”，不要怕出格。例如，想象一下，如果动物在客厅中畅饮会怎么样？美国一酒吧真的用了这个想法，其广告表现了一头大象和一头驴穿着西装在桌旁敬酒，标题是“克莱德，大家的选择”。

（3）颠倒。从反面看待事物，有时所期望的结果的反面恰好具有很大的冲击力和很高的记忆度。有家化妆品公司为其保湿润肤膏做的广告如是说：“向你的丈夫介绍一位更年轻的女士。”而大众老爷车的广告则采用了这么一条标题：“丑陋只是表面现象。”

（4）联系。把两个不相干的想法合并在一起。例如，为了鼓励人们索取目录介绍，加勒比皇家游轮公司的广告极为简单，画面为目录封面，上面是简洁的标题：“邮寄航海”。

（5）比喻。用一个概念描述另一个概念，有助于人们理解。例如，一本高档杂志上的派克高级钢笔的广告就是一个纯粹的比喻：“美妙绝伦，纯银出身，丝般流畅。”

（6）删节。在广告创作中，墨守成规几乎不会有什么收获。删节就是抽掉部分东西，或打破常规。例如，七喜就是因为宣传了它所不具备的因素（非可乐）而名声大噪，并且成功地把自己定位为可乐的替代品。

（7）滑稽模仿。幽默与创造性有着密切的关系，幽默如果运用得当，便可能产生出色的广告。美国斐乐公司的一则电视广告里，一只螳螂脚穿斐乐运动鞋飞快地爬上叶梗，以逃避杀手般的配偶，这条广告获得了《广告时代》的好评。

5）评定创意阶段

在这一阶段，要从诸多的构思中抽选出优秀的构思，最后确定一个最好的创意。确定创意要注意从几个方面加以考虑：所提出的创意与广告目标是否吻合；是否符合诉求对象及将要选用的媒体的特点；与竞争商品的广告相比是否具有独特性。经过认真的研究审核后，再确定选用哪一个创意。

5.2.3 广告创意思维

企业投放广告的目的很明确，就是要赢得消费者的关注。要做到这一点，就要在广告创意上下功夫。广告创意要想突出，靠的是广告创意思维。广告创意思维有如下类型：

1）按思维所借助的媒介分类

（1）抽象思维，又称理性思维，即人们在认识活动中，运用概念、判断、推理等思维形式，对客观现实进行间接的、概括的反映过程。在广告创意的各个阶段都要运用抽象思维进行科学的分析与综合、合理的归纳和演绎、严密的推理与认证。

（2）形象思维，又称直觉思维，即借助具体形象的生动性、实感性进行创造性思维的思维活动，是广告创意最为常见的一种思维方式。它以直觉为基础，通过想象，从一种事物引发联想，从而产生创意。例如，西班牙的一则反种族歧视的电视公益广告，以一双手在黑白两色钢琴键上弹奏悦耳动听的曲子，来表达“黑与白也能够和睦相处”的广告主题。形象思维可使广告创意人员摆脱习惯性思维定式的困扰而产生奇思妙想。

（3）灵性思维，又称顿悟思维。它是具有突发性、瞬时性、随机性的思维活动方式，是潜意识转化为显意识的一种特殊表现形态。灵性思维的发挥能使广告创意更新颖独特。

2）按创造性思维的常规性分类

（1）顺向思维，即按照常规定式思维。在广告创意中采用顺向思维，就是按照常规定式，从小到大、从低到高、从前到后进行思考，自然顺畅，使人容易接受。

（2）逆向思维，即逆着常规思路或信息的发展趋势寻求创意的思维方式。美国著名广告创意人乔治·路易斯说，大多数人都往同一个方向前进时，反而证明了新的方向才是唯一的方向。可见，创意就是要向惯例挑战。

3）按创造性思维的方向分类

（1）发散思维，又称扩散思维、辐射思维、开放思维等。这是一种由一点向外联想、发散思考的方法，即以思考对象为中心，从多个不同角度探索思维结论。

（2）聚合思维，又称收敛思维、集中思维。与发散思维相反，这是一种由外及内、异中求同、归纳集中的思维方式，即围绕需要解决的问题，运用多种方法和手段，在众多的信息中找出最优信息。

（3）纵向思维，又称垂直思维，按照事物产生、发展的既定方向，借助现有的知识、经验，从问题的正面进行上下垂直式思考。这是一种选择性的、分析性的、必然性的、排除不相关因素的思维方式。

（4）横向思维，又称水平思维，通过改变原有定式、传统观念，通过分析比较，从多个方向找出新的思维原点，用全新的思维去思考，这是一种激发性、跳跃性、探索最不可能途径的思维方式。

5.3 广告文案

广告文案是广告策划者按照广告主的用意以及广告目标要求，用文字的形式将广告主题和创意表达出来。在广告创作中，文案的写作是十分必要的，只有用准确、简明、形象、动人的语言来表现广告，才能实现广告策划意图。

5.3.1 广告文案主题的形成

主题，是广告文案的中心思想，也是广告内容的核心。它对广告文案的标题、正文、图片等起着统率的作用。广告文案主题的形成依赖于下述两大要素：

1）商品个性

所谓商品个性，是指某商品的独特之处，即区别于其他商品之处，也往往是该商品最具魅力、最吸引消费者的因素。如海飞丝的去头屑，飘柔的洗发、护发二合一，潘婷的维他命原B5滋养头发……这些独具一格的个性，就直接成了该商品的广告主题。

美国广告大师李奥·贝纳认为，每一种商品都有“与生俱来的戏剧性”，这里说的“戏剧性”就是商品的个性。个性的表现方式因“物”而异。有的商品个性明显，一眼就可看出，有的商品个性隐含其中，需要人去挖掘，去寻找。如广告大师霍普金斯为喜力兹啤酒做的广告称，“喜力兹啤酒瓶经高温消毒”，虽然所有的酒厂都这样处理酒瓶，但却无一家酒厂将它作为广告文案的主题，而霍普金斯率先将之作为特色宣传，事实证明，他成功了。

2）消费者心理

广告文案不是产品说明书，它强调的商品个性只有与消费者心理需求吻合，才能达到实际的促销效果，才能真正发挥广告文案的作用。就是说，广告文案只有被消费者阅读、接受，才是有效的、成功的广告文案。换言之，广告要实现“激发”需要这一目标，它的主题就必须建立在消费者的心理需要的基础上。

心理学认为，需要是对保持、延续和发展其生命所必需的客观条件的反映，也就是说，需要是人对感知到的一定生存和发展条件的要求或欲望。消费者的需要是推动消费者进行各种消费行为的最普遍的内在原因。了解消费者的心理需求特点，是确定广告文案主题的前提和基础。只有将广告商品与消费者的需求联系在一起，广告文案的主题才能真正地深入人心，打动人心。

5.3.2 广告文案的撰写

1）广告文案的撰写过程

(1) 准备阶段

广告文案创作需有根据，不可凭空杜撰。在动笔之前，应先研究与广告文案有关的各项资料，例如：①商品的性能和它的优点；②商品的制造过程；③制造商品的原料；④商品在国际市场和本区市场的分布情况；⑤商品在市场上的竞争情况；⑥厂商与零售商的经历；⑦受众的购买习惯；⑧受众的生活环境；⑨受众的个性、受教育程度、年龄、社会地位等。此外，还须注意商品推销的季节、与商品有关的专有名词等。

(2) 消化阶段

资料收集之后，还要对其加以消化。其中最重要的是把有关联的事项分析出来，并且作适当的组合。在审阅各项不同来源的资料时，要用敏锐的思想触觉去发掘其值得注意之处，而且用这一发现去对照另一发现，看其中有无关联，找出最重要的特点作为广告文案主题。

(3) 构思阶段

在经过全盘思考之后，对于广告文案写作，要想出多种不同的方案，记在草稿纸上。对这些不同的方案最好不要立刻加以选择，而要让头脑先冷却一阵。这种先搁一下的做法事实上并没有让思考停止下来，只是使有意的思考暂时转为无意的思考。在许多情形下，经过一段时间的冷却，常会豁然开朗，产生极富创造力的思想。

(4) 定案阶段

从不同的角度分析所构思的各个文案后，就可以选择出一个主题思想突出、符合产品特征和消费需求的文案。将此方案和被淘汰的其他方案分别加以复核、比较，看看其是否已集各方案之长，然后再将其送广告客户征求意见和有关领导部门审核，综合各方意见再修改一遍即可定稿。

2）广告文案的撰写要求

(1) 文字要求

只有抱着诚实态度，发挥丰富的想象力，并熟悉社会环境、市场情况、风俗习惯、人情世故，才能写出引人入胜的广告字句。广告文字应达到如下要求：①明确：广告文字必须浅显，容易阅读，符合潮流，表达的内容不要太抽象，要使受过普通教育的人都能接受。②连贯：采用连贯的语句正确地传达作者的思想与感情，使读者容易领会。③主题统一：长而散漫的广告文字，只会浪费读者的时间与精力，因此广告文字必须一气呵成，前后主题统一。④重点突出：必须重点体现商品的特点和带给消费者的好处，给读者以深刻印象。

写好了初稿之后，要经过多次的修改和再修改。如果是电视或广播中的广告文字，还需要经过试音的过程，文字读起来要响亮，避免无谓的谐音或双关意义，且字句不能太长，以免在播音或电视播出时让人听不清楚。

(2) 内容要求

①每个广告必须突出一个中心主题。一个广告里不可能介绍产品的很多方面，所以要突出重点的和有影响力的产品特点。突出主题必须采用明确、易理解的方式，切忌不知所云或含糊其辞。②讲究产品定位。现代社会，公众每天都要受到许

多广告的“狂轰滥炸”，电视、杂志、报纸上的广告令人目不暇接。如果想给人以深刻的印象，就要让人一看便知：广告的产品针对哪些人，与众不同的优点是什么。③切忌公式化。目前企业广告有的滑向公式化：食品广告必搭一个温馨的家；饮料、保健品广告少不了一帮蹦跳的年轻人；药品广告共有一个经历——先要死要活，再大把吞药，后活蹦乱跳。美女泛滥于广告也是公式化的具体表现，“没有创意美女替”，把广告节目做成了选美大赛，殊不知，如果观众看后说“这女孩真漂亮”，这个广告也就砸了，因为人们的注意力都集中到美女身上了，对产品本身的关注自然就少。④消除顾客的心理疑虑。一般地说，购买耐用消费品的顾客，总担心在使用过程中一旦发生故障难以解决维修问题；购买服装的顾客，则担心褪色、缩水、变形等问题；购买生产设备的用户，则往往考虑生产效率高低、零件修配是否方便、操作是否简便等。广告措辞要合乎情理，如能消除顾客的疑虑，就可收到促进销售的效果。⑤具有真实性和科学性。广告必须做到实事求是，有一说一，有二说二，如果对产品的宣传言过其实，虽可骗得一时的销路，但很快就会由畅销变为滞销，还会使企业失去信誉。因此，广告中的语言文字要讲究分寸，切忌夸张。对广告内容除要求真实性以外，还要求其有科学性。有些广告内容看来是真实的，其实不完整，传达给人的是不完全的观念，这就是缺乏科学性。

5.3.3 创意金字塔

根据人类认识新信息的认识理论，创意金字塔也采用了一个简单的五步结构，如图5-1所示。许多广告文案与广告设计的目的都是劝服潜在顾客采取某种行动，满足某一需求或欲望，或提醒他们再次采取行动。在新产品上市的情况下，人们首先需要知晓问题所在。如果问题已很明显，他们自然会去解决问题。对于他们经常购买的产品，广告主只需提醒他们去买。在这两种情况下，广告主的首要任务都是引起他们的注意，第二步再激发他们对产品或讯息本身的兴趣，再下一步很重要，尤其是对新产品来讲，这一步是为产品承诺建立信用，然后再努力引发欲望，最后刺激他们采取行动。每条广告都涉及对这五个组成部分的合理运用。下面，我们就对各部分逐一进行简要的介绍。

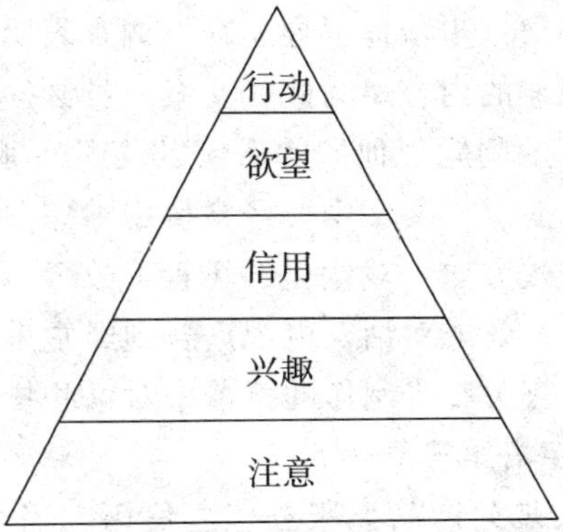

图5-1 创意金字塔

创意金字塔为制定文案写作目标提供了一个简单的指南。

1）注意——创意金字塔第一层

广告本身就是一种刺激，必须突破消费者的生理过滤层，才能引起他们的注意，进而使其产生感知。因此，引起注意是广告的首要目标，也是创意金字塔的基石。艺术家为了找到生动有趣、引人注目地表现大创意的方法而花的时间和精力绝不亚于他们当初为寻找大创意而花的时间与精力。注意环节是引发广告轰动效应的关键，印刷广告常常把标题作为吸引注意力的主要手段，文案人员的目标就是写出能传神地表达大创意的标题。标题通常都设计成广告中最大、最醒目的字体，无论在视觉上还是在概念上，往往都处于中心地位。许多其他手段也有助于吸引注意力：对印刷媒介而言，醒目的图像、非同寻常的布局、鲜明的色彩或超大尺寸；对电子媒介而言，特殊音效、音乐、动画或超常视觉技术等。

有些因素是创意人员无法控制的。比如，广告预算会决定广告的大小和长短，这会影响广告穿透消费者过滤层的力度和速度。与此相似，电视广告的播放顺序、印刷广告在刊物中的位置，均有可能决定谁能看到这条广告。

吸引注意的手段应该有动力、冲击力、紧张感和戏剧效果，还必须和谐，即与产品、广告格调以及目标受众的兴趣和需求相符。这在企业对企业广告中表现得最为明显，因为企业对企业广告，主要以理性诉求和事实型思维方式为主。

如果标题提出了某种保证，却又没能以可信的方式传递这个信息，那么，这条广告不会引起销售，事实上，还有可能使潜在顾客疏远产品。如果广告的标题很生动，但数字很枯燥，与产品没有关联，也常常不会引起销售，这是因为潜在顾客一般不会购买最早引起他们注意的物品。

2）兴趣——创意金字塔第二层

兴趣处于创意金字塔的第二层，极其重要，它将正在注意的潜在顾客引向广告的主体。随着信息的深入，广告必须使受众保持兴奋与投入。文案既可以借助回答注意环节中提出的问题，也可以借助添加几个与标题相关的事实来做到这一点。为了保持受众的兴趣，广告的格调和语言应该与目标市场一致，正如我们在前面谈到的，成功的广告会引起共鸣。

文案人员和设计师必须一步步地引导受众。调查表明，人们会阅读自己感兴趣的内容而忽略自己不感兴趣的内容，为此，文案人员必须时时刻刻保持住受众的兴趣。办法之一是谈论他们的问题、他们的需求以及产品/服务如何解决他们的问题，以此来穿透受众的心理过滤层。文案中要经常使用“您”这个字。

有许多引起兴趣的有效方法：戏剧化的场景、故事情节、卡通、图表等。在广播广告中，文案可以采用音效或对话，电视广告则经常采用快速切换的方式保持观众的兴趣。我们会在以后有关广告制作的章节中对这些技术加以探讨。

3）信用——创意金字塔第三层

创意金字塔的第三层是为产品或服务建立信用。当今的顾客精明而又疑心重重，他们不再相信空口无凭的承诺。比较性广告能够树立信誉，但必须与顾客的需求相符，而且必须正当。

著名的推荐者能使广告平添几分可信度。例如，电视名人西拉·沃德（Sela Ward）就曾利用她充满个性、可信而又踏实的风格，成功地展现了斯普林特产品的风采。

广告主经常拿出独立的试验结果来支持自己的产品承诺。若想使这种做法奏效，这类“证据”就必须真实可靠，不要玩弄统计数据。广告主和广告公司必须牢记：许多消费者具备广泛的产品知识，即便在一些非常专业的领域也是如此。

4）欲望——创意金字塔第四层

在欲望环节，文案鼓励受众想象自己正在享受产品或服务所带来的好处。

在印刷广告中，文案会用“想象您自己……”这类句子来启发受众的想象。在电视广告中，主角会从洗衣机中拽出一件光滑如新的T恤，满脸微笑，然后说：“真好！”而在广播广告中，播音员则说：“您会看到最美的自己。”

欲望环节暗示可能性，然后巧妙地让消费者自己感觉有实现这个欲望的能力。但是，一旦他们察觉自己是被人牵着鼻子走，他们可能就会感到受到侮辱而反感这条广告，从而对产品失去兴趣。有时，文案会采取增加一个配角的方式来保持这种微妙的平衡。配角同意主角的观点，有时还看似无意地为产品补充几点好处，但配角不能喧宾夺主，必须与主角保持协调，因为主角才是与受众关系最近的人物。

在印刷广告中，欲望环节最难处理；在电视广告中，欲望环节可以单纯地表现消费者正在享受产品所带来的好处。你们是否注意到化妆品广告主总在有意无意地表现其用户即将有幸福生活降临？

5）行动——创意金字塔第五层

创意金字塔的最后一层是行动，其目的是促使人们采取一定的行为，诸如兑取奖券、拨打屏幕上的电话号码、光顾商店，或者，至少不反感广告主。

到达金字塔这一层的受众最少，但这批受众就是最有可能使用产品的人群。因此，最后这一步往往也是最容易的一步。如果文案确实讲清了需要受众去做什么，并且建议他们去做的话，其可能性是：他们多半会行动的。

行动号召既可以明白无误，如“详情请打电话”，也可以含蓄暗示，如“飞越友好的天空”。美术设计师给优惠券四周加上虚线，鼓励人们剪下优惠券，或用大字或鲜亮的色彩突出公司电话号码。通过这类手段，引导顾客采取行动。

在当今技术的支持下，广告不仅要号召人们采取行动，而且还要努力落实人们的行动。可以通过免费电话号码或网址做到这一点。在关系营销中，广告基本上可以让人们对关系产生兴趣。然后，广告主再运用更有效率的一对一媒介来发展关系。

5.4 广告表现

广告创意确定后，就要依靠具体媒体的传达特征，运用各种信息元素及其组合方式，将创意转化成广告作品，这就是广告行业最具挑战性的工作环节——广告表现。广告表现就是以媒体特征和受众心理作为出发点，调动各种形式手段去表达广告创意的具体内容。

5.4.1 广告表现的手法

广告表现是广告创意的物化和延伸，广告表现并不是广告创意策略的简单铺陈，而是在贯彻创意方针的前提下，运用特定媒体传达手段所具备的优势，去实现创意宗旨的创造性活动。广告表现依赖于两种手段。

1）语言的运用

这是指广告表现要为创意找到最佳的语言。广告表现所使用的艺术语言，是有一定的时效性的，许多曾经有效的题材和手法在反复使用后已变成俗套。出色的广告创意概念，往往能从司空见惯的表现手段中发现新的价值，赋予老题材、旧元素全新的喻义和全新的审美价值，给广告表现开辟新的视野，如IBM公司的PC产品曾经使用的广告语“先天下之优而优”，就是创新地使用了名言名句，增强了广告作品的亲和力和竞争力。

2）非语言的手段

非语言的手段就是语言之外的、可以传递信息的一切手段。常见的非语言手段有以下一些。

（1）画面：广告画面是广告作品中最直观的组成部分之一，它借助线条和色彩的组合，形成商品图像、人物图像、动物图像、活动图像、背景图像等。它作为一种独特的表现手法，是广告作品不可或缺的要素。南方黑芝麻糊广告通过对一个生活场景、一段儿时经历的回顾，勾起了人们眷恋往事的情思。小男孩埋头猛吃芝麻糊，大模大样地将碗舔得干干净净，形象鲜活可爱，黑芝麻糊的香美诱人自在不言之中。画外音“一股浓香，一缕温暖”，画龙点睛，意蕴深远，耐人寻味。这样的场景，极易触发联想，唤起人们的心理共鸣，从而对屏幕宣传产生确信无疑的心理效果。

（2）色彩：在广告设计中，色彩最能展现企业和商品形象的特色，具有很强的表现力，能够给受众强烈的视觉刺激。据一项调查结果显示：双色广告（黑色与除白色以外的另一色）比单色广告（黑白）能够多吸引1%的读者，而四色广告比双色广告多吸引46%的读者。由此可见，有效利用色彩对于广告宣传效果有重要意义。

（3）音响：包括现场音响和音乐，特别是音乐，已成为广告表现的三要素（画面、文字、音乐）之一。广告音响的基本作用是再现和烘托环境气氛，增强广告的真实感和感染力。

（4）体语：广告中模特、人物的体语也是传达广告信息的重要手段。体语与文字、音乐等配合，能生动传达广告信息，个性十足。

5.4.2 平面广告作品设计

广告传播可分为视觉、听觉、视听觉三类。平面广告属视觉类，主要是指以报纸、杂志、海报、招贴、传单、POP广告、日历等媒介为信息载体的广告作品。平面广告作品设计的构成要素主要有图形、文字、色彩、布局，它们在视觉类广告设计中分别承担各自的角色，各施所长，互相呼应，形成视觉类广告的整体。

1）图形

图形是广告作品中重要的视觉语言，图形在平面广告中又分成广告图形与产品图形两个部分。广告图形是指根据广告创意与主题所选取的帮助受众理解广告主题或创意的表现图形。产品图形即直接把广告作品、商标等以绘画或摄影形态陈列于平面广告的画面上。在有相对宽裕时间观看的平面媒介上，如报纸、杂志、招贴等，通常是广告图形与产品图形同时使用，以利于加深受众对广告的认知、理解与记忆。

产品图形在广告中多讲究真实、逼真的效果，而广告图形即可视创意需要选用具象或抽象的图形，其表现形态可以是写实的、装饰的、漫画的、卡通的、变形的等。

图形在平面广告中具有引起注意的作用。图形与文字在一个广告中同时出现时，图形的注意度为78%，文字的注意度为22%。因此，抓好图形的创意设计是至关重要的。

2）文字

文字是广告中不可缺少的视觉要素。它与图形互相配合体现广告的主题，能够比较深入地对消费者进行说服。广告中的文字分文案与字体两个方面，对文案部分前面已做过介绍，这里着重介绍字体。

字体所研究的是文字的外形，包括字的类别和字体、字号等。就其共性而言，各类文字都是由不同的线构成的符号，但由于形成的文化背景和历史过程不同，它们又各有自身独特的形态。在广告设计中，文字占有重要的地位。一般来说，所有的广告都少不了文字，甚至有的广告全由文字组成。为了充分发挥文字在广告中的作用，字体的设计应注意遵循下述原则。

（1）服务于内容：设计字体，应与文字的内容相适应，并力求体现广告的特性。例如：粗壮有力的字体适于宣传重工业产品；纤细优美的字体适于宣传轻工业产品；柔软的字体适于宣传食品；秀丽的字体适于宣传化妆品；稚嫩的字体适于宣传儿童用品等。

（2）易于辨识：在汉字的设计中，要使用规范的简化字，防止错别字和不规范字的出现。同时，为了便于消费者对商品与企业的辨识，还可以对商品和企业的名称专门进行字体设计。这些专用字体经过注册后受法律保护，别人不得仿造，可以防止鱼目混珠。

（3）和谐美观：在字体的选择和设计上既要注意美观，又要注意整体的和谐，从而给受众带来美的感受。字体的变化不宜过多，否则就会显得杂乱。字体的搭配要各得其所，有的要适当加强，使之突出，有的则要适当减弱。不要为注重局部的花哨而破坏了整体的统一。

3）色彩

在广告中，色彩引人注意的作用也是很显著的。尤其是户外广告，因为受周围环境的影响，分散注意力的因素很多，而色彩鲜明的广告能够排除这些分散注意力的因素，引起受众对广告的注意。一般来讲，广告色彩是由图形的色彩、底色、标题的色彩三个部分组成的。广告色彩基调的决定，主要在于图形的色彩和底色，特别是图形的色彩，往往处于画面的中心。因此，对图形色调的选定要特别精心。底色起衬托作用，而标题的色彩则可以支配整个版面的气氛。在广告色彩的配置中，还有两点必须注意：要符合而不要违反一些有关用色的规定与惯例；灵活运用色彩心理学的知识。

4）布局

布局是图形与文字在平面上进行展示的手段。布局讲究广告瞬间传达效果，注重人的视觉流程规律，有意识地引导读者顺着设计者设计的流程很快看完广告所传达的信息。平面广告的布局应注意的是可视性和逻辑性。

5.4.3 电子广告作品设计

电子广告作品主要是指以广播、电视、电影、网络等为载体的广告作品。由于作用机制不一样，不同类型的电子广告作品，其在设计思路、操作方法、使用设备等方面也存在一定差异，因此应认识和掌握不同类型电子广告作品的设计方法。

1）广播广告的设计

（1）明确广播广告的构成要素

广播广告的构成要素包括：

①广告台词。广告台词是表达广告主题的核心部分，是广告宣传概念的手段。广播广告主要是依靠广告台词的声音传播信息的，需要特别充分地发挥语调、语气等的作用，运用准确、精练的语言，突出广告的主题。因此，在广告台词的创作和拟音过程中，要特别注意语言的感觉印象，借助语言的感觉表象，增强广告内容的个性特征。

②音乐。音乐是对广告的烘托，它往往以优美的旋律表达特殊的思想感情。在广播广告里，音乐的衬托使广告语言更富有新意，以其娱乐性和艺术性引起公众的兴趣和注意。广播广告一般采用为人们所熟悉并有代表性的名曲，或者采用与广告主题相配合的乐曲来渲染气氛。

（2）确定广播广告的表现形式

广播广告的表现形式有下述一些可供采用：

①对话式。这是广播广告常用的一种表现形式，往往由两个或两个以上的人播音，以对话的形式，直接或间接地介绍产品或组织。广播广告采用对话式较为自然而有趣，生活气息浓，给人印象深刻。

②解说式。解说式广播广告是用解说词对广告的内容加以介绍。其表现手法关键在于解说。好的广播广告要求解说词要自然、生动、亲切、感人，如配以音乐，加上富有韵味的播音，必然会产生很好的效果。

③演唱式。演唱式广播广告是将广告宣传的内容写成唱词，运用歌曲、戏曲、快板、评书等形式加以宣传，使人们在欣赏时自然接受广告信息。演唱式广播广告的关键要做到唱词通俗易懂，切实反映广告宣传的主题，演唱吐字清晰。

④报道式。报道式广播广告采用新闻报道的方式对企业和产品进行报道，多数运用现场采访的形式，使广告宣传具有真实感，能够对受众产生较强的心理影响。

2）电视广告的设计

（1）绘制电视广告脚本

电视广告脚本一般包括广告主题、故事情节、模特形象、广告画面、拟音、音乐与音响、屏幕字体、色彩等要素。电视广告经过策划后，需由美术设计人员和文案撰写人员按照电视画面的特点及摄影要求，将广告策划内容转化为具体场面，也称绘制电视广告脚本。电视广告脚本是对广告策划中广告表现方案的具体化，制作人员及其他工作人员可以通过电视广告脚本了解广告的内容，确定应从什么场景开始摄影，确定摄制时镜头的焦距、角度、景别、演员如何表演等。电视广告脚本的设计应以最佳的线条和角度取舍对广告创意进行表达，内容应清楚明了。

（2）确定电视广告表现形式

电视广告的表现形式有下列一些可供采用：

①生活片断式，就是将广告宣传同日常生活联系起来，抽取生活中的一个片断，作为广告宣传衬托。生活片断式广告富有生活气息，加上广告宣传的内容是观众关心的关系其切身利益的问题，能够较好地吸引观众的注意力。

②情感式，就是借助情感生活主题，如友情、爱情、亲情等，宣传商品信息和品牌形象，强化商品的亲和力和感染力。

③明星推荐式，就是借助社会明星、社会名流或较有影响的公众代表的影响力，向公众介绍自己的企业或产品。

④歌曲演唱式，就是将要宣传的内容写成歌词，谱写出富有节奏的曲调，综合运用广告的其他形式进行宣传，提高公众的兴趣。

⑤表演式，就是通过设计富有戏剧性或夸张的情节，借助模特的表演，生动有趣地宣传商品的卓越性能和杰出品质等主题信息。

⑥介绍式，就是将广告宣传的内容逐一介绍给公众，向公众说明企业产品的性质、用途和使用方法等。介绍的语言要简明扼要、带有悬念，切忌繁杂、平铺直叙。在具体运用中，可以从正面直接进行介绍，突出商品的特殊性能。

⑦比较式，就是通过事实的比较，将广告宣传的产品能带给公众的利益真实地表现出来。一般可采用商品品质对比、使用前后对比、产品革新对比、价格对比等形式。

⑧幽默式，就是利用夸张、幽默等艺术手法表现宣传主题、展示商品形象，使

公众在轻松愉悦的氛围中接受广告信息。

（3）安排广告时间和时段

电视广告时间的安排，主要根据广告商品、主题内容及制作费用来确定，同时须考虑广告预算的控制。一般来说，国际上常采用的广告长度是30秒、40秒、45秒、60秒等。经过压缩剪辑后，则有25秒、20秒、15秒、10秒等长度，其中15秒和30秒的使用频率最高。我国电视广告的长度通常有5秒、15秒、30秒和60秒等。据调查表明，时间为30秒的电视广告，长度是较为适中的。我国新创5秒标版广告，往往在黄金时段播出，多用于播报商品或企业名称，能给观众留下短暂印象，但无法向观众提供更多的信息，如与其他时段播出的30秒或15秒的广告配套使用，也能获得较好的广告宣传效果。

广告时段主要分黄金时段和一般时段。所谓黄金时段，就是电视开机率和收视率较高的时间单元。各个国家和地区由于受人文特征、生活习惯等多种因素的影响，黄金时段是不一样的。我国电视广告的黄金时段在19：00—22：00，其他时间即为一般时段。不同时段的广告收费标准是不一样的。总的来说，黄金时段的收视率虽较高，但并非所有黄金时段的广告都有好的效果，广告传播效益与目标消费者特征、播出时段等都有关系。对一般时段的传播效益以及与黄金时段交叉覆盖传播的传播效益也不应忽视。

3）网络广告的设计

（1）网络广告创作的构成要素

与传统广告相比，网络广告增加了一些新的要素：相对平面广告而言，网络广告增加了声音，而且还有画面的活动与时序的变化；相对影视广告而言，网络广告虽然不及影视广告画面丰富、生动，却有着影视广告无法相比的优势——空间上的层页链接。网络广告的构成要素可以细分如下：

①视觉方面。文案，包括标题（正题与副题）、正文（可以是对产品的说明，也可以是对受众的鼓动）、标语（表现商品性质及企业风格的广告语句，一般较为稳定）、随文（包括广告主名称、地址、电话及产品价格等）。画面，包括图形（图片、照片、动画及图表）、商标（图案或文字造型的注册商标）、商品名（商品名的标准字体，又叫合成文字或商标文字）、按钮（可以是图形、色块或文字）、轮廓（即外框，或叫框边）。

②听觉方面，包括背景音乐（与企业或产品特性相吻合的音乐）、音响特效（与产品相关的音响）。

③网络方面，包括链接（通过点击可以链接到另一页面，实现网络空间的转换）、时序（画面可以按照预定的顺序出现）。

网络广告的这些要素，各负有不同的使命与作用。如果这些要素材料各自分散，单独行动，就不能充分发挥广告的效果；如果对这些要素能够进行统一编排，那么广告的传达功能会更明确，给受众的印象会更深刻。

（2）网络广告创作的基本要领

①创意要巧。网络广告是一种互动的双向式广告，可以更多地采取平行对话的方式与受众沟通，针对目标消费者的特点与需求，将产品的特点、性能、功能、规格、技术指标、价格、售后服务和质量承诺等内容显示在网页上，以便受众查询，帮助他们作出理性的选择。对那些技术性强的产品，还可以利用各种动画技术、虚拟技术在网页上动态地展示产品的应用实例、技术指标等。网络广告必须创意巧妙，才能吸引受众点击，达到网络广告的预期目标。

②制作要精。要想制作精良，必须做到以下几点：第一，要打破单一视觉的局限，加入音乐或其他多媒体的应用特性，整体上追求韵律感与视听刺激的高强度，这样就能使作品更生动活泼，更具吸引力，使受众对广告产品产生更浓厚的兴趣。第二，要善于利用网络所特有的超链接技术和交互效果，这可以使受众了解得更多，并能得到受众真实的反馈，促成购买行为的发生。第三，网络广告具有易修改、更换快速等特点。广告设计者可以利用这一特点，不断向受众提供各种不同风格的网络广告，以符合网络受众求新求异、对新事物特别敏感的特性。第四，网络受众虽然在整体上具有共性，但仍然存在个性差异，因此应制作不同风格的网络广告，分别置于不同的页面，以满足不同层次及不同需求的目标消费者的需要。

制作时需要注意的是：首先，不要片面追求视觉冲击。动画是网络广告的一个优点，但随意地运用动画并不一定能达到预定的广告效果。画面闪动过于强烈、过于频繁，只会让受众的眼睛难以忍受。其次，制作网络广告要符合我国的实际技术水平。目前，我国互联网环境的整体水平与发达国家相比还存在着很大差距，一些在国外运用较普遍的广告制作方法，在我国目前的技术水平下不一定适用，因为它所制作出来的广告并不一定都适合在国内的网络环境下运行。最后，还应注意文件大小要适当，以避免广告的下载时间过长，受众可能等不及而去浏览其他页面了。

本章概述

杰出广告均具有某些特定的共同点，大致归纳为两大类：受众共鸣和战略关联性。广告心理是指广告受众在接受广告信息时所产生的关于企业、商品的一系列心理活动，包括感性的、理性的、情感的和意志性的、个体性的或社会群体性的等多种心理现象和心理规律。

广告受众的一系列心理活动过程，是指认知过程、情感过程和意志过程。这三个过程相互联系，互相促进，统一在一起，使广告受众逐步深化对企业形象、商品形象的认识。因此，广告活动必须要以受众的认知过程、情感过程、意志过程为依据，遵循受众的心理特性及其变化发展规律。

注意是受众的心理活动对特定对象的指向和集中，表现出人的主观意识对客观事物的警觉性和选择性，主要受制于刺激程度和需求意向。从心理学角度讲，吸引受众的注意，是广告产生效果的基础。

广告创意是广告创作的生命和灵魂。在经济全球化进程不断加快和以消费者为导向的新世纪，注意力经济促使人们比过去更加重视广告创意。广告创意的原则有科学性原则、艺术性原则、目标性原则、关注性原则、合规性原则。按照创意过程的一般模式，创意人员在进行创意的过程中，创意金字塔会提供一些帮助。创意金字塔揭示了按照人们了解新信息的途径，如何形成一条广告，它采用5个步骤：注意、兴趣、信用、欲望和行动。

广告主题的选择与确定要考虑的第一个要素是商品个性，第二个要素是消费心理。

广告依赖于两种表现手段，即语言和非语言。语言在广告中的作用是其他任何手段不能代替的，因为语言可以准确精练、完整扼要地传达广告信息。非语言包括画面、色彩、音响、体语等。

平面广告作品的设计包括图形、文字、色彩、编排4个基本方面。

电子广告作品的设计指以广播、电视、电影、网络等为载体的广告作品设计。由于作用机制不一样，其作品制作的方法也不一样。

经典案例

马克的故事——求职网站广告

某航天中心的指挥塔内，年轻人马克聚精会神地注视着面前的显示屏。忽然，显示屏上同时出现了两个移动的目标，而且这两个飞行物正越飞越近，有迎头相撞的危险。马克心急如焚，紧盯着显示屏，手忙脚乱地急速操作着键盘。然而，飞行物竟然像设定好了程序一样依然越飞越近。最后，惨剧发生了，撞击的火光映红了整座指挥塔。但就在惨剧发生的一刹那，马克像变了个人一样，他兴奋地紧握双拳，脸上掠过一阵难以抑制的狂喜。这时，画面出现如下字幕："马克，曾任电子游戏编程员"。广告语："你可以换老板，但千万别换专业。"

资料来源　佚名．马克的故事［EB/OL］．［2011-06-01］．https://wenku.baidu.com/view/abd9fce59b89680203d82547.html.

复习思考题

1.简述广告受众的心理活动过程。

2. 简述广告创意的过程与原则。
3. 文案写作的基本要求是什么？
4. 你最喜欢哪个广告？哪些广告能唤起人们的记忆？为什么？
5. 阅读上面的经典案例，并回答问题：评述苹果电脑广告的成功之处。

第6章 广告媒体策划

学习目标

通过本章的学习，了解媒体策划面临的挑战，掌握四大传统媒体：电视、广播、报纸、杂志的优缺点；户外媒体的种类及特点；新兴广告传媒，如销售点广告传媒、视频电视广告传媒、卖场电子广告传媒的优缺点；广告媒体购买的流程以及所需的技能。掌握网络媒体及其优缺点；广告媒体的评价指标及选择方法，为进一步研究广告媒体及媒体组合的选择、利用、策划问题提供知识基础。

6.1　概述

6.1.1　广告媒体的分类

由于广告媒体的不断发展，对广告媒体的分类也日趋复杂。最常见的分类如下：

1）按媒体的物质自然属性分类

（1）印刷品媒体，如报纸、杂志、图书、传单等。

（2）电波媒体，如电视、广播、有线传播、手机、网络等。

（3）邮政媒体，如销售信、说明书、商品目录等。

（4）户外媒体，如广告牌、招贴、交通工具、橱窗等。

（5）销售现场媒体，如店内灯箱、货架陈列、购物袋、实物演示等。

（6）珍惜品（礼品）媒体，如年历、手册、小工艺品、精美印刷品等。

（7）其他，如气球、建筑物等。

2）按接收者的视听角度分类

（1）视觉媒体，如报纸、杂志、海报、广告牌、传单、日历、黄页、橱窗等。

（2）听觉媒体，如广播、电话、音响、叫卖等。

（3）视听结合媒体，如电视、网络等。

3）按媒体的发行范围分类

（1）国际性广告媒体，包括一切国际间发行的出版物、国际间交通工具、出口商品的包装物、赠品等。

（2）全国性广告媒体，包括在全国范围内发行的报纸、杂志，全国范围的广播、电视等。

（3）地区性广告媒体，包括地区性的杂志、报纸、电台、电视台，一般户外广告媒体等。

4）按媒体所依赖的载体分类

（1）印刷媒体，如报纸、杂志、海报等。

（2）电信媒体，如电视、广播、网络、电话等。

（3）事件媒体，指企业或组织在战略营销思想的指导下，通过策划、组织和利用具有名人效应、新闻价值以及社会影响的人物或事件，吸引媒体、社会团体和消费者的兴趣与关注，以求提高企业的知名度、美誉度，树立良好的品牌形象，并最终促成产品或服务销售的手段和方式，包括自然事件及人为策划的事件等。

5）按媒体的受众类型分类

（1）大众化媒体，包括报纸中的日报、晚报、都市报及电视、广播当中的综合频道等，受众不分职业、性别、年龄，也没有专业方面的限制，适合刊登具有广泛影响的广告。

（2）专业化媒体。这类媒体的专业性和针对性比较强，如体育频道、《经济观察报》、商报等，其传播内容具有特定的对象，适合刊登一些针对特定群体的广告。

6）按媒体传播信息的有效期分类

（1）瞬间性媒体，指信息在上面转瞬即逝的媒体，如广播、电视、电影等。

（2）短期性媒体，指能保留一定时间的媒体，如户外广告媒体、报纸、橱窗、海报等。

（3）长期性媒体，指能保存较长时间的媒体。这类媒体一般具有使消费者主动或被动保留或收藏的价值，因而具有潜在的重复宣传功能，如产品说明书、挂历、商标等。

7）按媒体的统计程度分类

统计程度指媒体广告的发布数量和收费标准在统计上的难易程度。

（1）计量媒体，如报纸、杂志、广播、电视等。

（2）非计量媒体，如橱窗、戏剧及其他表演等。

8）按媒体的传播内容分类

（1）综合性媒体，指那些可以发布大量的、不同种类的广告信息的媒体，如报纸、杂志、广播、电视等。

（2）单一性媒体，指只能传播某一种或某一方面的广告信息的媒体，如橱窗、包装等。

9）按媒体与广告主的关系分类

（1）租用媒体，指其他单位经营的，广告主通过租赁、购买等方式间接利用的媒体，如报纸上的广告版面、电视的广告时间段等。

（2）自用媒体，指属于广告主并能为广告主直接使用的媒体，如海报、传单、商场陈设、说明书、展销会等。

6.1.2 媒体策划面临的挑战

在当今过度传播的信息社会里，广告媒体策划人必须兼具高级的创意才能。由于广告活动中的大部分资金是投向媒体的，因此，周密的媒体决策是整个营销传播计划中的关键。

1）媒体策划

媒体策划是科学与创造在广告中的整合。媒体策划的目的是构思、分析和巧妙地选择适当的传播渠道，使广告讯息能在适当的时机、适当的场合传递给适当的受众。任何可以放置讯息的地方都可以是媒体。正如我们看见的一样，媒体还可能包括购物袋、封面、货车等载体。因此，今天的媒体策划要解决很多问题，如：我们应在何处发布广告（哪个国家、哪个地区或市内哪几个地方）？我们应采用哪些媒体？我们应在何时集中投放广告？我们应采用什么频率发布广告？我们的媒体广告是否有和其他传播手段整合的机会？

2）媒体策划面临的挑战

一位媒体策划人可能掌管着客户好几百万元的广告经费，他的工作内容是代表着公司为客户谈下最佳价格和高效利用现有媒体并进行配置。媒体策划人的任务就是为我们的客户高效地购买和计划媒体，使客户比其竞争对手更占优势。

随着该领域的运作越来越复杂，媒体决策变得更为关键，客户也比过去更为挑剔。广告主不仅要求广告公司出效益，还要求它们负起责任，提供信息，尤其是有关媒体选择的信息。不仅如此，他们还要求广告公司能进行创造性的媒体购买。

那么，是什么原因使得如今的媒体策划比以往更复杂且更具有挑战性呢？

（1）更多的媒体选择

随着现代电子技术的兴起和市场的自然成熟，可供选择的媒体比过去更多，而且每一种媒体的选择余地也很大。从传媒界整体发展趋势来看，网络媒体、户外媒体、电子视频媒体正对那些传统媒体发起冲击。不同媒体，其传播对象、视听效果、成本费用、可信度和权威性、利用条件或适用性都有很大的不同。这就极大地增加了媒体策划人员的工作难度。

（2）更细致的受众细分

市场成熟的另一个明证便是媒体受众的分流，这也使得媒体策划人的工作更加复杂。读者与观众分散在众多新的媒体之中，有选择地阅读某些杂志或报纸，只收看几种节目，分别视听不同的电视台、电台。尽管如今的消费者与媒体密切接触的时间比过去长了，但却使探明潜在消费者的工作更加困难了。

（3）更高的成本

在媒体选择余地增大的同时，需要传递的讯息也在膨胀，以致超出了消费者的处理能力。于是，媒体不得不对广告数量进行限制。结果，几乎所有媒体到达目标受众的成本都上涨了。在过去的10年中，每种主流媒体的千人成本增长率都超过了通货膨胀率，能到达大量受众的时间或版面卖到了天价。越来越高的成本使媒体策划工作比过去更具挑战性，对那些预算较少的企业来说更是如此。

（4）更激烈的竞争

导致当今媒体策划更具挑战性的另一因素是竞争环境，竞争环境在短短的几年当中就完全改变了广告业的结构。在20世纪80年代至90年代初，由于客户更加关注媒体花费的有效性，独立的媒体购买公司应运而生，吸引了本行业一些最优秀、最聪明的人才加盟，争夺原本属于广告公司的专有地盘。起初，独立媒体购买公司以较低的批发价格买断广告版面或时间，再以稍高的价格，或以收取代理费的形式，将版面或时间转卖给广告主或那些媒体部人员不足的广告公司。但是，随着媒体专业人员的增多，客户开始意识到规模效应和资本优势在媒体购买谈判过程中的强大威力。

为了应对竞争压力，广告公司开始将自己的媒体部门分离出去，把它们设为独立的媒体专业化子公司。这些公司既能与独立公司竞争，也能与那些单纯为客户进行媒体代理的公司竞争。经过一段时间，所有这些公司都变成了媒体方面的行家里手。随着营业额的快速增长，它们已有能力投入大量资金开发新的调查工具。如果将来的大众媒体继续细分为越来越小的媒体，这种投入就至关重要。

6.2 电视传媒策划

电视被公认为理想的广告媒体，是一种将声响、文字和画面结合起来进行信息传播的大众工具。电视在所有的广告媒体中是较具有发展潜力的一种，在广告市场上具有很强的竞争力。然而，电视也存在着某些问题，这些问题限制甚至阻碍了许多广告主对它的利用。

6.2.1 电视广告的分类

电视广告常常依据播放形式和传达内容来进行分类。

1）按播放形式分

（1）插播广告

插播广告亦叫常规广告，是通常在电视节目之间或某一节目中间插入播出的广告。广告时间的长度由广告客户的预算决定，可长可短。一般有5秒、10秒、15秒、30秒、45秒、60秒不等，其中15秒、30秒较为常见。插播广告可使广告客户有较大的自由选择播放的电视台、播放的时间和频率，而且插播广告的价格比节目广告要便宜得多，因此较受广告主青睐。

（2）节目广告

这是指由广告主向电视台提供节目，并在节目中插入广告主的广告，广告时间视节目长短而定。节目广告是一种良好的广告形式，它可以利用节目中的人物做广告，广告效果较好。节目广告目前在我国电视广告中所占比例不是很大，但从已播出的一些节目广告中可以看出其效力很高。

（3）赞助广告

这是指由广告主出资赞助电视台举办节目或组织活动，从而取得该节目或活动的冠名权，并从中插播广告客户的产品广告或播报企业名称，一般又分为独家赞助广告和多家赞助广告。采用独家赞助广告能达到较好的效果。多家赞助广告一般适宜于收视率较高的综艺节目或收视率较平稳的电视连续剧的播出，容易达到花钱少、传播效果较持久的目的。

（4）特约广告

这是指根据广告客户的要求，在特定的时间或节目中播出的广告。这种广告一般收费较高，但能让企业选择适宜广告播出的时间或节目，因而传播效果较佳。

2）按广告内容分

（1）商业广告

这是指以营利为目的，传递商品或服务信息，以引起消费者的注意和兴趣，通过说服和劝诱，激发消费者采取购买行为的广告。其中主要有：①商品广告：其范围包括有形的产品和无形的服务，主要介绍商品的名称、性能、优点、品牌等。②企业形象广告：这类广告不介绍具体的商品或服务，而以提高企业形象在消费者心目中的地位为主。广告的中心是宣传企业的经营理念和明确的定位与目标，提高企业的知名度，与产品广告相呼应，以期不断增加社会公众对企业的好感和美誉度，最终建立信赖感。③促销广告：以短期、临时的告知性内容为主，激发消费者参与兴趣的广告。内容主要是展销、降价、直销折扣、赠品、咨询服务或各类有奖销售活动。这种促销广告在企业的营销活动中占有很大的比重。

(2) 公益广告

公益广告主要是唤起人们对社会各种现实问题的关心，并呼吁人们以实际行动来解决或制止有碍于社会利益的不良行为，倡导、推广积极的有利于社会公共道德的行为，其根本目的是为社会公众利益服务。

6.2.2 电视广告的优越之处

电视较之其他媒体有许多优点，具体体现在创造力和冲击力、覆盖面的成本效益、“俘获”观众和引起关注、选择力和灵活性等方面。

1）创造力和冲击力

电视广告的最大优点是它提供了展示广告信息的机会。图像和声音融合在一起，使产品和服务得以生动再现。电视广告能为一个品牌传达一种基调或形象，而且形成充满情趣的吸引力，使产品变得有趣。

电视也是一个展示产品和服务极好的媒体。例如，印刷广告也能有效地展示一辆汽车，传递有关其特征的信息，但是只有电视广告方能使人体验到如同坐在驾驶位上亲自驾驶一般的感受。

2）覆盖面的成本效益

电视广告能够拥有大量的观众。几乎每个人，无论其年龄、性别、收入或受教育程度如何，都收看一些电视节目。多数人定时观看电视。那些以销售产品、提供服务吸引广大观众的市场营销人员发现，电视能使他们以非常低廉的成本进入大众市场。因为电视能够以低千人成本的方式覆盖大量的观众，所以深受那些销售大众消费品的公司欢迎。其产品和服务的分布、用途广泛的公司，利用电视来进入大众市场，同时以很低的千人成本来传送广告信息。

3）“俘获”观众和引起关注

电视基本上是有“侵入性”或称“强制性”的，因此，当观众观看了他们喜爱的节目时，广告也就被强加于他们。除非我们专门去避开广告，否则我们每年都会看到成千上万条广告。随着观看选择力的加强和录像机、遥控器及其他自动设备的出现，电视观众更加容易避开广告信息。对观众收看电视习惯的研究发现，在广告时间中，多达1/3的观众会转换频道，而剩下的观众可能会对广告信息有所关注。消费者吸收和反应过程的这种低摄入性意味着电视广告只有通过大量的重复和易于记忆的口号和广告歌曲等才能影响消费者。

4）选择力和灵活性

电视常常被批评为没有选择力的媒体，因为通过电视广告来覆盖一个准确定义的细分市场是困难的。但是，由于节目内容、播放时间和覆盖地域不同，观众群构成各异，电视也就具有了一定程度的选择力。例如：周六上午有专为儿童制作的电视节目；周六、周日下午的节目面向爱好体育的男性观众；工作日白天的节目则多以家庭主妇为目标受众。

随着有线电视的发展，广告主通过吸引对体育、新闻、历史、艺术或音乐等有不同兴趣的群体，进一步筛选其覆盖面。广告主也可以调整其媒体战略，通过特定市场区域的地方广告来到达不同地区的市场。他们也可以通过进度安排来反复播出一个广告或抓住某些特殊机会播出广告。

6.2.3 电视广告的不足与局限

虽然从创造性的角度来说，电视是无与伦比的，但是这种媒体也有一些缺点限制或者阻碍了许多广告主对它的利用。这些不足与局限表现在：高成本、缺乏选择力、广告的瞬间性、广告干扰、观众注意力的有限性、观众的不信任和负面评价。

1）高成本

尽管电视有效地覆盖了大量观众，但是它仍属于昂贵的广告传媒。其高额的总成本，不仅来自于购买播放时间的费用，而且包括制作高质量广告的费用。更多的广告主运用媒体推动制作战略，需要制作各种各样的广告，成本也因此升高了。当地广告制作起来也很昂贵，而且常常质量不高。制作和播放广告的成本经常使得中小广告主望而却步。

2）缺乏选择力

节目的多样性和有线电视的出现使电视有了一些选择性。但是，寻找特定的小观众群的广告主发现，电视的覆盖面远远超出了他们的市场，降低了其成本效益。地域的选择力对于零售商这样的广告主来说是一个问题，因为电视台的广告费用水平建立在其所覆盖的全部市场的基础之上。例如，中央电视台的节目覆盖整个中国，而市场仅限我国的部分地区的小公司会发现通过中央电视台作宣传是一笔低效的媒体交易，因为电视所覆盖的地区大于厂家的销售区域。

广告主通过选择做广告的节目和时间，能够瞄准特定的消费群体，因而电视对观众的选择力有所提高。但是，要覆盖准确的细分市场，电视所提供的这种选择力仍然不如广播、杂志、报纸和直接邮递。

3）广告的瞬间性

电视广告通常只持续30秒或者更短，无法留给观众实质的东西来据以查看和考虑。广告主努力从他们的媒体预算中得到更大的效果。过去10年里电视传媒成本的盘旋上涨也是广告时间减少的重要原因。随着黄金时间播出的广告平均费用超过数十万元，许多广告主就把较短的广告视为维持其媒体成本预算的唯一方法。15

秒广告的成本是30秒广告成本的一半，所以广告主认为如果采用15秒甚至10秒广告，他们还可以制作更多广告，以强化广告效果或覆盖更多的观众。许多广告主都认为短广告与长广告相比只花费较少的钱，却达到一样的传播效果。

4）广告干扰

由于广告信息转瞬即逝，广告越来越短，再加上各广告主的广告只是广告时间内众多广告和其他非节目类信息中的一则，所以可能有不被注意的问题。广告主对电视广告最大的一个担忧就是这些干扰可能会削弱其传播效果。

5）观众注意力的有限性

广告主购买了某个电视节目的广告时间，并不能保证观众观看其广告，而只是得到了向广大观众传递信息的机会。广告期间观众的人数有所减少，这一点日益得到证实。人们会离开去吃东西，或因其他事而避开。

近年来，将观众的注意力吸引到广告上来已经成为一个更大的挑战。遥控器造成了"跳过"和"转台"的情况。配有遥控器的电视机使得换频道很容易。之所以换台是因为广告时间太长而且能够被观众预计到。有线频道有了24小时不间断播出的节目，换台现象也因此加剧了。观众可以换台去看新闻提要、体育赛事或音乐频道，待到时间差不多时再换回原来节目。研究表明，在成年人中，年轻人比年长的人更可能换台，男性比女性更可能换台。

6）观众的不信任和负面评价

消费者对电视广告的进攻是无法防御的，因为他们控制不了信息的传递和电视荧屏上出现的内容。当电视观众认为电视广告具有侵犯性、无丰富信息，或播出过于频繁，或不喜欢其内容时，他们就会不喜欢广告。研究表明，在以各种各样形式出现的广告中，电视广告是人们最不信任的。

6.3　广播传媒策划

广播是电子媒体，它利用语言和音响向受众传递各类信息。在众多广告媒体的竞争中，广播凭着独特的功能而保有其竞争力，在广告市场中占有相当重要的地位，发挥着较为重要的作用。与电视不同，人们在收听广播时会积极参与；会有意识地收听自己喜爱的节目、打热线电话、参加比赛、参加讨论；听众用想象来弥补看不见的部分。大多数听众忠实地收听自己习惯、喜欢的两三家节目编排风格不同的电台，这就意味着聪明的广告主可以利用这种媒体与消费者和其他利益相关者建立亲密而直接的关系。这使广播成为一种理想的整合营销传播媒体。

6.3.1　广播广告的优越之处

1）低成本

广播作为广告媒体，其主要优势之一就是成本低。广播广告制作起来花费不大，仅需要一份让播音员朗读的稿件或一段能用于电台广播的预先录制好的广告。

广播的播出时间成本也低。较低的相对成本使广播成为最有效的传媒之一。

广播的低成本意味着在一定的预算下，广告主可以在他们的媒体计划中做范围更广、次数更多的广告。他们可以在不同的电台广播，扩大其广告的覆盖范围，确保足够的广播次数。

2）高选择力

广播的另一大优点是可以通过不同的广播方式及许多电台不同的覆盖范围形成较高的对听众的选择力。广播可以使公司将其广告集中在特定的听众群中，如特定的人口和生活方式群体。广播能覆盖到其他媒体鞭长莫及的消费者。有不少人听广播的时间比看电视的时间长，这些人根据其收入及受教育程度的不同形成了一个广大的市场。广播已成为覆盖特定区域市场很受欢迎的方式。

3）灵活性好

广告主在广告即将播出时仍可以改变其广告的内容，所以广播可能是所有广告媒体中最灵活的。广播广告能制作出很短的内容来进行播出，广告主也容易根据当地市场的条件和市场形势进行广告内容的调整。

4）创造性强

广播广告鼓励人们在听到广告时充分发挥他们的想象力。广播的创意是有限的，但是许多广告主正是利用广播广告没有视觉因素的特点来使消费者发挥自己的想象力去想象所广播的内容。

通过一种被称为“印象转移”的技巧，广播广告也可以加强人们对电视广告的印象：将电视广告的印象注入广播广告中去。首先，广告主制作出一个有图像效果的电视广告。然后，他们用与电视广告相似或相同的听觉部分（词句或韵律）来制作广播广告。这样，当消费者听到广播广告的声音之后，就联想到了电视广告，也就加强了对广告的印象。这种印象转移使得广播广告与电视广告发挥协同作用。

5）提供整合营销机会

广播广告为市场商人提供了种种整合营销机会。广播广告成了许多社区的一部分，节目主持人成为非常受欢迎的人。广告主经常利用电台和名人来更多地介入当地市场和影响当地零售商。广播广告可以在地区性促销活动中有效地发挥作用。零售商经常在特价销售或促销中利用现场的广播来吸引顾客到他们的商店购物。现场直播经常与事件营销结合起来使用。

6.3.2 广播广告的不足与局限

也有一些因素限制了广播作为广告媒体的有效性，如创意的局限性、分散性、购买过程的无序性、听众注意力不足、干扰等。媒体策划者在考虑这种媒体在广告计划中的作用时不能忽略这些因素。

1）创意的局限性

广播作为广告传媒的主要缺点在于缺乏视觉的图像。广播广告者无法展示他们的产品：做示范或运用任何视觉的吸引信息。同电视广告一样，广播广告也是短暂的，转瞬即逝，并且按其自身的速度播放，观众当然也无法控制其播出的进程。这种创意的局限性，使得许多公司倾向于忽略广播。

2）分散性

另一个问题是由于电台数目众多造成的听众高度分散。人们调至同一个电台的比例通常是很低的。即使那些有很多调频和调幅的收听率最高的电台，其听众人数占整个听众人口的比例也很小。需要将其广告信息通过广播来传送的客户不得不去许多家电台购买广告时间，哪怕仅仅是为了覆盖一个地区性的市场。

3）购买过程的无序性

非常明显，如果一个广告主想用广播来覆盖全国市场的话，那么他的媒体计划和购买过程将会非常混乱。因为在全国范围内播出的商业电台共有很多家。哪怕只对其中的一小部分收集信息、评估或与其签订时间合同，也是非常困难而耗时很长的。

4）听众注意力不足

广播广告的另一个问题是很难使听众对广告保持注意。广播节目，尤其是音乐，往往是作为听众进行其他活动的背景音乐，可能不会引起听众足够的注意。这样，他们就会错过全部或者部分的商业广告。能吸引听众的一个环境是在汽车中，但是，让听众注意到广告仍是困难的。许多人都预调好他们的收音机，到广告时间就换台。

5）干扰

干扰是广播媒体与其他媒体共同存在的问题。大部分电台平均每小时就会播出10分钟的广告。在听众比较青睐的早上或晚上高峰时间，广告的时间也许会超过12分钟。广告主必须制作出能够避免其他广告过多的干扰的广告，或用大量的重复来确保他们的广告能影响消费者。

6.4 报纸传媒策划

在传统媒体中，报纸是历史悠久、普及性较广和影响力较大的媒体之一。报纸是以刊载新闻信息为主的、公开发行的定期出版物，一般以散页形式连续出版，通过印刷在平面纸张上的文字、图片、色彩、版面设计等符号传递信息，是利用人的视觉来阅读的。随着时代的发展，报纸的品种越来越多，内容越来越丰富，版式更灵活，印刷更精美，报纸广告的内容与形式也越来越多样化。报纸上的广告大致有分类广告、展示广告、黑白广告、彩色广告、报眼广告、中缝广告、增刊专版广告、增设广告、通栏广告等类型，有全版、1/2版、1/4版、1/8版及分类小广告等规格。

报纸按出版频率可分为日报、周报等；按内容可分为综合性报纸和专业性报纸两大类；按覆盖面划分，则可分全国性报纸和地方性报纸两大类。

6.4.1 报纸广告的分类

报纸种类繁多，几乎可以满足所有广告主的需求。根据广告的表现内容，报纸广告可以分为以下类型：

（1）产品广告。这是以宣传具体的商品和服务信息为主，以达到促销商品目的的广告。其主要介绍广告商品（产品）的特性、功能、造型、规格、使用、价格、维修等内容，使消费者对该商品有一个深入的了解，从而产生购买欲望。

（2）促销广告。在市场竞争日益激烈的情况下，广告主为吸引消费者的参与，期望短时间内提高销售业绩，常常在报纸上刊登促销广告。促销广告和产品广告同等重要。标明促销活动的名称、时间，广为张扬诱人的赠品，清晰地说明给奖方式或日期等，都是报纸促销广告的常见形式。

（3）企业广告，也叫企业形象广告。这是以宣传某一企业或厂商的企业形象，提高企业的知名度和声誉为主要目的的广告形式。通常以宣传企业的标志、商标、规模、历史、荣誉等内容为主，给读者留下深刻的印象，塑造良好的企业形象。

（4）分类广告，又称专栏广告。将数个或几十个广告条目编辑成一个栏目，在标志版面上分栏分行编排。标题可以是黑底白字的反阴标题，也可以是通常的标题。内容以简洁的文字信息为主，也可以配以小插图、小创意，刊载招生、展览、房地产、遗失、祝贺、医药、招聘等信息，具有一定的新闻性。阅读率高而广告费低廉是分类广告受到欢迎的主要原因。

（5）消息性广告，又叫新闻性广告。这是指以新闻、消息性信息为主要传播内容的广告，如以介绍产品或服务为主的新闻发布会、记者招待会、展销会、鉴定会都属于此类广告形式。

6.4.2 报纸广告的优越之处

报纸的许多特征令其在地区性和全国性广告中很受欢迎，其特征包括广泛的渗透力、灵活性、地理选择力、读者接受度和提供特殊服务。

1）广泛的渗透力

报纸最主要的优势之一是其高度的市场覆盖率或渗透能力。广泛的渗透力使报纸被称为真正的大众媒体，它可以帮助广告主接触所有细分市场的人。而且，由于报纸多为一日一份，广告主可以建立较高的接触频率。

2）灵活性

报纸的另一优势就是较大的灵活性。首先，在制作和刊登广告方面比较灵活。报纸广告可以在短时间内写成、展示、准备好，大部分日报只要在出版前24小时接受广告即可。较短的制作期使报纸能对突发事件作出迅速反应，向消费者传递实时信息。其次，报纸灵活性的另一个方面就是它为广告主提供创意空间。报纸广告可做成各种尺寸、形状和形式，还可使用色彩或特别插页吸引读者。

3）地理选择力

除了直接邮寄，报纸比其他媒体更具有地理或区域选择力。广告主可以通过选择报纸或报纸组合实现各种覆盖目标。有些全国性的广告主利用报纸的定向优势，在其他媒体难以产生销售潜力的地区刊登广告，或在某些有很强销售潜力的地区争取主动。

许多公司都在区域性营销策略中使用报纸。报纸广告令它们得以在各个市场突出产品特征，根据当地状况开展活动，紧密联系零售商促销，在交易中获得更多支持。

地区性广告零售商看重报纸在特定市场或交易领域中的地理选择力或灵活性，他们的媒体目标是将广告集中在部分客户所在的区域。

4）读者接受度

一些消费者购买报纸就是为了广告。消费者从零售广告那里了解产品的价格、出售地点、哪里在减价。报纸对广告主有价值的一个方面就是读者对其某一版面的熟悉程度。我们都知道，汽车和体育产品的广告刊在体育版，金融和服务的广告刊在商业版，每周食品版上有许多烹饪和菜谱信息、商品的优惠券。

许多研究都表明了报纸广告作为一种信息来源的价值。一项研究发现，比起其他媒体，消费者最看重报纸广告。另一项研究显示，80%的消费者认为报纸广告对他们每周的采购最有帮助。还有许多研究证明，报纸广告的可信度最高。

5）提供特殊服务

报纸提供的特殊服务对广告主也很重要。例如，许多报纸为厂商提供代收服务，推动零售商储存、展示和促销货物。许多报纸了解市场状况，进行读者研究和消费者调查，因此成为当地市场信息的良好信息源。报纸还以免费的编写和美术服务帮助小公司。没有广告代理商或广告部门的小公司通常依靠报纸帮它们撰写和制作广告。

6.4.3 报纸广告的不足与局限

尽管报纸有许多优势，但它与其他媒体一样，也有一些媒体计划者必须考虑的不足与局限。报纸的不足与局限包括印刷问题、生命周期短、缺乏选择力和干扰。

1）印刷问题

报纸作为广告媒体的最大局限就是印刷质量差，较粗糙的用纸、单调的颜色及较短的印刷时间使报纸的质量不够好。为此，近年来的报纸改善了印制质量，可以印制彩色版面，而且需要高质量彩色广告的客户还可以使用活页插页和周日副刊。当然，这些都十分昂贵。所以，如果产品的视觉效果对产品非常重要的话，广告主就不会使用报纸作为传媒。为食品和时装所做的广告通常使用杂志，以利用其优质的色彩和印刷质量。

2）生命周期短

杂志能在家庭中被保留数周，而报纸通常不到一天。所以，报纸广告的影响一般只局限于出版日，重复阅读更不可能。造成这一问题的原因是：多数消费者只花很短时间读报，甚至有些版面他们根本不看。媒体计划者为解决这一问题，需要频繁刊登广告，并登载在目标消费者最感兴趣的版面上。

3）缺乏选择力

虽然报纸可以为广告主提供广泛渗透力，但对于人口特征或生活方式特征方面来说却不是一种定向性媒体。多数报纸的读者包括多种群体，使其很难集中于狭小的细分市场。

4）干扰

报纸，与其他广告媒体一样，也存在干扰问题。广告主的广告必须与无数其他广告竞争消费者的注意力和兴趣。此外，报纸的创意空间也存在局限，因为大部分报纸是黑白的。因此，如不选择一些昂贵的方式，如大幅广告和彩色广告，广告主很难排除众多干扰脱颖而出。

6.5 杂志传媒策划

杂志也是一种平面广告媒体。杂志广告有封面广告、封底广告、封二广告、封三广告、扉页广告、正中内页广告、插页广告等类型，规格包括全页、1/2页、1/4页、折页（两折、三折、多折）、多页等。

杂志媒体是目前四大媒体中消费者需要花费比较高的金额去取得的媒体，因此，也限制了商业杂志媒体的发展。但是，因为在花费方面对消费者的“过滤”，使得杂志的读者群结构一般都具有较高的品质，而且接触的深度也要高于其他媒体。

6.5.1 杂志广告的优越之处

1）选择力

杂志作为广告媒体，其主要优势之一是它的选择力，或称接触特定目标受众的能力。杂志是除直接邮寄以外最具选择力的媒体。多数杂志都是为某个特殊兴趣群体印刷的。

杂志提供人口选择力的途径是编辑特殊版本。即使是面向广泛大众的杂志，如《读者文摘》、《时代》或《新闻周刊》，也可通过特别的人口版本提供高度的人口选择力。大多数受欢迎的消费者杂志都有针对不同人口市场的版本。地理选择力可使广告主将广告集中于特定的城市与地区。

2）印刷质量

杂志广告的一项最有价值的属性是广告的印刷质量高。杂志通常采用优质纸张印刷而成，其印制工艺又可提供优质的黑白或彩色印制效果。由于杂志是视觉媒体，因此产品说明是广告的主要部分，这一点就尤为重要。多数杂志所能提供的印刷质量优于报纸，尤其是需要色彩时。许多产品广告都需要使用色彩，而杂志大部分都是彩色的。

3）创作的灵活性

除了优良的印刷质量，杂志还为广告提供广告材料的形式、尺寸和位置的选择灵活性。一些杂志可提供特殊方案来加强广告的创意诉求，如折页、出血页、插页和创意空间的购买等，来提高阅读率和注意率。

折页使广告主能利用折起的第三页为广告提供更广阔的空间。折页通常位于大型消费者杂志的封二或中页。广告主利用折页给读者留下强烈印象，尤其在推介新产品或品牌的特殊时期。例如，汽车厂商、服装商、电子厂商常利用折页介绍自己的产品。然而，并非所有的杂志都提供折页，而且必须提前预订，价格也比较高。

出血页是那些一直延伸至页尾的广告，广告周围没有空白的边界。这种广告给人的印象是较大，更富有戏剧效果。许多杂志对这类广告的收费要另加10%～20%。

除了折页和出血页，杂志可供选择的创意方案还有不同寻常的纸页尺寸和形状。一些广告主利用三维立体的广告吸引读者注意。

许多杂志还使用各种插页，包括反馈卡、赠券甚至产品样品等。化妆品公司使用香味插页来推介新香水，其他公司也以此来促销洗衣剂、空气清新剂等气味很重要的产品。插页使消费者直观地感知产品特点，因此可作为销售促进策略的一部分。

4）持久性

杂志的另一个独特优势是它们较长的保存时间。电视和广播信息变化快，留存时间短，报纸在阅读后也会很快被丢弃。然而，杂志通常可以阅读几天并被留作参考。杂志在家庭中的保存时间比其他媒体都长，而且有时被作为资料购买。对杂志受众的一项研究表明，读者平均每天花一个多小时阅读一本杂志。研究还发现，近75%的消费者将杂志留作未来参考之用。杂志较长的保存期的一个好处是，阅读不必那么匆忙，读者可仔细考虑广告内容。这意味着广告可以长些，详细些。杂志的持久性还意味着读者可在多种场合接触广告信息，也可将杂志传给其他读者。

5）声望

杂志广告的另一大优势是可利用具有良好形象的杂志的声望提升产品和服务的可信度。那些依靠可信度、名声、形象的产品及公司总是在有声望的出版物上做广告，这些杂志内容质量高，消费者也易对其中的广告产生兴趣。

尽管多数媒体计划者认识到出版物创造的环境十分重要，但确定一份杂志的形象仍有一定难度。媒体计划者既要根据经验进行主观评估，又要依据读者观点等进行客观衡量。

6）消费者接受度

除了报纸，杂志广告比其他媒体广告更易为消费者接受。购买杂志通常是因为读者对其信息感兴趣，广告则可提供对购买决策有用的信息。研究表明，杂志是消费者获得许多产品和服务信息的来源，这些产品和服务包括汽车、投资、时装等。

杂志广告易被消费者接受的另一个原因在于它不像广播广告那样不规则，易被忘记。研究显示，大部分杂志读者喜欢广告，只有少数杂志读者对杂志广告持反对态度。一些杂志，像婚庆或时装类的读物，广告和内容一样多。

7）服务

杂志的最后一个优点是它能为广告主提供特殊服务。一些杂志社有专门的员工，通知零售商和中间商哪些产品在其读物上做广告，并鼓励他们展示或促销这些产品。杂志可提供的另一种服务是对消费者作的调查研究。这些研究可能是与普通消费者购买意图、购买方式、媒体利用率或与特定产品和行业问题相关的。

杂志提供的一项重要服务是分割刊载，即将广告的两个或更多版本分期刊登在杂志上。这种服务被用来作分割测试，广告主可据此测定哪个广告引起的反响最大，为衡量广告效果提供一些依据。

6.5.2 杂志广告的不足与局限

尽管杂志的优势相当明显，但它也有些不足与局限，包括广告费用高、有限的发行范围和接触频率、刊登广告需较长的预留期以及干扰和竞争等问题。

1）广告费用高

杂志的广告费用随读者群体大小和其选择力的差别而不同。与其他媒体一样，对杂志不能仅从绝对费用角度来考虑，还要考虑到相对成本。多数杂志以千人成本低来表明它们接触特定目标受众的有效性高。同时，越来越多的杂志社扩大特殊人口或地域版本以降低成本。媒体计划者通常都很关注杂志接触预期目标受众的相对费用。他们可能选择一份千人成本较高的杂志，因为它能最有效地到达小型、特别的细分市场。当然预算有限的广告主会对绝对费用低的杂志感兴趣。

2）有限的发行范围和接触频率

杂志在发行范围和接触频率上不如其他媒体。尽管大部分成年人每月阅读一本以上消费者杂志，但某特定出版物的阅读率要低得多，所以杂志对家庭的渗透率较低。因此，寻求广泛影响的广告主只能购买数种杂志媒体，这意味着要进行更多的谈判和沟通。作为一项有广泛影响的策略的一部分，杂志必须与其他媒体联合使用。由于多数杂志为月刊，最短为周刊，它建立连续印象的能力有限，在一份刊物上刊登连续广告是不明智的。许多广告主利用读者群大致相同来提高广告接触频率。

3）刊登广告需较长的预留期

杂志的另一个缺点是刊登广告需要较长的预留期。许多重要刊物都需要30~90天的预留期，这意味着必须在正式出版期之前购买版面并准备好广告。付印后广告不能再作变动。这段较长时间的预留期使杂志广告不能像其他媒体如广播、报纸那样具有时效性，不能反映突发事件和市场状况变化。

4）干扰和竞争

通常广播广告间的相互干扰较为严重，杂志广告同样存在这个不足。杂志的干扰问题是自相矛盾的：一份杂志越成功，吸引的广告就越多，干扰度也越严重。事实上，杂志常以广告页数作为衡量成功的标准。

杂志社也在尽力解决干扰问题，维持正文内容与广告间的平衡。然而，许多杂志中的广告内容超过半数，这么大的干扰使广告主很难吸引读者的注意。因此，许多印刷广告采用强烈的视觉效果、醒目的标题或文案描述来吸引读者的注意力。

干扰问题对于印刷媒体来说不像电视和广播那样严重，因为消费者基本上更易于接受和容忍印刷广告，他们只要翻过那页，就可跳过杂志广告。

6.6 户外广告传媒策划

户外广告是指暴露在户外的广告再加上交通运输广告（车船内外、车站、码头、月台、地铁内外的广告）。户外广告有时还被称作“流动广告”或“poster”。称“流动广告”是因为户外媒体针对的是户外流动着的人；称“poster”是因为户外广告在欧洲源于一种在室外张贴、树立和绘制的广告招贴画，英语称其为“poster”，故也有人习惯地称户外广告为“poster”。户外广告的历史十分悠久，有了文字和印刷术，也就有了户外媒体招牌、招贴画及海报看板，它们是早期出现的户外广告形式。随着户外环境的改观，尤其是道路两旁出现高大建筑物及高速公路的出现，新型户外媒体雨后春笋般地涌现出来。近年来，户外广告的制作材料发生了变化，表现方式也由以静态为主转向以动态为主。最引人注目的是电子类户外媒体的出现，如霓虹灯、电子显示屏等，它们不但传递了广告信息而且美化了城市环境。如今，户外广告的数量、种类、质量和发布形式，已成为一个国家或地区发达程度的标志之一。有资料显示，在我国，广告主在作媒体类别选择时，户外广告媒体竟超出了其他所有媒体，与中央电视台同属于最多被选对象。

6.6.1 户外广告的种类和特点

户外广告种类较多，传统的有路牌、招贴、看板等，现代的有霓虹灯广告、交通运输广告、空中广告、双面电视车广告等。下面介绍几种常见的户外广告类型及其特点。

1）路牌广告

它是用油漆将广告内容绘制在大型金属板或木板上，设置在交通要道口、公共场所、风景区等处，借以传播广告信息。路牌广告除了专门绘制的大型广告牌外，还包括立体广告柱、广告商亭以及专用的标语墙等。

路牌广告的特点有：广告面积大，色彩鲜明，画面美观，容易引起人们的注意，还可美化环境。但读者分散，对广告对象不能选择，档次不高，作为大众化媒体的广告，很难体现企业及产品的个性。

2）霓虹灯广告

霓虹灯是由玻璃管制成的，管的两端装的是铜电极，管内涂有荧光粉，在真空条件下注入氖、氩等稀有气体，通过高压变压器的电流使其发出五颜六色的光。霓虹灯广告就是利用灯管制作出商品图形、经营项目、商品名称等的广告，放置在店铺门外、商店橱窗里，利用不断变换的绚丽色彩吸引消费者的注意，激发他们产生购买的欲望和冲动。

霓虹灯广告的优点是：①利用光电控制可使广告图像闪烁变动，易吸引人的注意，晚上效果更佳；②宣传范围广，大街小巷的路人都能看到；③广告宣传时间长，一经制成，可常年使用，能收到长期反复宣传的效果。

霓虹灯广告的缺点是：①广告内容较简单，只适合于宣传产品的简单形象、品牌、商标或企业、商店的名称等，无法描述图形复杂的产品；②制作费用高，易受恶劣气候的破坏。

3）交通运输广告

这是指设置在汽车、火车、电车、轮船等公共交通工具上的广告，以及布置或张贴在这些交通工具停靠地点的广告。

据估计，在我国的大城市里，平均每天有70%左右的人要乘坐公共交通工具。乘客在等车、船时也乐于阅读张贴在那里的广告来打发时间，利用车厢、船体做广告，无疑具有较好的广告效果。

交通运输广告的优点有：①乘客流量大，广告消息的到达率和暴露频次都能达到较高的水平，有助于扩大宣传面，提高商品的知名度，产生较好的促销作用；②乘客在旅途中，常会感到无聊，交通运输广告能填补他们的时间空白，容易引起注意，广告的阅读率高且印象深刻；③制作简单，费用低廉，适合中小广告客户的需求；④地理选择性好，在大城市中，广告主可以根据自己产品的具体性能和目标消费者的类型，选择目标消费者经常乘坐的某一路线的公交车辆作为广告媒体。

交通运输广告的缺点有：①信息容量小，车船是活动性媒体，再加上乘客多，时间有限，这就决定了交通运输广告中所使用的文字不宜太多，内容应一目了然，图像要鲜明，使顾客在有限的时间内一看就懂；②广告与产品销售地点的距离较远，广告印象不易保留；③我国各城市的公交车辆从数量上看，还存在较大差距，这也造成交通运输广告媒体资源的不足，媒体的可得性较差，资源短缺。

4）移动电视广告

2004年5月28日，北京移动电视正式在公交车上试播，标志着继报纸、杂志、广播、电视、网络之后，移动电视正以“第六媒体”的姿态在北京兴起。在媒体竞争日益激烈的今天，传播渠道多元化带来的挑战，已经造成单个渠道受众的分流和效率的下降。如何最大限度地发挥传播优势？这一问题对每一位传媒策划人提出了更为苛刻的要求。

移动电视作为一种全新的大众传媒，顾名思义，其目标受众就是移动过程中短暂停留的观众，比如公交、火车上的乘客等。移动电视切入传媒市场，从其所体现的诸多潜力和优势而言，其将会成为一个不可忽视的媒体。

（1）信息覆盖面潜力巨大

移动电视可以在公交、出租车、商务车、私家车、轻轨、地铁、火车、轮渡、机场及各类流动人群集中的移动载体上广泛应用，应该说，它的出现填补了媒体的一个空白。

依据对宏观经济形势的预测，在我国GDP持续增长的同时，广告额度增长迅速。广告额度的增长肯定将为新媒体带来更多的机会，包括移动电视在内，其广告市场的前景是非常乐观的。首先是公交系统的广告潜力。据统计，以北京为例，2008年奥运期间，北京地铁日均流量迫近400万人次，公交系统全面升级，移动电视在地铁、地铁车站及地铁车厢安装，为移动电视广告的发展提供了很好的市场资源。其次是小轿车市场的开发潜力。随着未来的发展计划，小轿车市场也是移动电视下一步要渗透的市场。比如，国产“宝马”就已经安装了电视显示器。近几年家用轿车购买量持续增长，这个广告市场前景也是十分广阔的。

（2）充满诱惑的传播性价比

广告主需要最佳性价比的广告，将自己的产品或品牌信息传递给最多的目标消费者，移动电视可以说是为广告主提供了一个全新的、超值的选择。

第一，移动电视全天播出，受众可以全天候收看。据统计，北京人在车上获取广告信息的时间至少在40分钟左右，这对广告主而言无疑是一个十分重要的广告时段。而且，移动电视可以针对受众的不同，播出不同的节目和广告内容，使每一时段都成为广告的黄金时段。一般来说，移动电视基本可以保证在固定时间乘车的消费者在一周之内看到其播出的绝大部分节目。

第二，受众面广，直击最有价值的人群。受众面广以及流动人群的庞大是移动电视的最大优势，其传播或服务的对象囊括城市人群密集区域的流动人口，包括城市公交、地铁、出租车、列车等各个系统。而且，公交的乘客主要以工薪阶层和中产阶层为主，他们具有一定的购买力，也是社会消费的主流人群，商业价值高并且结构稳定。毫不夸张地讲，移动电视是任何广告主都不愿放弃的最具吸引力的广告投放媒体。

5）跨街布条广告

这是指将文字及图画粘贴在彩色布条上，利用街道两旁的建筑物或电线杆、树木，横跨道路高挂起来，吸引行人注意，传递广告信息。这种广告制作简单，费用低廉，但张贴时间较短，易被风雨损坏。

6）电子户外广告：电视墙广告、LED电子显示屏广告

电视墙由许多小电视组合而成，其影像、文字显示能与电脑相连，是能发挥电视传播等功能的高科技传媒。其画面分割明显，仅适宜远距离看，一般设置在商场等人流较集中的地方。

LED电子显示屏由成千上万LED粒子排列而成，其亮度高，画面清晰，是一种非常理想和生动的户外电子媒体。很多大城市的繁华地段往往设有巨型LED电子显示屏，一天24小时滚动播放各大公司的最新广告，其高质量、高曝光率已使其成为新兴媒体的最佳选择。

7）其他户外广告

户外广告形式繁多，发展极快，除了上述几大类广告外，还有许多广告形式无法归类，这里介绍几种主要形式，如赛场广告、气球广告、飞船广告、电话亭广告等。

（1）赛场广告

赛场广告是设置在大型体育竞赛场地或其他文体活动场地的广告。它利用体育比赛现场观众人数多、转播收视率高的特点，在比赛场地四周设置广告牌等，以争取较高的传达率和较广的覆盖面。

赛场广告的主要形式有：场地四周立牌、三面翻转广告牌、看台横幅广告、场外巨型条幅广告、气球广告，比赛记分牌、显示牌及各种器械、体育用品广告和电视屏幕广告等。广告内容一般为企业名称、产品品牌及标志等。赛场广告面对成千上万的场内外观众，广告到达率极高，效果显著，特别是展示与比赛有关商品的广告，更能引起观众的注意。其缺点是：保留时间短，目标针对性较差。

（2）气球广告

气球广告是较常见的空中广告形式。它利用氢气球的升浮作用，在特制的大型气球的下部，悬吊大幅广告条幅升入空中，或固定挂置在城市广场、商业建筑物旁，与其他广告相配合，产生立体的广告效应。一般多用于展览会、展销会、交易会或大型集体活动等。气球广告在蓝天映衬下，色彩明丽，随风飘舞，颇为引人注目。中小型的气球广告，在展览馆、体育馆等高拱顶的宽大展厅里，也有使用。这对于活跃展厅气氛、宣传产品有较好的效果。

（3）飞船广告

飞船广告又叫飞艇广告。它在外形似船的巨大充气球外面绘制广告内容，飘浮在城市上空，为产品或厂商进行广告宣传。

飞船广告是从气球广告发展而来的，气球一般随风飘浮，难以控制高度和飞行方向，因而一般用绳索固系；飞船则可以人为控制飞行方向和路线，因而可以按照预定的航线，在城市的街区、广场、郊野上空飞行或停留。

广告飞船以它那庞大的形体，在清晰可见的高度上缓缓飞行，能收到广告区域的较高注视率，这是其他广告媒体所无法比拟的，其广告效果可想而知。

（4）电话亭广告

电话亭广告是指利用电话亭进行广告宣传的户外媒体广告形式。一般是在电话亭内外设置广告标牌、广告灯箱，或将电话亭本身建造成大型商品模型等。这种形式也常常被人运用于街头其他亭类建筑，如自动售货亭、售报亭、售票亭等，这种广告形式的受注目率也较高。

6.6.2 户外广告的整体特性

1）媒体费用相对较低

户外广告的制作因其表现手法简单，内容单一简练，使用材料价格低廉，因而制作成本较其他媒体广告低廉，长时间的发布，又降低了平均每天的广告费用。从千人成本来看，户外广告是几种大众媒体广告中最低的，据统计，它只有电视广告的1/7，是报纸广告的1/3，广播广告的1/2。

2）选择性强

广告客户可以在自己认为最需要广告来支持的地区、地点布置户外广告，还可根据地区消费者的特点和风俗习惯设计户外广告的形式，具有较强的针对性。

3）传播效果较好

户外媒体广告可较好地利用人们在途中的闲暇时间，容易引起较高的注意率和阅读率，在自然而然的情形下让人接受广告信息。另外，户外媒体一般长期固定在一定场所，无论春夏秋冬，还是白天黑夜，都可以持续地向公众发布同一信息，因而广告的到达率、接触频次和记忆度都非常高。

4）开发潜力大

随着人们旅游和休闲活动的增多以及高科技的广泛运用，户外媒体已渐渐成为广告主的新宠，其增长速度大大高于传统的电视、报纸和杂志媒体。

6.7 销售点广告传媒策划

销售点广告简称POP广告，是英文point of purchase的缩写。

POP广告是市场经济条件下商业经营交易中应用最为广泛和灵活的一类广告，不仅应用于大中型商场和中小商店、理发店、宾馆酒楼，还广泛地应用于各类商业服务摊点，在商业广告传播中具有十分重要的地位和作用。

6.7.1 销售点广告的概念

销售点广告，也称为销售现场广告或卖点广告、终端广告，是在各类商品的销售现场与商业服务场所，为招徕顾客达成现场交易所做的各种宣传方式的广告总称。它主要以行人和现场顾客为诉求对象，传达商品销售与商业服务的现场信息，以达到即时交易的目的。

销售点广告吸引行人停留在销售点或走进商店，为达成交易创造机会，并告知销售点商品内容与销售、服务特色，激发购买的兴趣；还提供最新商品与服务信息，唤起消费者的注意和潜意识，同时告知商品与商业服务的消费价格。通过各种独特新颖的方式宣传商品与服务，刺激顾客的消费欲望，以促进交易行为的发生。

6.7.2 销售点广告的特点

1）终端广告

“广告就是销售，否则便不是广告”（奥格威语）。但实际上，从广告信息的发布到交易的发生这中间要经历“引起注意—产生兴趣—产生欲望—购买行为”等一系列过程。因此，与其他广告相比，销售点广告是要创造一种即时购买与消费的气氛，以促成现场的最终交易，所以它又被称为终端广告。

2）自营综合性广告

销售点广告具有较强的自主性、主动性和灵活性。它采用直接媒介，其策划、设计、制作与发布等一般都是由广告主自主进行的，现场中的商品吊旗、商品展示及灯箱等的具体布置，均由广告主在销售点统一布局安排。

3）形式灵活

为了不断地适应销售方式与服务方式的变化，销售点广告的形式手法与商品陈列销售方式或商业服务方式密切结合，形式灵活多样，而且不拘一格。

6.7.3 销售点广告的类型

1）店面广告

这是指商场与店铺的门面广告，包括店铺牌匾、招牌、象征性标志、商品信息彩条、横幅、彩喷与手绘的POP广告、真人与假人模特广告等。它既是吸引过路行人进入商店创造现场交易机会的广告，又是企业形象的构成部分。

2）货架与柜台广告

在货架与销货柜台上，通过不同的现场广告方式突显某种商品，吸引人注意，引导和激发其购买冲动。

3）悬挂式广告

利用店堂内外的空间悬挂附有商品信息的吊旗、吊牌、吊灯、彩条广告等，主要起传达商品与服务信息、增强销售与消费氛围、激发现场交易与消费的作用。

4）专卖点广告

集中突出某种特定商品的广告宣传，如专卖架、专卖台、专卖点、专卖亭、专卖店广告等，以营造特定商品的销售氛围，促成现场交易和购买的潜意识。

5）POP包装

这是一种广告式的商品包装。借助商品销售的包装媒介做销售点广告，是最经济有效的现场广告手段之一。这一般是利用商品包装盒盖或盒身部分进行特定结构形式的视觉传达设计，可以开启展示，形成突出商品信息特色的助销广告，或设计成可挂式的包装来展示和传达商品信息。

6）橱窗广告

在商场临街或商店内部橱窗与抱橱中，配合典型的商品陈列展示，进行图片、文字、灯光烘托等推销宣传。这类广告在20世纪90年代之前，是我国商场广告的主要形式之一。现在一般用于专柜、专卖店的现场推销宣传，突出表现并推荐特定商品的优势特色和相关信息，以吸引行人注意，在激发顾客惠顾与提高销量方面作用较大。

7）手绘POP

这适用于销售服务现场，用来引人注意，告知最新消息，形式灵活多变并且以手工绘写的一类广告，多为短期广告，也是我国20世纪90年代之前应用最广泛的售点广告形式。由于现代科技与信息的发展，手绘POP广告在很大程度上被电脑喷绘、电脑刻字、商业摄影等手段所替代，但作为一类灵活的短期广告表现形式仍被广泛地应用于市场。

销售点广告的形式还有很多，它灵活多变，在不同的时代和不同的地域，与适应销售环境变化的需要同步发展，是一个永无止境的课题和设计方向。在销售点广告的计划与设计中，恰当地选择商品推销的媒体方式是极其重要的一环。

6.8 广告媒体组合策划

要制订媒体组合计划，选择合适的媒体，除了要了解各类媒体的特性外，还需要了解对有关媒体进行评估的基本评价指标，便于进行广告媒体的运作。为了正确选择广告媒体，必须善于灵活巧妙地运用科学的媒体选择方法。当然，广告媒体的组合并不是把几种媒体简单地拼凑起来，而是根据各种媒体自身的特点，按照广告媒体选择的原则进行科学合理的搭配。

6.8.1 广告媒体的评价指标

1）覆盖域

覆盖域是指广告媒体的传播范围，主要用来衡量广告信息的传播广度。它主要包括两项指标：一是地区分布，比如中央电视台的地区分布是全国，《辽宁日报》的地区分布是辽宁；二是覆盖人数，印刷媒体的覆盖人数用阅读率来表示，电子媒体的覆盖人数可用视听率来表示。

阅读率=（阅读人数÷发行数）×100%

视听率=［视（听）某一特定节目的人数（户数）÷电视机（收音机）的拥有量］×100%

阅读率则是印刷媒体的重要指标，是报纸或杂志判断版面费率的标准之一，通常阅读率越高，则购买版面的价格也越高。而视听率是电视、广播最重要的评价指标，是电视台和广播电台判断广告影片播映费率的标准之一。通常节目收视率越高，则购买媒体的价格也越高。

2）到达率

到达率也称接触率，是指一则广告发布一段时间之后，接触到广告的人数与媒体覆盖区域内总人数的百分比，其计算公式为：

到达率=（接收广告信息的人数÷覆盖域总人数）×100%

如一则广告在某地区发布，覆盖区域内的总人数为100万，其中10万人接触到了这则广告，那么其到达率为：（10÷100）×100%=10%。

在到达率的计算中，不管受众接触几次广告信息，均以一次计算。这项评价指标可适用于各种媒体，到达率越高，广告效果越好。

3）有效到达率

这是指在一定时间内，受众接触广告信息达到有效频次的百分比。这一项指标可以解决“到底要做多少次广告才有效”这个重要问题。经验证明，在一个月（或在一个购买周期）中，有3次暴露频次才能产生传播效果，低于3次则无效。最佳暴露频次是6次，超过8次则可能引起人们的反感。

4）毛评点

毛评点又称毛感点（gross rating point，GRP），指广告在各类媒体的到达率之和。毛评点可以用于单一媒体广告效果的评价，其计算公式为：

毛评点=到达率×100×发布次数

如一则广告在某一媒体发布后的到达率为20%，发布3次，那么，毛评点为：20%×100×3=60，为60个毛评点。

毛评点也可以用于组合媒体广告效果的评价，其计算公式为：

毛评点=（A媒体到达率×100×发布次数）+（B媒体到达率×100×发布次数）

如某一广告，在电视台播出2次，每次的到达率为40%，在报刊上刊出3次，每次的到达率为20%，那么，该广告的毛评点=（2×40%×100）+（3×20%×100）=140，该广告有140个毛评点。

毛评点可以测量出媒体计划的总效果，因而，它为媒体评价和媒体组合提供了重要的参考指标。

5）暴露频次

暴露频次又称频次或频率，是指一个人看到广告信息的次数。

暴露频次=（毛评点÷到达率÷100）×100%

多用于媒体策略，合理的暴露频次有利于提高信息的有效到达率。

6）千人成本

千人成本（cost per thousand，CPT），是指广告到达每1 000人所需的广告费用，其计算公式为：

千人成本=（广告费÷受众人数）×1 000

比如某产品在某电视台做广告，每次广告费为5万元，广告受众人数为1 000万，则其千人成本=（50 000÷10 000 000）×1 000=5（元）。

广告受众的人数越多，千人成本就越低。千人成本是媒体选择的一个重要指标，一般选择与传播目标吻合度较好、千人成本较低的媒体。

7）视听众组成

所谓视听众组成，是指某一媒体的视听众，按人口统计分类的组合状况，不同类别的个人数量在受众群体中所占的百分比。其类别一般按性别、年龄、文化、职业、收入及消费层次等标准划分，多用于对媒体进行广告定位适合性的评估。

6.8.2 广告媒体选择考虑的因素

选择广告传播媒体的目的，就是希望以最小的代价取得最大的传播效果。但在媒体的选择过程中会受到种种因素的制约，我们在选择媒体时必须充分了解这些因素。下面介绍几种影响广告媒体选择的主要因素。

1）产品的性能特征因素

不同的产品具有不同的性能特点，适合不同的消费对象，因此必须针对产品的性能特征来选择合适的广告媒体。比如工业用品、机械设备、原材料等生产资料产品的技术性很强，结构复杂，宜选用说明性、保留性强的印刷广告，如报纸、杂志、说明书等，而化妆品、服装等常常需要展示产品的外观及化妆效果，这就需要借助具有强烈色彩性和视觉效果的宣传媒体，如电视媒体就比较合适。总之，广告媒体是否适合产品的特性，这是制订媒体计划时必须慎重考虑的。

2）媒体的特性因素

不同的媒体，其特性、传播能力、传播时机、评价指标也各不相同，选择媒体时必须加以考虑。比如电视、杂志媒体的直观性、色彩性强，但灵活性差，而广播媒体的灵活性就很强。凡是在能促进短期销售、推销产品多变、广告文案中需标示可能调整的价格等情况下，就应选择灵活性较好的媒体。

3）媒体受众的因素

广告媒体受众就是指接触广告媒体的视听众，他们是影响广告媒体选择的重要因素。不同年龄、性别、职业、文化修养、社会地位、经济状况的媒体受众，对广告媒体的接受能力和接受习惯也各不相同。如男性爱看汽车、体育、电脑杂志；女性爱看服装、美容杂志；儿童、老人爱看电视；车主爱听广播等。在选择广告媒体时，必须充分考虑不同消费群的特点，这样才能保证广告信息的有效覆盖。

4）费用因素

广告费用是制约媒体选择的一个重要因素。企业往往根据自己的经济承受能力或者广告费用的支出情况，综合比较各类媒体的广告效果，选用合适的媒体。比如一些实力不强的中小企业，一般很少采用电视、报纸、杂志等费用相对昂贵的广告媒体，而一些经济效益好的大型企业，因其有较多的广告费用开支，像电视、报纸、广播、杂志等广告媒体就是其经常采用的媒体对象。因此，拥有不同广告经费开支的广告主应根据自己的财力情况，在广告预算许可的范围内，对广告媒体作出最合适的选择与有效的组合。

5）广告表现形式因素

就广告表现形式而言，它是文字形式的还是图画形式的，是静态的还是动态的，是以传播声音为主的还是以展示画面为主的，是以黑白色为主的还是以彩色为主的，是以情节为主的还是以形象为主的等，都会对广告媒体选择产生重大影响。一般来说，如果是以文字为主的广告，选择报纸等印刷媒体较合适；而其他媒体如广播、电视就无法使受众对文字内容有较深的理解和认识。相反，如果是以彩色画面及动作为主的广告，那么选择电视媒体就最适宜，因为只有电视广告才能对动态式的彩色画面广告予以最充分的表现。如果是以音乐、歌曲、音响等为主的广告，广播媒体就是最恰当的选择。

6.8.3 广告媒体选择的方法

为了正确选择广告媒体，必须善于灵活、巧妙地运用科学的媒体选择方法。媒体的种类很多，进行媒体选择的方法也很多，常用的方法有以下几种：

1）依据广告产品的特性选择媒体

前面我们讲过，不同的产品有不同的特性，适用不同的媒体。一般来说，产品功能多、结构复杂，需要较多文字表达时，应以平面媒体为主。因为平面媒体不受时间的限制，可用较长篇幅的文字进行说明。而产品单纯、不需要大段文字说明时，以选用电视媒体为宜。例如，洗发水是一种人人皆知的单纯商品，宝洁公司的"飘柔""潘婷""海飞丝"等广告就主要采用电视媒体，以优美的画面宣传产品能给消费者带来的利益和享受，效果很好。

2）依据广告产品的目标市场选择媒体

任何企业、任何产品都不可能满足所有消费者的需要，只能满足一部分消费者的需要。企业必须找出适合自己产品的特定目标市场，并使广告宣传对准这个目标市场，这样才能保证把产品的广告信息准确传递给目标消费者。依据这种方法选择媒体又有两种具体的途径：

（1）根据目标对象的地理区域选择广告媒体。广告若是以全国范围为目标市场，就应在全国范围内展开广告宣传，一般选择全国性的电台、电视台和报纸等；如果是以某一地区为目标市场，那么，广告活动则应选择能有效覆盖这一地区的媒体，一般选择有影响的地方性报纸、地方电视台及户外交通媒体等。

（2）根据目标对象的媒体接触习惯选择媒体。不同的消费者因个性、年龄、性别、职业不同，其媒体接触习惯也不同。如出租车司机一天要听几个小时的广播，对广播广告较熟悉，针对出租车司机的产品就可以选择广播媒体；而老年人一天要在电视机前观看几个小时，他们熟悉电视广告的内容，针对老年人的产品则可选用电视媒体等。

3）依据广告媒体自身的特点选择媒体

不同的媒体具有不同的广告特点，其传播能力、传播时机和广告费用也各不相同，故进行广告媒体选择时应充分注意媒体自身的特点，并加以综合考虑，作出科学合理的选择。选择时应注意以下几个方面：

根据广告媒体的传播能力选择。广告媒体的选择必须考虑媒体的传播能力。这种传播能力主要包括媒体的传播数量和质量。传播数量主要指广告传播媒体的覆盖面、到达率，如报纸、杂志的发行量，广播（电视）的收听（视）率等；传播质量主要指媒体广告传播的权威性、媒体本身的信誉和媒体广告表现上的特长等。可按照媒体的特长和对媒体的综合评价指标，选择适当的广告媒体。

根据广告媒体的传播时机选择。广告的传播时机直接关系到广告效果，因而选择媒体时还需要根据广告的传播时机来把握。因为各种媒体在不同的广告时间里受注目的程度是不同的。例如，电视广告的最佳时间是晚上，一般把晚上7—10点称为电视广告的“黄金时段”，其收视率较之其他时间段要高得多。而报纸广告的时间以月头为佳，因为月头的报纸夹在报夹上一个月内都能让读者看到，如月底见报，没几天报纸就会被收起来，被人阅读的机会就自然会减少。一般在节假日和重大的集会、体育赛事期间，各媒体广告的收视（听）率和阅读率比平常要高许多。广告主应抓住各种时机，有针对性地选择适当的媒体和播放时间。如足球职业联赛，很多电视台进行现场直播，许多广告主纷纷利用赛场周围的广告牌为自己的产品做广告，收到了很好的效果。

4）依据广告预算选择媒体

不同的广告媒体需要不同的广告费用，即使是同一媒体的不同时间、不同版面，其收费标准也不尽相同。因而，广告媒体的选择还要考虑到媒体的收费标准、企业的支付能力以及竞争需要等因素。这就要求广告主在推出广告之前，必须根据自己的预算对选择的媒体价格进行精确的测算，通过不同媒体的比较，选择费用合理而效果较好的媒体。如支付能力和竞争能力较强的企业，可以选择传播范围广、影响大的媒体；而小型企业，则可选择费用较低而又针对性强的媒体，如印刷传单等。

6.8.4 广告媒体组合

从前面的论说中我们可以看出，任何一种广告媒体都有其局限性，这就决定了运用一种媒体的效果，远远不及同时运用几种媒体。另外，随着经济和科技的发展，现代社会媒体的种类越来越多，单一媒体的覆盖面下降。为了充分发挥各类媒体在功能层次、覆盖面和表现力等方面的个性优势，广告主在媒体选择中，往往运用媒体组合的方法来提高广告效果。

所谓媒体组合，是指广告主为取得最佳的广告效果，在一定时间段里，同时选用两种或两种以上的媒体发布内容大致相同的广告。

媒体组合不仅可以弥补单一媒体的缺陷，增强广告效果，更可以通过媒体的交叉作用，提高媒体在一定时期内的作用，以达到最佳的影响效果，同时扩大影响范围，使更多潜在消费群认识产品品牌，提高产品品牌的认知率，保证在相对较短的时间内更快速、更直接地影响目标消费群，以期获得更有利的市场机会。

6.8.5 广告媒体的组合方法

广告媒体的丰富与繁多，决定了媒体组合的形式复杂而又富于变化。这里仅列举一些常见的媒体组合形式。

1）电视媒体的组合

这种组合是根据各级别电视台的不同特点及功能加以组合，在发挥各电视台自身优势的同时，通过组合，形成新的、带有更加明显功效的优势，以满足企业及产品在营销战略上的需要。电视媒体组合基本上包括：①中央级与区域级的组合。②区域之间的组合。③有线台与无线台的组合。④卫星台的组合。⑤卫星台与区域台的组合。⑥时段的组合，即黄金时段、一般时段及特殊时段的组合。⑦栏目的组合，包括同一电视台的多栏目的组合，多个电视台相关栏目的组合，多个电视台不同栏目的组合。

2）报纸媒体的组合

这种组合可使广告主更详细、清晰地将商品信息告知消费者，更能“以理服人”地说服消费者，同时也使目标市场更有针对性、信息更有权威性。一般适合于说明产品功效的广告和在促销时机利用。报纸组合的方式包括：①全国报纸与区域报纸的组合。②不同类报纸版面与版面的组合。③时间排列组合，如销售淡季和旺季的时间组合。

3）杂志媒体的组合

这种组合不但可以充分发挥杂志阅读群体固定的特点，更可以利用其覆盖范围的不同，扩大目标群体，并有重点地对主要销售区域进行促销。杂志媒体组合的方式主要有以下几种：①对全国发行的杂志进行组合。②对区域发行的杂志进行组合。③全国发行与区域发行杂志的组合。④文化娱乐、知识性与专业性杂志的组合。⑤特定消费群杂志与专业性杂志的组合。

4）广播媒体的组合

广播媒体的组合在中国主要存在于农村和部分三线城市等。这种组合方式可加强媒体的针对性，但所有组合形式应围绕收听人群或目标人群来进行。广播媒体组合的方式主要有：①中央台与区域台的组合。②区域台之间的组合。③有线台与无线台的组合。④时段和栏目的组合。

5）综合媒体组合

综合媒体组合是指在各媒体组合的基础上，利用各媒体的特点及组合方法，将不同媒体的优势组合起来，形成新的组合方式，使其在影响力、冲击力及持久性上有更好的表现，并从多角度、多方面实施及展现产品广告的有效方法。它是广告中经常利用的手段。

综合媒体组合方式主要有：

（1）报纸与电视媒体的组合。利用电视传播速度快、感染力强的特点与报纸说明详细、目标消费群集中的优势进行组合，可以将广告信息全面、生动、灵活、迅速地传播给广大受众。如以报纸广告作先行，对产品进行详细的介绍，然后再运用电视广告针对目标市场进行宣传，可以产生良好的广告效果。

（2）报纸与广播的组合。这种组合具有传播信息详细全面、方便迅速的特点，可使各种文化程度不同的消费者都能接收到广告信息，但这种组合缺乏视觉效果。

（3）报纸与杂志的组合。利用报纸的影响力，配合杂志的目标消费群的信任，加强产品功效特点的宣传，吸引实际消费者或适用者。这种方式对销售有直接的推动作用，并能形成相对稳定的目标消费群体，同时影响潜在消费群体。

（4）电视与广播的组合。这种组合具有传播信息视听兼备、广泛生动的特点，可使城市与乡村的消费者都能普遍接受传播的广告信息。

(5) 电视与杂志的组合。这种组合具有传播信息广泛生动、针对性强的特点。可用电视做全国性或者地区性的大范围的广告宣传，然后用杂志做有针对性的广告强化宣传，可产生较好效果，但这种组合费用较高。

(6) 报纸或电视与销售现场媒体的组合。这种组合有利于提醒消费者购买已有印象或已有购买欲望的产品。

(7) 电视、报纸、杂志媒体的组合。利用电视视觉冲击力强、形象好等特点以及报纸、杂志相对详细、目标群体集中的特点进行组合，在品牌形象及产品功能上进行全面说明，对销售有积极的推动作用。同时能影响潜在消费者，使产品的生命力能得到很好的延续，但这种组合费用较高。

(8) 电视或报纸与邮政媒体的组合。这种组合以邮寄广告为开路先锋，做试探性的广告宣传，然后再利用电视或报纸广告做强力推销，这样，先弱后强，分步推出广告，可以大面积取得成效。

(9) 邮政媒体与销售现场媒体的组合。这种组合可以对某一特定地区进行广告宣传，以利于巩固和发展市场。

以上我们介绍了几种常用的广告媒体组合方式。其实，媒体组合的方式还有很多，其优化组合，必须根据广告费用预算、市场前景、广告时效等的要求来妥善安排，以利于扩展广告宣传的功效。

6.8.6 广告媒体组合的原则

广告媒体的组合并不是把几种媒体简单地拼凑起来，而是根据各种媒体自身的特点，按照广告媒体选择的原则进行科学合理的搭配。因而广告媒体的组合，除了遵循广告媒体选择的原则之外，还必须注意以下两个问题：

一是媒体组合应尽可能涵盖所有的广告对象。当然，在广告活动中，广告信息的传播难以百分之百地覆盖所有广告对象。但在媒体组合时必须尽可能地将涵盖所有广告对象作为目标。实现这一目标的做法有：①将所有选用的广告媒体的覆盖域加在一起，以检查该媒体组合的总覆盖面是否可以将大多数甚至绝大多数广告对象涵盖在广告信息的传播范围之内。②将选用的广告媒体的针对性累加起来，看广告必须对准的目标市场的消费者是否都能接收到广告信息。如果通过这两种形式的检查后发现媒体组合尚不能达到涵盖所有的广告对象，则应考虑重新组合媒体或者增加其他媒体，将遗漏的广告对象尽可能全部纳入广告的影响范围之内。

二是尽量突出重点广告对象。在媒体组合中，通常会出现两种或两种以上的媒体的影响力是重叠在一起的情况。这就要分析媒体影响力重叠所带来的问题。如果重叠在重点目标对象上，那么企业在媒体购买上花的费用就很合算；反之，媒体影响力重叠在不重要的目标对象上，甚至是在非目标对象上，则企业投入的这部分广告费就不合算。在进行媒体组合时，应考虑在哪些媒体上多投入广告费，以增加其对重点目标对象的影响力，同时削减另外一些媒体上的广告费，以免在非目标对象或非重点目标对象上花费过多的广告费。

6.9 广告媒体购买

广告媒体的购买及购买制订排期的媒体，是对广告单位使用时间和付费成本的一种预约和交换。

广告媒体的购买是个复杂的过程，需要广告主或媒体购买人员进行一系列的调查、研究和决策。这个过程是媒体购买的基本流程，也是成功的广告媒体购买的必经阶段。

6.9.1 广告媒体购买流程

媒体购买过程极其复杂，主要由三个阶段组成。

1）调查、了解媒体情况

购买广告媒体的第一步是要对所要投放的媒体进行调查和了解。其中主要包括对媒体的比较定位，以及调查其受众情况、受众构成、千人成本等。这个工作可以查询媒体本身的调查资料，也可以找调查公司或广告公司帮忙。

广告主实施媒体运作要考虑以下因素：①媒体的发行量、收视率或收听率；②媒体的权威性、影响力；③媒体的传播范围及其受众构成；④媒体的价格和人均到达率；⑤媒体发布同类产品的广告效果比较。

2）考虑自身市场营销计划

在熟悉媒体情况、拿到媒体报价表的同时也要结合企业本身的市场营销计划，其中包括预算规模、成本效果对比、对手使用的媒体等。只有使用适合企业发展计划的媒体，才会收到好的效果。

3）媒体内部的选择

确定了投放广告的媒体之后，必须决定在这种媒体类型之内选择哪些具体对象。这个问题主要针对的是比较成本和受众群。比如在媒体内应该选择什么版面或时段，选择什么类型的页面和节目等。不同的位置、时段、节目等都有不同的效果。

6.9.2 不同广告媒体的购买

在具体的媒体购买过程中，广告主应该针对计划购买的媒体进行实际分析，找到合适的媒体组合方式和广告投放形式，以达到最好的效果。

1）报纸媒体的购买

（1）了解报纸的基本情况

广告主必须了解报纸的发行量究竟有多大。报纸的总发行量包括订阅户数、零散买数和二手读者数。购买报纸版面也要事先了解、分析报纸的发行量和读者总数、报纸的社会地位，充分了解报纸和读者的特征，即典型读者的年龄、性别、职业、收入、文化程度以及购买习惯等。

（2）价目表信息

广告主决定要发布报纸广告的第一步就是从报社获得价目表。价目表具体说明价格、截稿期、交稿说明以及广告主可以获得哪些特殊的版面和优惠，另外还会说明市场发行量情况。

价目表还会对有特殊要求的广告指明价格。如果广告主按报社指定的位置购买版面，那么广告就可能刊登在报纸的任何版面、任何位置；如果广告主希望购买自选的位置，就要支付更多的费用。

（3）广告投放的具体安排

广告投放的具体安排包括发布广告的具体日期、广告投放的数量和具体形式、预期到达率，以及具体设计中有没有特殊要求等。

广告主或广告代理商要向报社明确提出广告安排的版面位置、规格大小和其他技术要求。报社在报纸发行之后，应该将广告所在的版面的样板交给广告主或代理商检查，看是否按照要求进行。

2）杂志版面的购买

（1）了解杂志媒体

购买杂志版面必须考虑和分析杂志阅读率、读者总数、成本、排版要求、所需技术和广告截止期等，必须全面了解杂志的发行量和收费方面的情况。衡量购买杂志版面是否合算的一种方法是按其刊登一次整版广告的标准收费，看到达1 000个人需要花费多少资金即千人成本（CPM）。计算方法为：

千人成本=（版面价目÷发行量）×1 000

（2）熟悉价目表

杂志一般会提供详细的价目表，除标明各种形式广告的价格，让广告主对一些基本情况进行了解以外，还标明了一些附加成本，如彩色、插页、出血页等的额外费用。这有助于广告主决定广告成本、折扣、所需的技术、特刊、发行与截止日期、需要的特别编辑加工等事项。

（3）具体安排

购买时间问题，一般有三种日期影响杂志的购买：一是封面日期，即杂志上印刷的出版日期；二是截稿日期，即要刊登的所有广告材料必须送到出版社的日期；三是发行日期，即杂志社将杂志送往订阅客户或报摊的日期。

在购买杂志版面的时候要注意，广告的大小、位置、版面等方面不同，价格也是不同的。因此，广告主要明确所需要宣传的信息占用的版面大小、最佳位置，以及有没有其他设计上的要求等。

3）电台时间的购买

（1）了解有关电台的术语概念

时段：电台根据时段来制定对广告主的广告收费标准，但广告收费标准又可以根据特定时段的供需状况进行协商。

一刻平均听众数：在任意时段中15分钟内收听某一电台5分钟以上的平均听众数。

一刻平均收听率：用百分数对一刻平均听众数的表示。

一刻平均收听率=（一刻平均听众数÷人口）×100%

电台排期毛评点：电台某一期节目所传播的收听率总数。

电台毛评点=一刻平均收听率×100×发布次数

广告主若想使购买的广播时间有效，就必须对这个电台有一个基本的了解。如可供广告主使用的广告时段有哪些，要使用哪些基本术语，准备广播排期有哪些步骤等。

（2）具体安排

广播广告的具体安排包括广告主将采取哪种赞助方式、要求达到何种到达率和频次、具体的投放日期和广告插播形式如何，以及在广告投放上还有什么特殊要求等。

4）电视时间的购买

（1）电视媒体的基本情况

收视率：在一定时间内收看某一节目的人数（或家庭数）占观众总人数（或总家庭数）的百分比。收视率分为家庭收视率和个人收视率，一般而言，家庭收视率高于个人收视率。

电视收视率=收看某一节目的人数（或家庭数）÷观众总人数（或总家庭数）

电视毛评点：某一特定电视媒体排期在一定时间内获得的总收视率。

电视毛评点=到达率（平均收视率）×100×发布次数

（2）必须考虑的其他因素

广告主要选择最适合自己目标受众的节目，对各电视台的节目和时间安排进行比较，用最有效的节目替代效率较低的节目。同时要明确成本价格，确定要达到的范围和频率，确定广告的长度、时段和其他购买形式。广告主还可以通过套装购买、接受电视台的指定时间或者利用占位价格来节省费用。

最后广告主要与电视台签订广告合同，说明广告的播出日期、播出次数、播出节目、片长、每次播出的费用以及广告费总计，并监督合同的执行情况，确保对方按照协议执行。

5）网络媒体的购买

（1）购买依据

网络媒体的广告购买有几个因素需要考虑：

网络广告千人成本（CPM）：在网络媒体中是指一则广告播放1 000次的价格。

CPM=（价格÷播放次数）×1 000

点击率：用户真正点击广告横幅，并访问广告主页的次数。

(2) 决定购买的广告形式

网络广告的形式比较多，其中最常见的是网幅广告，它是网页上出现频率最高的广告。广告主也可以选择更具有针对性的版面，如可以在搜索引擎的信息目录和子目录（如金融、游戏、新闻、旅游等）中购买版面。

另一种形式为关键词购买，这在主要搜索引擎上都可以实现。广告主可以买下特定的关键词，当用户搜索或查询的内容包括这些关键词时，搜索引擎便会把广告主的广告带出来。对搜索引擎的信息目录和子目录的关键词既可以单个购买，也可以套装购买。

6.9.3 媒体购买公司

媒体购买公司依靠其强大的信息占有和专业的分析能力，不仅能够为客户提供详尽的媒体资料和媒体策略，同时也可以独家代理、买断经营等手段介入媒体广告资源的营销，掌握一定的广告时段和版面，对一些弱势媒体的广告资源进行控制。

媒体购买公司采用媒体整合、集中购买和“广告创意分散，媒体购买集中”的战略，凭借雄厚的资金实力，买断广告媒体。传媒行业是一种侧重规模效益的行业。规模越大，竞争力越强；没有规模，就没有市场份额。国外传媒的市场化运作已有百年的历史，对广告运作更是经验丰富。

6.9.4 媒体购买者的特殊技能

媒体购买者的知识与专业技能在媒体市场上的广告代理业务中得到检验，这是计划的执行阶段。这里的关键的问题是选择理想载体和理想排期的谈判与维持。

1）谈判：媒体购买者的艺术

就像工会与管理层进行提薪、改善工作条件等方面的谈判一样，媒体购买者也在帮助客户追求特殊的利益。

2）载体绩效

当媒体提供多种选择而购买者需要预计目标受众层次时，通过谈判选择媒体是很重要的。一个很好的例子是电视网深夜节目是不固定的。由于存在资金的风险，电视网会很迅速地重新安排节目，或者取消并用其他节目代替，或者进行其他形式的调整。购买多个时间段时，应该注意选择新的节目，但是每天晚上都有新的或者主打的节目。如果这种条件不变，媒体选择就很难与目标受众的特征相匹配。购买者通过对节目类型（戏剧、喜剧等）、时间段的历史效果、收看竞争性节目的受众和其他因素进行仔细研究来处理这些不确定性。

3）单位成本

比较购买一直是购买者的目标，但是却存在一定的强制性。媒体给出的价格一般不被广告主接受。开放式定价（opening pricing）指每一个购买者或购买组都与媒体进行价格的谈判。尽管这存在风险，但还是受到欢迎的。在进行开放式定价之前，购买者必须了解价格与目标受众之间的平衡关系。一些媒体专家担心定价会替代所有的其他有价值的东西，使买者对待媒体最终像对待一袋谷物或一桶油那样讨价还价，这些专家鼓励购买者注意成本与价值的平衡。

4）偏好的位置

媒体购买者必须为偏好的位置即印刷媒体中理想的广告位置而讨价还价。请考虑：如果食品广告主把广告信息放置在特殊的食谱部分，家庭主妇在这里可以和杂志社取得联系并持久使用该产品，那么广告能获得多少附加的展露？这类广告在报纸上的适当位置或许应该是食品版面，但是这些版面往往已有许多的竞争性广告，因此购买者渴望知道哪些是最受欢迎的版面。

5）提供额外的支持

除了广告外，营销沟通的其他形式也应该受到重视。媒体购买者除了时间安排与广告位置外，还需要附加的帮助。这些有时被称为增值服务的行为有许多形式：内容、特殊事件、商店的出售位置、陈列、直接销售信息。这些“额外”的支持依赖每种媒体载体的功能和购买者的谈判能力。

一些媒体公司通过媒体组合行为来请求广告主加大预算。这样，媒体公司不仅提供杂志的页面，也提供相关媒体的购买服务。擅长使用市场营销沟通组合的广告主会认真考虑这些计划。

6）维持计划的绩效

媒体购买者对广告的责任并不会随着购买媒体时间与空间协议的签订而结束。购买决策往往基于对目标受众的预期而先制定出来，但如果载体表现不佳呢？如果意外事件影响了广告的排期呢？如果杂志、电视节目被取缔呢？媒体购买者必须解决这些问题。

7）目标受众监督研究

广告活动开始时，媒体计划的预期必须和实际的表现作对比，只要有可能，媒体购买者应检测每一项引入的研究报告来判断媒体的表现是否和预期相同。变化是预测购买的基础。预期将来的流行趋势或目标受众的兴趣是有风险的。一旦广告活动正常开展，购买者应该通过各种努力来获得当前目标受众的研究结果。这是确保广告表现达到预期结果的唯一办法。

报纸和杂志的读者反馈没有广播提供的信息多，印刷品广告媒体的购买者主要关注发行量的变化。发行量下降显示了缺乏读者的严重问题。购买者也可以通过检测出版物来判断广告放置的位置是否合适。

许多户外广告的使用者都了解检测告示牌和路牌位置的必要性。他们检查广告的位置、障碍物（建筑物、树）的方位、照明以及其他可能影响向期望目标受众进行展露的因素。

8）排期与技术问题

排期的障碍与广告信息的重新制作通常是不可避免的。媒体购买者对在展示信息时出现错误是很敏感的。当错误发生时，他们必须确保正确地对广告主进行补偿。调整主要包括免费的重新发布和赔偿。有关赔偿的条款在协议中已经列出，这种协议被称为补偿协议。例如：

（1）节目强占。特殊的节目或新闻事件经常会打断正常的安排。当这些事件发生时，商业广告的时间安排也被打乱。节目强占就自然地发生了。对于长期的中断，媒体购买者在广告排期结束前很难找到合适的替代媒体。

（2）结束日延误。杂志或报纸每期都有明确的期限，被称为结束日。有时广告材料没有按时送到。如果是媒体的责任，则媒体必须作出某种补偿。如果是广告公司或客户的责任，则媒体不必补偿。

（3）技术问题。技术困难常常导致广告在排期过程中出现错误。一个极端的例子是，负责一种新品牌的媒体购买者发现有人在电视台插播一条消息，声称这种品牌的产品只在两个小镇可以使用。而实际上，这两个小镇的购买率只占产品分销的10%以下。这种危害是严重的，电视台在帮倒忙。最终这件事在庭外和解了。

大部分技术问题不具有上述的灾难性。报纸流失与登记失误、劣质的广告栏、断掉的胶片、排列混乱的磁带是比较典型的影响媒体排期的因素。

本章概述

在市场经济不断繁荣发展的今天，广告已经成为各企业营销的重要手段之一。广告的力量正在从西方到东方、从城市到农村逐步伸展着。作为广告的物质载体——广告媒体也随着广告的触角，延伸到世界的各个角落。

广告媒体是广告信息传播的物质载体或中介工具。现在媒体越来越多样化，只要允许，几乎所有能被听到或看到的东西都可以成为媒体。

不同媒体，其传播对象范围、视听效果、成本费用、可信度和权威性、利用条件或适用性都有很大不同。虽然人们公认，在整个广告活动中最不应该和最愚蠢的失败就是误选媒体导致的失败，但是在实践中，这种失败依然存在。

报纸、杂志、广播、电视四大媒体在现代广告活动中有举足轻重的作用。电视是最强势的广告媒体，其次是报纸，然后是杂志和广播。四大媒体各有自己的优势和局限，其广告在表现形式和宣传侧重点上，也各有不同。

国际互联网媒体是发展潜力巨大的媒体，它具有覆盖面广、信息容量大、传播速度快等特点。其他媒体广告有户外广告、电子视频广告、卖场广告等。

媒体策略的目标是要找到一种媒体组合，利用这些合适的媒体，将广告信息以最有利的方式、最低的成本传播给最多的有价值的潜在顾客。

经典案例

冤家路窄

一场足球赛结束了，获胜球队的两个球迷退场后还难抑心中激动，继续手舞足蹈地冲上了回家的公共汽车。他们跳着、闹着，但猛然间就吓得不敢出声了，因为他俩发现车上还坐着怒气冲冲的十几个壮汉。原来这些人是败北球队的支持者。真是冤家路窄，看来一场冲突无法避免。在这紧要关头，后者却朝前者举杯表示祝贺，相逢一笑泯恩仇。原来双方手中都握着芬达汽水，和解是因为他们都支持芬达。

资料来源 佚名. 16个经典广告创意文案 瞬间抓住观众的心［EB/OL］.［2002-04-15］. https：//wenku.baidu.com/view/51b278f45901020206409c4d.html.

复习思考题

1.为什么说媒体策划面临着挑战？

2.分析电视和杂志作为广告媒体的优势和局限。

3.考查报纸杂志的进一步发展，以及这些趋势将如何影响它们作为广告媒体的使用。

4.为什么卖场广告能够提高效率？

5.广告媒体的基本评价指标有哪些？它们各自如何定义？

6.为什么需要策划广告媒体组合？具体组合的方法、原则是什么？

7.怎样购买不同的广告媒体？

第 7 章

广告活动的社会管理

学习目标

通过本章的学习，明确什么是广告活动的社会管理，了解广告行政管理的系统构成，以及广告行政管理的主要内容、广告行政管理的职能。明确什么是广告行业自律，了解广告行业自律的特点、自律法规和机制，理解广告行业自律与广告行政管理的关系。明确广告社会监督的概念，了解广告社会监督的形式、特点、运行机制。明确广告危机管理的概念，了解广告危机管理的特点、类型，理解广告危机管理的核心理念，掌握广告危机管理策略。

7.1 广告活动社会管理的意义

广告活动社会管理是指国家、社会和广告业依据有关法规、政策对广告活动的全过程进行监督、检查、控制和指导的活动。通过对广告的宏观管理，不仅可以限制广告的违法和不良倾向，更重要的是可以指导广告健康地发展，发挥广告应有的作用。

1）消除虚假广告，维护消费者利益

广告可以对消费者的购买行为起到指导、诱导的作用，这就要求广告必须真实地传递商品信息，禁止弄虚作假。为此，必须加强对广告的宏观管理，通过依法对广告进行管理，来消除虚假广告，治理整顿广告市场混乱现象，避免消费者上当受骗，维护消费者利益。

2）促进合法竞争，保护企业权益

商品竞争是市场经济的规律，存在商品生产，就必然存在商品竞争。企业为争夺市场、扩大商品销售、获取更多利润，必然要展开广告竞争。加强广告管理，认真贯彻国家有关广告法规，对合法广告经营活动加以保护，对违法企业广告予以取缔和处罚，使广告活动健康地开展，有利于防止不正当竞争，保护企业权益不受侵犯。

3）促进社会主义精神文明建设，防止精神污染

内容健康的广告能宣传社会主义生活方式、审美观、道德观和良好的社会风尚，体现着人们良好的精神风貌，促进社会主义精神文明建设。反之，内容不健康的广告毒害人民，造成精神污染。通过广告活动社会管理，可以批评水平低劣的广告，取缔不健康的广告，禁止有淫秽、迷信、荒诞内容的广告，从而防止精神污染，保护市容环境，促进社会主义精神文明建设。

4）保证广告业的健康发展，促进广告市场的完善

通过宏观管理，解决广告业发展中出现的一些问题和不合理现象，如行业结构和布局不均衡，行业内部分工不合理等，从而保证广告业能沿着健康的轨道运行。同时，社会主义市场经济的发展是以一个宏大的市场体系为基础的，广告市场也是大市场体系的一部分，广告市场的发育、完善必将有力地推动大市场向前发展。通过宏观管理，使市场主体充分进入市场，促进市场秩序完善、市场机制健全，从而建立起完善的广告市场，推动社会主义市场经济的发展。

7.2 广告行政管理

所谓广告行政管理是指国家通过一定的行政干预手段或者按照一定的广告管理法律、法规和有关政策规定对广告行业和广告活动进行监督、检查、控制和指导。

在我国，广告的行政管理是由国家工商行政管理部门按照广告管理的法律、法规和有关政策规定来行使管理职权的，而且是我国现阶段进行广告管理的一种主要方法。

7.2.1 广告行政管理的系统构成

从整体上来看，广告行政管理可自成一个系统，主要由四个子系统构成，即广告行政管理机构、广告行政管理法规、广告验证监督管理、广告行政管理对象。

（1）广告行政管理机构主要由国家工商行政管理机关和地方各级工商行政管理机关构成。我国《广告管理条例》第五条规定："广告的管理机关是国家工商行政管理机关和地方各级工商行政管理机关。"

（2）广告法律及行政管理法规是广告行政管理机关进行行政管理的依据，主要包括《中华人民共和国广告法》《广告管理条例》和一些单项广告管理规章及有关政策规定，如《药品广告管理办法》《医疗器械广告管理办法》等。

（3）广告验证监督管理是指广告管理机关依法对广告主、广告经营者和广告发布者的主体资格和广告信息内容进行验证管理以及对广告发布后的监督管理。

（4）广告行政管理对象主要包括广告经营者、广告主、广告信息内容、广告发布者等。

对广告经营者的管理是指广告管理机关依照广告管理法律、法规对广告经营者实施的管理，属于政府的行政管理行为。广告经营者要取得合法的经营资格，必须符合《中华人民共和国民法通则》的有关规定和企业登记的基本要求，具备法规中规定的资格条件，并要按照一定法律程序依法审批登记，即获得工商营业执照。未取得经营许可而从事经营活动，则被视为非法经营。

对广告主的管理主要实行验证管理制度。验证管理是指广告主在委托广告经营者设计、制作、代理、发布广告时必须提供依据，以证明自己主体资格和广告内容的真实、合法。广告经营者必须对广告主提供的证明文件或材料进行充分审查后才能为其经营广告，并将所验证过的证明文件或材料存档备查。

对广告信息内容的管理即对广告内容的真实性、合法性进行的管理。《广告管理条例》第三条规定："广告内容必须真实、健康、清晰、明白，不得以任何形式欺骗用户和消费者。"广告内容应当有利于人民的身心健康，促进商品及服务质量的提高，保护消费者的合法权益，遵守社会公德和职业道德，维护国家尊严和利益。

对广告发布者的管理又叫广告媒介管理，是指广告行政管理机关依照国家广告管理法律、法规的有关规定，对广告发布活动的全过程实施的监督管理行为。换言之，广告发布者管理是广告管理机关依法对发布广告的报纸、期刊、电台、电视台、出版社等单位和户外广告物的规划、设置、维护等实施的管理。

整个广告行政管理系统运作时，国家行政管理机构依照广告行政管理法规对广告行政管理对象进行广告验证管理并进行广告发布后的监督管理。

7.2.2 广告行政管理的主要内容

1）对广告经营单位的审批

对广告经营单位的审批主要包括两个方面的内容：一是对广告经营资格的审批，即核准广告经营权；二是对广告经营范围的审批，也就是核定广告经营范围。广告经营资格的审批，既决定是否允许经营广告业务，又是区分合法经营和非法经营的界限；广告经营范围的审批，既决定允许经营什么，又决定是守法经营还是超范围经营。

通过对广告经营单位的审批有利于掌握一个地区、一个时期广告经营单位的发展情况。对广告经营资格的审批需做到：首先，要考虑广告行业的发展规模、发展速度、发展方向以及其是否有利于搞活广告经营；其次，要考虑申请单位的条件，对申请单位的人员素质、管理水平、技术力量等进行考察，以保证广告经营单位的质量和行业水平。

2）对广告主和广告经营者的监督与指导

对广告主和广告经营者的广告活动全过程的合法性进行监督，保证广告活动在法律规定范围内进行是广告行政管理机构在进行广告行政管理时的一项日常性工作。

对广告主的广告活动进行监督主要包括监督其传播程序是否符合广告法律法规，企业的广告费用预算和使用是否符合有关财务制度等。对广告经营者的监督则主要是要求广告经营者履行广告法律法规规定的义务，建立健全内部经营管理制度，监督其在核定的经营范围内从事广告经营活动。

对广告主和广告经营者的监督与指导，其核心是要求广告经营者守法经营、公平竞争，维护广告市场的正常秩序，体现广告经营过程中的平等互利和等价有偿原则。

3）对广告违法案件的查处与复议

依法查处广告违法案件、制裁广告违法行为、追究广告违法行为人的法律责任是各级广告行政管理机关的重要职能，也是进行行政管理的重要内容。

根据《中华人民共和国广告法》《广告管理条例》《广告管理条例实施细则》的规定，对违反广告法律法规的广告主、广告经营者和广告发布者由工商行政管理机构追究其法律责任，并视其情节轻重给予不同的行政处罚，对构成犯罪的移送司法机关。广告违法案件的处罚决定作出后，其上一级广告行政管理机关担负行政复议的任务，并依不同情况维持、变更或者撤销原处罚决定。

4）规范广告发展方向

广告的发展方向必须以维护广告市场秩序和消费者权益、推动社会主义的精神文明建设为目标。

7.3 广告行业自律

所谓广告行业自律，就是指广告经营者和广告发布者自己制定广告内部细则，或行业团体机构共同制定广告公约，以此作为本企业或行业执行国家有关广告法律法规的具体行为规则，进行自我约束，承担责任，保证自己所发布的广告能守法，真实可信。

为了推动广告业的持续发展，塑造广告业的良好形象，国外的广告业一般都比较重视自律约束，形成了相对独特的广告业自律文化。

早在19世纪80年代，被称为“现代广告之父”的约翰·鲍威尔斯曾呼吁美国广告界制止虚假广告的发布，并提倡广告语言要真实可靠和简洁生动，这是最早来自广告业内对广告自律的要求。

世界上最早的国际性广告行业自律规则是20世纪60年代由国际广告协会发表的《广告自律白皮书》。它的发表对世界广告业的发展影响巨大而深远，为世界各国制定本国广告行业自律规则奠定了基础。

国际商会1937年通过、1973年修改的国际广告行业准则对各国广告自律准则起着指导作用。许多国家以此为范本，制定自己的准则。该准则主要规定了以下内容：第一，广告的基本原则：合法、公平、诚实和真实。第二，广告准则：针对公平、诚实、如实描述、比较、证明、贬低、保护人身权、信誉宣传、模仿、广告的识别、安全、儿童和青少年等作了详细的解释并作了相应的规定。第三，责任：对广告主、广告从业者、广告公司、出版商、媒介和承包商规定了相应的职责，并规定广告主对其发布的广告承担全部责任。

广告行业自律提供了共同遵循的职业道德规范。世界上广告业发展最早最发达的英美国家早就形成了一套较为成熟的广告行业自律体系。

7.3.1 广告行业自律的积极作用

广告行业自律是广告业发展到一定阶段的必然产物，它对提高广告行业自身的服务水平、维持广告活动的秩序都有着不可替代的作用。世界上广告业发达的国家都十分重视广告行业自律对广告业发展的积极意义。我国的广告业正处在初级发展阶段，随着社会主义市场经济的运转，广告管理法律法规也在进一步完善和健全之中。在这种情况下，广告行业自律的作用显得更加重要。实行行业管理、加强广告法律法规的管理研究和确定行业自律准则是我国社会主义市场经济发展的需要。

7.3.2 广告行业自律的显著特点

（1）自发性。广告行业自律的自发性表现在：广告行业组织是广告主、广告经营者和广告发布者自发建立的，并非强制行为的结果；广告行业自律规则是由广告主、广告经营者、广告发布者和广告行业组织共同商议、自行制定并自觉遵守的，是一种完全自愿的行为，并不带有强制性。

（2）灵活性。广告行业自律的灵活性是指广告主、广告经营者、广告发布者和广告行业自律组织在参与制定该自律规则方的认可下，根据客观要求，可随时修改、补充规则。

（3）道德约束性。道德约束性是就广告行业自律的运作方式而言的。广告行业自律作用的发挥来自于广告主、广告经营者、广告发布者自身的内在修养与信念，以及广告自律章程、公约、会员守则等对广告主、广告经营者和广告发布者的规范与约束。广告主、广告经营者和广告发布者必须自觉遵守，若有违反广告自律规则的行为，也只在广告行业内部，通过舆论谴责和批评教育等方式，对其行为加以规范与约束。

（4）大众化。广告行业自律的大众化是指参与到广告的所有受众均应有自律性。广告行业自律对广告主、广告经营者和广告发布者都有自我约束、自我限制、自我协调的要求。

7.3.3 我国的广告行业自律

自1994年12月以来，中国广告协会先后颁布了《广告行业公平竞争自律守则》等四项自律性文件，为维护广告行业秩序和促进其发展起到了积极作用。近年来，中国广告协会在充分论证的基础上对原有的自律规则进行了调整和补充，形成了中国广告《行业自律规则》、《自律劝诫办法》、《奶粉广告自律规则》和《卫生巾广告自律规则》等相关规范。中国广告《行业自律规则》是广告行业自律的一个总纲性文件，起着最基础的规范作用；《自律劝诫办法》则是从程序上对行业自律的措施予以明确，通过自我约束和一对一的方式，对广告活动主体进行行业内部的劝诫；《奶粉广告自律规则》和《卫生巾广告自律规则》则旨在对某些类别广告中的倾向性问题作出规范，使自律的要求更有针对性、更加具体化和更具可操作性。

传播媒介是广告发布的载体，广告主和广告公司的广告受传播媒介的制约，广告传播信息和广告活动要经过媒介的把关审查。因此，在广告内容的审查上，媒介应仔细检查广告，尤其对虚假不良广告要进行严厉监控，以保证消费者不受误导和欺骗。广告传播媒介除了要严格遵守广告发布行为的审查制度，还应该做好自身的自律管理，便于广告业在行业监管自律体系下健康有序地运行发展。

7.3.4 广告行业自律与广告行政管理的关系

广告行业自律和政府对广告行业的管理都是对广告业实施调整，两者之间既有密切联系，又有根本的不同。广告行政管理的依据是广告法规，它从外在方面对广告管理者的职责行为进行了规定；广告行业自律的原则是广告道德，它从内在方面划定广告行业的职业道德规范。它们之间的关系是：

（1）广告行政管理是行业自律的基础。行业自律必须在法律、法规允许的范围内进行。

（2）虽然行业自律与政府管理的基本目的都是广告行业的健康发展，但层次有所不同。政府对广告业的管理是为了建立与社会经济生活相协调的秩序，行业自律的直接目的是维护广告行业在社会经济生活中的地位，维护同业者的合法权益。

（3）政府的管理通过立法、执法来实现，调整目标是社会全体公民或组织；行业自律是建立自律规则和行业规范，调整的范围只限于自愿加入行业组织或规约者。

(4) 国家行政管理以强制力为保证，对违法者要追究法律责任；行业自律是指民间行业组织利用行规和舆论来制裁违约者，使其失去良好的信誉，但没有行政和司法权。

(5) 广告行政管理是行业外部对广告行业的约束管理；广告行业自律是广告业内部的“家法”，是对自我的约束管理。

7.4 广告社会监督

法律仅提出了最低底线，还需要用伦理与社会责任感来加以约束。在不违法的情况下，广告主完全可以行为不轨或不负责任。因此，广告活动应处于社会监督之下。

广告社会监督，即广告社会监督管理，又叫消费者监督或舆论监督管理，是消费者和社会舆论对各种违法违纪广告的监督与举报。在通常情况下，广告管理以政府的行政管理为主，以广告行业自律和消费者监督管理为辅。由于有了广告行业自律和消费者监督的加入，政府对广告的行政管理更加有力，广告管理也更加富有层次。

7.4.1 广告社会监督

广告社会监督通过消费者组织依照国家广告管理的法律、法规对广告进行日常监督，对违法广告和虚假广告向政府管理机关进行举报与投诉，并向我国立法机关提出立法请求与建议。

广告社会监督的目的在于制止或限制虚假、违法广告对消费者权益的侵害，以维护消费者的正当权益，确保广告市场健康有序的发展。

我国的广告社会监督组织，主要指中国消费者协会和各地设立的消费者协会(有的称消费者委员会或消费者联合会)。

7.4.2 广告社会监督的特点

与广告行政管理系统、广告审查制度和广告行业自律制度相比，广告社会监督有其自身特点，这些特点包括：

1）广告社会监督主体的广泛性

广告主的商品或服务通过媒介发布出来成为广告信息，为社会公众所接受，继而产生消费意愿和消费行为。与此同时，广告信息一旦发布出来，即受到广告受众全方位的监督。广告受众可以对广告的真实性、合法性进行监督，并向各级广告社会监督组织反馈其监督结果，从而构成一支庞大的广告社会监督大军。因此，广告社会监督主体具有广泛性的特点。

2）广告社会监督组织的“官意民办”性

在西方，广告社会监督组织，即各种消费者保护组织，都是自发成立的，完全代表消费者利益，几乎不带任何官方色彩。而我国各级消费者协会则更多地带有“官意民办”的性质。这种“官意民办”性质主要表现在：其一，消费者协会是由同级人民政府批准后成立的，并非消费者完全自发组织的；其二，它成立后挂靠在同级工商行政管理机关，没有独立的地位；其三，它在经费、编制、人员及办公条件等方面需得到同级政府支持，缺乏自主性。这种“官意民办”性质决定了广告社会监督组织具有二重使命，它既要在一定程度上体现官方意志，又要保护广大消费者的合法权益。当然，两者并不矛盾，而是一致的。

3）广告社会监督行为的自发性

广告受众依法对广告进行监督是一种完全自发和自愿的行为，在此过程中，几乎不存在任何的行政命令和行政干预。广告受众这种自发行为的产生主要有两个原因：其一，广告受众对自己接受真实广告信息权利的认识的加强；其二，广告受众对维护自身合法权益的意识的提高。因此，社会越发展，其文明程度越高，人的素质越高，广告受众的自我保护意识就越强，那么其对广告的监督行为也就越自觉。

4）广告社会监督结果的无形权威性

广告主发布广告的目的在于使潜在的购买意识发展成为现实的购买行为。社会公众是否接受广告信息、是否产生购买欲望和发生购买行为，主动权在广告受众手里。广告信息是否属实、广告主的承诺是否可信，直接影响广告受众对它的认可度。因此，以广告受众为主的广告社会监督主体对广告监督的结果具有一种无形的权威性。社会监督结果的这种无形权威性是广告主、广告公司进行广告创意、构思、设计、制作时不容忽视的，任何对它的忽视或轻蔑，都将导致严重的后果。

5）广告社会监督的自主性

广告社会监督组织是广大消费者自发成立的消费者组织，它时刻关注着广大消费者的利益。当消费者对广告存在异议、不认同时，可直接向广告社会监督组织进行举报与投诉。广告社会监督组织依照国家广告管理的法律、法规协助其解决。

7.4.3 广告社会监督的运行机制

简单地说，我国广告社会监督的运行分为三个层次，即广告受众对广告的全方位监督；广告社会监督组织的中枢保障作用；新闻传媒、政府广告管理机关、人民法院对虚假、违法广告及其责任人的曝光、查禁和惩处。这三个层次由下而上、逐层推进，构成一个有序的整体，并自成体系。

（1）广告受众对广告的全方位监督。每一位能够接触到广告的社会成员，都有权对广告进行监督。广告社会监督队伍庞大、成员各不相同的特性使其对广告的要求也不尽一致：有人要求内容真实，有人要求意蕴深厚，有人要求风格朴实……这许许多多的不同便构成了广告社会监督主体——广告受众——对广告的全方位监督。

广告中任何违法、虚假的成分都逃不开广告受众“雪亮”的眼睛。广告受众对广告的全方位监督构成了广告社会监督的第一个层次，它是广告社会监督的基础。

如果没有如此庞大的广告社会监督队伍对广告进行自觉监督，仅凭数量有限的各级消费者协会是无法完成对纷繁复杂、数量众多的广告的监督的。而正因为有广告受众对广告全方位监督这样坚实的基础，广告社会监督才得以顺利进行。

（2）广告社会监督组织的中枢保障作用。广告社会监督组织在广告社会监督的运行机制中介于新闻传媒、政府广告管理机关、人民法院与广告受众之间，处于第二层次。广告社会监督组织有两大任务：一是对商品或服务广告进行社会监督；二是保障广告受众接收真实广告信息的权利。为了完成这两大任务需要做到以下三点：①广告社会监督组织要积极宣传、动员包括来自个人、企事业单位、社会团体及其他组织的力量，对广告进行全方位的社会监督；②广告受众对虚假、违法广告的举报与投诉，广告社会监督组织有责任与义务向大众传播媒介进行通报，并让新闻传媒对其进行曝光；③对情节严重并造成了严重后果的广告，广告社会监督组织还应向政府广告管理机关和人民法院提起诉讼。因此，在广告社会监督的运行机制中，广告社会监督组织起重要的中枢保障作用，它上接人民法院、新闻传媒、政府广告管理机关，下连广告受众，共同构成一个有机的整体。

（3）新闻传媒、政府广告管理机关、人民法院对虚假、违法广告及其责任人的曝光、查禁和惩处。广告社会监督组织由其“官意民办”的特点所决定，无法独立完成社会监督和保护广告受众接收真实信息的权利这两大任务，因而它不得不借助于新闻传媒、政府广告管理机关、人民法院对虚假、违法广告及其责任人进行曝光、查禁和惩处。因此，新闻传媒、政府广告管理机关、人民法院便构成了广告社会监督运行机制的第三层次，也是最高层次。社会监督组织，对广告受众投诉与举报的虚假、违法广告，向新闻传媒通报，由新闻传媒发布、曝光，借助社会舆论的力量防止虚假、违法广告的出现和出现后的进一步蔓延。

所以，新闻传媒对虚假、违法广告的曝光在广告社会监督中起着至关重要的作用，是不可替代的。广告社会监督的任务能否完成在很大程度上取决于新闻传媒对虚假、违法广告的这种舆论监督作用是否发挥出来了。除此以外，政府广告管理机关、人民法院对情节严重并造成了重大伤害的虚假、违法广告的查禁和惩处也是广告社会监督得以顺利实现的重要保证。当然，这已不是广告社会监督，而是属于广告行政管理的范畴了。

7.5　广告危机管理

“危机管理”作为一个既熟悉又陌生的概念，被大多数人认为可能会与各类产品质量事件、不利的媒体报道及企业组织内部风波等相联系，很少有人会把危机管理与广告联系起来。但在现实中，媒体广告也会导致种种意想不到的危机风波。要想全方位地理解广告危机管理，首先应该深刻理解广告危机的概念及性质。

顾名思义，所谓广告危机是针对特定广告客户（企业）组织而言的，广告在其运行过程中因某一与广告本身（内容、形象设计、代言人、文化道德等）相互勾连的突发事件而使得广告产品、企业形象和信誉等受到相当程度的损害，其事态甚至可能发展到危及广告组织根本利益的一种危险而紧急的时刻或状态。广告危机管理是广告组织对所有与广告相联系的危机因素进行预测、分析、化解、防范等而采取的行动，包括组织面临的政治的、经济的、法律的、技术的、自然的、人为的、管理的、文化的、环境的和不可确定的等所有相关因素的管理。

7.5.1 广告危机类型

1）广告代言危机

以明星代言进行市场推广已经成为一种普遍的市场营销方式，但对于企业而言，启用明星代言，其收益与风险是并存的。如果明星影响力不断提升则可能使品牌随之受益；反之，如果由于明星个人的道德缺失、行为不端导致其形象受损，则可能给企业品牌带来负面的影响。在这种情况下，广告企业就必须迅速采取措施进行广告危机管理，否则将可能随着时间的推移，使舆论不断朝着恶化的方向发展，最后给企业或产品销售带来难以估量的损失。例如，2008年年底，香港“艳照门”事件几位主角陈冠希、钟欣桐、张柏芝等原本都是广告明星，分别代言了百事可乐、森马服饰、曼秀雷敦、EPSON等众多知名品牌。“艳照门”事件爆发后，网上出现了大量抵制陈冠希、钟欣桐等人所代言产品的“召集帖”，所有“艳照门”涉及明星代言的广告品牌都面临考验与危机。

2）广告语危机

2008年新春，恒源祥“十二生肖”广告语“恒源祥，北京奥运会赞助商，鼠鼠鼠”，逐个生肖读下去，一直到“猪猪猪”，长达1分钟。这则广告语引发了恒源祥公司的品牌危机。舆论说恒源祥新春广告是比脑白金的广告更“脑残”的广告，其广告语从最经典的“恒源祥，羊羊羊”跌落到被称为“史上最变态的广告”。更有人恶搞广告语，将广告中的生肖改编成谐音的顺口溜，如“恒源祥，吐吐吐”“恒源祥，骂骂骂”“恒源祥，痒痒痒”之类。

3）广告创意危机

2005年，麦当劳“中国消费者下跪”的广告危机爆发缘于其广告创意。广告场景如下：音像店门口，身穿白T恤的中国男青年连连哀求店老板：“一个星期就好了，一个星期。”然而店老板摇摇头。该青年接着乞求：“三天时间，三天时间好不好？”挺着啤酒肚的老板坚决地说：“我说了多少遍了，我们的优惠期已经过了。”此时一店员将一个写有“折扣最后一天”的巨大海报摆在店门前。而那青年却不死心地跪在地上拉着店老板的裤管呼喊着：“大哥，大哥啊……”一句旁白此时插入：“幸好麦当劳了解我错失良机的心痛，给我365天的优惠……”镜头中刚才下跪的中国青年正大吃着麦当劳的一款汉堡。这则广告的创意初衷应该不是故意伤害中国的消费者，“让中国消费者下跪”，但它没有考虑到这种情景有伤消费者尊严。从表面上看，这主要是与其广告创意人员的文化背景、知识面等因素有关，而更深层次的原因是公司内部关于广告宣传、制作、播放的审批程序存在严重的监控缺陷，这才是导致这次广告危机的重要因素，并为日后危机的爆发埋下了“危机因子”。

4）广告文化危机

广告文化危机通常是指广告涉嫌侵犯文化传统、种族、跨文化理解等而引发的危机事件。例如，耐克的“恐惧斗室”篮球鞋广告遭禁风波、立邦漆的“盘龙滑落”风波、丰田的“中国石狮敬礼”广告风波、巩俐盖中盖广告风波等均是始发于广告文化道德等意识形态层面的危机。

5）广告产品危机

广告产品危机是由于企业广告产品的缺陷或疑似缺陷问题而引起的消费者信任危机，如果处置不当就会引发该广告产品的危机。广告产品危机是直接关乎企业核心利益的危机。例如，2005年，消费者在使用宝洁公司SK-II产品过程中出现了一些不良反应，从而引起的消费者对该产品的虚假广告诉讼危机就是典型案例。

7.5.2 广告危机管理策略

1）广告危机管理的核心理念

广告危机管理的核心理念首先应是广告组织的危机行为管理，其次才是危机传播管理。

事实上，一般广告危机管理经验表明：当广告危机发生后，其主要的处置和管理核心仍然是在危机传播管理上。尤其是广告企业和客户有危机发生时，不少人士首先想到的不是如何尽可能地封锁消息，不让社会公众知道真相，而是怎样以别的事件来转移社会公众的注意力，以减轻当事广告企业应负的责任和舆论压力。即便是一些比较规范的做法，如及时召开新闻发布会、公布真实信息、刊登致歉公告等，基本上也还是囿于传播范畴。

但是对于现实广告危机管理而言，其核心是危机行为管理，而不是危机传播管理。正如《有效的公共关系》一书所指出的：“古话说，行动比语言更响亮。”然而不幸的是，很多广告管理层的人，都迷信这样的神话：单凭传播就能够解决大部分广告危机难题。然而实践已经证明：广告危机的传播管理，并不能解决特定的广告及其客户组织行为失误甚至不当的问题，所以也不能帮助广告组织实施有效的危机管理。甚至不妨说，在某一广告组织本身失误或不当行为没有得以纠正的情况下，一味地倚重传播管理，其传播效果越好，就越可能是在帮助这一广告组织掩饰自身的问题，甚至于在某种程度上是欺骗社会公众。

广告危机管理首先是广告组织的一种行为管理，也就是强调危机管理必须从危机的“源头”抓起，从广告组织自身行为（包括广告代言人行为、广告语的选择、广告创意行为、广告生产行为、广告营销行为、广告文化与生态等）的规整抓起，尽可能减少甚至杜绝广告组织自身行为的失误和不当。一旦有“危机因子”露头，立即从社会公众和广告客户的长远发展利益出发，果断处置，毫不犹豫。而广告危机一旦发生时，首先应该采取积极而有效的行动，以体现广告组织的社会责任，而不是其他。这就需要广告危机管理人士对广告环境、广告组织管理流程、广告组织人员现状等方方面面都先有深入的研究，并参与到广告组织的决策层面中。要知道，危机行为管理远比危机传播管理更为艰难。因此，对从事广告危机管理的人士来说，这无疑是一个更严峻的考验。

2006年5月，娃哈哈推出儿童饮料“爽歪歪”，其电视广告很快在网上招来强烈批评与争论。有网友指出，“爽歪歪”一语，在福建方言中属于淫秽用语，几乎所有重要的平面媒体都跟进报道此事，引发各方高度关注。面对舆论狂潮，娃哈哈的危机管理方法为：

（1）策划人回应。“爽歪歪”广告策划人俞建成开通博客，首次公开对该事件作出回应，阐述广告创意的思路。

（2）企业声明。娃哈哈市场部负责人对外宣称有竞争对手恶意操纵此事。

（3）舆论转移。与专业人士、知名博主进行沟通，让他们从积极角度看待“爽歪歪”事件，并从不同角度发表文章，引导舆论的关注点，如《别把“爽歪歪”关进现代文字狱》《别把“爽歪歪”给想歪了》《“爽歪歪”让谁感到不爽》《“爽歪歪”，让你“淫”了吗》等文章的出炉，为化解舆论对娃哈哈广告风波的负面情绪起到了积极的作用。

（4）搜索引擎优化与控制。通过与百度广告合作的方式，将所有对娃哈哈“爽歪歪”的负面文章在搜索结果中置后（搜索结果不能消除，但可以置后或下沉），用户在百度搜索“娃哈哈爽歪歪”时，首页已不会出现任何与批评其广告相关的负面文章。

正面信息持续释放，负面信息总量稀释。在负面舆论高峰过后，娃哈哈加大了产品信息方面的传播，推出《娃哈哈“爽歪歪”成益生菌酸奶领头羊》等文章，引导目标受众对“爽歪歪”产品本身的关注，而不是对舆论批评的关注。通过加大正面信息的传播，以此来稀释负面信息的总量。

此次娃哈哈广告危机处理给我们的启示是：现代社会，企业间为了宣传、塑造企业或品牌形象，往往需要依靠广告，竞争非常激烈。在网络等新媒体的迅速传播下，不恰当广告的投放可能会引发企业危机，让企业或品牌遭受巨大损失。

2）广告危机管理的策略

（1）建立广告危机预防制度。通过建立广告危机预防制度能够加强对广告代言人、广告文案和广告创意的管理，从源头上进行预防。例如，很多企业在选择广告代言人后，除了每年的广告和市场活动等和代言人联系外，其余时间几乎不和代言人交流，更不会及时关注代言人的动态，代言危机的预防观念淡薄；而代言人收完代言费后也不去详细了解所代言品牌的一些基本的状况。这样，由于代言后大规模的品牌代言传播，企业的品牌和代言人的形象已经发生了联系并逐渐融合在一起，双方的任何一方出现问题都会引起对方的品牌危机连锁反应，导致公众对企业品牌和个人形象产生严重的质疑和声讨，引发企业品牌危机和代言人个人形象的危机。因此，无论是企业品牌还是代言人形象，在选择品牌代言人的时候应建立一套品牌代言人危机预警、应急体系，确保能够将危机控制在萌芽状态或者预防、杜绝危机的发生。

一方面，一旦企业因代言明星而发生危机，恰当合理地运用危机应对的方法和技巧则能够使企业减少或者避免危机带来的损失。例如，某保健品厂商请高秀敏和两位当红明星为其代言，在高秀敏不幸逝世后，该厂商以最快的速度将这个产品的广告改为仅其他两位明星出场，这种做法无疑是正确的，使其品牌受损度降到了最低。另一方面，广告代言人受到危机牵连后如果能迅速表明态度，则可避免因为企业的危机而受到牵连。例如，范伟就其代言的28商机网给消费者带来的伤害一事公开向消费者致歉，成为第一个直面此事的明星，他的态度得到了大多数网友的认可和支持，这可以说是一个广告代言人危机管理的成功的案例。

（2）正确地处理广告危机。在新媒体的背景下，对广告危机处理的基本原则，一是正确判断广告危机的程度和性质；二是广告危机分类管理，行为管理高于传播管理。

3）广告危机的处理方法

（1）广告危机尚未对焦到广告企业与产品身上

此种情况下，广告危机管理可能采取的策略：

①低调处理，积极准备。此种广告危机性质表明危机不是来自广告产品的内核，还未伤及广告企业的根本利益。例如，广告代言人危机虽然涉事明星都备受瞩目，但由于这些明星代言诸多产品，所以并不是所有代言产品都因此受到舆论的强烈关注。如果危机没有涉及企业品牌，而且大多数公众并没有对品牌有太强的负面关注度，建议广告方暂时不进行高调回应，以免引来媒体的跟进报道。在低调处理的同时，广告方应该有一个积极处置的预案，如准备发一篇简短声明以及一篇正式新闻稿，以备危机扩散时新闻公关使用，重申广告组织对危机的态度与立场、明星代言的初衷以及企业品牌及产品的介绍。

②论坛管理，引导舆论。从危机策源因素来看，较多的意外广告危机应该算是网络危机事件。近几年来，随着宽带网络技术的发展，BBS论坛、个人博客的流行，使得网络成为个人观点快速传播的捷径，同时也使网络在广告危机中所扮演的角色越来越重要。网络除了成为众多意外广告风波的“引发器”外，还会成为意外广告危机的“放大器”，成为众多网友声讨当事企业、发泄内心不满的工具。这样一来，无疑会直接加剧意外广告事件的不利影响。因此，广告危机管理主体必须对重点论坛进行严格监测，及时发现有害舆论线索，对论坛进行有效管理，并由第三方出面，针对某些明显恶意、强烈的批评论调给予回应（以网友对网友的角度），化解负面批评舆论的持续走高，使此议题变得多元化（如引入其他广告的失误表现、讨论网友的偏激、讨论广告创意与广告表现等），从而消除单一针对企业品牌及产品的敌视情绪。

③强化产品正面信息传播。多角度挖掘广告产品的卖点（从企业或品牌层面制造话题），在短时间内迅速提高正面信息的传播力度，以此稀释广告危机

信息。

（2）广告危机已经对焦到广告企业与产品身上

此种情况下，广告危机管理可能采取的策略：

如果广告危机愈演愈烈，导致民众对广告产品彻底失去信心或好感，可能危及企业核心利益，那么这时广告危机公关策略应采取“三不”态度，重在行为管理，即不拖延，立即停止危机广告的播放；不狡辩，为广告危机事件主动承担相应的责任，向受众道歉；不反驳，即使是无意失误，如广告文化危机等，但如果违背了相关法律，应主动接受处罚，并引以为戒。

①舆论应对：迎合、回应、转移。

迎合：当主流舆论（如主流报纸、杂志、网络的舆论）对广告危机的关注度达到高潮时，广告组织任何反对的声音都是不合时宜且危险的。

回应：广告组织除了传播手段的回应，如召开主流媒体新闻沟通会等，重点在于组织行为手段的回应，如：涉及广告产品缺陷，要果断采取“问题产品”召回制度，赔偿消费者经济损失；如果是广告内容涉及文化、法律、道德等问题，可以果断停播广告等。行为管理可以去掉“坏因”，传播管理只能去掉“坏果”。

转移：广告危机发生后，当事广告组织可以开展一系列的公益活动，转移媒体和公众的视线，其中包括在全球范围内推出公益品牌，向国内公益事业捐献等。

②沟通消费者，提升广告品牌认同感。广告危机发生后，向消费者提供事实真相要比向消费者讲空道理强，这是沟通消费者的最高原则。通过手机短信、邮件或联络组对公司的一些大客户进行危机说明和道歉也是非常有必要的，让你的客户知晓事实，要比他们自己获得来源不实的信息要好得多。还有，企业可以在一些大的论坛上对问题进行说明，这样可以控制消息的来源和发展，将危机扼杀在萌芽状态。人们都有一种窥探和从众心理，消费者都想知道真相，在没有真实信息的情况下，任何哗众取宠或虚假的消息都可能导致消费者失去理智分析能力，在集群效应的暗示下，可能对企业或品牌作出不好的事。

最后，应当将广告危机管理纳入整个广告组织危机管理之中，成为广告组织总体发展规划的一部分。这是重视广告组织危机的一个表现方式，对广告危机的管理能为其他类型的企业危机管理提供借鉴。减少企业广告危机的发生才能通过持之以恒的广告宣传树立起良好的企业和品牌形象，才能够让企业朝着健康的方向发展壮大。

本章概述

广告活动社会管理是指国家、社会和广告行业依据有关法律、法规、政策对广告活动的全过程进行监督、检查、控制和指导的活动。通过对广告的宏观管理，不仅可以限制广告的违法和不良倾向，更重要的是可以指导广告健康地发展，发挥广告的应有作用。

任何活动和组织，均离不开有效的管理，包括各企业对自身广告活动的管理和国家对整个广告业的管理。企业通过发挥管理的一般职能，使广告活动为企业整体营销目标服务。而国家则主要通过广告法律、法规这一手段来对广告业及全社会广告活动进行管理，从而保证整个广告业健康、顺利地发展，促进广告市场的培育和完善，维护消费者权益，促进社会主义市场经济的发展。

经典案例

白加黑——治疗感冒，黑白分明

“白加黑”是个了不起的创意。看似简单，只是把感冒药分成白片和黑片，并把感冒药中的镇静剂“扑尔敏”放在黑片中，其他什么也没做，但之所以能称为十大经典广告案例之一，实则不简单，不仅在品牌的外观上与竞争品牌形成很大的差别，更重要的是它与消费者的生活习惯相符合，达到了引发联想的强烈传播效果。

资料来源 佚名.中国十大经典广告案例解析［EB/OL］.［2017-04-19］. http://www.51ebo.com/repstation/3975.html.

复习思考题

1.广告监督管理的意义是什么？

2.谈谈你对广告法规的理解和认识。

3.广告活动管理的系统是由哪些元素构成的？

4.简要说明广告活动管理的意义和方法。

5.广告行业自律与广告行政管理的关系如何？

6.试述广告社会监督的形式、特点和广告社会监督的运行机制。

7.什么是广告危机管理？试述广告危机管理策略。

第8章

广告效果评估

学习目标

通过本章的学习，了解广告效果的含义及分类、广告效果的特征。理解广告效果评估的内容、意义，以及广告效果评估的要求、评估的类型和效果评估的程序。掌握广告传播效果评估指标和广告传播效果评估方法，广告经济效果评估指标和广告经济效果评估的方法，以及如何衡量广告社会效果。

8.1 概述

广告的传播效果一般表现为注意感知、理解记忆、情感激发、态度改变和购买行动等继起的传播阶段和影响层面。在实际操作中，它可以用一系列心理测量学指标或客观性的生理试验指标来反映。广告的经济效果是广告活动的最佳效果体现，它集中地反映工商企业在广告促销活动中的营销状况。广告经济效果的评估是广告活动的中心环节。广告的经济效果评估指标主要有销售额和利润额，它们是衡量广告经济效果的两个基础指标。广告的社会效果主要表现在广告对消费者产生的社会影响上。广告社会效果的测定，要从法律规范、伦理道德、文化艺术、风俗习惯、宗教信仰等各个方面进行综合的考察、评估。

8.1.1 广告效果

广告效果是指广告作品通过广告媒体传播之后所产生的作用，或者说，在广告活动中通过消耗和占用社会劳动而得到的有用效果。广告效果一般可分为传播效果、经济效果以及社会效果三种。

(1) 传播效果是广告效果的核心。它是指广告刊播后对受众产生的各种心理效应，如广告对知觉、记忆、理解、情感、欲求及行为等方面的影响，其好坏取决于表现效果和媒体效果的综合作用。

(2) 经济效果是指广告对企业经营的作用，是广告主最为关心的效果。它主要是指广告主从广告活动中所获得的经济收益或损失，也就是广告引发的产品和劳务销售以及利润的变化情况，或者由此引发的市场竞争变化、行业及宏观经济波动等。

(3) 社会效果是指广告对人们观念潜移默化的影响。广告还对社会经济的发展起着积极的作用。这种表现主要集中在它能帮助人们节约精力和购买时间；创造消费需求，推动企业的生产不断发展等。

此外，从广告活动过程来看，广告效果可分为预计效果、预测效果和测定效果。按照广告效果显现的时间来看，广告效果可以分为短期效果、中期效果、长期效果或潜在效果、即时效果和延时效果等，这都是从不同的角度对广告效果作出的划分。

8.1.2 广告效果的特征

由于广告的营销传播性质，加上媒体传播、受众心理、市场经济规律等对其的影响，广告效果具有以下几个基本特征：

(1) 复合性。广告信息传播方式具有复合性。现代媒体形式的多样性，极大地丰富了广告信息的传播形态，广告主在进行广告运作时很少会只选择一种媒体进行广告投放，因此，某一时期的广告效果也就成为多种媒体共同作用的结果。广告效果同时也受到企业其他营销策略和市场竞争环境的影响，广告只有与其他各个要素紧密配合才能取得最终的效果。

（2）迟效性。广告对消费者的影响程度具有迟效性，即广告效果往往不是立竿见影的。有些受众对广告的反应快一些，有的则慢一些；广告对目标受众的影响可能是连贯的、继起的，也可能是间断的、迟效的。

（3）累积性。广告活动是一个持续的、动态的过程，受众最终所接受的信息是经过多次广告宣传累积的结果。大多数的广告效果不是一次、一时或者一种信息和媒体作用的结果，而是广告信息的多次重复，造成累积效果的体现。

（4）竞争性。广告的竞争性是指广告主向受众推介自己的产品以求达到取代竞争性产品的目的。如果广告的诉求点选择、目标人群定位、广告媒体投放以及排期都能准确高效的话，广告的竞争性就强，对受众的影响力就大，就有助于树立企业良好的形象。如果仅仅将广告看作是向消费者传递信息的活动，而忽视市场经济条件下企业之间竞争激烈的现实，对广告的制作与投放没有给予充分的重视，那么广告目标往往难以实现。同时，由于同类广告之间存在竞争，彼此之间的广告效果必然会此消彼长。

（5）两面性。广告的宣传效果既有促进商品销售的一面，也有延缓商品销售量下降的一面。当市场疲软或者产品进入衰退期时，广告的作用就越明显，就越能减缓商品销售量的急剧下降。在测定和评估广告效果时，必须充分分析产品的生命周期和市场状况，才能较为客观全面地测定广告效果。

认识广告效果的特性对于正确有效地测定广告效果是十分必要的。广告效果测定的时间、对象等的选取以及对测定结果的综合评估，都应该结合广告效果的特性进行综合的考虑，使得测定结论更符合客观实际。

8.2 广告效果评估

8.2.1 广告效果评估的内容

广告效果评估是指评估广告目标经过广告活动之后实现的程度。广告活动无论是完成还是中途放弃，都会存在相应的结果。这一结果包括两方面的含义：一是针对行为目标完成情况，体现行为水平的实际效果；二是由行为过程和效果所带来的联动效应。

根据广告效果的分类和指导企业决策的需要，可以明确广告效果评估的以下几个主要内容。

1）广告作品本身评估

广告作品本身评估主要是针对广告作品向受众传递的各方面信息进行检测，评估作品是否具有足够的表现力和感染力。广告作品本身评估主要包括对广告主题的评估和对广告文案的评估。

对广告主题的评估是广告效果评估的第一个环节，直接关系到广告作品能否把有效信息告知目标受众，能否有效激发消费者的潜在需求。因此要求针对目标消费者，了解他们对广告主题的看法，即是否认可并接受广告主题；是否有充分的论据支持主题；是否有充足的感情渲染主题。

对广告文案的评估是对报纸、杂志、广播、电视、户外、网络广告文案作品所作评估的总称，目的是进一步检验广告制作是否充分地体现了广告创意。一般是通过邀请广告目标受众观看完成的作品、听取他们的意见来获得评估结果，以保证作品更加完美。

2）广告媒体组合评估

广告媒体组合评估是对报纸、杂志、广播、电视、户外、网络等媒体的特征及各媒体受众群特征的评估。其中包括：各广告媒体“质”的特征；媒体投资效益评估；媒体选择与组合；各媒体近期收视听率、阅读率、点击率的变化；对媒体执行方案的评析。

3）广告活动效果评估

广告活动效果评估是对广告活动执行、开展情况与效果的全面测定，包括对销售效果的评估和对消费者心理效果的评估两方面的内容。

对销售效果的评估：主要是在广告发布一段时间后进行，通过对广告活动实施前后销售额的比较，检测和测定商品销售的变化情况。

对消费者心理效果的评估：主要是评估广告对消费者的影响程度，主要体现在消费者的认知、情感、意志等心理因素方面。

8.2.2 广告效果评估的原则

为了保证广告效果评估的科学性与准确性，在广告效果的测定与分析过程中我们必须遵循以下原则：

（1）针对性原则。针对性原则是指测定广告效果时首先要有明确、具体的目标，即要明确测定的广告效果是经济效果还是社会效果，是短期效果还是长期效果，是传播效果、销售效果还是心理效果等；同时，还要注意测试的内容必须与所追求的目的相关，不可做空泛或无关的测试工作。

（2）可靠性原则。坚持可靠性原则是为了保证所得到的论证能够正确地为企业决策提供帮助，防止结论的片面性给企业认识或决策带来负面作用。内容包括：调查表的设计要合理；汇总分析的方法要科学；对影响广告效果的因素的考察要全面；前后测试应该具有连续性，并可多次进行，以证明其可靠性。

（3）综合性原则。在测定广告效果时，除了要对影响因素进行综合分析外，还要考虑广告效果之间的竞争性、媒体使用的并列性及广告播放时间的交叉性，以避免片面性的干扰，得到客观的测定结果。

（4）建立合理的评估体系原则。在不同的阶段需要制定不同的评估目标，使评估活动反复进行，把各阶段的评估结果结合起来，最终形成一个有机整体。它要求在样本的选定、问卷的设计、统计方法的运用上要考虑前后联系，使它们能够相互关联、互相补充，以利于广告主掌握各方面的材料，为下一步广告战略的制定提供有力的参考依据。

8.2.3 广告效果评估的要求

广告效果评估是一项十分复杂的科学活动，事关广告活动的总体评价和广告投资的效益。因此，对广告效果评估有着严格的要求，包括以下几点：

（1）计划性。广告效果评估事先要有详尽具体的计划，确定评估的方式、方法、步骤和规模。要选好有代表性的被访对象，要精心训练调查人员。在精心准备、精心计划的基础上，拟订全面的评估方案，这样才能确保广告效果评估工作顺利进行，圆满完成。

（2）目的性。各种广告都有其不同的侧重目的，有的是为在市场上试销一种新产品，有的是为了扩大市场份额，争取更多的消费者，还有的则是为了打击竞争对手，扩大自己的市场份额或者提高自己企业的知名度。评估广告效果时，要针对广告的不同目的来评估其具体内容，也就是说广告效果评估活动的目的要具体而明确。

（3）手段多样性。要根据评估目的的要求，运用多种评估手段进行评估，坚持定量分析与定性判断相结合的原则，从准确、完整、翔实的数据中找到判断效果大小与好坏的真实依据。

（4）针对性。广告活动的目标对象是特定的，因此广告效果评估应主要听取目标对象的意见。在目标对象范围内选取测定对象，要按照科学的方法，以随机方式抽取，以确保广告效果评估既有针对性，又有可靠性。

（5）综合性。应根据广告效果的特性进行全面综合分析，杜绝片面性。要把评估销售效果、经营业绩和广告本身的效果结合起来，要综合考虑影响企业经营活动的外部环境因素以及内部作用力量。任何一次广告活动，都是受到多方面的因素影响的，要充分重视广告活动之外的各方面因素的积极和消极影响，找出问题的根源所在。

8.2.4 广告效果评估的类型

广告效果评估一般分为事前评估、事中评估和事后评估三种类型。

1）事前评估

事前评估是指广告活动实施之前对广告的策划方案、表现效果及媒体效果进行评价，以预测广告活动的实施效果。通常在实施前采用对局部市场或部分受众进行现场访问、心理实验等方法，对策划方案，广告作品的创意、设计和制作，以及各种选用媒体及媒体组合效果进行测试。概括地说，事前评估的对象主要有两个方面：一是针对媒体情况的调查，二是针对作品效果的测验。媒体调查一般通过访问日记、访问电话或自动记录仪器等，对各个媒体的单位数、收视听人数及收视听率、社会信誉等情况进行调查研究；作品测验是对广告创意构想、文案创作的效果等，采用自由表述法、联想法、猜想法、德尔菲法、检核表法或仪器测定法等实验心理学测验的手法进行调研，为最后定稿提供参考。

2）事中评估

事中评估是指在广告活动实施期间随时了解受众反应，测试和验证广告策略是否符合实际等监督测试活动。通常采用市场实验法、回函测定法、分割测定法等方法对广告实施过程中的传播及营销效果进行监测评估。例如，在广告推广过程中，对某地区或市场推出广告前后的销售状况进行纵向比较，或将广告推广的“实验市场”与没有广告推广的“比较市场”进行横向比较，以观测广告实施中的促销效果，这就是所谓的市场实验法。再比如，有两种广告文案，事先无法确定孰优孰劣，在实施过程中就可以采用分割测定法，在同一媒体或媒体组合条件下将它们同时刊播出去，然后比较其效果再作出取舍和选择。事中评估实际上是对广告活动进行即时调整和监控的必要而又重要的手段。

3）事后评估

事后评估是指在广告活动结束后，有关方面对广告效果所进行的综合测定评估。通常在一次广告活动完结后，广告公司或广告主自己或其委托的有关社会中介评估机构都要进行一次事后评估，综合运用访问、统计、实验等调研手段和方法，全面考查和测定该广告活动的传播、营销及社会效果，以期为今后改进广告作业、提高广告效果提供经验启示。这是最常用、最普遍的广告评估活动。

8.2.5 广告效果评估的程序

广告效果评估的程序大体上可以划分为确定广告效果评估的具体问题、制订计划、组建评估研究组、设计评估问卷、收集有关资料、整理和分析资料、论证分析结果和撰写评估报告等环节。

1）确定广告效果评估的具体问题

由于广告效果具有层次性的特点，因此评估研究的问题不能漫无边际，而应该事先决定研究的对象，以及从哪些方面对该问题进行剖析。广告效果评估人员要把广告主广告宣传活动存在的最关键和最迫切需要了解的效果问题作为评估的重点，设立正式的评估目标，选定评估课题。

广告效果评估问题的确定方法一般有两种：一种是归纳法，即了解广告主广告促销的现状，根据广告主的要求确定分析研究的目标；另一种是演绎法，其基本思路是根据广告主的发展目标来衡量企业广告促销的现状，即广告主发展目标—企业广告促销现状—企业广告效果评估问题。

2）制订计划

广告效果评估的计划，主要包括以下几个方面：任务、评估目的和要求、评估步骤和方法、评估时间和地点、评估范围和对象、评估机构的选择、评估人员的安排、评估费用预算等。

3）组建评估研究组

在确定广告效果评估课题并签订评估合同后，评估研究部门应根据广告主所提课题的要求和评估调查人员的构成情况，综合考虑，组建评估研究组。评估研究组应是由各类调查研究人员所组成的优化组合群体，做到综合、专业评估人员相结合，高、中、低层次的评估人员相结合，理论部门、实际部门和专家相结合，老、中、青相结合。在组建过程中，应该选择好课题负责人，然后根据课题的要求进行分工，各负其责，再群策群力地进行课题研究，才能产生高质量的评估成果。

4）设计评估问卷

设计评估问卷，首先，要确定调查的评估主题，然后通过初步调查、设计草案、事先试验，再做成问卷，以此确保提出的问题主题明确、范围得当、方式得法。其次，要注意询问的技巧与方式、提出问题的前后次序，要考虑被询问对象的心理特征与逻辑顺序。

5）收集有关资料

广告效果评估研究组成立，设计调查问卷之后，就要按照评估问题的需要，收集有关资料，包括外部资料和内部资料。外部资料主要是与企业广告促销活动有联系的政策法规、统计资料、宏观经济形势、媒体状况、行业竞争态势等资料；内部资料主要是本企业近年来的销售、利润、广告预算、媒体选择等情况。

6）整理和分析资料

整理和分析资料，即对通过调查和其他方法所收集到的大量信息资料进行分类整理、综合分析和专题分析。资料归纳的基本方法有：按时间序列分类、按问题分类、按专题分类、按因素分类。在分类整理资料的基础上进行初步分析，摘出可以用于广告效果测验的资料。

分析方法有综合分析和专题分析两类。综合分析是从企业的整体出发，综合分析企业的广告效果。例如，广告主的市场占有率分析、市场扩大率分析、企业知名度提高率分析等。专题分析是根据广告效果评估课题的要求，在对调查资料汇总以后，对企业广告效果的某一方面进行详尽的分析。

7）论证分析结果

论证分析结果，就是通过召开分析结果论证会的形式，运用科学方法，对广告效果的评估结果进行全方位的评议论证，使评估结果进一步科学合理。常用的评议论证方法有：

（1）判断分析法：由评估组召集课题组成员，邀请专家和广告主负责人员参加，对提供的分析结果进行研究和论证，然后由主持人集中起来，并根据参加讨论人员的身份、工作性质、发表意见的权威程度等因素确定一个综合权数，提出分析效果的改进意见。

（2）集体思考法：由评估研究组邀请专家、学者参加，对广告效果评估的结果进行讨论研究，发表独创性意见。主持人应尽量使会议参加者畅所欲言，对结果进行集体修正，综合分析，并认真做好记录，以便会后进行整理。

8）撰写评估报告

广告评估者要对经过分析讨论并征得广告主同意的分析结果进行认真的文字加工，写成评估报告。报告的内容主要有：

（1）序言。阐明评估广告效果的背景、目的和意义。

（2）广告主概况。说明广告主的人、财、物等资源状况，广告主广告促销的规模、范围和方法等。

（3）广告效果评估的调查内容、范围与基本方法。

（4）广告效果评估的实际步骤。

（5）广告效果评估的具体结果。

（6）改善广告促销的具体意见。

（7）考核评估报告的使用情况和效果。这一阶段主要是了解广告效果评估报告的使用情况，收集各种反应，找出评估报告的不足之处，为以后的广告效果评估工作提供有益的经验与启示。

8.3 广告的传播效果评估

广告的传播效果或者说是广告的心理效果评估，目的是了解广告在知晓度、认知度和偏好度等方面的效果。其评估对象主要是广告传播后对受众心理的影响程度。

8.3.1 传播效果评估指标

从心理反应过程来看，传播效果一般表现为注意感知、理解记忆、情感激发、态度改变和购买行动等继起的传播阶段和影响层面。在实际操作中，它可以用一系列心理测量学评估指标或客观性的生理试验指标来反映。心理测量学评估指标包括以下几个方面。

1）广告感知记忆效果评估指标

该指标用于测定受众对广告内容即广告主及其商品或服务和商标品牌等的认知程度，主要由阅读率或视听率及记忆程度等指标来反映。

平面广告的阅读率方面的指标包括注目率、阅读率、精度率等；电波广告视听率方面的指标有视听率和认知率等，认知率即认知广告名称人数占广告节目视听户数的百分比。

记忆程度评估指标有记忆度与记忆广度两个方面。记忆度即受众关于广告印象的深刻程度，主要用于测定消费者是否能记住广告内容，如品牌、特性、商标等。记忆广度指标一般采用速时器测验，大致做法是在一段极短时间内向受众呈现广告后，要求他们立即说出所看到或听到的广告内容，其说出的内容越多，说明瞬间记忆广度越大。

2）广告认知理解效果评估指标

该指标是对受众对广告所传达的信息和观念的认知、理解程度及思维状态的反映，例如对受众对广告是否感兴趣，对广告商品有无好感，对广告商品的信任度、忠实度、偏爱度以及品牌印象如何等，作出心理学评价。

3）广告行为影响效果评估指标

广告信息传播的宗旨是通过影响消费者对产品、品牌及厂商的态度倾向，从而引导消费者选择和购买的行为方向。广告行为影响效果评估指标主要包括购买动机和购买行为这两个方面的衡量指标。购买动机指标测定广告对消费者购买行为动机的影响程度；购买行为指标反映由广告唤起的购买准备行动和由广告引起的立即购买行动的发生率和普遍程度。

4）生理性实验评估指标

这主要是指视觉反应测试指标，是通过视向仪测定观众接收广告信息的顺序、时间长短以及由此产生的瞳孔变化，以此来判断广告的视觉冲击力。其主要指标有眼动轨迹描记图、视觉反应时间和瞳孔直径变化、皮肤电反应、脑电波图变化等。

（1）眼动轨迹描记图指标：人们在观看广告时，眼珠处在不断的运动中，这种运动就是眼睛对广告画面的不断扫描运动。因此，在视向测验法中，使用视线扫描器将眼动轨迹记录下来就形成了眼动轨迹描记图，由此可以清楚了解消费者观看广告时眼睛的注视次序与重点部位。

（2）视觉反应时间指标：这是指在瞬间显露测验中，消费者观察或看清广告对象所需的时间长短，可以此作为衡量广告视觉效果的客观性评估指标。

（3）瞳孔直径变化指标：与瞳孔扩散法相联系，人们接收广告信息时会产生不同的情绪，这会通过瞳孔放大或缩小程度反映出来，利用瞳孔直径变化可以判断广告对受众心理的影响效果。

（4）皮肤电反应指标：在皮肤电反应测量中，人们在接收广告信息时会导致情绪发生变化，进而会出现汗量增减变化。通过生理电流仪可以观察到皮肤电阻发生的变化，即皮肤电反应指标。

（5）脑电波图变化指标：人们观看广告时，大脑产生的自发电活动，通过脑电波仪器将之收集、放大并记录下来，便形成脑电波图变化指标，由此可测试出广告对受众的心理影响程度。例如，当受众完全被广告画面所吸引，会出现14～25赫兹的低幅快波，而不感兴趣时大脑中会出现8～13赫兹的高幅慢波。通过观测脑电波图变化，可以测定消费者接触广告以后所产生的心理反应情况。

8.3.2 广告传播效果评估方法

上文介绍了广告效果评估的分类，即事前评估、事中评估和事后评估三种。相应地，广告传播效果的评估方法也可以分为三种类型。

1）事前评估方法

广告传播效果的事前评估方法是在广告作品尚未正式刊播之前，邀请有关广告专家和消费者团体进行现场观摩，审查广告作品存在的问题，或进行各种试验（在实验室运用仪器来测定人们的各种心理活动效应），以对广告作品可能获得的成效进行评价。根据评估的结果，及时调整广告促销策略，修正广告作品，突出广告的诉求点，提高广告的成功率。事前评估常用的具体方法分为以下几类。

（1）专家意见综合法：该方法是在广告文案设计完成之后，邀请有关广告专家、心理学家和营销专家进行评价，多方面、多层次地对广告文案及媒体组合方式将会产生的效果作出预测，然后综合所有专家的意见，作为预测效果的基础。运用此法事前要给专家提供一些必要的资料，包括设计的广告方案、广告产品的特点、广告主生产经营活动的现状及背景资料等。专家们通过独立思考，对广告设计方案提出自己的见解。

专家意见法比较简单，但要注意所邀请的专家要能代表不同的广告创意趋势，以确保所提供的意见的全面性和权威性。一般说来，聘请的专家人数以10~15人为宜，少了不能全面反映问题，多了则会造成浪费。

（2）直接测试法：这种方法是把供选择的广告展露给一组消费者，并请他们对这些广告进行评比打分。这种评比法用于评估消费者对广告的注意力、认知、情绪和行动等方面的强度。虽然这种测定广告实际效果的方法还不够完善，但一则广告如果得分较高，也可说明该广告是可能有效的。

（3）组群测试法：这种方法是让一组消费者观看或收听一组广告，对时间不加限制，然后要求他们回忆所看到（或听到）的全部广告以及内容，广告策划者可给予帮助或不给帮助。受试者的回忆水平表明广告的突出性以及信息被了解或记忆的程度。

（4）仪器测试法：科技进步使得伴随着人类心理效应变化而产生的生理变化测试仪也在不断地得到创新与完善。借助仪器评估广告效果的方法有：

①视向测试法。人们的视线一般总停留在其关心与感兴趣的地方，其越关心、越感兴趣，则视线驻留时间就越长。视向测验仪是记录媒体受众观看广告文案某个部分时的视线顺序以及驻留时间长短的一种仪器。由此可以预知广告文案文字字体的易读性、广告画面中最突出或者最吸引人的部分等。

②视觉反应时间测试法。这种方法是利用电源的不断刺激，在短时间内呈现并测定广告各要素的受注目程度。

③记忆鼓测试法。记忆鼓是心理实验中被广泛采用的仪器之一，它专门用来测验一定时间内人们对广告作品的记忆量。主持测试者用回想或再确认法，测验被调查者对文案的记忆，从而估计出品牌名称、公司名称、主要广告内容等易于记忆的程度。

④瞳孔计测试法。瞳孔受到明亮光线的刺激时会缩小，在黑暗中会变大。对感兴趣的事物长时间地凝视，瞳孔也会变大。瞳孔计测试法就是根据这个道理，用有关设备将瞳孔伸缩情况记录下来，以测定瞳孔伸缩与媒体受众的兴趣反应之间的关系。该方法多用于电视广告效果的测定。

⑤皮肤测试法。该方法主要用于对电视广告效果的测定，其次是对广播广告效果的测定。根据测试的结果，大体上可以确知最能激起媒体受众情感起伏的地方，

以此检查此处“高潮”是否符合广告策划者的意图。皮肤测试法也有一定的缺点，每个人的内分泌的情况各不相同，情绪反应也有快有慢，因此必须事先加以测定，再根据实际的反应情况进行修正，工作程序非常烦琐。情绪的波动，内心的冲动，每个人的情况又各不相同。引起内心冲动的因素有的来自于音响，有的来自于画面色彩或表演等。情绪的波动有的是积极的，有的则是消极的。因此，必须辅以其他的方法，进行全面的分析，才能得出正确的结果。

2）事中评估方法

广告传播效果的事中评估是在广告已开始刊播后进行的。进行事中评估可以直接了解媒体受众在日常生活中对广告的反应，得出的结论也更加准确可靠。但凭借这种评估结果对进行中的广告宣传的目标与策略，一般很难进行修改，只能对具体方式、方法进行局部调整和修补。常用的广告效果事中评估方法有盖洛普-鲁宾逊测试方法。

盖洛普-鲁宾逊测试方法来源于美国的盖洛普-鲁宾逊这样一家广告心理效果评估公司。其基本做法是：先把测试的广告稿刊登在杂志上；广告登出后，便把杂志分发给消费者中的调查对象；随后公司同这些被调查者接触，并就杂志及其广告问题同他们谈话；对受试者回忆和认识的测试结果可以用来确定广告效果。这种方法采用三种阅读评分标准：

（1）注意分，即被调查者中声称以前在杂志上看过这则广告的人数在被调查者中所占的百分比。计算公式为：

注意分=被调查者中看过某则广告的人数÷被调查者总人数

（2）领悟和联想分，是指被调查者中能正确地将广告作品与广告主对上号的人在被调查者中所占的比例。计算公式为：

领悟和联想分=被调查者中能准确叙述广告内容的人数÷被调查者总人数

（3）大部分阅读分。计算公式为：

大部分阅读分=被调查者中声称读过广告大部分内容的人数÷被调查者总人数

测试方法是测试人员不事先告诉媒体受众测试的内容，同时要求被调查者不要在访问的当天阅读有关杂志。电话访问时，首先询问被调查者在某一杂志的所有广告中，记得哪几则广告，以便确定这些广告的阅读率。媒体受众指出记得的广告后，可以问他们以下问题：

那则广告什么模样？内容是什么？销售重点是什么？你从该广告中获得了哪些信息？当你读到该广告时，有何心理反应？你看完该广告后，购买该产品的欲望是提高了还是降低了？该广告中，什么因素影响你购买该品牌产品的欲望？你最近购买了此种品牌的什么产品？

根据上述问题的答案，广告策划者可以衡量出该则广告的以下效果：①品名认知效果。②媒体受众对该广告的心理反应，或对广告销售重点的了解程度。③广告说服媒体受众看了该广告后购买该产品的欲望的受影响程度。

3）事后评估方法

广告效果的事后评估方法，是建立在广告心理目标，即知名率、记忆率、理解率、好感率及购买意图率等目标的基础上，根据广告心理目标的不同要求，采用各种不同的测定方法。

（1）视听率测定法

这种方法主要用于测定广播和电视广告效果。具体做法是，抽取若干样本家庭进行调查，统计出三方面的数据：A类，电视机或收音机的拥有户数；B类，广告节目的视听户数；C类，认知广告名称的人数。然后分别进行推算。

视听率=B类用户的数量÷A类用户的数量

认知率=C类用户的数量÷B类用户的数量

由于电视或广播广告重复率高，因此应当在广告播放一定周期或若干次后作多次测定，以求得较为准确的测定结果。

（2）回忆测定法

这种方法是用来测定记忆度和理解度等心理效果的，可分为纯粹回想法和辅助回想法两种。纯粹回想法就是让消费者独立地对已推出的广告进行回忆，调查人员只是如实地记录情况，不对消费者进行任何提示。辅助回想法则是调查人员给消费者某种提示，如广告的商标、名称、标题和插图等。在一定的提示下，调查消费者能够回忆出多少广告内容以及对广告的理解程度和联想能力。辅助回想法询问的项目或内容越具体，所获得的反馈信息就越能测定广告理解程度的高低。

（3）态度测定法

所采用的具体形式有问卷法、检查表测验法、语意差别法、平等标尺法等。其中语意差别法是比较常用且简便易行的方法。

语意差别法是美国伊利诺伊大学奥斯古等人的研究成果。其原理是广告刺激与反应之间必然存在一种联想传达过程，通过对这种过程作用的测定，就可以知道消费者各具差异的言辞。

8.4 广告的经济效果评估

8.4.1 经济效果评估指标

广告的经济效果集中地反映出工商企业在广告促销活动中的营销状况，对广告经济效果的评估是广告活动的中心环节。对广告的经济效果除了可以进行定性研究外，更多的还可以利用某些指标进行定量分析。

广告的经济效果评估指标主要有销售额和利润额，它们是衡量广告经济效果的两个基础指标。在进行广告评估时，常用的经济效果评估指标有广告效益指标、市场竞争力指标和相关统计分析指标三大类。

（1）广告效益指标，是利用成本-收益分析方法测试广告活动经济效益状况的统计分析指标，有正指标和反指标两种形式。正指标是指每支出单位广告费用能够带来的销售或者利润增加量，包括单位（或边际）广告费用销售增加额和单位广告费用利润增加额等指标；反指标是指广告费同销售额或利润额的比率，主要包括单位（或边际）销售费用率和单位（或边际）利润费用率等指标。

（2）市场竞争力指标，一般是通过市场占有率来反映。市场占有率是企业某种产品在一定时期内的销售额占市场同类产品销售总额的比率，或单位广告费用销售增加额与行业同类产品销售总额的比率。它在一定程度上反映了本企业产品在市场上的地位、竞争力和广告的市场拓展能力。

（3）相关统计分析指标，一般是通过计算广告费用变量与经济收益变量之间的相关系数等相对指标，来反映和研究某项广告活动的经济效益情况。相关系数指标的取值在+1和-1之间，越接近于+1表示广告活动越成功；越接近于-1表示广告活动越失败；系数为0表示广告活动没有经济效果。

8.4.2 广告经济效果评估的方法

1）广告经济效果的事前评估方法

广告经济效果的事前评估主要采用销售试验法，即模拟一个销售环境，通过试验的方法来检验广告的效果。销售环境有各种不同的模式，例如：

（1）利用商品推销员或导购员在商店里或走家串巷进行商品宣传活动，散发商品性能、使用说明书，免费赠送小包装商品等。这种广告宣传活动可直接导致商品销售量的变化，使商品销售量逐步增大，广告的质量越来越高。

（2）通过电视媒体，将录制好的广告内容在典型的购物环境中播放，观察其造成的销售效果。

（3）将同类商品的包装及商标去掉，在每种商品后安放一则宣传广告和说明卡片，观察每种商品销售状况，哪种商品销售量明显增大，就说明这种商品的广告宣传效果好。

销售试验法的优点在于顾客有目的的购买，因此，广告宣传的效果评估能够反映出真实的数据。缺点是评估方法和结果比较粗糙、笼统。因此，运用这种方法只能初步地断定广告质量的优劣。

2）广告经济效果的事中评估方法

广告经济效果的事中评估主要是为了检验广告战略、广告策划的执行情况与实际情况的吻合程度，以便能够及时地发现问题，随时予以纠正。事中评估的主要方法有销售地区试验法、分割测定法、促销法等。

（1）销售地区试验法

具体做法是将销售地区分为试验城市与控制城市，将试验城市所选择的商店销售情况记录下来，然后再在试验城市进行新的广告活动。在控制城市与试验城市环境条件大体相同的情况下，在控制城市并不进行新的广告宣传活动。经过一段时间后，对试验城市与控制城市试验前后的销售量加以统计比较，便可测定进行新的广告活动与不进行广告活动的相对比较效果。这种方法的优点是能够比较客观地检测实际广告效果，尤其是对一些周转率较高的商品广告更为有效；缺点是检测时间长短不易确定，影响市场的各种可变因素不易控制。

（2）分割测定法

具体做法是将一则广告刊登在报纸或杂志的一个版面上，而将另一则广告刊登在同期的另一个版面上，然后将两者以同等数量寄给读者。读者中有一部分人可以见到第一则广告，而另一部分人可看到第二则广告，对信息反馈进行统计后，即可得到两则广告销售效果的比较值。这种方法的优点是检验对象比较明确，检测的条件比较一致，回函率较高，因而检测结果准确率也较高；缺点是费用较高，同时也会有竞争广告采用同样方法而影响检测效果。

（3）促销法

选择两个区域，第一个区域只发布广告，停止一切促销活动；第二个区域既发布广告，又进行各种促销活动。经过一段时间，将两个区域的销售量进行比较，测出广告效果。

3）广告经济效果的事后评估方法

事后评估是对广告活动进行之后的效益进行综合评定与检查，以便总结经验，纠正错误，为下次的广告活动打好基础。其基本评估方法有：

（1）广告费用比率法

为测定每一元销售额所支付的广告费用，可以采用广告费用比率这一相对指标，它表明广告费支出与销售额之间的对比关系。其计算公式为：

广告费用率=本期广告费用总额÷本期广告后销售总额

而广告费用率的倒数可以成为单位广告费用销售率，它表明每支出一元的广告费用所能实现的销售额。计算公式为：

单位广告费用销售率=本期广告后销售总额÷本期广告费用总额

（2）单位广告费用销售增加率法

单位广告费用销售增加率法的计算公式为：

单位广告费用销售增加率=（本期广告后销售总额-本期广告前销售总额）÷本期广告费用总额

（3）广告效果比率法

广告效果比率法的计算公式为：

广告的销售效果比率=本期销售额增长率÷本期广告费用增长率

广告的销售利润效果比率=本期销售利润增长率÷本期广告费用增长率

（4）广告费用利润率、单位广告费用利润率和单位广告费用利润增加率法

这是一种综合方法，具体的计算方法为：

广告费用利润率=本期广告费用总额÷本期广告后利润总额

单位广告费用利润率=利润增加率÷本期广告费用总额

单位广告费用利润增加率=（本期广告后利润总额-本期广告前利润总额）÷本期广告费用总额

（5）市场占有率法

市场占有率法是指某品牌产品在一定时期、一定市场上的销售额占同类产品销

售总额的比例。计算公式为：

某品牌的市场占有率=某品牌产品销售额÷同类产品销售总额

某广告后品牌的市场占有率提高率=单位广告费用销售增加额÷同类产品销售总额

某广告后品牌的市场扩大率=本期广告后的市场占有率÷本期广告前的市场占有率

（6）市场占有率和声音占有率法

这种方法主要用来评价广告开支是多还是少。声音占有率是指某品牌产品在某种媒体上，在一定时间内的广告费用占同行业同类产品广告费用总额的比率。假设以下说法成立：广告费用占有率→声音占有率→注意占有率→市场占有率。换句话说，意思是：广告主广告费用占有率产生相应媒体受众听见声音的占有率，并因此获得他们相应的注意占有率，从而最终决定他们的购买行为。计算公式为：

广告的有效率=市场占有率÷声音占有率

（7）盈亏临界点法

盈亏临界点法的关键是确定平均销售广告费用率，计算公式为：

平均销售广告费用率=广告费用额÷产品销售额

（8）广告效果测定指数法

这种方法是假定其他因素对广告产品的销售没有影响，只有广告促销与产品销售有着密切的关系。

8.5 广告的社会效果评估

广告的社会效果主要指广告对消费者产生的社会影响。对广告社会效果，要从法律规范、伦理道德、文化艺术、风俗习惯、宗教信仰等各个方面进行综合的考查、评估。

广告的社会效果首先体现在广告必须具备的真实性上，即广告的内容必须如实反映产品的质量和功能，实事求是地向消费者传递产品的各种信息。这种信息分为单方面信息和双方面信息。单方面信息的广告，只宣传商品或劳务的优点；双方面信息的广告，在宣传商品的优点的同时，也承认商品可能存在某些缺点和不足。广告过分地进行单方面宣传，常常会引起消费者的反感和不满，因为它带有虚假性；若此时进行客观而全面的宣传，反而会产生意想不到的社会效果。

广告的宣传与传播，从一个侧面反映了国家的社会伦理道德与文明建设水准。真实是广告的生命，广告必须把真实性这一原则放在首位。广告的商品与劳务的信息必须实事求是，这样才能为企业提供准确的信息，为消费者提供完美的精神享受，从而促进经济的发展。通过广告的传播，把高尚的社会风尚和道德情操同追求美的享受有机地结合起来，开阔人们的视野，充实人们的内心世界。

本章概述

广告效果是指广告通过广告媒体传播之后所产生的作用。广告效果具有与其他经济活动效果不同的特性，主要体现在以下几个方面：复合性、迟效性、累积性、竞争性、两面性。

广告效果评估是完整的广告活动中不可缺少的重要内容，是检验广告活动成败的重要手段。对广告效果的评估有着严格的要求。广告效果评估一般分为事前评估、事中评估和事后评估三种类型。广告效果评估的基本要求是：计划性、目的性、手段多样性、针对性、综合性。广告效果评估的程序大体上可以划分为确定广告效果评估的具体问题、制订计划、组建评估研究组、设计评估问卷、收集有关资料、整理和分析资料、论证分析结果和撰写评估报告等环节。

广告效果一般可分为传播效果、经济效果以及社会效果三种。

传播效果又称“心理效果”，是广告效果的核心。它是指广告刊播后对受众产生的各种心理效应。而经济效果则是指广告对企业经营的作用，主要是指广告主从广告活动中所获得的经济收益或损失。社会效果是指广告对人们观念潜移默化的影响。

传播效果一般表现为注意感知、理解记忆、情感激发、态度改变和购买行动等继起的传播阶段和影响层面。在实际操作中，它可以用一系列心理测量学评估指标或客观性的生理试验指标来反映。心理测量学评估指标包括如下几个方面：广告感知记忆效果评估指标，广告认知理解效果评估指标，广告行为影响效果评估指标，生理性实验评估指标。

常用的经济效果评估指标有广告效益指标、市场竞争力指标和相关分析指标三大类。

广告的社会效果主要指广告对消费者产生的社会影响。对广告社会效果，要从法律规范、伦理道德、文化艺术、风俗习惯、宗教信仰等各个方面进行综合的考查、评估。

经典案例

蚂蚁金服：认真生活系列

继《背影》之后，蚂蚁金服又出了一则形象宣传片，和去年一样，新广告依旧没有请任何明星，而是联合用户和合作伙伴，用22张海报向观众讲述了22个普通人的故事，极具震撼力。

通过22个真实的普通人的故事，从不同方面展现了蚂蚁金服为我们的生活带来的细微而美好的改变。

资料来源 佚名. 盘点2016年十大经典文案［EB/OL］.［2018-11-16］. https：//www.douban.com/group/topic/128020416/.

复习思考题

1. 什么是广告效果？广告效果的评估方法有哪些？具体程序如何？

2. 广告传播效果的评估方法有哪些？

3. 如何衡量广告的社会效果？用一个你熟悉的广告进行阐述。

4. 如何衡量广告的经济效果？

第9章 网络广告概述

学习目标

通过本章的学习，掌握网络广告媒体的特点、特征与类型，以便充分利用，从而达到网络广告的有效传播。通过网络广告策划案例了解网络广告策划的方法和理念，掌握网络广告的现状和发展趋势。

随着互联网等新媒体技术的迅速发展，互联网及其他数字媒体已成为继报纸、杂志、广播、电视之后的第五大媒体，以互联网及其他数字媒体为传播媒介的网络广告随着网络等新媒体用户人数的迅速增长也得以迅猛发展，网络广告的市场正在以惊人的速度向外扩张，网络广告已作为一种主要的营销方式拥有了越来越大的市场份额和全球影响力。

9.1 网络广告概念

9.1.1 网络广告的定义及构成要素

1）网络广告的定义

网络广告是网络广告主和网络广告发布者在遵循互联网协议的基础上，以网络为平台，由网络广告主自行或委托网络服务提供者（ISP）建立的、基于W W W的站点或网页，以推销商品或提供服务为终极目标的经济信息或非经济信息传播形式。

网络广告与传统广告的本质区别在于发布信息时所使用的媒体不同。网络广告作为一种新兴的商业营销模式，在经历了产生、成长之后，目前已经到了成熟与壮大的阶段，在世界范围内已经超越了传统媒体广告。

2）网络广告的构成要素

网络广告包括五大要素，即网络广告主、网络广告媒体、网络广告受众、网络广告信息和网络广告效果。

（1）网络广告主

网络广告主是指发布网络广告的企业、单位或个人，可自行或委托他人发布网络广告。以前，大部分网络终端使用电脑，网络用户普遍受过高等教育，掌握计算机技术，因此，上网做网络广告的企业绝大多数来自IT业，其他产业陆续在网络上发布网络广告，成为网络广告主。这加速了网络广告的成长，网络广告发展成为独立的行业。电脑与其他媒体结合，使得网络广告受众剧增，拓宽了网络广告主的范围。随着电视机顶盒、掌上电脑、智能手机、蓝牙技术的出现，网络广告受众数量急剧攀升。

（2）网络广告媒体

互联网是网络广告的载体。与传统大众媒体相比，网络媒体具有超时空限制、即时反馈、互动性强、多媒体效果、事后评估准确、分众化等特点。网络媒体的出现，改变了企业与消费者之间的传播关系，上对下的单向传播转变成为互动的平等对话，网络互动媒体与传统大众媒体的整合运用，弥补了传统媒体的不足，将营销的效益发挥到了极致。

（3）网络广告受众

网络广告受众即网络广告信息的接收者。许多机构都研究过上网人口，虽然方法不尽相同，但结论却基本一致：网络用户相对年轻，受过良好教育，收入较高；随着网络的发展，男女性别比例也逐渐趋于平衡。目前，网络广告受众具有以下几个特点：

一般比较自我，各有自己独特的、不同于他人的喜好，并依照自己的兴趣参与各类网络群体。因此，网络广告应尽量个性化地来满足他们的需求。

头脑冷静、擅长理性分析是网络用户的另一个显著特点。他们不会轻易受舆论和潮流的左右，对铺天盖地的网络广告“轰炸”也有相当强的抵抗力，网络广告应更多地依靠逻辑和理性来说服用户。

孜孜不倦地追求新鲜事物，是网络用户的又一特色。网络用户一般爱好广泛，有永不疲倦的好奇心和求知欲，不喜欢安于现状，喜欢追根问底。因此，网络广告主应提供尽可能详细的信息。

好胜而缺乏耐心也是网络用户的共同特征，因此，网络广告应当放在显眼的位置，易于寻找，路径简单，链接和传输速度快。随着网络的普及，网络用户的特征也相应改变。

（4）网络广告信息

网络广告信息即网络广告传达的企业、产品、服务和观点的详细信息。基于互联网的特性，网络广告应从宣传产品的优点转为提高消费者对产品的认知；从批评竞品的缺陷转为满足消费者的求知欲，帮助消费者了解企业的产品和服务，帮助他们作明智的购买决定。传统广告重点在于印象说服，网络广告则强调信息的传送。传统广告，无论是基于理性诉求、感性诉求、道德诉求，还是采用生活片段、幻想、气氛或形象、音乐、拟人、技术经验、科学经验、科学证据等各种表现形式，其重点都在于通过传递少量“简明”信息产生印象，潜移默化地诱导受众购买产品。

与传统广告媒体相比，网络超时空限制，成本较低，页面之间可以实现超链接无缝式跳转，传播方式个性化，为浏览者深入了解自己需要的信息提供了极大方便。网络广告应充分利用这些优势，先利用视觉冲击吸引网络用户的注意，尽可能地为他们提供详尽的信息，借由个性化页面，最终促成理性的消费决策。

（5）网络广告效果

传播的作用应是强化而不是强行改变受众的原有态度。受众在接触信息的过程中，强调和维持其原有观点是信息传播的主要效果，微小变化是信息传播的次要效果，从根本上改变原有态度的现象很少发生。新信息很难取代旧信息，发现消费者脑中的“既有概念”，针对受众需求“投其所好”，提供他们需要的网络广告信息，才是营销成功的关键。

评估网络广告媒体最直接的两个问题是：网页中的旗帜网络广告有效吗？点选人次这一定价模式可靠吗？与传统媒体不同，网络媒体可通过电脑程序计算出各种执行结果，针对来访人次进行细致追踪，记录用户浏览网页的过程，统计出哪些主页最热门，哪些内容被浏览，哪些网络广告能吸引人们去点选等，还可统计网络广告被看到的次数及被点选的次数、网络用户到达网络广告主网站的次数等资料，但这些资料可能因人为操纵或作假而无法使用。这就需要独立的组织来监测网络媒体的效益，确保网络广告投入的公平使用。

9.1.2 网络广告的特点

网络广告是随着国际互联网的发展和普及而逐步兴盛起来的，具有以下特点：

1）传播范围广

网络广告的传播不受时间和空间的限制，它通过国际互联网把网络广告信息不间断地传播到世界各地。只要具备上网条件，任何人在任何地点都可以阅读。但是，网络广告传播范围广，是相对城市而言的，我国还有很多地方，特别是广大农村，有部分人群没有能力上网接受网络广告信息，还是通过广播、电视、报刊等传统媒介。因此，网络广告虽然传播广泛，但有一定局限性。

2）形式灵活多样

网络是伴随着高科技发展起来的，表现手段丰富多彩。网络广告采用文字介绍、声音、影像、图像、颜色、音乐等丰富的表现手段，并且能够与电视、广播等传统媒体相结合，更加吸引受众。网络广告可以集影视娱乐性、平面的网络广告文字于一体，具有其他媒体不可比拟的优势。网络广告还拥有灵活多样的广告投放形式。目前，全球网络广告的形式主要是横幅式网络广告、竖式旗帜网络广告、按钮式网络广告、墙纸式网络广告、电子邮件式网络广告、网上竞赛或推广活动、弹跳网络广告、图标网络广告、文字链接等等。

3）信息容量大

网络广告的种类繁多，大到飞机、小到口香糖均可上网做网络广告。借助互联网的优势，网络广告能够容纳巨量的信息，信息面之广、量之大是报纸、电视无法比拟的。报纸广告的信息量受版面篇幅限制，电视广告的信息量受频道、播出时间和播出费用的限制。随着我国计算机的普及和发展，越来越多的国内企业和个人在国际互联网上建立站点或主页，打出网络广告，推销自己，推销产品，使网络广告信息量激增。

4）受众具有主动性

网络具有过刊查询和资料检索功能。错过了广播、电视播出时间就很难听到、看到，想查看报刊以往刊登过的广告也非易事。如果受众有某种购物需求，需要寻求某类广告，这在传统媒体上是很难做到的。而网络广告媒体则可以让受众随时查看以往网络广告，也可以十分方便地通过输入关键词来查询某类网络广告。这可以说是网络广告媒体发展过程中的一大进步。

此外，网络广告还具有受众数量可以准确统计、较强的信息互动性、制作周期短、发布较快、费用低等特点。

9.1.3 网络广告的局限性

网络广告的优势特征是有目共睹的，但其缺陷也是不容忽视的。只有逐步克服这些缺陷，利用其优势，才能使网络广告健康发展。网络广告目前存在的局限主要有以下几点：

1）网络广告的被动性

网络媒体强大的交互功能使得网络广告用户有了其他媒体所不具有的自主选择网络广告信息的便利，但同时相对于用户主动性的是网络广告本身的被动性。当广告主把网络广告投放到网站之后，往往要“等”访问者把它找出来才能与用户见面，如果访问者不去点击，即使再精彩也不会受到用户的青睐。网络广告只能等待用户索取而不能主动“出击”，网络媒体不具有强制收视的特征，主动权掌握在消费者手里。他们可以选择你的网站，也可以选择别的网站，即使选择你的网站也未必一定浏览网络广告信息。这与传统媒体相比不能不说是个缺憾。

2）网络广告的诚信度问题

这是传统广告媒体中也存在的问题。但是在网络广告中则更为突出，因为网络信息的发布更为方便，更容易造假。任何人都可以利用免费空间发布各种信息。信息的真实性受到极大考验，从而影响到人们对网络广告的信任程度，这是对网络广告发展的不利因素。

3）网络广告媒体的传播效果与测评标准难以确立

目前，网络广告技术服务提供商都有一套测评标准，没有形成统一的评价体系。效果评估标准的不一致直接影响了广告主对网络广告发布策略的制定和实施。由于网络媒体广告效果评测缺乏行业性标准，使得网络广告主无法估算自己对网络广告的投入能得到多少收益，对网络媒体信心不足。

目前，国际上尚未形成关于网络广告效果测评的有关标准，这限制了网络广告主对网络广告的投入，进而减缓了网络广告的发展进程。

尽管网络广告存在许多不足，但其前景仍然是光明的。受国内网络用户数量越来越多这一现象的推动，预计中国网络广告业会有非常美好的未来。

9.1.4 网络广告分类

1）根据网络广告尺寸分类

受众通过显示器浏览网络广告，网络广告的发布尺寸应该兼顾显示器的有效显示尺寸。

（1）全屏广告

全屏广告尺寸为770×450像素，文件容量一般不超过5KB。这种广告形式的特点是，用户浏览页面时，广告以全屏方式出现，有的在出现3～5秒后逐渐收缩成顶部旗帜广告的尺寸，进入正常阅读页面。

（2）伸缩通栏广告

伸缩通栏广告尺寸为770×90（90～280）像素，文件容量一般不超过35KB，出现在页面中的尺寸和一般的通栏广告相同，用户点选之后，会自动扩大。

（3）标准横幅式广告

标准横幅式广告又名“旗帜广告”，将GIF、JPG格式的图像文件定位在网页中，大多用来表现广告内容，是网络广告的主要形式。它可以使用静态图形，也可用多帧图像拼接为动画图像，同时还可使用HTML、Flash、DHTML、Java等语言使其产生交互性，用Shockwave等插件工具增强表现力。

除普通GIF、JPG格式外，新兴的富媒体旗帜广告能赋予旗帜广告更强的表现力和更多的内容，但一般都需要用户使用的浏览器插件支持。

旗帜广告最常见的尺寸是486×60（或80）像素，又称全尺寸旗帜广告，一般位于页面顶部，文件容量一般不超过15KB。旗帜广告可根据客户要求以及页面布局产生变形，如392×72像素全尺寸带导航条的旗帜广告、234×60像素半尺寸的旗帜广告以及120×240像素的垂直旗帜广告等。

（4）按钮式广告

按钮式广告，又称“图标广告”，结合企业或产品图像与图标，形象鲜明、效果明显，通常放置在页面左右两边缘，抑或灵活地穿插在各个栏目板块中间。最常用的按钮广告尺寸有四种：125×125像素（方形按钮）、120×90像素、120×60像素、88×31像素（小按钮）。一般按钮广告的大小不超过5KB，鼠标响应按钮广告的大小不超过12KB。目前流行的浮动图标广告，游动在网页中，十分醒目，费用低廉，效果良好，使用广泛，大小一般在100×100像素以内，用GIF格式图形或Flash动画来表现。一般浮动图标广告不超过8KB；鼠标响应浮动图标广告不超过12KB。

（5）矩形广告

矩形广告通常嵌在新闻或专题报道等文章内页，四周文字环绕，受众在阅读文字时通常会关注这种广告。该类型广告通常使用Flash技术，拥有更多信息内涵、互动功能以及多媒体特色，使得“广告也娱乐”。标准尺寸为240×400像素、360×280像素、250×250像素、300×250像素、180×150像素。

此类广告还有擎天柱广告（770×450像素）。擎天柱广告即摩天大楼广告，通常放置在页面的左侧或右侧，能满足广告主大曝光量的要求，同时尽可能尊重受众的浏览习惯，尺寸为120×600像素和160×600像素，文件容量一般不超过25KB。

2）根据网络广告投放形式分类

（1）定位广告

定位广告包括横幅式广告、按钮式广告等。

（2）邮件广告

邮件广告有两种：一种是利用免费电子邮件服务，根据收集到的用户信息将相应广告投放在用户个人邮箱的主页上；另一种是直邮广告，又称邮件列表广告，利用网站电子刊物服务中的电子邮件列表，将广告加在读者订阅的刊物中发放。定向发放，适用于向指定用户群推荐与邮件相关的企业和产品。邮件广告的形式多种多样，如旗帜广告、按扭广告、超文本链接等，但不宜过大，最好以5KB为限。

（3）主题广告

主题广告包括赞助式广告、竞赛和推广式广告两种。赞助式广告是广告主赞助重要节目、网站，如世界杯网站等。竞赛和推广式广告是广告主与网站一起合办感兴趣的网上竞赛或网上推广活动。主题广告的优点是通过与重大事件捆绑形成较强的冲击力，缺点是时效性太强。

（4）插播式广告

插播式广告，又称“弹跳广告”，是广告主选择自己喜欢的网站或栏目，在该网站或栏目出现之前插入新窗口显示的广告。

（5）互动游戏式广告

互动游戏式广告是把广告插放在一段页面游戏的开始、中间、结束，根据广告主的要求，为之量身定做专属的互动游戏式广告。互动游戏式广告形式多样，例如，圣诞节的互动游戏贺卡，在欣赏完整个贺卡之后，把广告作为整个游戏贺卡的结束页面。

（6）墙纸式广告

墙纸式广告是把广告粘在墙纸上，放在有墙纸的网站上，供感兴趣的人下载使用。

（7）浮动广告

浮动广告采用图标游走的方式，广告随着鼠标的拖动而移动，突破传统，具有新颖活泼的动画效果，能给用户留下深刻印象，引起他们点选的兴趣。特别适合活动信息发布、产品推广、庆典等。

（8）屏幕固定位置广告

屏幕固定位置广告随着纵向滚动条的移动而移动，保证始终出现在屏幕的固定位置。由于位置和屏幕（而非页面）相关，不会因页面滚动而消失，因此被注意的几率更大。

（9）踏出式广告

当鼠标移向广告图标时，图标逐渐扩展变大；鼠标挪开后，图标渐变还原。这种广告形式能逼真展现动画效果的全过程，能吸引更多注意力，表达更丰富的内容。

（10）分类广告

分类广告是纸媒体分类广告在网络中的延伸。分类广告将同类型的广告做成专版，对急于寻找和了解某些产品和企业的用户来说，可以全面、快捷地满足他们的需求；对希望比较测评同类产品的用户来说，浏览分类广告也是一个最佳选择。

（11）过渡页广告

过渡页指在访问网站的过程中，未经用户明确请求，而被网站有意传送给用户的页面。这种页面一般都提供一个链接（或者自动跳转），以便用户转到请求的目标页面上。这种页面与弹出式窗口不同：弹出式窗口在打开正常页面时新开一个小窗口显示相关内容（一般是广告），过渡页则在当前窗口展示主页。

3）根据网络广告制作形式分类

（1）文字链接广告

文字链接广告在页面显著位置使用文字发布广告，容易引起访客的兴趣而不会招致反感。文字链接广告在门户网站或综合网站上建立网站文字链接，方便用户访问目标网站。门户网站的访问量大，一般具有网站导航功能，这样的文字链接可以大大增加目标网站的访问量。文字链接广告的缺点在于，文字广告信息量较小，必须以简洁的文字，吸引用户的关注。文字链接广告主要用于引导有兴趣的客户访问企业网站。

（2）视／音频广告

视／音频广告将客户提供的电视广告转换成网络支持的流媒体格式进行播放。这种广告结合了声音与网站视觉表现，能更清楚地引导受众浏览广告主网站的全貌。据调查，70%的受众都会情不自禁地点选互联网上的视／音频广告，受众对广告的记忆力也会相应提高34%。

（3）静态图片广告

静态图片广告利用Photoshop等工具将照片、图形、图像等素材处理成广告。静态图片广告尺寸适中，占用空间小，但信息量少，除了标志广告外，目前很少使用。

（4）动态广告

动态广告主要指具有GIF格式的图形或Flash动画，因其表现形式丰富，视觉冲击力强而备受关注。各类网络大都采用这类广告，应用前景极其广阔。

随着互联网软硬件技术的提高和应用、网上数字广播和数字电视的发展普及，博客广告、网上社区广告、网上广播广告和网上电视广告等新型网络广告也将占据一席之地。

9.2 网络广告受众

网络广告受众虽然也是传统广告受众，但在很大程度上又表现出了自身的特点。它既包括大众传播中的信息接受群体，也包括小范围信息交流中的个体——参与者和对话人。它在传播中占有十分重要的地位，扮演着非常重要的角色。

在网络广告传播中，企业、商家传播的目标对象是网络受众，各种网站（包括网络媒体）的生存与发展主要依赖网络受众，网络受众是保证网站点击率，吸引广告商，提升网站品牌，使网站上市融资的重要基础。

在网络广告传播中，信息的传播与接受处于同一平台，传受双方信息互动，即网络广告受众同时也是相关信息的传播者。网络广告受众与企业主、广告商的信息反馈及时，沟通方便。与大众传播相比，网络广告传播的受众角色发生了本质变化。

9.2.1 网络广告受众的特点

网络广告对象是传播的目标群体，是最终作用的对象。在网络广告传播活动中，网络广告对象具有以下特点。

1）强化互动功能

在网络广告的传播过程中，网络广告对象是受作用的一方，表面上看，网络广告对象是被动的，但实际上其却是主动的、能动的，能够对网络广告活动中的信息发送方产生反作用，并由此形成互动。

对作为消费者的网络广告对象来说，网络广告会影响消费者的消费观念和消费行为，引导消费者趋向网络广告主企业的预期目标。但是，消费者消费需求的扩展、消费欲望的增加，以及消费心理和行为的改变，又会促进企业生产和销售的革新、网络广告策略的调整和网络广告质量的提高。

2）对信息主动选择

网络广告活动是指网络广告内容、网络广告表现方式、网络广告的运作行为以及所产生的效果等信息传播的全部过程，包括进行网络广告调查、制订网络广告计划、创作网络广告作品、运用网络广告媒体传播网络广告信息和测评网络广告效果等。网络广告主为了达到某种目的而开展网络广告活动，需要委托网络广告经营者来代理相关业务，还要有网络广告发布者参与发布网络广告。这两类群体是网络广告活动的主体。同时，为了保证网络广告活动有序运作，网络广告管理者也加入其中。但是，网络广告活动所有内容的设计，网络广告主体与网络广告管理者的所有努力，都是以网络广告对象为中心而进行的。在网络广告活动中，网络广告对象虽然处于信息受体的地位，却起着举足轻重的作用：网络广告主依网络广告对象的需求爱好的变化而转移；网络广告经营者和网络广告发布者的工作成效受网络广告对象的检验；网络管理者必须竭诚为广大网络广告对象服务。

3）受众的集群性

网络广告对象接触网络广告信息，往往是以个体、家庭的形式，处于分散的状态。但是，由于受到社会、经济和文化等诸多因素的影响，加之网络广告对象个体的特性，又会形成观念和行为相近或相同的群体。这些群体会产生相近或相同的消费特征。不同的消费群体形成不同的企业目标市场，也是网络广告诉求的不同传播对象。这一特性为企业市场细分和市场定位提供依据，也是影响正确的网络广告定位、制定相应的网络广告策略的重要因素，因此，要从群体的概念出发，来研究和把握网络广告对象。

4）角色多重性

网络广告传播是社会传播活动的重要组成部分，网络广告对象作为人民大众，在参与社会传播活动特别是大众传播活动的时候，进入了网络广告传播领域。因此，网络广告对象必定是多种社会角色的扮演者，这些角色主要包括：社会成员、消费者、网络广告媒体受众。

一般来说，网络广告信息是网民在接触网络广告媒体的过程中接收到的，所以，只有在扮演网络广告媒体受众角色的时候，网民才能进入网络广告对象这一角色。网络广告媒体受众对网络广告媒体的需求、接触网络广告媒体的习惯、通过网络广告媒体获取信息的行为方式等，是影响其是否是网络广告对象的重要因素。

9.2.2 网络广告受众分析

对于网络广告来说，动机研究较为重要。网络受众的购买动机可以分为需求动机和心理动机。前者指人们由于各种需求（低级的需求和高级的需求）而引起购买，后者指由于人们的认识、感情、意志等心理过程而引起购买。

1）网络受众需求动机

传统需求层次理论在网络受众需求分析中的应用。在传统的营销过程中，马斯洛的需求层次理论应用广泛。马斯洛把人的需求划分为五个层次：生理的需求、安全的需求、社交的需求、尊重的需求和自我实现的需求。马斯洛的需求层次理论研究的是人类需求的结构，对网络受众需求层次分析有重要的指导作用。

现代虚拟社会中受众的需求分析。马斯洛的需求层次理论可以解释虚拟市场中消费者的购买行为，但虚拟社会与现实社会差别巨大，马斯洛的需求层次理论的具体表现形式应从网络广告中得到一些补充。虚拟社会中需求要求得到更快、更多、更好的满足，将社交、尊重、自我实现三个高层次的需求前所未有地发掘出来。

2）网络受众心理动机

（1）理智动机。理智动机建立在客观了解商品信息的基础上。网络受众多为中青年人，具有较高的分析判断能力。在购买产品之前，他们会通过互联网上的商家网站、行业信息、购买者留言、论坛等了解目标产品的特点、性能和使用方法。理智购买动机具有客观性、周密性和控制性的特点。在理智购买动机驱使下的网络消费者，首先注意商品的有用性和质量，其次才注意商品的经济性。这种购买动机基本上受控于理智，较少受外界影响。

（2）感情动机。感情动机是由于人的情绪和感情引起的购买动机。这种购买动机还可以分为两种形态：一种是低级形态的感情购买动机，由喜欢、满意、快乐、好奇引起。这种购买动机冲动、不稳定。还有一种是高级形态的感情购买动机，由道德感、美感、群体感引起，稳定性较高。

（3）惠顾动机。此类动机产生于理智经验和感情，出于对特定的网站、图标网络广告、商品有特殊的信任与偏好而重复地、习惯性地前往访问并购买。搜索引擎十分便利、图标网络广告非常醒目、站点内容颇具吸引力；品牌具有相当高的地位和权威；商家在网络受众心目中树立了可靠的信誉，这些都可以引发惠顾动机。网络受众在作出购买决策前先确立购买目标，在购买活动中排除其他同类产品的干扰，实现预定的购买目标。具有惠顾动机的网络受众，往往是某一站点的忠实浏览者，他对企业的一举一动非常关心。不仅自己经常光顾，还会影响其他网民，对企业的商品或服务的过失也较为宽容。

9.2.3 网络受众需求趋势

1）回归个性化消费

在相当长的历史时期内，消费者得到的都是个体服务，个性消费是主流。到了近代，工业化和标准化的生产方式迅猛发展，消费者的个性被淹没于低成本、单一化的产品中。然而，消费者的心理不可能完全相同，每一个消费者都是一个细分市场。心理上的认同感是消费者作出购买决策的先决条件，这种认同不太容易得到，个性化消费正在也必将再度成为消费的主流。

2）消费需求的差异性

不同的网络受众因时代、环境不同会产生不同的需求，即使同一层次上的需求也会不同。网络广告要成功，必须在整个生产过程中——产品的构思、设计、制造，产品的包装、运输、销售——认真思考这种差异性，针对消费者的特点采取有效的方法和措施。

3）消费主动性增强

消费主动性的增强来源于社会不确定因素的增加和追求心理稳定和平衡的欲望。网络广告必须积极、主动地探寻消费者的内在需要，提供满足这种需要的产品和服务，加强购买的便利，吸引消费者主动购买。

4）对购买方便性的需求与对购物乐趣的追求并存

社会生活节奏加快，消费的对象已经不仅是生活必需品，消费成为休闲娱乐活动的一部分。消费者通过消费消遣时间、增加乐趣。物质极大丰富、闲暇时间缺乏，消费者希望有更方便有效的购买手段，节省购买时间，有更多时间来愉悦身心，享受高科技带来的便捷。线上与线下购物的并存与互补成为主流。

5）价格仍然是影响消费心理的重要因素

消费者的生活水平和消费观念存在许多差异，多数消费者不可能随心所欲地购买想要的产品，在面对类似产品时，消费者会优先考虑产品的价格。

6）网络受众的消费仍然有不同层次

就内容来说，网络受众的消费可分为由低级到高级的不同层次。开始阶段，消费者会尝试在网上订购一些精神产品，通过网络了解高卷入度的商品，但在线下购买。一旦完全掌握了网络消费的规律，消费者会信任网络购物，有可能线上采购贵重商品。

7）网络受众的需求具有交叉性

网络受众消费的各个层次之间具有紧密的联系，并不互相排斥，广泛存在交叉现象。

8）网络受众消费需求的超前性和可诱导性

企业的目的在于诱导网络受众网上消费的超前性，运用各种网上促销方法，刺激需求，唤起他们的网上购买欲望。

9）网络受众消费中，女性崭露头角

女性有异乎寻常的消费能力和购物热情，传统店铺式商场正将商场搬到网上，以满足女性的网上购物需求。

调查显示，女性在玩具、贺卡、储蓄、健康、专门女性网站上出手比较大方，网络广告商因此瞄准女性偏爱的网站——玩具、宠物用品、个人护理用品、小百货、家庭和庭院清理用品、婴儿用品以及健身健美网站。

9.2.4 网络受众购买过程

1）唤起需求

与传统受众一样，网络受众购买过程的起点也是诱发需求。消费者受内外因素的刺激产生需求，对商品产生兴趣后才有购买欲望。这是消费者作出消费决定必不可缺的前提。

对于网络广告来说，诱发需求的动因局限于视觉和听觉。文字表述、图片设计、声音配置是诱发购买的直接动因。通过网络广告吸引消费者难度相当大，这要求从事网络广告代理业务的企业了解与产品有关的实际需求和潜在需求，以及这些需求的诱因，使用网络促销手段吸引更多的消费者浏览网页，诱发他们的购买欲望。

2）收集信息

内部渠道和外部渠道是购买时收集信息的主要渠道。内部渠道指消费者个人储存和保留的市场信息，包括购买商品的实际经验、对市场的观察以及个人购买活动的记忆等；外部渠道指消费者从外界收集信息的通道——个人渠道、商业渠道和公共渠道。

3）比较选择

实际支付能力是满足消费者需求的条件，没有实际支付能力的购买欲望只是空中楼阁，不可能导致实际的购买行为。为了使消费需求与购买能力相匹配，比较选择是购买过程必不可少的环节。消费者会比较、分析、研究各个渠道汇集而来的资料，了解商品的特点和性能，从中选择最满意的一种。这时，消费者要综合评价产品的功能、可靠性、性能、样式、价格和售后服务等。

消费者会严重依赖企业对商品的描述，网络营销商的产品描述不生动，就不能吸引消费者；描述过分夸张，带有虚假成分，则可能永久失去消费者。网上购买不接触实物，消费者会大胆尝试、购买低卷入度商品，而倾向于到实体商店购买高卷入度商品。

4）购买决策

网络受众比较、选择商品后，便进入购买决策阶段。有些消费者选择上网直接购买，有些消费者选择线下购买。与未上网消费者的购买方式相比，网络受众的购买决策更独特。就是说，网络受众的理智动机占比较大，而感情动机占比较小；网络受众的购买受外界影响较小，大部分购买决策是自己或是与家人商量后作出的。网络受众的购物决策行为较传统购买决策要快得多。

网络受众作出购买决策必须具备三个条件：对厂商有信任感；如果是线上购物，对支付要有安全感；对产品有好感。网络广告营销企业应该树立企业形象、改进货款支付办法和商品邮寄办法、全面提高产品质量。这三个条件满足了，消费者会毫不犹豫地作出购买决策。

5）事后评价

购买商品后，消费者会通过使用，检验和反省自己的购买选择，重新考虑购买的正确性。购后评价决定了消费者以后的购买动向。企业必须虚心倾听消费者的反馈意见。企业可以在订单后面附上意见表，请消费者在购买时填写其对厂商、产品及整个销售过程的评价。收集这些评价后，通过计算机进行分析、归纳，可以迅速发觉工作中的缺陷和不足，及时了解消费者的意见，改进产品的性能和售后服务。

9.3 网络广告策划

9.3.1 网络广告策划的含义

网络广告策划是从整体出发对网络广告进行的运筹和规划。为了传播广告信息，需要协调和安排整个广告活动，考虑广告设计、广告投入、地域安排等具体环节。

这个定义简单明了，强调网络广告策划在整体广告活动中的指导和组织作用。

网络广告策划是根据互联网的特征及网络人群的特征，从全局角度展开的运筹和规划，在有限的广告信息载体上对整个网络广告活动加以协调安排，在广告设计、广告投入、广告时间、广告空间安排等各个具体环节充分考虑并做到精益求精。广告商应该对广告进行自我检测，不断改进，胸有成竹地执行各个环节。

网络广告是企业整体广告的有机组成部分，是企业采用的广告形式之一。因此，网络广告策划只是企业整体广告策划的一部分，即网络广告策划要服务于企业广告策划的安排。在进行网络广告策划时，除了要考虑广告策划的共同特点，还要考虑如何将网络广告纳入企业的整体发展战略和营销战略中去。但是，在具体实施网络广告策划时，它又是一个相对独立、完整的过程，必须要有调查、目标确定、经费预算、制作、发布、效果评估等步骤，是局部中的全局性行为。

网络广告策划的主体是网络广告经营单位。网络广告经营单位首先要对广告主的状况、产品特点有深入的了解，在此基础上分析市场动态，结合自身承办网络广告的能力和经验制订方案，提出预算并预测方案实施之后的经济效益。网络广告经营单位根据广告主的需要制订“网络广告策划书”，送交广告主审核，广告主提出修改意见，加以完善。

在符合企业总体广告战略的前提下，以充分的市场调查和信息研究分析为基础，广告主和网络广告经营单位共同努力，科学合理地制定网络广告总体战略，以达到广告宣传效果最大化。

网络广告策划是动态的，在整个活动过程中，策划者应当服务于企业总体市场战略和广告目标，将策划创意融入企业的营销战略中。

9.3.2 网络广告策划的特点与原则

1）系统性

网络广告策划是系统性的活动，从网络广告目标的制定到网络广告策略的选择，再到网络广告策划的形成，直至网络广告效果评估，形成完整的系统。网络广告策划应保证各环节有章可循，保证活动的延续性和有效性，在网络广告效果最大化的前提下，尽量降低成本，以最小的投入取得最大的回报。

2）可行性与针对性

网络广告策划需要保证网络广告活动的可行性。企业在网络广告投入上要量力而行，也要考虑为网络广告活动提供必要的条件。网络广告活动要有明确的目标，才能实现预期的网络广告实施效果。

3）灵活性和创新性

给执行人员相应的权限，避免执行人员囿于框架而无法发挥主观能动作用，要敢于充分放权，随机应变。执行人员要大胆设想、突破成规、敢于创新。

4）整合性和全局性

进行网络广告策划时必须整合各个要素，实现资源配置最大化，才能达到有效的网络策划目的。网络广告策划必须高效连接各环节并实现飞跃，整合媒体、整合创意策略，实现高效运作。良好有效、独特新颖的策略方案很容易吸引客户，有效的网络广告策划源自设计者的独具匠心、周密布置以及对信息的充分利用。全局性是网络广告策划的主要特点之一，在某种意义上说，网络广告策划是通过对与企业及产品相关的所有信息进行排列组合，以达到全面规划的目的。

5）指导性

网络广告策划要为网络广告的具体制作与实施提供蓝图，网络广告设计要以策划为依据。网络广告制作过程有许多具体环节，如网络广告创意、网络广告制作、网络广告发布、网络广告媒介等，各环节都需要专业服务，需要在策划中进行整合、加工。策划的指导性体现在对各子环节的取舍、修正上，没有策划的指导，这些环节就难以统一。

6）差异性原则

创造性思维是网络广告策划生命力的源泉，它贯穿于网络广告策划过程的始终。创造性思维往往表现为对常见的现象和传统理论持怀疑的态度，从分析事物的相似与相异中，发掘事物之间的必然联系。创造性思维的核心是积极的求异性，表现为突出网络广告的差异性，即网络广告的特殊性与个性。纵观许多成功的网络广告，无一不是充满个性或能充分展现其差异性的。在网络广告策划中，不仅要使网络广告产品的利益点在同类产品中有差异，而且要使网络广告设计的创意也具有差异性，才能令人注目。这两者的差异才能构成对消费者购物行为的引导，并改变网络广告宣传中的弱性与被动性质。因此，网络广告策划要以差异性为核心，处处掌握网络广告活动的主动权。

7）效益性原则

企业进行网络广告策划时，除了考虑策划的目标外，还必须考虑企业的资源状况。任何网络广告活动都应讲究投入产出，以最少的投入取得尽可能大的效果。

9.3.3 针对受众心理的网络广告策略

针对受众心理的网络广告策略有以下两种：

1）网络广告策略

（1）设置悬念或使用诱导性、号召性语言与形式，引起访问者兴趣，拉近他们与品牌的距离。

（2）网络广告配合专题活动，提供详细的信息。主动搜寻信息的受众会利用搜索引擎或门户网站的链接进入企业的主页。对这些目的明确的访问者，深入而详细的信息的吸引力较大。

2）定向传播策略

选择特定细分市场的站点投放形象生动的网络广告，能够有效提高企业或品牌的知名度。网络受众由于特殊的兴趣与需要而形成细分市场，为定向传播提供了更精确的传播途径。比如，跑鞋网络广告放在以运动为主题的网站上，化妆品网络广告放在以女性话题为主题的网站上，都会有较精确的到达率。这种做法符合网络受众追求方便、高效的心理。

9.4 网络广告媒体

网络广告媒体是网络广告主要要素之一，网络广告通过网络传播，而传播活动是通过媒体来完成的，所以网络广告要达到预期的效果，就要通过媒体传送信息来实现，而这种向消费者传达广告主有关经营信息的中介物质，就是广告媒体。网络广告活动的一个重要方面，就是运用网络广告媒体战略，充分发挥各种广告媒体的传播优势，及时、准确、巧妙地把有关信息传递给目标消费者。

9.4.1 网络广告媒体的特点

1）数字化

传统的传播手段所传播的信息，无论是面对面的交流还是两地间的电话，无论是印刷媒体的文字、图像，还是电子媒体的声音、图像，都是以模拟形式出现的，不同的信息形式之间很难相互转化。而网络传播中所有的信息都是数字化的，其贯穿于信息的采集、传送、发布、接收、管理、查询等各个环节，不同信息形式之间可以很方便地相互转化，大大提高了工作效率。此外，数字压缩技术也使信息的传送和储存更方便、更有效。

2）交互性和兼容性

交互性是网络传播最具突破性的特征。在网络中，信息的传送和接收是交互进行的，每一位网民都可以成为信息的接收者、传播者和发布者，这不仅使反馈及时、高效，而且使传者和受者之间的界限变得模糊。信息的最终形态常常取决于传受双方，而非传者一方。

互联网的出现实现了人际传播和大众传播的兼容，在网络中，我们既可以利用电子邮件、实时聊天工具等进行一对一的延时或实时交流，也可以在门户网站实现新闻事件的大众传播，这为信息传播提供了一个更广阔、自由度更大的交流平台。

3）时效性

网络传播的时效性包括两方面：一是即发即得的即时性，传统媒体由于出版周期和播出时段的限制，时效性差，网络的出现实现了信息的同步制作、同步传输和同步接收，由此，信息能够及时传送、随时刷新；二是即需即得，网络强大的信息储存和保真能力，使信息的接收可以在任何方便的时间进行，信息不会丢失或失真，这和传统媒体顺序播出、过时不候的传送方式相比，使传播权力再次从传者转移到受者。

4）共享性

在传统媒体中，信息来源于大的传媒机构或少数人，信息的流向是从这些机构或个人流向普通大众，信息资源不具有共享性，而互联网的技术特点使所有联网的计算机点对点连接后构成网状结构，信息可以在所有计算机之间实现共享。

5）多媒体

传统媒体的传播方式常常是单一的，如书信、报纸通过文字和图片传递信息，电话、广播通过声音传递信息。而在互联网上，用户既可以读到文字报道的即时新闻，又能看到美丽的图片，既能一边工作一边听广播，又能欣赏精彩的电视画面，多种媒介形式可以根据需要自由转换，并能随时定格、回放和重播，实现了多媒体信息的自由转换和同时进行。

6）易统计性

传统媒体很难精确地了解有多少人阅读了广告信息。而网络广告可以通过监视广告的浏览量、点击量等指标，统计出多少人看到了广告，以及这些客户查询的时间和地区分布，从而有助于广告主正确评估广告效果。

9.4.2 网络广告媒体的营销特征

作为一个虚拟的网络平台，互联网本身在营销领域拥有其他大众媒体不具备的一系列独有特征，成为商业营销领域最为重要的营销平台。

传统的大众媒体是一对多的传播模式，互联网则是一对一和多对多的传播模式，它可以通过人口统计信息、注册、Cookies文件等方式精确锁定目标受众。这种传播模式使营销领域一直以来追求的一对一营销成为可能，企业可以利用互联网精确地寻找到自己的目标消费者，并根据目标消费者的喜好和需求提供商品及服务信息。

互联网使用户数据的收集变得容易，企业可以利用用户注册资料或跟踪顾客上网记录收集关于顾客或潜在顾客的综合数据以销售产品或服务，维持客户关系。

在互联网中，与用户的每一次互动都会为企业带来营销机会，比如用户一旦点击了他所感兴趣的广告，就会进入该广告产品的企业网站，在一定程度上达到宣传公司形象与产品的目的。同时，企业可以利用这一机会实现销售产品或让顾客订购产品的营销目的，还可以利用注册会员的机会收集顾客数据，以达到关系营销的目的。

网络广告通过一对一、定制化等方式使每一次广告投放都发生在有效受众身上，这不仅降低了广告成本，而且节省了销售成本。另外，互联网强大的技术优势还使广告效果的评估变得简单易行，如千人成本、到达率、暴露频率等都可简单、准确地统计出来。

在传统媒体中，无论是节目还是广告，受众往往是被动接受的，但互联网用户的网上行为是主动的，用户既可以选择看哪个广告、不看哪个广告，点击哪个广告、不点击哪个广告，也可以通过网络广告屏蔽软件阻止所有广告页面的弹出。这样一来，所有广告的点击者都是该广告产品或服务的感兴趣者或潜在消费者，广告的效果大大增强。

当今市场瞬息万变，及时了解市场情况并迅速作出反应是企业竞争的制胜法则。互联网拥有传播迅捷、互动性强、定位准确等强大的技术优势，企业可利用这些优势随时了解市场情况和用户反馈，并根据市场情况和用户反馈迅速改变广告投放、调整产品或服务、改变价格或促销组合等，为其在竞争中争得主动权。

通过网络媒体投放广告，其广告形式的多样化是其他媒体无法比拟的。企业可以利用门户网站的固定广告位置投放标题广告，并可自由选择买断式、轮换式、随意式等投放形式，还可以利用电子邮件广告实现“病毒”营销，利用插播技术投放插播广告，通过赞助频道或栏目实现频道广告或赞助广告的投放，利用流媒体等富媒体技术投放富媒体广告等，这些都是传统媒体无法实现的。

9.4.3 网络广告媒体的类型

1）门户网站

门户网站，是指通向某类综合性互联网信息资源并提供有关信息服务的应用系统。门户网站最初提供搜索服务、目录服务，后来由于市场竞争日益激烈，门户网站不得不快速地拓展各种新的业务，希望通过门类众多的业务来吸引和留住互联网用户。目前，门户网站的业务包罗万象，成为网络世界的“百货商场”或“网络超市”，主要提供新闻、搜索引擎、网络接入、聊天室、电子公告牌、免费邮箱、影音资讯、电子商务、网络社区、网络游戏、免费网页空间等。在我国，典型的门户网站有新浪、网易和搜狐等。

一般来讲，门户网站具备的基本特征有：信息与服务的行业专业性；信息的准确性与服务的高效便利性；信息的丰富性；信息与服务的经济性。

门户网站广告具备的优势主要包括以下几点：

（1）网络广告的传播冲破了时间和空间的限制。

（2）网络广告的受众是最年轻、最具活力、受教育程度较高、购买力较强的群体，网络广告可以直接命中潜在用户。

（3）网络广告的载体基本上是多媒体、超文本格式文件，受众可以对感兴趣的产品了解得更为详细，使消费者能亲身体验产品、服务与品牌。

（4）可通过权威公正的访客流量系统，精确地统计出每个广告被多少用户看过，以及这些用户查阅的时间和地域分布，从而有助于广告主正确评估广告效果，审定广告投放策略。

（5）信息互动传播，用户可以获取他们认为有用的信息，厂商也可以随时得到用户的反馈信息。

（6）社论式广告成为广告主的有力工具，他们常把社论式广告与万维网刊物融为一体。广告主可以把自己名称编入广告文章中，借此扩大接触面。

门户网站的发展趋势：更加注重整体设计；更加注重全面服务；更加注重个性体验；更加注重特色服务；更加注重商务功能。

2）搜索引擎

搜索引擎是根据一定的策略、运用特定的计算机程序从互联网上收集信息，在对信息进行组织和处理后，为用户提供检索服务，将用户检索相关的信息展示给用户的系统。搜索引擎包括全文搜索引擎、目录搜索引擎、元搜索引擎、垂直搜索引擎、集合式搜索引擎、门户搜索引擎与免费链接列表等。

（1）全文搜索引擎

全文搜索引擎（全文索引）是名副其实的搜索引擎，国外有Google，国内有百度。它们从互联网提取各个网站的信息（以网页文字为主），建立数据库，并能检索与用户查询条件相匹配的记录，按一定的排列顺序返回结果。根据搜索结果来源的不同，全文搜索引擎可分为两类：一类拥有自己的检索程序，俗称“蜘蛛”程序或“机器人”程序，能自建网页数据库，搜索结果直接从自身的数据库中调用，Google和百度就属于此类；另一类则是租用其他搜索引擎的数据库，并按自定的格式排列搜索结果，如Lycos搜索引擎。搜索引擎的自动信息搜集功能分两种：一种是定期搜索，即每隔一段时间（比如Google，一般是28天），搜索引擎主动派出“蜘蛛”程序，对一定IP地址范围内的互联网站进行检索，一旦发现新网站，它会自动提取网站的信息和网址加入自己的数据库，以备查询；另一种是提交网站搜索，即网站拥有者主动向搜索引擎提交网址，在一定时间内定向向你的网站派出“蜘蛛”程序，扫描你的网站并将有关信息存入数据库，以备用户查询。当用户以关键词查找信息时，搜索引擎会在数据库中进行搜寻，如果找到与用户要求内容相符的网站，便采用特殊的算法——通常根据网页中关键词的匹配度，出现的位置、频次、链接质量计算出各网页的相关度及排名等级，然后根据关联度高低，按顺序将这些网页链接列示给用户。这种引擎的特点是搜全率比较高。

（2）目录搜索引擎

目录搜索引擎（目录索引）虽然有搜索功能，但严格意义上不能称为真正的搜索引擎，只是按目录分类的网站链接列表而已。网民完全可以按照分类目录找到所需要的信息，不依靠关键词进行查询。目录索引中最具代表性的莫过于Yahoo、新浪分类目录搜索。与全文搜索引擎相比，目录索引有许多不同之处。

①全文搜索引擎属于自动网站检索，而目录索引则完全依赖手工操作。网站拥有者提交网站后，目录编辑人员会亲自浏览你的网站，然后根据一套自定的评判标准或编辑人员的主观印象，决定是否接纳你的网站。

②全文搜索引擎收录网站时，只要网站本身没有违反有关规则，一般都能登录成功。而目录索引对网站的要求高得多，有时即使登录多次也不一定成功。尤其像Yahoo这样的超级索引，登录更是困难。

③在登录全文搜索引擎时，我们一般不用考虑网站的分类问题，而登录目录索引时则必须将网站放在一个最合适的目录中。

④全文搜索引擎中各网站的有关信息都是从网页中自动提取的，所以从网站的角度看，其拥有更多的自主权，而目录索引则要求手工填写网站信息，而且还有各种限制。如果工作人员认为所提交网站的目录、网站信息不合适，他可以随时对其进行调整。目前，全文搜索引擎与目录索引有相互渗透的趋势。

（3）元搜索引擎

元搜索引擎接受用户查询请求后，同时在多个搜索引擎上搜索，并将结果反馈给用户。著名的元搜索引擎有InfoSpace、Dogpile、Vivisimo等，中文元搜索引擎中具代表性的是搜星搜索引擎。在搜索结果排列方面，有的直接按来源排列搜索结果，如Dogpile；有的则按自定的规则将结果重新排列组合，如Vivisimo。

（4）垂直搜索引擎

垂直搜索引擎为2006年后逐步兴起的一类搜索引擎。不同于通用的网页搜索引擎，垂直搜索引擎专注于特定的搜索领域和搜索需求（例如，机票搜索、旅游搜索、生活搜索、小说搜索、视频搜索等），在其特定的搜索领域有更好的用户体验。相比通用搜索动辄数千台检索服务器，垂直搜索需要的硬件成本低、用户需求特定、查询的方式多样。

（5）集合式搜索引擎

集合式搜索引擎类似元搜索引擎，区别在于它并非同时调用多个搜索引擎进行搜索，而是由用户从提供的若干搜索引擎中选择，如HotBot在2002年年底推出的搜索引擎。

（6）门户搜索引擎

门户搜索引擎如AOL Search、MSN Search等虽然提供搜索服务，但自身既没有分类目录，也没有网页数据库，其搜索结果完全来自其他搜索引擎。

（7）免费链接列表

免费链接列表，一般只简单地滚动链接条目，少部分有简单的分类目录，不过规模要比Yahoo等目录索引小很多。

3）网络社区

网络社区是指包括BBS/论坛、贴吧、公告栏、群组讨论、在线聊天、交友、个人空间、无线增值服务等形式在内的网上交流空间。同一主题的网络社区集中了具有共同兴趣的访问者。网络社区就是社区网络化、信息化，简言之，就是一个以成熟社区为内容的大规模局域网，涉及金融经贸、大型会展、高档办公、企业管理、文体娱乐等综合信息服务功能，同时与所在地的信息平台在电子商务领域进行全面合作。

9.5 网络广告的监督管理

我国的广告法规政策主要规范大众传媒和户外广告，网络广告是一种新兴的广告形式，相对于其他传统广告，国家对它的监督管理工作仍处于探索阶段。网络广告的逐渐成熟要求制定相应的广告法规，同时也需要完善的广告管理系统，目前我国在这方面仍未健全，但网络广告健康有序的前进必然要有相对应的广告法规对其进行维护。

网络广告监督管理是指网络广告活动主体和主体的上级主管部门以及社会公众舆论对网络广告活动的监督与管理。在这个概念中，网络广告监督管理是主体对自身广告活动的内部管理，这里广告的活动主体包括：网络广告经营者、网络广告发布者。网络广告上级主管部门包括管理网络广告的行业组织，像广告协会；工商行政管理部门。广告的行业组织依照行业协会章程以及各项规章制度，对行业内各组织的广告经营活动进行自我约束、自我规范和管理。政府有关部门主要依据广告管理法规对网络广告活动进行宏观管理与指导。社会公众舆论监督是对广告监督管理的重要组成部分。

具体地讲，广告监督管理是指由国家授权的工商行政管理机关，依据广告法律法规，对广告主体的宣传经营活动进行的监督管理与指导。保护正常的广告宣传，打击违法广告活动，从而保护消费者利益。由此可见，广告监督管理是工商行政管理部门的一项有目的的管理活动，它是工商行政管理业务的重要组成部分。

本章概述

本章阐述了网络广告的定义，网络广告的构成要素，网络广告的特征，网络广告的局限性、分类方法以及网络广告策划、政府监管等问题。

对网络广告受众的分析：强化互动功能、对信息主动选择及受众的集群性和多重性。

网络广告受众的需求分析是本章的学习重点，即回归个性化差异化消费、消费主动性增强、受众购买的方便性及购物乐趣并存、受众消费层次不同对价格关注不同的特点。

网络广告的策划：策划的概念及网络广告策划的特点与原则；网络广告媒体的特点及分类。

网络广告的监督管理。

经典案例

一"镜"到底，百雀羚逆天广告

不知道从什么时候起，老品牌百雀羚也走上了年轻化的道路，2017年5月百雀羚凭借一组一"镜"到底的"神"广告刷屏朋友圈。一名1931年老上海的摩登女郎，看似街头漫步，实则完成一项谋杀任务，万万没想到最后"神"转折广告植入，才发现是来自百雀羚的广告。网友惊呼：脑洞大开，就服百雀羚！几乎同一时间，百雀羚在2017年上半年的微信热搜指数也达到了峰值。

资料来源 佚名.盘点2017年令人印象深刻的刷屏级营销案例［EB/OL].［2017-12-18].http：//sina.trueland.net/News/137c.shtml.

复习思考题

1.网络广告与传统广告有什么不同？

2.网络广告主要的种类有哪些？是如何划分的？

3.网络广告媒体的特点是什么？网络广告媒体有哪几种类型？

4.通过具体网络广告案例分析网络受众的购买心理。

5.什么是网络广告策划？为什么要进行网络广告策划？

第10章 世界广告界巨擘

学习目标

通过本章的学习，了解百年来世界上15位著名的广告大师、广告学者、广告经营者的实践历程及其思想精华，领略世界广告运动的发展历程和广告思想的演绎过程，从而增强对广告理论的认知。在以广告为手段塑造企业品牌的过程中，能够站在理论的高度上进行更加科学化的运作。

在这一章里我们可以领略到世界广告巨擘们的广告思想和理论精要。他们分别是：

乔治·葛里宾：纽约文案俱乐部的"杰出撰文家"。

威廉·伯恩巴克：DDB广告创始人。其赋予甲壳虫汽车的内涵以及形象，成为那个时代的精神注脚。

大卫·奥格威：奥美广告创始人。数字和说理在他笔下竟能焕发光彩，事实胜于雄辩，其劳斯莱斯广告堪称长文案经典。

唐·E.舒尔茨："整合营销传播之父"。英特尔公司的"Intel Inside"计划可说是整合营销传播实务的绝佳范例。

詹姆斯·韦伯·扬：广告创意魔岛理论的集大成者。

杰克·特劳特：广告定位理论奠基人。营销界继"产品时代""形象时代"之后，现在已经进入"定位时代"。

李奥·贝纳：李奥·贝纳广告公司创始人。"伸手摘星，即使徒劳无功，也不致一手污泥。"创造了著名的"万宝路牛仔"。

艾尔·里斯：企业经营的终极策略——聚焦法则的奠基者。

罗瑟·瑞夫斯：广告科学派的旗手、独特的销售主张（USP）理论大师。

乔治·路易斯：广告艺术的骑士，麦迪逊大道的"创意疯子"，其封面设计作品已经成为美国当代史的另类标签。

吉田秀雄：日本广告业经营管理大家，使日本电通扬名世界。制定"鬼才十则"，要求电通员工以工作为重，职业优先。

萨奇兄弟：盛世集团创始人。怀着大胆的梦想和惊人的创意，两个年轻人缔造了世界上最大的广告公司之一。

霍普金斯：科学广告实务的启蒙者。美国历史上最著名的广告文案撰稿人，平面广告时代的文案、策划大师。

雷蒙·罗必凯："为了一支'骆驼'，我愿走一里路。"这句著名的广告语至今在美国的中老年烟民心中经久不衰，不少广告创意书籍还将它奉为20世纪最优秀的广告词之一。雷蒙·罗必凯是一位杰出的企业管理家，被誉为"美国历史上最好的广告公司领导人"。

10.1　乔治·葛里宾

广告界的语言艺术大师乔治·葛里宾在长期的广告生涯中，创作了大量独具特色的广告作品，他因此成为最早获得"纽约文案俱乐部"授予的"杰出撰文家"荣誉称号的五位广告人之一。乔治·葛里宾以其精湛的文字功底和独到的艺术表现力，创作出多篇优秀的广告作品，帮助当时众多企业走向辉煌，因而被称为"广告界的语言艺术大师"。

10.1.1 从“推销术”到“创意革命时代”

与同时代的几位广告大师相比，乔治·葛里宾的广告更多地关注广告的具体创作方面，他的思想可以浓缩为这样一句话：广告的根本——文字的力量。

以文案撰写员的身份迈入广告业的葛里宾，自始至终都尤为重视文案创作在整个广告活动中的重要性。也许是大学时专修英文的缘故，与其他广告大师相比，葛里宾非常注重广告语言的作用，并将它置于广告各项工作的首位。他为广告人所下的定义是：把文字放在一起以说服别人去购买商品的人。这个定义在如今看来当然有明显的局限性，但就当时的美国来说，电视媒介刚刚起步，报纸、杂志占领着人们的日常消遣时光，广播也是将文字转化为声音传播的媒介，影像技术尚不发达，文字在广告传播中自然占据着绝对份额。

乔治·葛里宾在一次演讲中说：“就我们的行业——广告业——而论，文字实际上是我们所从事的。调查研究、市场营运计划、媒体分析能够给商品的未来草拟出光辉灿烂的前途，但只有文字——标题及文案——才能决定商品是否会活力十足、精神百倍地迈向成功之路。”

广告的诉求目的不同、广告主和产品不同，广告的具体内容也会千变万化，但要写出文案的内容，不会脱离以下三个层次。

（1）诉求重点：诉求重点是广告的核心内容。在企业形象广告中，诉求重点常常是企业的优势或业绩；在品牌形象广告中，诉求重点集中于品牌特性；在产品广告中，诉求重点集中于产品或服务的特性和对消费者的利益承诺；在促销广告中，诉求重点是具体的优惠、赠品等信息。

（2）诉求重点的支持点：正文必须提供更多、更全面的信息，使诉求重点更容易理解，更令人信服。如果广告的目的不在于传达具体的信息而是在于情感沟通，情感性的内容也需要深入展开，以加强感染力。

（3）行动号召：如果广告的目的是直接促销，而不是建立品牌形象，正文还需要明确地号召购买、使用、参与，并说明获得商品或服务的方法与利益。

不同的产品或服务、不同的企业在广告中的表现形式各不相同，文案的表现形式也是各种各样。适当的表现形式、合适的语言运用才能使广告具有说服力。葛里宾曾专门论述了语言与广告的关系。他形象地说，猎人不会去虐待他的枪支，建筑师也不会苛刻对待他的绘图工具，一位妇女更不会亏待她削果皮的水果刀。在广告业中，却有一些人在经常滥用、鞭挞甚至亵渎这个行业的主要工具——语言。比如说，葛里宾反感于当时一些广告人常常使用“真正”（real）、“难以置信的”（fantastic）及“惊人的”（fabulous）这些词语，他认为这些词最初是出于种地的农夫、牧场工人、马戏班杂工以及临时摘果工人之口，因为他们学识有限，因而不能在副词及形容词之间细加分别。葛里宾反对将这些平淡无奇的词语毫无区别地用在每一种有生命或无生命的物体上，如从“歌手们”到“缝纫机”。这种状况不但影响到广告的效果，而且也导致人们对广告从业人员的轻视。为此，葛里宾大声疾呼，广告语言一定要规范，只有这样才能使广告业成为受人尊重的行业。

葛里宾的这些见解，对于国内外广告业来说，至今仍具有重要的现实意义。

10.1.2 乔治·葛里宾的广告著作精要

乔治·葛里宾的一生并未独自完成过广告著作，这对于文学素养极高、语言运用能力极强的他来说，似乎有些让人难以理解，对当时的及他之后的广告界来说，不能不说是一个极大的遗憾。虽然他未能有自己独立完整的广告理论著作，但我们仍可以从他生前接受的采访和演讲中，分析归纳一下这位广告大师在广告创作方面的认识与心得。

1）新闻写作与广告写作的比较

乔治·葛里宾曾就读于威斯康星大学，一直向往成为一名新闻记者，在大学期间也写过不少新闻报道，他在去斯坦福大学学习英语语言，取得优秀成绩毕业回到底特律后，第一择业愿望便是去报社工作，但由于当时美国经济大萧条，他的愿望破灭了。虽然不久后葛里宾在哈德森百货公司找到一份工作，但他觉得那只是一个过渡，还是希望以后能去报社工作。葛里宾后来也承认，他在很多年里一直都在思考自己是更愿意做个报人还是广告人。

在他成名之后，有人问过他新闻写作和广告写作哪一个更难。他的回答是，第一流的新闻写作极可能比第一流的广告文案写作难，因为比起推广一个产品，带有理解力的写作——就像雷斯顿或沃尔顿·李普曼（美国著名新闻工作者、作家）做的那样——需要更多的知识。葛里宾又举了个生动的例子：描写刚果的情况当然比给一个罐头汤写广告要求懂得的知识要多得多，然而给一个罐头汤创作的好广告又比报道一次车祸或抢劫案要难，因为对于车祸或抢劫这类事件人们本来就感兴趣，所以报道它们不需要什么技巧，而对于今天所做的大多数广告来说，广告创作人员却需要想尽各种办法才能让人们感兴趣。因此，广告写作更看重的是它想要达到的效果，广告最重要的是有独创性和新鲜感。当时广告界曾委托哈佛商学院调查广告的收看效果，得出的数据是：85%的广告根本没人看。美国人对广告创作群体的看法，如同当时的广告人所说的："人们不讨厌我们，他们只是忽略了我们的存在。"

乔治·葛里宾选择广告作为自己的终生事业，体现了其勇于接受挑战的生活态度。事实证明，作为广告人的他也是整个广告界的荣幸与骄傲。

2）广告创作之态度：写作者等于乐观主义者

乔治·葛里宾认为优秀的文案人员必须对生活抱有强烈的热情，对人与事物有与生俱来的关心和兴趣，并且对人们具有深切的同情心，能够深入到事物的内部和人物的心灵，找出商品与人们之间的关联，他需要对生活具有足够的了解与体验，并借助联想将商品放进人们的心中。

葛里宾认为，当一位写作者对生活感到不容易适应时，他的创作会更为深刻，因为这样他们自己会感觉需要了解，需要同情，也能够在其他人身上看到这些需要，这些需要主要是指在心理上的需要。因此葛里宾感到，如果一个人来自于一个富裕并呵护周到的家庭，那么他在动机方面一定与普通人有所不同。虽然葛里宾认为他看不出一个贫穷出身的人会比中产之家出身的人多出什么优点，但认为出身在中产之家的人比出身在富家的人有其优点。

“很少有一个职业会像广告文案写作那样给人带来那么多快乐的时光……我认为一个好的作者永远都不可能是势利小人，势利小人只会把自己和别人隔离开来，而不是成为他们中的一部分，这对文案作者来说是致命的。我认为他更应该是欢欣的乐观主义者，而不是愤世嫉俗的人。任何隐含着对生活否定的东西对一个文案作者来说都是不合适的，而愤世嫉俗正是一种对生活否定的生活态度。因此，一定要参与生活，参与生活，再参与生活。”乔治·葛里宾如是说。

3）广告创作之素材：广告的文艺复兴

乔治·葛里宾热衷于阅读古典名著，并对生物学和植物学很感兴趣。他在一次演讲中提到“广告的文艺复兴”，认为广告人必须有广泛的阅读量，每个人都能很自然地找到他愿意深入阅读的一个或几个领域的书籍。

乔治·葛里宾认为优秀的广告文案作者身上存在的共同特征就是广泛地参与到生活中去和大量地阅读。他曾经几乎有些刻薄地说道，那些对文字不感兴趣的人应该得到怜悯。因此，他号召广告创作人员进行广泛的阅读，去学习、了解、获得“最丰硕的、俯拾即是的一切文化创作”，并将把自己要说的言语编织成章视为人生最大的满足。

乔治·葛里宾相信，作为广告人在同一时间要从事两种职业：既要做撰写人，又要做推销员。但事实上很少会有那种在年轻的时候就对销售产生兴趣的文案人员，绝大部分文案人员都是先在写作上发展一种兴趣，此后，绝大多数情况都是以某种形式的文学作为自己的目标，也许因为发觉文学遥不可及，或者因为文学的吸引力减弱了，或者因为想有一个稳定的工作以便能经常付自己的账单，才把写作的技巧及才干指向销售的途径。而他们在广告创作中也自然而然地保持了多读书、多从书籍中寻求广告创作素材和灵感的习惯。

总的来说，乔治·葛里宾提倡广泛阅读以充实丰富广告创作的看法是值得肯定的。另外，几位广告大师在阅读方面也有自己的特点：威廉·伯恩巴克也阅读大量的书籍，尤其是大量的哲学书籍和小说；李奥·贝纳声称自己什么都读；只有大卫·奥格威明确表示小说、诗歌对他的广告创作没什么影响，他不读诗，也很少读小说，而且对哲学也没有兴趣，他应该算是一个另类。

4）广告创作之技巧：兵无常势，水无常形

有一首古老的赞美诗说：“上帝用奇妙的方法，创造出他要进行的奇迹。”这有时和广告相似。我们对一个广告的成功或者失败，常常有说不清、道不明的困惑。

如何才能成为一个合格的广告撰写人？有没有广告创作的技巧或要诀？乔治·葛里宾是这样说的：“虽然我不能告诉你一个怎样写广告的典范，可是在你完成一个广告后，我绝对能告诉你一个要怎样做的典范，那就是这个标题是否能使你想去读文案的第一句话。而文案的第一句话是否能使你想去读第二句话，并且能使你看完整个文案，而且一定要做到使读者看完广告的最后一个字再想去睡觉。”

而实际生活中，人们会看到许多无聊做作的广告。葛里宾曾说，广告界存在两批人，他们是“气压钻孔型”和“次数最多才是成功型”。前者是指一些广告创作人为了达到广告效果，片面强调广告口号呼声最大，震耳欲聋，以此来吸引消费者注意；后者是指一些广告创作人要文字把戏，只注重重复自以为是的广告信息，想以此让消费者加深广告印象，记住商品。葛里宾曾举了一个生动有趣的例子，某个治疗头痛的药品电视广告对看电视的家庭主妇这样说：“太太，这种商品会把你的头痛快速治好。”在说了一次“快速”之后，这个短小的广告片会再说第二次、第三次乃至更多的“快速”，借乏力单调的文字性重复企图加深观众记忆。葛里宾说这种广告方式可称之为自我受精或者身具阴阳两性的推销术——通过它，消费者会发现，为了消除由电视广告片所导致的头痛，选择购买这种头痛药是唯一途径。

乔治·葛里宾认为，一个好的撰文人员应该像躲避瘟疫一样避免陈词滥调和索然无味。他不仅仅应该在表现形式上避免出现这种情况，在语言上也要避免平庸无奇，特别是在比喻的运用上，绝不能人云亦云，而要力求出新。

在广告创作过程中，葛里宾强调“创造性”，他认为“创造性”贯穿在整个公司的运作中。创作文案、美术设计需要创意，联系传媒、与客户交流也需要创意。如果说广告创作需要什么技巧，那么乔治·葛里宾或许会说，持续不断、超越过去的“创造性”就是广告创作的唯一技巧。

5）广告创作之合作精神：文案作者与设计师一起工作

乔治·葛里宾认为，文案作者必须永远和美术设计师共同工作。他为杂志、报纸、海报创作广告时，就是常和美术设计师一起工作的。杰克·安东尼是他的一个优秀搭档，他们合作时从不各自单独创作广告。葛里宾认为，文案作者首先必须全面地了解所要推广的商品对象，不仅仅是它的物理特点，还要了解商品的现状及前景，以及人们的购买动机、购买心理。到创作阶段时，葛里宾便会常和美术设计师一起构想需要的画面和合适的情景，从而使文案和画面两者密不可分，浑然一体。

一个显著的例子就是乔治·葛里宾与安东尼共同为箭牌衬衫创作的一则简洁明了而效果上佳的广告。葛里宾通过对箭牌衬衫的了解与分析，认为该品牌衬衫的目标消费者是普通大众，而不是服装广告中那些时髦的模特儿。因而葛里宾创作了广告语：“穿箭牌衬衫，即使是我，看起来也不错。”葛里宾设想广告画面中的人一定要看起来很普通，也许可以加点漫画的效果。安东尼进一步认为广告人物应该是脸上长着雀斑、相貌平平的真实地道的美国年轻人。有了创意、画面和广告语，然后对此加以结合改进，葛里宾与安东尼共同完成的这个广告设计，取得了成功。

当然，广告创作的合作精神并不仅仅体现在文案作者与美术设计师的合作层面上，一则优秀的广告必然是集体智慧的结晶，是集体劳动的产物。葛里宾曾说撰写广告文案是一种最恶劣的、需要训练的、苦恼的工作。文案人员需要耗尽心思才能想出来好的创意，而把这些东西正确地写在纸上，也是一个让人累得筋疲力尽的过程，甚至比想出来更为艰苦。对广告创作者来说，最可怕的就是思维陷入闭塞的角落中，因此创作中要彼此鼓励、彼此激发思想源泉。

6）广告创作之服务对象：他，以及付钱给他的世界

对“广告是艺术还是科学”这个论题的争论由来已久，广告大师们都争着在这块阵地上树立自己的旗帜。威廉·伯恩巴克和李奥·贝纳直接而明显地站在艺术这个阵营中。正如李奥·贝纳所说的，“认同某种与生俱来的戏剧性是广告人杰出的象征”。而大卫·奥格威则热衷于不断地为广告创作建立规范和天条。罗瑟·瑞夫斯也创造出USP理论，试图为广告总结出可行的科学规律，“广告无学”也许是他们不愿意看到的。

当时的美国社会，人们流行把广告称作一种“游戏”，年轻的从业人员喜欢自称“撞进了广告游戏”，而忽视了广告职业的严肃性，养成了一种玩世不恭的态度，这损害了广告人乃至广告事业的形象并影响到其社会地位的提高。为了改变社会对广告人的看法，许多优秀的广告人经过长期的探索和不懈的努力，致力于体现广告对社会的价值。例如，把广告看作联系生产和消费必不可少的纽带；广告人作为“心理工程师”将能决定生产者生产的商品的品种、款式和价格；具有“广告头脑”的人将成为每一个行业的最高决策者；把广告看作与法律、医疗、新闻一样专业化的职业，同样具有特殊的社会地位并将受到社会的尊重等。

乔治·葛里宾也为此作出了相当大的努力。他并未像其他一些广告大师那样明显地投入到“广告是科学还是艺术”的争论中去，他从务实的角度来对广告创作加以认识，理论观点明显具有现实主义倾向。他强调广告创作的服务性，端正广告创作人员的创作态度。他曾对文案人员进行分类，并把广告创作视为文学性与商业性交融的产物。

葛里宾将文案人员分成了以下三种：

第一种文案人员是以写作表现自己的人，他在把他的思想放到纸上时找到了松弛与某种快乐。然而，在绝大部分时间里，这类撰文人员只是一味地延续他自己的思路，当然不能否认他们的才华，但他们在广告公司里常会感到格格不入，因而不得不频频从一家公司转到另一家公司去寻求他所谓的“真正的创作气氛”。他们所必须要做的是尽情发挥，去写他自己的东西，接受做一个自由作家的危险。这种人的兴趣与真正广告人的兴趣是不能和谐共存的，因为他们太倾向于艺术家，而不能在广告方面做到服务客户并帮助客户获得市场效益。

第二种文案人员是受雇的文人，他从事文案写作的态度完全是一个机会主义者，他行事的标准是：他们要什么就给他们什么——他们是付钱来买的人啊！这样的撰文人员选择广告作为他的事业是一种不明智的选择，他会因为过分盲目服务于雇主而缺乏自我主见，广告这种快速变化的行业只会把他甩得越来越远。

第三种文案人员既是艺术家又是广告专业人员，他们选择广告以满足他们能引以为荣地工作的欲望，并在商业市场中满足他们对成功的需求。他们努力写好广告并使产品销售得好，因而不只是使其作品具有艺术性，也能够为了获得在市场上的成功而不惜添加哗众取宠的章节。

因而，乔治·葛里宾认为，通往专业文案写作人员的途径是不容易的，他一定要服务两个主人：他自己和付钱给他的世界。

10.2 威廉·伯恩巴克

威廉·伯恩巴克（William Bernbach，1911—1982）又称比尔·伯恩巴克，是国际广告界公认的一流广告大师，被誉为20世纪60年代美国广告“创意革命”的三大旗手之一（另两位是大卫·奥格威和李奥·贝纳），是广告文学派的代表，倡导广告创意的先锋，DDB广告公司的创始人之一，同时也是美国东部广告公司协会理事会的理事和美国图书馆协会指导委员会的委员。

伯恩巴克没有著书立说，他的创意哲学观点大多散见于访谈录、演讲以及给公司内部员工的便条、备忘录和书信中。他的创意观不仅对DDB公司的广告风格产生了重大的影响，而且形成了一种颇具代表性的广告流派——广告艺术派。

10.2.1 广告是说服的艺术

千万别相信广告是科学，因为成功的广告生意，每天来自最简单、最实用、最合时宜的意念。相对于理性和逻辑，直觉和幻想是为今天市场及广告行业所忽略的营销武器。伯恩巴克最令人不可思议的地方是他很少作调查研究，他轻视调查，认为调查将导致广告个性的丧失。他说：“研究工作可以让你了解人们需要什么，然后满足他们，这是很保险的方法。但是，做生意就需要冒险。不管怎么说，广告不是一门科学，而是一门说服的艺术。”

伯恩巴克强调广告是“说服的艺术”，他说：“规则正是艺术家所要突破的东西，值得记忆的事物从来不是从方程式中来的”，“并不是你的广告说什么感动了观众，而是你用什么方法去说感动了他们”，“忘却与永存的区别是艺术技巧”。

虽然伯恩巴克反对调查研究，但是这并不意味着他从来不考虑消费者的想法。他认为广告的创作应该更多地依靠直觉和激情，而不是定量的研究。运用调查研究或者其他的科技手段，这种做法不利于革新，反而鼓励了雷同和愚蠢。伯恩巴克曾经说过：“研究是创作广告最大的敌人，没有什么因素比研究更能使广告变得平凡无奇。”他更赞同创意应该从我们的内心深处去寻找。他说：“要相信你自己的直觉，注意倾听你放松时、散步时或者睡觉前弥漫于意识中的想法。”他认为，广告应该用我们的日常语言，把简单的信息传达给受众，形成一个诚实的印象。

10.2.2 广告上最重要的东西就是要有独创性和新奇性

伯恩巴克一贯认为，广告最重要的就是要有独创性和新奇性。因为世界上形形色色的广告中，有85%根本没有人注意，真正能够进入人们心中的只有区区15%。正是根据这一无情的数字比例，伯恩巴克才坚持把具有独创性和新奇性作为广告公司生存发展的首要条件。只有这样，广告才有力量和世界上一切惊天动地的新闻事件以及一切暴乱相竞争。也正是在这一信念的指导下，伯恩巴克在美国同时代的广告大师中，能够独辟蹊径，自成一家，常常拿出令人拍案叫绝的作品。

10.2.3 ROI理论

一个好的广告应当具备三个基本要素，即ROI：相关性原则（relevance）、原创性原则（originality）、震撼性原则（impact），这三个要素被称为广告的“鬼斧”。在伯恩巴克的领导下，DDB广告公司以众多杰出的反传统广告而著称于世。

实践ROI理论，必须具体明确地解决以下几个问题：

（1）广告的目的是什么？

（2）广告做给谁看？

（3）有什么利益点可以做？广告承诺有什么支持点？

（4）品牌有什么特别的个性？

（5）选什么样的媒体是合理的？

10.2.4 实施过程重心法

伯恩巴克赞同这样的创意过程：将客户的产品与消费者联系起来，明确人类的品质与感情扮演怎样的角色，然后决定如何利用电视或平面媒介向消费者传递信息并赢得他们。伯恩巴克认为广告信息策略中“如何说”这个部分的实施可以独立成为一个过程，形成自己的内容，这就是所谓的实施过程重心法。

伯恩巴克认为广告执行本身也是内容，它与内容同等重要。他认为广告执行应包含以下几种特性：

（1）要尊重消费者，不要轻视受众，不要低估他们的智慧。广告要力求真实，避免夸大、使用陈词滥调和过分重复。不能以居高临下的口吻与你的交流对象说话。

（2）广告要力求简洁，贵精不贵多，以最经济和最有创意的方式吸引人们的注意力，然后使其具有销售力；广告必须把要告诉消费者的内容浓缩成单一的目的、单一的主题，否则广告就不具有创新性。

（3）广告必须与众不同，有自己的特色。人们买杂志、看电视，不是为了看你自言自语。如果广告没有新意、独创性和想象力，就没有人会感兴趣。

（4）采用幽默的广告形式。广告常常打断人们连续阅读或欣赏节目，因此从某种意义上说，幽默的广告是一种娱乐受众的补偿方式。

10.2.5 文案与美术指导协作理论

在当时许多广告制作人心中，创意与文字说明比艺术设计更为重要，因此，当时的文案地位要比美术指导高。但是，伯恩巴克在自己的实践中，深深感到只有文案与美术指导的通力合作才能获得出色的作品。于是，在他日后的广告工作中，伯恩巴克一直倡导艺术设计与文案以联合的方式进行创作。对此，艺术总监鲍勃·盖奇解释道："两类互相尊重的人在一间屋子中坐了很长时间，最终达成了自由的结合。一个观点总会引出另一个观点，然后再是下一个。"在这种合作下，艺术、文字以及创意才得以融合。艺术家可以提议一个标题，撰稿人也可以提议一个形象设计。伯恩巴克在整个广告行业中是第一个倡导文案与美术指导协作理论的。

伯恩巴克临终前，有人让他预测80年后的广告会有什么变化，他回答说："十亿年来，人类的本性从没改变过，再过十亿年，也是一样，只有表面的东西会改变。"谈论人类的改变是很时髦的，但一个传播人应注意不变的人性。人的言语经常掩饰他真正的动机，但你必须去发掘什么是人类的原始动力，什么是行动的本能。如果你知道这些，你便能切中核心感动他。"有件事是肯定不会变的，创作人员若能洞察人类的本性，以艺术的手法去感动人，他便能成功。没有这些，他一定失败。"这也许是这位伟大的广告大师为我们留下的最后的指导。

10.3 大卫·奥格威

1999年，88岁的广告人大卫·奥格威在法国的私人古堡中去世，为这个世界留下了四部书（《一个广告人的自白》《奥格威谈广告》《大卫·奥格威自传》《广告大师奥格威——未公诸于世的选集》）和一家长盛不衰的广告公司——奥美。1973年退隐山林前的数十年，奥格威的人生变换过很多角色——厨师大卫、推销员大卫、情报专家大卫、农夫大卫和广告人大卫。最后，在广告生涯中，大卫·奥格威达到了自我实现的顶峰。

1948年，大卫·奥格威在纽约创立了自己的广告公司——奥美广告公司。

1979年3月15日，随着中国对外开放，奥美在上海《文汇报》上为雷达表品牌登出历史性的第一个报纸广告，这可以说是奥美在中国内地的首次亮相。随后，伴随着中国改革开放的深入，伴随着跨国集团相继进入中国，奥美在中国快速发展，从成立代表处到建立公司，上海、北京和广州三个公司纷纷开业。随着国内外客户在中国市场日趋活跃，奥美在中国正成为最国际化的本土公司，也是最本土化的国际公司。

奥美在中国市场已经有多年的经验。奥美中国已成为奥美全方位区域网络的组成部分，为客户提供包括广告、公共关系、顾客关系营销、互动营销、电话营销、视觉管理、市场调研、促销规划和美术设计在内的全方位传播服务。奥美目前在中国的主要客户有IBM、摩托罗拉、宝马、壳牌、中美史克、肯德基、上海大众、联合利华、统一食品等。

奥格威同时也展示了一个人在广告行业所能获得的最大成功，为年轻广告人树立了一个足以让人热血沸腾的终极目标。对初入广告殿堂的广告人来说，奥格威不是一个从来没有机会谋面的苏格兰人，不是一个令人高山仰止的全球性广告公司创办者，而是一个为他们打开广告之门，引领他们登堂入室，伴随他们职业生涯的亲切的前辈。

10.3.1 广告创作原则

在《一个广告人的自白》中，大卫·奥格威有一段在广告界广为流传的经典名言：消费者不是白痴，她是你的妻子。如果你认为一句广告词只要配上一些索然无味的形容词，就可以说服她去买任何东西，那你是在侮辱她的智慧。她要的是你能提供的所有信息。奥格威坚持认为消费者会购买的东西仍然是广告向他们允诺的那些值得花钱买下的东西，那些有营养的、美味可口的、秀美的，或者那些可消除头痛和别的什么病痛的东西，那些适合他们社会地位的东西。

奥格威所讲的，就是建立在这样的认知基础上的广告原则和技术，这一原则在世界上任何一个国家都是一样正确的。

10.3.2 广告创作的目的

1954年在全美广告商协会的一次演讲中，奥格威十分典型地宣扬了他为之奋斗一生的理念。演讲是以下面这段话结束的："有一次，一位新客户要我策划一场宣传，目的是让他的乡村俱乐部的朋友称赞他的广告聪明有趣，我没有那样做，我只是根据调查，并以可能促进销售的方式策划了宣传。从来没有厂商抱怨他们的广告使产品销售猛增。"

奥格威痛恨那些华而不实、平淡无奇或自欺欺人的广告。他认为广告的唯一目的是销售，否则就不是在做广告，并且把"不引起公众注意它自身就销售出产品"作为好广告的标准，正因为他以对客户的销售业绩负责为广告创作的目的，他关于怎样创作高水平的广告、怎样写有效力的文案、怎样制作上乘的电视广告的经验之谈才能历久弥新，成为经典。

10.3.3 广告创作的方法

在《一个广告人的自白》中，奥格威指出：首先，在广告的创作过程中测试是最重要的。测试你的承诺，测试你的媒体选择，测试你的标题及图片，测试你的广告的版面大小，测试你的刊播频率，测试你的广告花费，测试你的广告影片……不断测试，那么你的广告才会不断地进步。其次，重要的决定是，你该对顾客承诺什么？一个承诺不是宣言，不是主题，更不是口号，它是为消费者提供利益点。对消费者承诺一个独特的具有竞争力的利益点，才极为有利。但你的产品必须具有你所承诺的利益点，否则将咎由自取。最后，将你的策略精练成单纯的承诺，然后全力以赴地去传达它。

10.3.4 广告的定位原则

奥格威认为广告对销售的影响最主要取决于：你该如何为产品定位？他在《如何创造具有销售力的广告》中说，有很多成功的广告是在"定位"前创造的。

广告活动结果取决于商品如何被定位。广告定位确定之后，广告创作才能开始。奥格威提出了心理区隔定位法。他认为，可以用人口统计资料来区隔市场，如男人、小孩或南部的种植主等，但运用市场的心理区隔为产品定位，会更有帮助。

10.3.5 广告的创意原则

奥格威在全球广告界负有盛名，他被列为20世纪60年代美国“创意革命”的三大旗手之一。他曾经说过：“我对什么事物能构成好的文案的构思，几乎全都从调查研究得来而非个人的主见。”在漫长的广告生涯中，他努力和最新的市场调查保持同步。他的言行折射出一种执著的实证精神，这是他的创意哲学最鲜明的特征之一。每当奥美公司有新人加盟，上班的第一天，新人就会被紧急召到会议室去领略奥格威的“神灯”。“神灯”的魔力源于5个主要方面调查汇集起来的数据和信息：①邮购公司的广告经验。②百货商店的广告技巧。③盖洛普公司对广告效果的调查。④对电视广告的调查。⑤应用别人的智慧成果。

在这5个方面的信息中，奥格威对邮购公司的广告经验情有独钟，并对其研究了27年，因为邮购广告的效果用不了多少天就可以从订购回单的多寡立判好坏。5个方面信息的汇总，使奥格威的“神灯”放射出96道光芒——创作好广告的96条法则。也许正因为奉献出了这么多条法则，他才被称为美国广告的“教皇”。

同样，在领导奥美的过程中，奥格威也期望奥美公司能创造出不亚于任何人的广告。无论定位、承诺还是杰出的大创意，奥美都做得非常出色。奥美人都知道这样一句话：“除非广告源自一个大创意，否则它将有如夜晚航行的船只，无人知晓。”

每时每刻都强调“创意”，这是奥格威创立的一条基本原则。为此，他要求公司各部门的主管“不要让员工墨守成规地做事”，应该领导他们做开路先锋，开创新途径，并且鼓励员工培养冒险拓荒的精神。他鼓励部下不要怕犯错，他称：“我们是一群无拘无束的企业家，随时准备冒险从事新计划。”他有一颗雄心，就是要奥美全球各分公司的创意指导能创造出全国乃至世界最“杰出”的广告，不论在哪里都要被公认为是最杰出的；在新客户面前，至少要能提出4套使对方感到震撼的广告方案，这样才能使奥美的作品流露出“令人无法抗拒的魅力”。

10.3.6 广告文案创作方法

在阐述这一问题时，大卫·奥格威用了一个很形象的比喻当作开头：你坐下来写广告正文的时候，不妨假设你是在晚宴上和坐在你右手边的那位妇女交谈。她问你：“我考虑买一辆新车，您推荐哪个牌子？”你呢，就好像在回答这个问题那样写出你的广告文案。

(1) 不要旁敲侧击，要直截了当。避免“差不多”“也可以”等含糊其辞的语言。盖洛普博士已经证明这种模棱两可的说法通常会被误解。

(2) 不要用最高级形容词、一般化字眼儿和陈词滥调。要有所指，而且要实事求是；要热忱、友善，并且使人难以忘怀，别惹人厌烦；讲事实，但是要把事实讲得引人入胜。

文案该有多长？这取决于产品。若是你在为口香糖做广告，那没有多少可说的，当然就写短文。你若是在为一种有各种各样的特征需要加以介绍的产品做广告，那就写长文，你介绍得越详细，产品也就销售得越多。调查表明，广告文字增加到50个字，读者数量会随着字数的增加而急剧下降，但是从50字增加到500字，读者数量却下降得很少。每则广告都应该是一件推销你的产品的完整的作品。让消费者一个又一个地读同一种产品的广告是不现实的，设想这是把产品推销给读者的唯一机会——机不可失，时不再来。

（3）应该常在文案中使用用户的经验之谈。比起不知名的撰稿人的话，读者更易于相信消费者的现身说法。著名撰稿人吉姆·扬说："各种各样的广告主都碰到同一个问题，就是如何被人信服。邮购广告主知道，最能达到使人信服这个目的的，莫过于让消费者现身说法了。然而，一般广告主很少使用这种办法。"

（4）另外一种很有用的窍门是向读者提供有用的咨询或者服务，以这种办法写成的文案，可以比单纯讲产品本身的文案多招揽75%的读者。

（5）奥格威从未欣赏过文学派的广告，多年前广告界好像很受几则名噪一时却华而不实的散文所影响，而奥格威却一直觉得这类广告很无聊，一点事实也没有提供给读者。他很同意克劳德·霍普金斯的观点："高雅的文字对于广告是明显的不利因素，精雕细刻的笔法也如此。他们喧宾夺主地把对广告主题的注意力攫走了。"

10.3.7 广告本文原则

（1）不要期待消费者会阅读令人心烦的散文。

（2）要直截了当地述说要点，不要有迂回的表现。

（3）避免"好像""例如"的比喻。

（4）"最高级"的词句、概括性的说法、重复的表现，都是欠妥当的，因为消费者会给打上折扣，也会忘记。

（5）不要叙述商品范围外的事情，事实即事实。

（6）要写得像私人谈话，而且是热心并容易记忆的，就像宴会时对着邻座的人讲话似的。

（7）不要写令人心烦的文句。

（8）要写得真实，而且要使这个真实加上魅力的色彩。

（9）利用名人推荐，名人的推荐比普通人的推荐更具有效果。

（10）讽刺的笔调不会推销东西，卓越的撰文家不会利用这种笔调。

（11）不要怕写长的文本。

（12）照片底下必须附加说明。

10.3.8 广告标题准则

（1）平均而论，标题比本文多5倍的阅读力，如果在标题里未能畅所欲言，就等于浪费了80%的广告费。

（2）标题向消费者承诺其所能获得的利益，这个利益就是商品所具备的基本效果。

（3）要把最大的信息量“灌注”于标题当中。

（4）标题里最好包括商品名称。

（5）唯有富有魅力的标题，才能引导读者阅读副标题及本文。

（6）从推销而言，较长的标题比词不达意的短标题更有说服力。

（7）不要写消费者必须研读文本后才能了解整个广告内容的标题。

（8）不要写迷阵式的标题。

（9）使用适合商品诉求对象的语调。

（10）使用情绪上、气氛上具有冲击力的语调，如心肝、幸福的、爱、金钱、结婚、家庭、婴儿等。

10.3.9 广告插图准则

（1）据统计，普通人看一本杂志时，只阅读4幅广告。引起读者注目越来越困难。所以，为了创作出最快被人发现的优秀插图，我们必须埋头苦干。

（2）把故事性的诉求放进插图中。

（3）插图必须表现消费者的利益。

（4）要引起女性的注目，就要使用婴孩与女性的插图。

（5）要引起男性的注目，就要使用男性的插图。

（6）避免历史性的插图，旧的东西并不能替你卖东西。

（7）与其用绘画，不如用照片。使用照片的广告，更能替你卖东西。

（8）不要弄脏插图。

（9）不要去掉或切断插图的重要因素。

10.3.10 塑造产品的品牌形象原则

1955年10月，奥格威在芝加哥对美国广告同业公会发表了一篇演说，题目为《形象和品牌——创意运作的新方法》，专门论述了建立品牌形象的问题。

在这里，他用一句话标明了一个时代——品牌时代的来临：“每一则广告都是为建立品牌个性而做的长期投资。我们坚信每一则广告都应该对塑造品牌整体形象有所贡献——同时它也是为建立品牌声誉所做的长期投资，我发现大多数厂商都不愿意自己的品牌形象和个性受制于特定的人群，他们希望产品最好能够面面俱到，满足每一个人。一个品牌必须同时诉求于男性和女性，也必须广受上流社会和市井小民的喜爱。这种贪得无厌的心理使品牌落得一个完全丧失个性的下场，欲振乏力，一事无成。在今天的商场中，一个四不像的品牌很难立足，就好像太监无法当皇帝一样……”

两年以后，奥格威在英国广告协会发表演说时，对品牌问题再次阐述：

我感到非常惊讶——在大西洋两岸，居然还有许多厂商相信妇女们会被大道理和逻辑说服而去选购一个品牌，甚至在面临两种特性不分高低的品牌时，也是如此。殊不知，产品同质化程度越高，消费者在选择品牌时，就越少运用理性思考。事实上，真的有许多产品彼此之间缺乏明显的实质差异，如威士忌酒、香烟、啤酒，它们几乎都很相似。此外，做蛋糕的配料、清洁剂、人造奶油，甚至汽车也都没有什么特别的差异。厂商若能致力于广告的品牌，建立最有利的形象，塑造最清晰的个性，长此以往必能获取最大的市场占有率，进而产生最高的利润。

在奥美，我们对自己所担负的创意责任秉持远瞻性看法。我们设想客户们绝非为了谋取一时的外快，他们是打算永远屹立于商场之中，所以我们有10年的计划。我们努力为客户的品牌创造清晰突出的个性，同时，我们的客户忠于品牌个性，年复一年，历久不变。

创造一个品牌并不是一件容易的事情，它需要才能、信心和毅力三方面的配合，并且要打持久战，不见得能立即在下一季的股票营收数字上反映出来，但它终究会开花结果。著名的莫理斯为什么要以50亿美元买进美国通用食品公司？莫理斯用这么大的代价买的就是品牌。相反，有一个叫阙斯山崩的咖啡畅销品牌，厂商不知何故开始大打折扣战，并且沉溺于永不休止的降价活动。结果呢？正如其名，阙斯“山崩”了，如今已不复存在。

奥格威对这类事情发出了警告：拉警报的时刻到了！如果企业继续大作价格上的促销，而不致力于投资广告以建立品牌的话，其品牌将会沦落“风尘”。价格促销根本无法为品牌建立牢不可破的形象，形象才是唯一能使品牌融入人们生活文化的不二法门。奥格威大声疾呼：“建立品牌的是广告，而不是削价促销！”

奥美成功了，奥美从1948年创建时的零基础，上升到1960年的3 000万美元，到了1970年，它的营业额已达到7 500万美元。奥格威也因大力提倡品牌而被誉为“品牌大师”。他主张的“品牌形象”影响很大，使“树立品牌形象”成为广告界的一种时尚和策略流派。

10.4 唐·E.舒尔茨

唐·E.舒尔茨（Don E. Schultz）是著名广告学者，美国整合营销传播之父，他撰写的广告学和广告策略的书籍一向被各大学传播等相关专业竞相采用。舒尔茨教授是整合营销传播学的创始人之一，被誉为“整合营销传播之父”。

在20世纪80年代和90年代，舒尔茨夫妇相继在亚洲的一些国家和地区，主要是在中国香港、中国台湾地区，以及日本、新加坡等地进行了巡回演讲和讲学等学术活动。在那些地区，一些跨国公司已在环太平洋区域设立了总部。

2000年10月，中国营销策划界邀请舒尔茨来上海参加金鼎奖的颁奖典礼，这是中国策划人与他的第一次亲密接触。舒尔茨教授在2002年曾两度在中国数个城市巡回演讲，均受到当地企业的热烈追捧和欢迎。

2002年7月，舒尔茨在中国招收了20多名学员在上海浦东开班上课。舒尔茨的第一批中国亲授弟子中既有一些金融证券机构、知名品牌的董事长、总裁、CEO，也有位列中国十大策划人的孔繁任、叶茂中等希望与国际营销先进理念接轨的中国营销传播界大腕级人物。

2003年12月，舒尔茨受聘成为清华经管学院的访问教授，开始为企业管理系博士生开设“整合营销理论”课程，指导博士生和教师的论文研究，并且此后每年为清华EMBA学员开设整合营销的相关课程。

10.4.1 整合营销传播的历史

20世纪80年代，美国的代理商对市场联合作出响应（整合起始于广告代理商们对各类业务的捆绑），试图协调所有的因素，做到“一种形象，一种声音”。

90年代早期，整合营销传播思想重新获得了重视：由营销商来驱动；依靠数据和技术；一种由外到内的方式；以财务为重点——CRM理论是实践上的先驱者。

90年代中期以后，整合营销传播思想开始复兴，并体现出如下特点：以消费者为中心“一对一”；注重过程，而不是单独的功能；消费者-品牌关系成为关注的核心问题；整合营销传播是战略性投资；整合营销传播可以为企业带来可衡量的回报，也就是可以用现金流来衡量回报价值。

10.4.2 整合营销传播理论的提出

就在舒尔茨和西北大学的同仁们开始认真关注并思考整合这个概念的时候，很多人都认为他们搞错了方向。比如，有些从业人员无法超越由机构组织建立起来的职能体系；有些人认为营销传播活动的整合，会威胁到原本单纯的分工，尤其是广告公司；还有些人认为，整合对于资料、数据库和分析的依赖，会摧毁营销传播的“创造力”。虽然还有一些人承认整合的好处，但是认定这个过程在组织中很难得到推行。尽管存在持反对意见的人，但是那些目光远大的先驱者还是让整合发挥了作用，他们开始发展整合营销传播的方法理论，并对其进行实践，将方法运用到组织、机关、媒体中，其中最重要的一点，是在课堂以及研讨会上推广整合营销传播是具有活力并不断发生变化的概念，这有助于个人与组织做好准备，以便在未来的经营环境中立于不败之地。

整合营销传播始于美国。美国广告业发展到20世纪80年代末期时，市场营销领域里发生了一些变化，出现了公关、客户关系管理、直销等传播形式。把广告、公关、直销、客户关系管理等营销传播活动整合起来，相互配合，共同服务于一个品牌，就形成了整合营销传播的概念。整合营销传播在全球范围内的定义多得不胜枚举，但其核心是完整的市场信息传递，它将一个公司的各种传播活动结合起来，并将传播重点放在客户及客户群上。其中最具有代表性的就是唐·E.舒尔茨本人在《整合营销传播——创造企业价值的五大关键步骤》一书中阐述的，整合营销传播是将所有与产品或服务有关的信息来源加以管理的过程，使顾客以及潜在消费者接触整合过的信息，产生购买行为，并维持消费忠诚度。而美国4A协会是这样定义它的：一种营销传播计划，它是确认评估各种传播方法战略作用的一个综合计划的增加价值——例如，一般的广告、直接反应、促销和公关，以及将这些方法进行组合，通过对分散信息的无缝结合，提供明确、连续、一致和最大的传播和营销。

10.4.3 整合营销传播的理论精要

1）营销即传播，传播即营销，两者密不可分

舒尔茨认为整个营销过程就是一个与顾客沟通的过程，要让顾客了解产品/服务的价值，以及它是为谁设计的。广告、公关、促销、直复营销、商品陈列及店头广告、售后服务都是一种沟通和传播。企业传播的信息如果与顾客大脑中既有的信息相契合，或与外在的来源相契合，传播才有效力。

2）整合营销传播是21世纪唯一的持续竞争优势

舒尔茨认为，在实力越来越接近的市场上，厂商真正能够产生差异化利益的营销手段只有两项：流通与传播。"流通"是指以快捷高效的方法与手段输送产品、劳务、信息，流通是20世纪90年代营销的重头戏，90年代中期以后，流通已让位于"传播"。事实上，西方企业在20世纪90年代视物流为"第三利润源泉"，中国不少企业巨头近年来纷纷将打造物流平台的工作列为重中之重。但舒尔茨认为，流通难以取得持久性的成功。这一观点可能会给中国企业以重要的启迪：结合中国企业、市场的实际情况，企业"一手抓流通，一手抓传播，两手都要硬"是其制胜的法宝。物流主要是整合社会资源，如整合利用好"第三方物流"，传播的任务则由企业一方承担。

3）营销理念和营销时代的改变

大众营销时代已经过去，分众营销（群营销）乃至一对一营销的时代已经到来。"以产品为焦点"被"以受众为焦点"所取代，以厂商为中心的4P（产品、价格、渠道、促销）营销世界为4C营销世界所取代。4C战略是舒尔茨IMC理论的合作者劳特朋（Waterborne）提出的，即先将产品搁置在一边，认真研究顾客的需求与欲望，不要再卖你所能制造的产品，而是卖顾客确定想购买的产品；暂时忘掉定价策略，先了解顾客满足其需求与欲望所愿意支付的总成本；暂时忘掉渠道策略，先考虑顾客购买的便利性；最后忘掉促销，注意与顾客的沟通。舒尔茨用一句非常生动的话表述了传统营销与整合营销的区别：前者是"消费者请注意"，后者是"请注意消费者"。4C理论是整合营销的支撑点和核心理念。

4）传播的综合性、统一性、一致性、持续性、全员性、针对性

整合营销传播要求变单一传播手段为多种传播手段的综合；要坚持"一种观点，一种声音"的原则；要与消费者建立持久的关系，尤其是建立顾客品牌关系，因为品牌是一种关系；要设法使企业价值链各个环节的每位员工都参与传播，"将营销从营销部门分出去"。我们的社会已从口语传播社会跨入视觉传播社会，同时面临媒体分散化、近似文盲（指人们越来越依赖符号、图片、声音等传播形式获取信息）人口增加、消费者认知远胜于客观事实的现状，因此，要提高传播效率，必须使传播的信息转化成概念、影像、声音或经验，并能被清晰辨认及分类，这种分类必须和人们既有的认知分类系统相符合。

5）确立一个传播独裁者

舒尔茨认为，企业的组织结构往往是整合营销传播的主要障碍之一，因为大部分企业传播活动的发展与执行是由企业金字塔的底层负责，传播部门远离企业的核心，而高层往往是以财务为导向，各类不同功能的“专家”，如广告经理、促销经理、事件营销经理、品牌经理往往又从自己的专业领域出发，认为自己是最重要的环节，导致各项传播活动不能有机衔接。因此，要提高传播效率，必须树立中央控制的观念，建立传播的中央集权体系，如设立一个营销传播机构或营销传播经理。整合营销传播的自上而下及中央控制，尽管与时下的管理观念相冲突，却是必要的。营销作业组织与销售组织则可采用分权模式，这样可以将统一高效与分散活力结合起来。

6）建立双向沟通系统的最佳方法是利用各种不同形式的顾客数据库或筹划数据库营销方案

一般消费品企业可以使用顾客数据库，服务业及工业营销厂商使用数据库进行整合营销传播，效果会好得多。这种数据库内包含人口统计资料、心理统计资料和既往购买记录，是企业最重要的无形资产，也是整合营销传播最基本的条件和核心。

7）整合营销传播策略的八个步骤

一是准确、精确地细分市场；二是根据消费者的购买诱因提供有竞争力的利益点；三是确定消费者在心中如何进行品牌定位；四是建立品牌个性，以区别于同类品牌；五是寻找理由让消费者相信你所承诺的利益点；六是挖掘各种有效“接触点”，贴近消费者；七是建立责任评估准则；八是为未来策略的修改做必要的基础准备，如市场调查及分析。

IMC基于持续性的改善和学习进程，其中仍有众多领域有待于在将来得以进一步完善和提升。最重要的一点是，IMC是一种整体性的模式：IMC的基本假设之一就是企业组织的所有部分与其他部分是相关联的；IMC要求企业经理能够同步关注内部顾客和外部客户；IMC认为企业的能力体现在其品牌以及与现有顾客和潜在顾客的关系；进一步说，IMC坚信企业组织的任何事情，都可以对其品牌价值和客户关系带来正面或是负面的影响。

10.4.4　整合营销传播的十大核心目标

（1）对客户的认识。辨别最有价值的客户是整合营销传播计划的开始。

（2）由外向内的规划。整合策划流程，呈现出以消费者为起点的策划特征。

（3）有说服力的以客户为重点的信息。根据客户数据和消费者的观点来制定恰当的、有说服力的强势传播方式，其中，重点是放在消费者想知道什么而不是我们想说什么。

(4) 传播工作中的协同和一致。

(5) 独立于媒体之外的传播规划。根据消费者接触特点来选择媒体。

(6) 协调一致的综合性过程。

(7) 以客户为中心的组织结构。

(8) 相应的补偿系统。

(9) 闭环式投资过程。根据消费者行为的历史数据来判断消费者，并重复使用和更新这些数据，从而挖掘到具有最大价值的客户。

(10) 财务投资和财务回报。整合营销传播在财务层面上可以与企业战略结合起来。

10.4.5 4P→4C→4R的演变历程

4P（产品、价格、渠道、促销）营销策略自20世纪50年代末由杰罗姆·麦卡锡（Jerome McCarthy）提出以来，对市场营销理论和实践产生了深刻的影响，被营销经理们奉为营销理论中的经典。在4P理论指导下实现营销组合，实际上也是公司市场营销的基本运营方法。即使在今天，几乎每份营销计划书都是以4P的理论框架为基础拟订的，几乎每本营销教科书和每个营销课程，都把4P作为教学的基本内容，而且几乎每位营销经理在策划营销活动时，都自觉或不自觉地从4P理论出发考虑问题。

然而，随着市场竞争日趋激烈，媒介传播速度越来越快，以4P理论来指导企业营销实践已经“过时”，4P理论越来越受到挑战。到20世纪80年代，美国的劳特朗针对4P存在的问题，提出了4C营销理论。

(1) 瞄准消费者需求。首先要了解、研究、分析消费者的需要与欲求，而不是先考虑企业能生产什么产品。

(2) 消费者所愿意支付的成本。首先了解消费者满足需要与欲求愿意付出多少钱（成本），而不是先给产品定价，即向消费者要多少钱。

(3) 消费者的便利性。首先考虑顾客购物等交易过程如何给顾客方便，而不是先考虑销售渠道的选择和策略。

(4) 与消费者沟通。以消费者为中心实施营销沟通是十分重要的，通过互动、沟通等方式，将企业内外营销不断进行整合，把顾客和企业双方的利益无形地整合在一起。

总之，4C营销理论注重以消费者需求为导向，与市场导向的4P相比，4C有了很大的进步和发展，但从企业的营销实践和市场发展的趋势看，4C依然存在以下不足。

(1) 4C以顾客为导向，而市场经济要求的是竞争导向，中国的企业营销也已经转向了市场竞争导向阶段。顾客导向与市场竞争导向的本质区别是：前者看到的是新的顾客需求；后者不仅看到了需求，还更多地注意到了竞争对手，冷静分析自身在竞争中的优、劣势并采取相应的策略，在竞争中求发展。

(2) 随着4C理论融入营销策略和行为中，经过一个时期的运作与发展，虽然会推动社会营销的发展和进步，但企业营销又会在新的层次上同一化，不同企业最多是程度上的差异，而不能形成营销个性或营销特色，不能形成营销优势，从而保证企业顾客份额的稳定性、积累性和发展性。

(3) 4C以顾客需求为导向，但顾客需求有个合理性问题。顾客总是希望质量好、价格低，特别在价格上的要求是无止境的。只看到满足顾客需求的一面，企业必然会付出更大的成本，久而久之将影响企业的发展。所以从长远来看，企业经营要遵循双赢的原则，这是4C需要进一步解决的问题。

(4) 4C仍然没有体现既赢得客户，又长期地拥有客户的关系营销思想，没有解决满足顾客需求的操作性问题，如提供集成解决方案、快速反应等。

(5) 4C总体上虽是4P的转化和发展，但被动适应顾客需求的色彩较浓。根据市场的发展，需要在更高层次上以更有效的方式在企业与顾客之间，建立起有别于传统的新型主动性关系，如互动关系、双赢关系、关联关系等。

针对上述问题，近年来，舒尔茨提出了4R（关联、反应、关系、回报）营销新理论，阐述了全新的营销四要素。

1）与顾客建立关联

在竞争性市场中，顾客具有动态性，顾客忠诚度是变化的，他们会转移到其他企业。要提高顾客的忠诚度，赢得长期而稳定的市场，营销策略需要通过某些有效的方式，在业务、需求等方面与顾客建立关联，形成一种互助、互求、互需的关系，把顾客与企业联系在一起，这样就大大减少了顾客流失的可能性。特别是企业对企业的营销与对消费市场的营销完全不同，更需要靠关联、关系来维系。建立关联的方式很多，各类企业不尽相同，现举几例：

(1) 与用户关联。利用系统集成的模式为用户服务，为用户提供一体化、系统化的解决方案，建立有机联系，形成互相需求、利益共享的关系，共同发展。

企业本身可以为顾客提供全方位的服务，但这个服务不一定是完善的，很难保证每项服务都是最优秀的。解决办法是为客户提供一揽子解决方案，然后在更大范围内系统集成和优化组合，这样可以保证方案和各个集成部分都是最好的，从而形成整体最优。如上海贝尔，作为制造业企业，其经营虽然越来越难，但他们改变思路，采用集成方式，着重于提供最好的方案，采购其他厂家的产品，为客户提供一揽子服务，因而业务发展很快。康柏采取这种模式，做解决方案提供商，扭转了产品单一、经营困难的局面。海尔的星级服务实际上就是一种系统集成服务。这样，通过提供一揽子方案，帮顾客做得更好，企业与顾客就建立起了互需、互求的长期牢靠的关联纽带。

(2) 与产品需求关联。提高产品与需求的对应程度，提供符合客户特点和个性的具有特色或独特性的优质产品或服务。具体做法是：

首先，产品分为核心产品、外在产品和附加产品三个层次，需求分为使用需求、心理需求和潜在需求三个层次。企业必须把产品和需求的层次对应起来，对应得越准，关联性就越强。

其次，采用“大规模量身定制”式的生产方式。网络经济的发展彻底改变了传统经济无法大规模集结市场而只能小批量生产特殊款式产品的状况。网络经济下的“量身定制”意味着特权价格、高费用和超额利润的局面，同时“大规模量身定制”式生产方式也成为可能。任何过去无法开通流水线生产的特殊款式的产品，通过网络进行全球范围的市场集结，都可以形成“批量”，可以由特殊转化为“常规”，从而可以按照相应的规模经济要求进行流水线生产，而且更重要的是集结这一全球市场所需要的费用正随着网络经济的扩展速度的加快而迅速下降。所以，企业必须抢占网络先机，在充分了解顾客需求的基础上，为其量身定做所需的物品与服务，如针对企业特殊需求的各种电子商务服务和软件服务等，这样可以更有效地巩固和吸引客户。

2）提高市场反应速度

在今天的相互影响的市场中，对经营者来说最现实的问题不在于如何控制、制订和实施计划，而在于如何站在顾客的角度上，及时地倾听顾客的希望、渴望和需求，并及时答复和迅速作出反应，满足顾客的需求。目前，多数公司都倾向于说给顾客听，而不是听顾客说，反应迟钝，是不利于市场发展的。

当代先进企业已从过去的推测性商业模式，转变成高度回应需求的商业模式。面对迅速变化的市场，要满足顾客的需求，建立关联关系，企业必须建立快速的反应机制，提高反应速度和回应力。这样可以最大限度地减少抱怨，稳定客户群，降低客户转移的概率。网络的神奇在于迅速，企业必须把网络作为快速反应的重要工具和手段。在及时反应方面，日本企业的做法值得借鉴。日本企业在质量上并不一味追求尽善尽美，而是追求面向客户的质量，追求性价比。它们并不保证产品不出问题，因为那样成本太高，而是在协调质量与服务关系的基础上建立快速反应机制，提高服务水平，能够对问题快速反应并迅速解决。这是一种企业、顾客双赢的做法。

3）关系营销越来越重要

在企业与客户的关系发生了本质性变化的市场环境中，抢占市场的关键已转变为：与顾客建立长期而稳固的关系，从交易变成责任，从顾客变成拥趸，从管理营销组合变成管理和顾客的互动关系。

与此相适应产生了五个转向：①现代市场营销的一个重要思想和发展趋势，是从交易营销转向关系营销：不仅强调赢得用户，而且强调长期地拥有用户；②从着眼于短期利益转向重视长期利益；③从单一销售转向建立友好合作关系；④从以产品性能为核心转向以产品或服务给客户带来的利益为核心；⑤从不重视客户服务转向高度承诺。所有这一切的核心是处理好与顾客的关系，把服务、质量和营销有机地结合起来，通过与顾客建立长期稳定的关系，实现长期拥有客户的目标。那种认为对顾客的需求作出反应、为顾客解答问题、平息顾客的不满就尽到了责任的意识已经落后了。必须优先与创造了企业75%～80%利润的那20%～30%的重要顾客建立起牢固的关系，否则把大部分营销预算花在那些只创造了公司20%利润的80%的顾客身上，不但效率低，而且是一种浪费。

沟通是建立关系的重要手段。从经典的AIDA模型“注意—兴趣—渴望—行动”来看，营销沟通基本上可以完成前三个步骤，而且平均每次和顾客接触的花费都很低。

4）回报是营销的源泉

对企业来说，市场营销的真正价值在于其为企业带来短期或长期的收入和利润的能力。一方面，追求回报是营销发展的动力；另一方面，回报是维持市场关系的必要条件。企业要满足客户的需求，为客户提供价值，但不能做“仆人”。因此，营销目标必须注重产出，注重企业在营销活动中的回报，一切营销活动都必须以为顾客及股东创造价值为目的。

综上所述，4R理论有四大优势：

（1）4R营销理论的最大特点是以竞争为导向，在新的层次上概括了营销的新框架。4R根据市场不断成熟和竞争日趋激烈的形势，着眼于企业与顾客互动与双赢，不仅积极地适应顾客的需求，而且主动地创造需求，运用优化和系统的思想去整合营销，通过关联、关系、反应等形式与客户形成独特的关系，把企业与客户联系在一起，形成竞争优势。可以说，4R是21世纪营销理论的创新与发展，必将对营销实践产生积极而重要的影响。

（2）4R体现并落实了关系营销的思想。通过关联、关系和反应，提出了如何建立关系、长期拥有客户、保证长期利益的具体操作方式，这是一个很大的进步。

（3）反应机制为互动与双赢、建立关联提供了基础和保证，同时也延伸和增加了便利性。

（4）“回报”兼容了成本和双赢两方面的内容。追求回报，企业必然实施低成本战略，充分考虑顾客愿意付出的成本，实现成本的最小化，并在这些基础上获得更多的顾客份额，形成规模效益。这样，企业为顾客提供价值和追求回报相辅相成，相互促进，客观上达到的是一种双赢的效果。

当然，4R同任何理论一样，也有其不足和缺陷。如与顾客建立关联、关系需要实力基础或某些特殊条件，并不是任何企业都能轻易做到的。但不管怎样，4R提供了很好的思路，是经营者和营销人员应该了解和掌握的。

10.4.6 整合营销传播的八项指导原则

（1）成为以客户为中心的组织。

（2）采用由外而内的规划。

（3）以整体客户体验为重点。

（4）把客户目标与公司目标结合起来。

（5）设定客户行为目标。

（6）把客户当成资产。

（7）精简职能业务活动。

（8）集中营销传播活动。

这八项指导原则是发展与执行整合计划的关键，这些原则是从实践者的案例以及纯粹的理论和全面研究开始发展的，存在于媒介、渠道组织和消费性商品公司。这些原则是全球化的，超越国家与文化的界限，是企业组织必须拥护和实践的核心概念，不管是对内还是对外，只有这样，才能在客户至上以及互动的21世纪全球市场上立于不败之地。

10.4.7 整合营销传播的五步流程

整合营销传播的五步流程，即IMC的五步规划流程：

（1）识别客户与潜在客户。

（2）评估客户与潜在客户的价值。

（3）创建并传递信息以及消费刺激。

（4）评估客户投资回报率。

（5）预算、分配与评估。其中包含了五个不同但相关的活动或步骤，牵涉营销与传播的多个传统职能领域。

然而，这个过程已经被更有效率的新方法结合起来，所以整体的效果远远超过了各部分的总和。它以更全面的观点展示了每个步骤环节，并以流程图的形式呈现了出来。同时，在这个封闭循环的系统中，一个时期的结果会被当作下一个规划循环的输入值。

10.4.8 整合营销传播未来发展的七个挑战

整合营销传播未来发展的七个挑战为：

（1）调整内部与外部的营销与传播。

（2）建立在行为基础上的营销传播成果。

（3）扭转营销传播计划的流向。

（4）使品牌成为营销努力的要素。

（5）全球视角。

（6）确定预测、衡量与评估的前瞻性系统。

（7）构建新的组织架构与薪酬方案。

价值导向型的整合营销传播，不仅让我们深入了解了未来可能的情况，也为我们提供了应对挑战的方法。处在当今纷乱的商业环境中，争取客户的竞争十分激烈，因此，整个营销领域需要一个全新的方法，需要站在客户的角度与他们沟通。唐·E.舒尔茨提出的整合营销传播提供了这样的运作流程，我们相信它也能够应对将来出现的挑战。

10.5 詹姆斯·韦伯·扬

詹姆斯·韦伯·扬（1886—1973）出生于美国肯塔基州卡温顿（Covington），父亲是保险经纪人。与其他几位广告大师相比，詹姆斯·韦伯·扬是一位百分之百的广告人。他对广告的贡献不仅在于“做”（广告），他更重视“写”（著书立说）和“说”（广告教育）。詹姆斯·韦伯·扬不论在政府机关、广告公司还是其私人事业方面都不忘以广告作为传播的手段，并以从事广告事业为荣；同时，他高瞻远瞩，努力培养具有敬业心和使命感的未来接棒者。

他认为广告比其他任何传播工具都更为有效，并列举了三大理由：①广告对信息能完全控制。②广告能精确集中地对准所要达到的接受者。③广告能再三地重复同一信息。另外，詹姆斯·韦伯·扬对未来广告人寄予厚望，他相信将来会比现在更需要有效的人类传播，更需要有知识、有洞察力、融入社会的创作人才去采取行动。

10.5.1 两大经典知识的贡献

广告人员是一批拥有特定知识、具有某种特质的人。按照詹姆斯·韦伯·扬的看法，真正的广告人是那些拥有知识、技巧、经验和洞察力，能够建议广告主如何运用广告以达到目标的人。同时，他们也能够制作广告达成这些目标。

广告人需要具备的特质是拥有“超乎任何广告技巧和运作的知识，包括观察入微的洞察力、细腻的感受力、经过训练的直觉和常识，再加上为产品找到一个好的创意点的丰富的想象力”。詹姆斯·韦伯·扬毕生的重大贡献就是思考如何维持和培养这些特质以及从事广告的基本知识和技巧。他对广告的贡献主要在于以下两个方面。

1）提出了广告业务所需的基本知识

正是这些知识形成了现今的“广告策划”的基本框架，也正是这些知识成为广告公司“企划部门”诞生的原动力。他的《怎样成为广告人》（1963年出版）集中阐述了广告知识的7个方面。在《一个广告人的日记》（詹姆斯·韦伯·扬去世后出版的一部重要著作）中，詹姆斯·韦伯·扬也经常性地记录他对广告知识的思考和灵感。智威汤逊公司虽然已有130多年的历史，但直到20世纪60年代，才因詹姆斯·韦伯·扬著述的影响，由服务于智威汤逊伦敦分公司的史蒂芬·金开始组织“广告策划小组”，成为今日独立的“策略规划”部门的雏形。

詹姆斯·韦伯·扬认为广告策划作业要因情因景而异，因为随时都有特定情况，仅仅依赖于表单等基本数据或资料不足以应付。广告人对某一特定情况必须深入了解才能拟定最完善的战略，因此詹姆斯·韦伯·扬在论广告知识的本质时一直呼吁不要坠入统计的陷阱，不要迷信科学。他相信某些时候在稿纸上直觉力更富于创造性，更能导向有利的方向。

2）提出了生产创意的技巧

创意历来就是传播的灵魂。虽然创意需要知识作为根基，但仅凭知识本身并不足以产生良好的创意。1932年，詹姆斯·韦伯·扬结合他在不同领域中的经验，概括了一套保证创意品质的方法，后结成《产生创意的技巧》一书出版。在书中，詹姆斯·韦伯·扬把创意过程划分为5个步骤。

在智威汤逊公司的"汤普逊方式"文本中，公司把它作为创意的工具特别作了介绍，并用一个金字塔模型来图解这个过程。詹姆斯·韦伯·扬认为创意的产生过程和福特轿车的生产过程颇为相像，创意的产生也是在一个流水线上进行的。在这一生产过程中，思维是一个可以被学习和掌握的操作技巧，它的有效应用与其他任何工具的有效应用一样，它也只不过是一件与技巧联系的事情。哪怕我们当中有一个将会成为Fl赛车的驾驶天才，也必须从驾驶的最基础的知识开始学起。而那些最伟大的具有指导意义和操作意义的书，将会使我们终生受益。越是接近真理的东西，越经得起时间的考验。詹姆斯·韦伯·扬的这些基本知识，今天依然十分有用，而且历久弥新。

此外，詹姆斯·韦伯·扬还总结了创意人才的几点共性：①对阳光下的一切都感兴趣；②广泛涉猎各个领域，汲取知识营养；③旧的元素，新的组合；④先做对，后做好。

他指出在创意尚未出现之前，创意人永远都像在布满迷雾的大海上航行，如果你掌握了方法并拥有航海图和指南针等工具，你将会第一个发现童话般的岛屿。

10.5.2 策划的七种知识

詹姆斯·韦伯·扬一贯倡导通才教育。他说，广告人只有接受的教育越广泛，他心中储藏的东西才越丰富，他在工作上才会做得越好。他曾经说过，每一位真正有好创意的广告人士，经常都具有两种显著的特性：第一，天底下任何话题都很难使他不感兴趣；第二，他广泛浏览各学科书籍。

因为广告人和奶牛一样，不放牧就不会有奶。

詹姆斯·韦伯·扬把广告知识比喻成大烛台的7个分支：陈述主张的知识、市场的知识、讯息的知识、讯息运送工具的知识、交易渠道的知识、怎样知道广告发生功效的知识、特定情况的知识。不管怎样，在这7类知识中的相当大的范畴广告人必须知道、熟悉甚至精通。

1）陈述主张的知识

所谓"陈述主张"，是指所有广告对其受众所做的报答。他做了你要求他做的事，他就能得到利益——这是对人的了解，了解不同消费者的各种反应。这些知识只能通过长时间细致地观察人们在各种不同情境下的行为，包括他们对不同广告的反应才能获得。经由这些观察，你才能拟订评估计划。"有效的诉求必须符合有的放矢的原则，就像关于美丽与富有会有不同的标准一样。"举例来说，薪蛇制品制造商是否应该把注意力集中在双凸轮轴上？这种配置会让消费者产生"马力大""平稳"，甚至是一种"高科技产品"的印象。这个问题的答案应取决于消费者的需求——产品目标对象是追求"马力"或是"高科技产品"的使用者。从本质上讲，陈述主张的知识有点儿类似于广告学中独特销售主张的概念，就是通过广告给消费者一个明确的利益点。

消费者能得到的利益源自你的承诺。但是我们同时也应该知道，承诺最好只有一项，使消费者接受之后会感觉你已经履行，而从其他人那里他是得不到这项利益的。这个陈述主张是所有广告中最为重要的要素，所以每当你放好纸笔准备写广告脚本或者故事之前，你最好先做到：①对于自己所要陈述的主张，心智要保持清澈晶莹，毫无疑惑；②要有理由相信，它对于你所针对的特定群体是有吸引力的。

有些广告人坚持，这种陈述主张一定是有独特性的。也就是说，广告中所提供的利益是尚未被众人和竞争者提出过的，或者是有一个你可以更能肯定此项利益的理由。这类独特的主张毫无疑问将是我们所衷心希望与搜寻的目标。但是我们会看到所谓“独特的”有很多不同的意义，甚至在有些情况下，这种独特性只是通过广告或广告表达的方式才创造出来的。

在众多广告案例中，尤其是在比较经典的案例中，你会发现，广告所陈述的主张是建立在产品或服务本身之上的。生产者设计产品以满足可辨识的需求与欲求。以电冰箱为例，其曾经有过“无霜”的要求，在这样的案例中，广告人的任务就是把陈述的主张照样表现出来，这时候广告传达给消费者的利益点一目了然，使人信服并且充满诱惑力。然而，在我们这个先进的工业社会中，同一种类的竞争产品将很难再把独有的陈述主张建立在其中任何一种产品之上，而产生具有吸引力的诉求。

那么，陈述主张的知识其正确意义又是什么呢？一般而言，它是一种构想，不同类别的人们对其有不同反应的构想。广告人只能继续不停地在人们实际生活中密切观察，收集资料——包括人们对不同广告诉求的反应。从这些观察中，我们才能建立和存储基本观念，这些观念可以作为广告人创作或判定某一特定陈述主张的指南针。例如，在这个世界上任何地方的妇女都爱美，而男士则希望自己富有。事实上，女性对美的标准会随着时间、地点的变化而有所不同，男士们在金钱、土地、牲畜或妻室等方面的要求也不尽相同，但是仍然不能否定这一基本规律。所有陈述这些关于美丽与富有的主张，一定要与时间、地点相配合。

再者，我们当中大多数都重视健康，可是我们通常都不愿付出抑制自己的代价以取得健康。但是，如果有像柳橙汁那样对胃口的好喝之物，我们也会相信它对我们有好处，那么这种诉求就是强有力的陈述主张。

观察时要尽量深入与客观。如能把这些观察建档做成笔记则更为有用。因为只有在资料中，才能获得广告制胜的要素——新鲜的和有吸引力的陈述主张。至于文字、图片或音响效果、动画的特技，以及提高播报声音或者排字式样、色彩等，都不能抵消因缺乏“新鲜的和有吸引力的陈述主张”这一要素而造成的缺失。也只有在广告人贡献这种新颖而有吸引力的陈述主张时，我们的创意才能成为具有伟大价值的珍品。

此外，詹姆斯·韦伯·扬还指出，广告发挥作用的首要原则是广告要为产品建立良好的熟悉感。人们总是对自己熟悉的人、事发生兴趣，作出反应。建立熟悉感有两条途径：①在广告中使用消费者的人物、环境、事件；②不要轻易改变广告中的形象。

在产品同质化越来越严重的今天，广告人不仅要发掘产品的独特卖点，即詹姆斯·韦伯·扬所倡导的陈述主张，同时也必须根据产品的特点和消费者的潜在需求制造卖点，在广告中与消费者建立起良好的熟悉感。也许这个问题现在再提出来有点儿老生常谈的感觉，但这是在做广告时最不能回避也最马虎不得的问题，毕竟谁能最后给消费者提出一个购买产品的生动理由，谁就能赢得产品宣传的成功。

2）市场的知识

（1）细分市场

市场是聚集的人群，像智威汤逊广告公司所出版的一系列关于本国和其他国家"人口及其分布"方面的著作，都是以地理上的术语把这类聚集的人群加以界定的。关于市场，首先要知道的当然是市场的位置以及市场规模的大小。但是，市场是由具有某种共同性质或要素的人群所组成的。而某一特定产品或服务机构的市场，其重要的共同性质或要素并不属于地理概念，共同的要素可能是收入、年龄、教育、职业、住宅或者拥有汽车等。现今对此类知识常常都能获得正确的最新统计资料。

但是，当构成市场的主要性质或要素是基于某种口味、兴趣或习惯等品质上的因素，而不是收入、年龄、教育、拥有住宅等更能测度的因素时，这些品质上的因素在统计资料上是没有记载的。但如果我们密切观察周围的人群，任何人都能看到人们之间的差异。就以比邻而居的两位家庭主妇为例，她们拥有几乎相同的住宅、家庭收入。一位喜欢烹调，另一位讨厌烹调。其结果就是，即使是对最基本的食物，其购买行为也完全不同。同样，再以丈夫为例，在每天阅读报纸方面，也许其中一位总是马上阅读体育版，而另一位则跳过体育版或概略地扫过体育版，那么这两个人在体育活动上的花费就很可能完全不同。

有时候这些决定市场的共同因素是相当令人费解的，只有用最大的努力去克服困难才能获知，我们所需要的最正确的市场的共同性质或要素，并不是地理上的地图，而是心理学或社会学的地图。在这一点上，"汇源"的"她""他"营养素水就是成功运用这一原理的杰出典范。2004年3月，北京汇源她加他饮品公司推出新产品——"她""他"营养素水，到5月底，"她""他"营养素水的订单爆发性地攀升到了5亿元，相当于很多优秀饮料产品几乎一年的销量。以男女性别划分的"她""他"营养素水的意义在于，它颠覆了传统的饮料以大类（如碳酸饮料、茶饮料、果汁饮料等）、年龄来细分的模式，以一柔一刚的产品包装，"众里寻她千百度"的手机短信促销，凭借金山软件在各大网吧和软件连锁店的渠道优势，轻而易举地切入"电玩"市场。"以男女性别划分"的思路看似有些荒诞，但市场的反应证明，在中国消费者行为和心理上花气力并深度把握，是成功的营销策略之本。

（2）广泛涉猎相关知识

作为一个广告人，一定不能把自己局限于只阅读个人感兴趣的读物或只看个人喜欢的电视节目，或者在评估媒体价值时只对发行量及广告费率的统计数字感兴趣，即使是那些使你感到不愉快的期刊或节目，对其编辑内容作客观的研究，也会让你对市场以及市场的变迁有相当多的了解。出版刊物的发行量及节目收视率升降的幅度，最后可提供给编辑或剪辑人员，作为其判断是否满足读者或观众的欲求与兴趣而加以取舍或调整的依据。不管你对体育是否有兴趣，《体育画报》（Sports Illustrated）这类杂志是使你了解这个市场的图解。假如你想要知道居住在太平洋岸边的人群的生活习惯特点，就应该彻底地研究一下《日落》（Sunset）杂志，它可能比市场调查所能告诉你的来得快速、丰富。在一种紧急情况下，詹姆斯·韦伯·扬曾为某种猎枪写了一个极为成功的广告策划方案。这个方案是在他从没有使用过猎枪，也从未拥有过猎枪，更没有进行过市场调查的情形下完成的。他花一个通宵的时间阅读了一本著名的户外杂志的相关文章，摘录出了有关市场轮廓的资料。

在市场研究中，最重要的是要注意到一个常数，它就是“变动”。市场的变动以及因为变动而带来的讯息变化体现为多种不同形式。有些是暂时的，有些则会对市场产生重大的影响。

前述这些不过是对广告人在研究市场牵涉各种不同问题时给予的提示，以及在研究市场时的资料来源及方法，詹姆斯·韦伯·扬希望广告人因此会清楚“陈述主张”与“市场”两者之间的关系是如何之密切。“陈述主张”是对为“什么”事物做广告的答案，而“市场”则是对对“什么人”做广告的答案。在某一特定时间内，很少有商品或陈述主张拥有放之四海而皆准的吸引力，因而企图对全体人群做广告，或者为了一切目的做广告通常都是错误的。即使在像电视这种对大众有吸引力的媒体也是如此。

人们选择是否注意该广告和选择该选读哪条报纸新闻一样。他们会立刻把你的广告分为“有兴趣”或“无兴趣”两类。他们把你的广告分类为“有兴趣”的可能性大小和在市场中你卖出产品的可能性一样。你能够翻阅任何一本现行杂志的全部广告页，在看这些广告时，要注意有没有什么陈述主张能够把你自己归类为“在市场中”或者“在其附近”。所以，在你“开火”之前，尽量要把你的准星对准“在市场中”的群体。

3）讯息的知识

广告本身就是“讯息”，是整个广告运作的核心。这是广告主花费金钱的意义所在，同时也决定广告主和广告人的成功或失败。在这上面会决定你将提出的陈述主张的效果，也会显示出你是否真正瞄准了你的目标市场；在这上面不仅表现一位文字使用者对文字与图像的运用技巧，而且把广告人作为一位推销员在印刷推销术或播映推销术上的技巧也表现得淋漓尽致。广告人很早就知道一个概略性的销售讯息是必要的。但是，当这些必要因素被市场忽略时，讯息就常常不能够重复。詹姆斯·韦伯·扬对信息知识的阐述始终和广告界非常著名的AIDCA法则如出一辙。

（1）引起受众注意

这是我们常说的AIDCA法则中的第一个字母所代表的含义：引起注意（attention）。这也是广告人发布讯息的时候必须做的第一件事情。但仅是得到视觉或听觉上的注意是不够的。基本上，当你把你的广告放置于那些读者、观众、听众、邮件接收者或者经过者的面前时，在他们可能看到或听到你的广告时，你就买到了这种视觉或听觉的注意。广告的位置、大小、色彩、运动以及色调等，都会关系到该广告获得视觉或听觉注意的机会大小，但这些抢眼的要素可能已经被我们作了过高的估计。当得到受众最大的视听注意机会时，你已经获得了初步的成功。

（2）让受众感兴趣

这是AIDCA法则中的第二个字母的意思：感兴趣（interested）。可能顾客的眼与耳被你发出的讯息所吸引，就像一个人即将走进你的办公室一样，但是除非你能把这短暂的视听上的注意转变成确实发生的兴趣或"内心上的注意"，否则他就会立刻翻过这一页杂志，或者转换波段，或者干脆把它丢进废纸篓中。也就是说在事实上，除非你能说出某种东西，有让他问出"喂，这是什么？"的本事才行。

以"从广告主那里得到的所要发出的讯息"为主要讯息来源的人，并不是詹姆斯·韦伯·扬所说的广告人。你所要说的讯息应该是能使你的潜在顾客暴露出私人兴趣的讯息。

（3）让受众产生欲望

这是AIDCA法则中的第三个字母的意思：欲望（desire）。在这方面，如果你的讯息通过描述或展示，能把你所能提供的利益点与潜在顾客的欲求之间的关系表现得一清二楚，相互吻合，那么顾客极可能说："那正是为我所准备的。"如果你所宣传的产品不能引起消费者的欲望，那么你所认为的再好的东西、再好的宣传都是失败的。

（4）让受众对你的承诺产生信心

这是AIDCA法则中第四个字母的意思：信心（confidence）。你是推销员，可能顾客对你会加以怀疑并持有相当大的戒备心，你一定要使他对你的承诺产生信心，你一定要知道用什么方法去做。首先，你一定要表示你了解他的难题或他的感受，因而可能知道如何满足他的需求；其次，在广告中或讲话的语气中要启发其信心；最后，使用证言、权威人士的推荐、不满意退款保证或分期支付等方式。

（5）促使受众产生购买行动

在绝大多数情况下，你是向往行动的，而拖延又是人类的通病。这就是AIDCA法则中第五个字母的意思：行动（action）。所以，要思考把怎样的因素包括在你的讯息中传达给顾客，才能刺激他们现在采取行动。像兑换券、样品、提供方便付款等均可以尝试。在不可能运用此类刺激行动时，可把广告文案的内容归纳起来，生动地重述其所能得到的利益，以便再一次煽起他欲望的火焰。

下面所讲的是实际上产生全部销售讯息所采取的步骤的整个描述。要知道你是在和有血有肉的人说话——绝非是在写文章。因而你对此人喜欢什么，所需求的又是什么，无论主观还是客观方面都要有一个清晰的概念。当你一步步地把他领进你的广告时，要知道他随时都会脱离你而去。你要思考他随你所说的会产生什么样的反应，在什么时候会有什么问题，在哪里会发生什么疑惑，这些都是你必须解决的问题。而且，最重要的是你希望他了解你所说的是什么，以及相信你的目的是为他提供服务。所以，你要不厌其烦地用“他的”语言来说，使用“他”能够接受的文字或插图来说明。简言之，要合乎他生活的真正需要或他所希望的样子。

在你收集的案例中有大量形形色色的兜售货物的广告。你会发现，使用这类广告最多的是图书俱乐部、唱片俱乐部以及邮购的广告主，他们都急于要求立竿见影的广告效果。当然你会发现，这类广告一般的特性就是所谓的“长文案”。假如广告的目的在于销售，而广告主又是那些急于要求广告直接效果的人，那么这类文案几乎总能派上用场。可是你一定会怀疑，为什么还有那么多的广告主不用长文案呢？在许多情况下，其原因在于其他的广告主并不真的相信广告有完成销售的力量。他们被以下的想法所主导：虽然广告出现在人们买来阅读的刊物上，但人们并不会全部读完它。一般来讲，这些人并不了解麦吉维纳（Leo McGivena）表达的重要真理：你说得越多，你卖得就越快。实际上，广告除了有兜售货品的用途之外，还有别的用途，那就是“使用广告以增加产品以外的价值”的作用。

如今，有效制作广告讯息所涉及的技巧范围很广，它包括撰文、版式规范、摄影、各类艺术、排版、印刷处理、音响装置、音乐、表演术等。制作讯息的人不可能是全能的，而必须仰赖许多专家的帮助。然而，他一定要充分了解这些专家能对他的思考与计划尽何种力量，以帮助他实现那些他想要的效果。要做好这样的广告，广告人主修的课程就是文字的运用，把文字与图片紧密结合，美化广告以及培养对文字韵律的敏锐感觉。

4）讯息运送工具的知识

在广告业界中称“讯息运送工具”为“媒体”。詹姆斯·韦伯·扬之所以将其命名为“运送工具”，是为了表示广告的基本功能是“运送”，与一般的商用运输工具如铁路、航空、公路、海运等非常相似。在任何广告计划中都要回答的一个主要问题是：我们要在何处做广告？这种问题的回答甚多，但无外乎在海报、期刊、广播电视、直接信函、店头展示等不同形式的媒体中去选择。当然，我们还要在各种不同形式的媒体中，具体选择某个个别媒体。

（1）熟悉媒体特点

在实际选择广告媒体时，各种形式中不同种类的变化可能是最重要的选择因素了。因而如果在杂志门类中选择，就要考虑到该刊物在发行上是面对大众还是某一特殊阶层，是对男人还是对女人，是月刊还是周刊，是一般兴趣还是特别兴趣。在广播电视中作选择时，因为此种媒体基本上是对大众播映，其真正的“运送工具”是某一个特别节目，而非某台或某联播网，所以即使是在同台播映的节目中，比如《会晤新闻》和一部西部影片，它们在运送的质量与数量上也可能大不相同。

由于在选择上有大量不同的变化，也因为媒体本身极具动态性并且存在迅速老化的各种事实，因而在广告行业中选择和购买媒体广告版位、时间成为极为专业的事情。广告公司以及大广告主都聘请“媒体人员”加入其职员行列，其职责在某方面相当于替货主装运货物的“运送负责人”。因此，在广告行业中也有这类专业。没有事先深刻地描述想要达到的市场，就不能有效地选择媒体。所以，不首先制定讯息的内容与形式是不行的。在市场与讯息两者还未决定之前就进行媒体的委托预定，是对广告计划本末倒置的做法。

由于以上这些原因，十全十美的广告人也许可以用17世纪英国作家艾萨克·沃尔顿的术语来概括：钓鱼高手。就是说，他自己一定要运用技巧与创意，利用专家们提供给他的情报，了解他能够使用的一切媒体的价值及使用的可能性。他一定是一个将陈述主张、市场、讯息以及媒体视为一个整体计划的人。为了获得并继续保有此种感觉，只有尽量广泛熟悉媒体本身才是唯一可行之道。这些也只有通过对其编辑与广告的内容，以及制版或制作上的可能性及限制范围，加以客观的观察与研究才能得到。在这种研究中，詹姆斯·韦伯·扬特别强调“客观”这两个字。广告人不能允许因为他个人的审美观、偏见或党派的承诺，而对运送其讯息的媒体使用判断发生偏误。在这个园地中，詹姆斯·韦伯·扬强调广告人必须有社会科学家的研究态度与做人的道德精神。事实上，如此持续不断地对媒体加以研究，将会成为广告人察觉其所生存的社会以及市场的各种变迁的最好来源。

（2）关注媒体的变动

在媒体中不仅会反映出各种热潮、奇幻的事物以及时尚流行趋势，还会表现出更深远的变动。媒体领域和其他领域一样，能从其历史资料中在某种意义上获得透视、判断与创意。纵观媒体发展，大致经历了这几个阶段：口头传播、报纸、广播、电视、互联网，甚至还出现了跨媒体的媒体整合传播。

现在，我们需要重点研究的是广告媒体组合策略，因为它能使商品产生轰动效应和良好的促销效果，主要有以下几方面：

①媒体组合立体传播的效应。

延伸效应。各种媒体都有各自覆盖范围的局限性，假若运用媒体组合则可以增加广告传播的广度，延伸广告覆盖范围。广告覆盖面越大，产品知名度越高。

重复效应。由于各种媒体覆盖的对象有时是重复的，因此使用媒体组合将使部分广告受众增加广告接触次数，也就是增加广告传播深度。消费者接触广告次数越多，对产品的注意度、记忆度、理解度就越高，购买的冲动就越强。

互补效应。这是以两种以上广告媒体来传播同一广告内容，对于同一受众来说，其广告效果是相辅相成、互相补充的。由于不同媒体各有利弊，因此使用组合能取长补短，相得益彰。

②媒体组合策略的方式。

视觉媒体与听觉媒体的组合。视觉媒体指借助于视觉要素表现的媒体，如报纸、杂志、户外广告、招贴、公共汽车广告等。听觉媒体主要指借助于听觉要素表现的媒体，如广播、音响广告。电视可以说是视听完美结合的媒体。视觉媒体更直观，给人以一种真实感；听觉媒体更抽象，可以给人丰富的想象。

瞬间媒体与长效媒体的组合。瞬间媒体指广告信息瞬时消失的媒体，如广播、电视等电波电子媒体。由于瞬间媒体广告一闪而过，信息不易保留，因而要与能长期保留信息、可供反复查阅的长效媒体配合使用。长效媒体一般是指那些可以在较长时间传播同一广告的印刷品、路牌、霓虹灯、公共汽车等媒体。

大众媒体与促销媒体的组合。大众媒体指报纸、电视、广播、杂志等传播面广、声势大的广告媒体，其传播优势在于“面”。但这些媒体与销售现场相脱离，只能起到间接促销作用。促销媒体主要指邮寄、招贴、展销、户外广告等传播面小、传播范围固定、具有直接促销作用的广告，它的优势在于“点”，若在采用大众媒体的同时配合使用促销媒体，就能使点面结合，产生直接促销的效果。

③采用广告媒体组合策略需要注意的方面。

媒体组合策略较适合开拓新市场及推出新产品时使用。

媒体组合使用要耗费大量广告费，因此只适合有经济实力的大中企业。

媒体组合运用是复杂的，不能随心所欲，而应建立在研究分析和计划的基础上。

5）交易渠道的知识

产品的销售、运送过程，以及消费者如何接触到我们的产品或服务，这些因素都会影响到广告内容。事实上，这些因素无论是在决定广告在整个产品交易过程中所能贡献的程度，还是在刺激供应商和经销商进货、增加授权产品的价值、刺激供应商和经销商的促销活动使其更加有效等方面，都起到了至关重要的作用。总之，“润滑所有从制造商到消费者之间的销售合作渠道与供销商机制”是一个出色的广告人必须思考的问题。

（1）从制造商直接到消费者

某些限定性商品不需要经过中间商而由制造厂商直接给消费者，在它们之间只用邮寄或快递，这些商品有“图书俱乐部会员的书籍、许多杂志订户所订的杂志以及水果礼品盒”等。此类产品的广告一定要负起全部销售的重任，通常广告费占全部直接销售成本的比率很大。因此，案例研究中显示出，这类广告一般都是以大减价招揽生意的形态出现的，其广告撰稿人应掌握的主要知识就是：①陈述主张——提供特别的诱因。②所构成的市场——以邮寄地址名册所代表的市场。③所用讯息——置于证言中的可靠的事物。④运送工具——特别要用那些已证明对直接信函有敏锐反应的刊物。

虽然这并不牵涉很多交易渠道的指示，但学广告的人也要对这类广告好好地把握并加以彻底的研究。

（2）一般意义上的配销

有些商品常常并不是从制造厂商那里直接运到使用者那里，而是通过推销员居中介绍，绝大多数工业产品属于这一类型。这时广告所扮演的角色并不完全是销售员，而是替推销人员做市场培养及铺路的工作。如果可能的话，使潜在的顾客越来越多地购买而使推销人员得到收获。但是，极大数量的家庭或个人所消费的商品，都是通过各种变动复杂的渠道，如推销人员、经纪人、代理商、配销商、分公司、仓库、批发商以及零售商或服务单位，到市场上去销售的。这些配销代理所形成的特殊环境是每一特定产品的广告必须要发生效果的环境，因而广告人一定要永远详细周密地获得对于这种环境的最新知识。对于这种知识的需要，并不意味着广告人对获得与维持配销的全部过程要负起行动的责任，但确实意味着他将知道诸如此类的事情——广告怎样单独地把包装食品之类的产品从超级市场的货架上卖出去，以及广告怎样才能帮助汽车销售商把汽车从门市推销出去——这两者之间的区别所在。

广告人一定要建立并维持与现实的接触，在广告知识方面打好基础并跟得上知识的变迁。他不但要将研读适当的专业性报刊作为“家庭作业”，而且一定要不断地定期拜访实际从事专业性统计的人士。当他拥有此类知识时，他才能对怎样使用广告讯息，使其发挥超越直接冲击最潜在消费者的力量有更为清楚的了解。他会了解到广告讯息策略性的用法：它能影响推销人员的士气，激发经销商进货，提高产品特许权的价值，刺激必要的配销商及经销商的推广活动，更有助于整个销售与配销的一切协同机能的发挥。

在看到并了解这些事物的同时，他会发现自己面临的是关于“什么是广告”、“什么时候做广告”、“在什么地方做广告”以及“怎样做广告”的问题。如果在他的心中只考虑到产品的最后使用者而不考虑其他因素，他就会有不同的决策。这类决策可能属于“陈述主张”的范围，如以“特别的交易”作为特点来刺激经销商对更新活动的注意等。掌管商品的广告主并不都是精明老练的，他们大多相信“诉诸视觉”的广告比“诉诸欲望”的广告要好，他们对印刷媒体的长文案有先天性的恐惧感，而热衷于电视广告片上显示出能力与技巧的镜头。

最后还应该注意的是，把时间花在消费者与产品相遇的零售商销售点上，这对广告人极有价值。没有任何形式的消费者研究，能够给广告创意者像在实际购买的情况下与最后购买者亲密接触那么大的利益。

6）怎样知道广告发生功效的知识

就像一首古老的赞美诗所说的那样：上帝用奇妙的方法创造出他要进行的奇迹。这和广告有十分相似的地方。我们对“一个广告的成功或失败”的原因常常说不清道不明。人们所处的任何环境中都存在着不可知的不确定因素，广告也一样，从业人员所做的只是成为整个影响结果的环境中的因素之一而已。但是广告大师詹姆斯·韦伯·扬还是为我们找到了促使广告产生良好效果的5个基本法则。

7）特定情况的知识

伟大的烟草广告商希尔（George W. Hill）曾经说过：商场就是战场。在广告上，我们所谈的广告策划活动与此有相同的意思。

要想在广告活动中取胜，首先就得对客户有全面的了解，只有充分地了解，才能更好地为广告主服务。因此，好的广告公司通常都把广告主一切业务的一般资料列成检核表，以便记录其组织、产品、市场以及各种资源和竞争情况，从而发现问题并加以研究和解决。

当一切资料收集齐全并加以消化之后，你一定要根据广告客户想达到的目标、客户的雄心壮志、各种资源以及竞争者的情势，在广告目的上和客户保持协调，然后再运用广告原理发挥创意，制作出最有效果的战略与战术以达到所制定的目标。在广告中，一定要分清战略与战术的关系。例如，当美国加利福尼亚州葡萄种植者受到严重生产过剩之苦时，就需要加速扩大葡萄干消费。这时所需要的不是指挥广告去执行“吃更多葡萄干”的战略，而是转向进攻葡萄干消耗量最大之所在——葡萄干面包。基于观察，如果能确立一个固定时刻或日期去吃同一种东西，则该种食品消耗量必将增大（如新英格兰地区在周六吃烤豆，复活节吃熟的、上面有十字花纹的小圆面包等）。于是葡萄种植者联合面包厂设计了一个广告策划活动，以“在周三吃新鲜葡萄干面包”为号召。在这一年内，葡萄干面包的销量增加了6倍，从而使葡萄干的销量也按比例增长，这就是一个战略。如果每个从业人员都能注意这类广告战略计划形成的案例，并使自己习惯于在这样的条件下思索，他就会获得成功。

10.5.3 广告怎样发生功效

广告绝对不会自己发生作用。影响消费者购买的因素很多，广告只是其中的一个因素，正如詹姆斯·韦伯·扬指出的，在下列5个基本方向里，广告皆可发挥其作用。

1）“经由熟悉”增加品牌熟悉度

这源于“人类最深层的需求之一是在他的世界当中辨清方位和归属感”。很多广告的目的都是提高品牌知名度。消费者对任何改变皆会很谨慎，对不知道或不熟悉的产品有恐惧感，广告使消费者在他们所喜欢的品牌中找到安全感，广告所具有的基本功效满足了这方面的需要，它让受众熟悉产品名称等而达成此项目的。即使只是产品名称的再三重复，或者在广告中只有名称与包装，没有广告词，没有内涵，没有敦促人使用本产品的语句，也会使人们对产品产生熟悉感。而通常广告实际上会伴随着说辞、内涵与敦促使用的讯息。

当广告为某一产品或某人建立起这种熟悉感时，其对消费者而言就增加了心理上的价值，这是一种安慰与鼓励的价值，只是这一原因就常会导致消费者产生偏爱。要作出好广告或要做最好的广告人，吸取广告知识最好的途径并不是有关广告的书籍，记住没有什么书籍能够代替你自己亲身观察别人的活动方式，并将你观察所得配合你所阅读过的小说家、诗人及剧作家们的著作，以增强其效果，因为那些著名文学家对人类特质与动机方面有深入的洞察力，其作品历经时间考验而仍能屹立不倒。

然而，在广告中确有一种情况会使熟悉感变成缺点，那就是对一种大家所熟知的老产品做新讯息的传达。在这种情况下，如果把产品广告的名称或包装安排在所要传达的讯息之前，就会有“我早就知道广告要说的是什么了”的危险，从而影响新讯息的传播。

2）“经由提醒”加深品牌印象

我们周围经常会发生“我想做某件事”，但总是因为“拖延的习性”而无法实现的事情。因此，在我们生活中有很多大大小小的事情，其在人们内心的需要感一定要以“提醒作用”来激发才能转变为行动。在这方面，广告不但能够做到提醒，并且常为我们提供确切的服务。做丈夫的经常被珠宝商、画商及糖果饼干商人提醒结婚周年纪念、生日及情人节等，这些挂怀的事并非受广告的影响，广告本身只做提醒的工作。节庆风俗是重要的“挂怀事项”，如今几乎形成了节日经济的现象。

在其他促销任务中，主要的“挂怀事项”是在广告之前逐渐增强的，其过程可以精心策划。在推广活动中，由于“挂怀事项”与“提醒作用”之间的差别，“宣传报道”的任务与广告从业人员的任务也有所不同。有些针对“挂怀事项”的工作能够通过利用广告本身以外的工具，用更少的费用达到更有效的传播，直到适当的时机才把广告引入，以增加其“提醒”的功能而得到完美的效果。然而“提醒作用”所牵涉的范围，远不仅是把心中早已存在的意向加以唤起，也不仅是预告某一节庆日即将到来而已。

3）通过新闻扩大广告的传播范围及影响

在全国性品牌未发展之前，一切广告都是地方性的，而其中绝大多数都用新闻方式。在报纸上刊登广告所用的字体与其他新闻所用的字体相同，并且广告散布在一些新闻报道中。当有品牌的商品以及全国性广告发展起来之后，极有可能以产品的新闻性要素作为导入市场的切入点。非常需要把这种商业新闻传播到各地，以便让消费者尽快得知某一商品，并且尽快建立熟悉感。

在詹姆斯·韦伯·扬的那个时代，借助新闻发布广告可能是一个新鲜事物，而现在借助新闻介绍产品甚至炒作产品的现象越来越多。

海尔在这方面取得了丰厚的效益。20世纪90年代初，《人民日报》《厂长经理日报》《中国机电日报》等媒体大量报道海尔文化，不久海尔就在中央电视台打出了“海尔，真诚到永远”的文化广告和新产品广告，新闻与广告相结合，树立了海尔的文化形象，提高了海尔的知名度和信誉度。之后，1997年，《经济日报》组成采访组，同海尔集团共同策划了一组四篇“海尔扩张之路”的系列报道。这组报道概括总结出海尔的扩张经验——“名牌是帆，文化是魂，人才是本”。报道刊登后，在全国掀起一个学习海尔的热潮。这一组具有广告新闻性质的文章发表后，海尔集团在人们心目中的知名度、美誉度和影响力都大为增强。

找到新闻点后，最重要的问题就是怎样把公司和产品或者概念嵌入新闻当中，最好要嵌入得不露痕迹，才能达到借势传播的效果。脑白金在这点上是比较成功的，当时克隆技术是被大家炒得沸沸扬扬的新闻热点，脑白金巧妙地利用了这个新闻点，发表了《生物技术的两大突破》这篇文章，把脑白金技术和克隆技术相提并论。由于嵌入巧妙，刚刚刊登出来的时候被很多人误认为是新闻，传播效果相当好，甚至被其他媒体当作科技新闻全文转载，可以说起到了出人意料的传播效果。

作为广告人，在处理商业新闻时，比新闻记者处理新闻时还要想得多一点。记者并不“关心”人们在看过新闻之后会不会有“反应行动”，而广告人就必须得关心，他的目的就是要说服人们去做某一件事。这意味着，广告人在处理新闻时，首先，也是最重要的，是一定要抓住许诺给读者或听众的利益。这些利益一定要尽量明确清楚并具有说服力。其次，广告新闻并不像一般新闻那样，今天重要到在第一版发布，明天就无声无息地过去了。广告新闻需要重复地说，经由一再提醒直到遍及每一位可能受益者。最后，在重复诉说的过程中，广告人一定要在其基本新闻中加入新要素来充实。如有可能，还要加以发展，如演示使用过程、用证言推荐以及使用者发现其他利益等。

对明显的在报纸上的广告新闻意义已说了很多，尤其是当产品或劳务具有某种与生俱来的新闻性时。而新闻注入给广告的生命力是如此之强，以至于当产品本身不具备此种与生俱来的新闻性时，任何一位广告人都会想方设法在别处寻求。他也许必须去推动产品的发展才能得到此类新闻，或者要经由对产品新用途的彻底研究才能找到。

4）“经由克服惰性”阻止消费惯性，改变消费习惯

在物理学上惯性的定义为：物体若不受外力的作用，有维持其原有状态的特性，静者恒静。这个定义，在这里完全符合广告的情况。使用广告克服惯性，是用广告作为一种外力去改变人的静止状态。所以一切广告，尤其是每一个好广告的首要任务就是指向克服惯性。“使其行动”是兜售广告每次完成销售任务的最后一个条件。

宝洁在中国的成功与其准确的市场定位及完美的广告策划是分不开的。宝洁不仅教人们洗头，还教中国一代又一代人刷牙，在获得经济效益的同时，获得的社会效益也是空前的，更是长远的。因为，在这一切努力的背后，是人们生活观念、生活习惯的改变，是人们健康意识和水平的提高，是整个社会的文明程度的提高。

正因如此，当宝洁公司出钱出力聘来广告明星为中国健康协会做“我天天洗头，你呢？”的大型广告活动时，竟连自己公司的名字都没有署上。宝洁让人们天天洗头，那洗发水的使用量当然就高了，而宝洁是洗发水最大的卖家，所以，最终获利的还是宝洁。从创造需求的角度来说，只有引导消费者改变他们的消费习惯才能创造更多的需求，才能有利于商家，同时也有利于培养消费者更文明的消费行为，从而有利于他们的工作与生活。像宝洁这种一箭双雕的经典案例，真的应该引起我们当代广告人广泛的借鉴与深刻的反思！

5）“增加产品所缺的附加值”，累积品牌资产

广告费用常被证明是“配销所产生的附加价值”的要素之一，因为广告促成了配销，并有降低配销成本的倾向。然而更重要的是，广告本身常能以其独有的功能成为另一种附加价值。这是使用者或消费者在使用产品时的满足所带来的价值。在某些情况下，这种因广告本身而增长的满足可以是一种非常具体的形式。

人类的需要具有多重性，既有物质性需要，也有精神性需要，并且这两类需要常处于交融状态。一方面，物质需要的满足可以带来精神上的愉悦；另一方面，精神上的满足又可以强化物质需要的满足，甚至会代替物质需要的满足。从这种意义上说，产品的质量是基础，附加值是超值。作为物质形态的产品或服务，本来并不具备心理附加值的功能，但适当的广告宣传会人为地给产品赋予这种附加值，甚至使该产品成为某种意义或形象的象征——购买这类商品时可以获得双重的满足，一个是物质上的，另一个是精神上的，这对于有条件购买该产品的消费者会产生极大的吸引力。如“派克”钢笔是身份的象征，“金利来”领带代表的是成功男人的形象，而“万宝路”香烟则是独立、自由、粗犷、豪放的男子汉的象征。

能用于公众之中或与其个人的人格观念密切关联，这是赋予产品身份地位象征的附加值的基本必要条件。由于科技的进步导致竞争产品日益雷同，因此用广告增加产品主观价值就变得日益重要。

10.5.4 詹姆斯·韦伯·扬的创意论

创意是广告的灵魂。一百多年来，广告界的思想家和大师们对创意的理解各有千秋，集中表现在有“科学派”和“艺术派”之说。如果说“科学派”和“艺术派”都有点儿各执一端的话，那么，美国广告大师詹姆斯·韦伯·扬的创意哲学就高人一筹。

1）产生创意的过程论

詹姆斯·韦伯·扬认为创意具有某种神秘的特质，它就像在海上的水手突然发现童话般的岛屿一样。根据古代水手所讲的，发现岛屿的地方在航海图上标示的是深蓝大海。在他们航行途中，会突然看到一个美丽的环状珊瑚岛浮出海面，岛的四周笼罩着一层神秘的光。以创意而言，它们也是突然间浮出脑海，而且在它们的四周同样笼罩着一层魔幻般的、无法解释的神秘之光。

同时，詹姆斯·韦伯·扬也强调，创意并非一刹那的灵光乍现，而是如同魔岛的形成，要靠广告人脑中的各种知识和阅历累积而成，是通过眼睛看不见的一连串自我的心理过程制造出来的。魔岛看似突然出现，创意似乎偶然跳出，却都并非从天而降，一日之功。

韦伯创意哲学的特点在于把变化看作心理过程，而不是片段的心理状态。那么，“过程”和“片段”又有什么区别？从前有个饿汉，一口气吃了五个饼，还是不饱，吃到第六个时饱了。于是他后悔了，早知道吃第六个就能饱，前头的那五个就不用吃了。饿汉的哲学，就是“片段论”，而“过程论”则把饱足感看作综合了六个饼的功能之后所呈现的心理状态。

从过程认识事物，要求认识事物的来龙去脉，把握事物的发展规律。广告创意，作为一种复杂的思维过程，它发端于自觉的有意识的思考，即搜索、接受和重组必要的信息，提出各种可能的方案；随后有一个孕育阶段，即在意识或潜意识中进一步思索和酝酿各种信息重组的可能性；最后，通常都由于受到某种因素的启发，以灵感的方式突然出现，瞬间完成整个思维过程，即产生创意。

詹姆斯·韦伯·扬的创意“过程论”，较为科学地阐释了这一规律。他把创意过程分为五个阶段，即：①收集原始资料；②消化资料；③深思熟虑，顺其自然，抛开问题，任其在潜意识中综合酝酿；④实际产生创意；⑤发展、评估创意，使之能够实际应用。在这五个阶段中，灵感激发创意只是其中的一个阶段。虽说对灵感发生的机制目前还不尽了然，但从公认的意义上说，人们把灵感看作一种由偶然因素激发的思维状态，而不是一种思维方式。在灵感来临之前，人们已经为产生创意运用逻辑的、知觉的思维方式做了许多工作。没有这些工作，符合既定广告策略的创意就不可能产生。

2）如何培养创意思维

广告界有人认为詹姆斯·韦伯·扬的创意哲学与伯恩巴克相似，这实在是一个误解。詹姆斯·韦伯·扬的创意信条，如福特汽车的生产流程那么受到肯定，人的心理历程也遵循一个技术方面的作业流程，这个技术是能够学到并受控制的。他的方法是：博闻强记，努力地收集、累积资料；分析、重组各种相互关系；深入地观察体验人们的欲求、希望、品位、癖好、渴望及风俗与禁忌，从哲学、人类学、社会学、心理学以及经济学的高度去理解人生；通过研究生活中的案例来领会创意的要旨。

詹姆斯·韦伯·扬相信规律、法则，相信经过训练的心智能产生敏锐迅速地判断相关性的能力。这与把“创造力”看作自然恩赐的观点是截然相反的。只有树立这种观念，广告教育才有存在的可能。詹姆斯·韦伯·扬为培养广告人才撰写了《怎样成为广告人》和《产生创意的技巧》两部著作，点燃了“创意大烛台”上的七支“蜡烛”，奏响了“创意五步曲”。为扩展后学者对“全部创意过程的了解”，他推荐了华莱士的《沉思的艺术》、彭加勒（数学家）的《科学与方法》和柏维雷格的《科学调查的艺术》三部名著。

但是，我们并不能因此认为他的创意哲学与“科学派”如出一辙。詹姆斯·韦伯·扬虽然重视调查、统计、分析等“可测度”的因素，但是他更重视对“品质”因素的把握。因此，他特别关注在统计上完全相同的对象之间的差异，强调心理学、社会学的重要作用。他曾说，假如一个人想要知道居住在太平洋沿岸人群的生活习惯，彻底地研究《日落》杂志，可能比市场调查所告诉你的资料更快速、更丰富。他用这种方法，竟在缺乏市场资料的紧急情况下，为某种猎枪做了一个极为成功的广告策划活动。我们有理由认为，詹姆斯·韦伯·扬的创意过程论，综合了“科学派”与“艺术派”的广告智慧，是更客观、更辩证的思想成果。

10.5.5 创意五步曲

广告界有一种并不罕见的现象——一个杰出的构思或伟大的创意得不到认同、赞赏和采纳，而是被否定或舍弃。

1932年春天，盖奇尔为顺风牌汽车提交了六个排印好的广告样稿，其中一个的标题是“三家全看看”。这个文案被公司的审查者否决，并认为是愚蠢的。第二天，这些样稿提交到公司老板那里。“管他呢，我就要刊登这个广告！”老板说。结果，这个广告使得顺风牌汽车“在一夜之间进入到一个伟大的时代”。

这种现象表明，广告的原则与基本方法，比广告业务的细节知识更为重要。詹姆斯·韦伯·扬认为，每个创意的产生，总是有意识地或者无意识地遵循了五个步骤。

1）第一步，收集原始资料

詹姆斯·韦伯·扬把这种资料分为特定资料和一般资料两种类型。特定资料，指那些与创意密切相关的产品、服务、消费者及竞争者等方面的资料；一般资料，指各门学问，包括从埃及人的葬礼习俗到现代艺术和生活的每个层面。

这似乎是老生常谈，最简单不过了，然而往往也因此被人忽视。忽视者喜欢作才子状，把本该花在系统地收集原始资料的时间，用于心不在焉的发呆或者无所事事的空想，以等待灵感降临。要熟练掌握产品和与之相关的那些知识，并不是一件轻而易举的事情。掌握这种知识的方法有点儿类似于莫泊桑推荐的学习写作的方式：“走出家门，来到巴黎的大街上，招呼一个出租车司机。在你看来，他很像其他出租车司机。而你接下来要做的就是一直研究他，直到你能够把他描述得与这个世界上其他的出租车司机都不相同，每个人看到你的描述之后，都觉得你说的就是这个出租车司机。”詹姆斯·韦伯·扬说的其实是创意的源泉问题。创意的过程，实质上是对已有的各种因素进行新的综合过程。不把握各种因素（原始资料），“综合”就成了无源之水、无本之木。深入生活是获得创意源泉的根本途径。

收集原始资料，是一件必须持之以恒的烦琐的事。只要辛勤采集，必有报偿。

2）第二步，消化资料

生活就像万花筒。詹姆斯·韦伯·扬认为：“广告就是在我们生活的万花筒世界中所构成的新花样。”万花筒中的玻璃片越多，构成新花样的概率就越高。我们在广泛地体验人生——创意的第一步过程中，为心智的万花筒聚起丰富多彩的“玻璃片”，第二步当然就是毫不犹豫地旋转万花筒——让多彩的“玻璃片”碰撞出绚丽的思想火花。

詹姆斯·韦伯·扬强调，“在心智上养成寻求各事物之间关系的习惯，是产生创意最为重要之事”。这也是创意的第二步能否走好的关键。旋转万花筒，实际上就是寻求各种事物之间的相互关系。如果能在看似无关的事物之间，发现它们的相关性并把它们进行新的组合，这就能出人意料，高妙的创意就在其中。

想象力作为创意人员重要的素质之一，常常被人说得神秘莫测。其实，想象说白了无非是在事物之间搭上关系。用“学术语言”来说，就是寻求、发现、评价、组合事物之间的相关关系。

相关关系，是大千世界中普遍存在的最常见的一类基本关系，按相关程度的类型分为单相关和复相关，或者按相关程度的高低分为零相关、低度相关、显著相关、高度相关和完全相关等。人们为了研究相关关系，建立了许多定性的与定量的相关分析法和分析技术。了解这些方法和技术，对广告人无疑大有益处。

寻求相关的方法是各种各样的，表现相关性的方法也同样丰富多彩，如联想、比喻、比兴、对比、衬托、暗示等都是常用的方法。这既像旋转万花筒，也像拼组七巧板，当你不断地拆开来看，合起来看，横着看，竖着看，看来看去，就会进入“横看成岭侧成峰”的境界，多多少少就会产生一些创意。这时，詹姆斯·韦伯·扬告诫我们：第一，所得的创意无论多么荒诞不经、残缺不全，都要把它们记下来，诉诸文字，这有助于推进创意；第二，不要过早厌倦，至少要追求内心活动的第二波，继续努力去得到更多的想法，把它们都记在小卡片上。当你感到绝望，心中一片混乱，看起来魂不守舍时，就意味着创意的第二步已经完成，可以进入第三步了。

3）第三步，深思熟虑，顺其自然，抛开问题，任其在潜意识中综合酝酿

如果把创意第一步比作收集食物，第二步就是咀嚼，第三步就是消化，你就顺其自然——让胃液刺激其流动吧。在进行第三步的时候，你根本不需要任何直接的努力。你要做的就是完全放松，放弃问题，转向任何能刺激你想象力及情绪的事情，去听音乐，看电影，打球，读诗或者看侦探小说。在这个阶段，只有这些事情你可以去做。一旦你把这些事情做好了，它可以帮助你让问题成形，并且推动无意识的、创造的过程。就像大侦探夏洛克·福尔摩斯在破案中遇到难题时，时常会停下来，叫上华生去听音乐一样。

“尤里卡效应”源于古希腊科学家阿基米德科学灵感突现的忘情呼喊，它标志着伟大的创意的诞生。“尤里卡”的意思就是“我想出来了”。当广告创意人员高呼“尤里卡”的时候，就意味着创意进入了第四步。

4）第四步，实际产生创意

詹姆斯·韦伯·扬把第四步称作“寒冷清晨过后的曙光”。这就是创意产生的方式：当你已经不再煞费苦心地寻求它们，并且在暂停苦苦寻求而得到了短暂的休息与放松之后，创意便不知不觉地光临了。它的特征就是具有突发性——是在绞尽脑汁，身心憔悴，只好把问题放入潜意识之后的顿悟、灵感、直觉。因为来得突然，第四步的过程难以具体描绘。这正如一位哲学家所描述的，它“就像一棵高居山顶的橡树，每个人都可以看到，又很难摸得到”。

找到了创意，并不意味着万事大吉。人们期盼的是如日中天的光明，而不仅是微弱的曙光。詹姆斯·韦伯·扬说，当你把创意这个新生儿拿到现实世界中的时候，常常会发现它并不像初生时那样奇妙，还要做许多耐心的工作，以使大多数创意能够适合实际情况。

5）第五步，发展、评估创意，使之能够实际应用

要完成创意的生产过程，你还必须再经历一个阶段，一个被称为寒冷、灰暗的拂晓阶段。在这个阶段，你必须把新生的创意带到现实世界中来。而当你这么做时，你时常会发现它看起来似乎不像刚刚产生的一刻那样非凡。

创意必须符合具体条件或实际要求才能发挥作用。为了让大多数创意能够符合具体条件或实际要求，你需要十分耐心地雕琢它。到了这个地步，如果你做不到这一点，那么许多很好的创意就会夭折。创意者就像发明家一样，有时会因为没有足够的信心或者不太注重实用，从而无法很好地完成整个创意过程的适应部分。在当前这个注重实际、讲究成效的世界里，如果你打算让你的创意发挥作用，那么你就必须很好地完成它。不要犯“把创意一直藏在心里”这样的错误。应当公开你的创意，并乐意让它接受智者的批评。

当你这样做时就会发现，好的创意具有自我扩大的本质。它会刺激那些看过它的人对其加以增补，因而大有把你所忽视而又有价值的那部分显露出来的可能性。这个步骤为世界上许多大的广告公司所认同，有的还采用“动脑小组”的形式，来进行创意的群体公关。

产生创意的五个步骤，简单明了，看起来并没有什么惊人之处。但是，实际上却需要最辛苦的高智力工作。人类文明史表明，多少改变世界进程的科学发现，都显得那么简单明了，但其中所包含的心血却是一部可歌可泣的史诗。

五个步骤是正确地产生创意的一个“路标”。不同的学派，不同的大师，都各有各的“路标”，这些“路标”尽管各具风格，但也包含一些共同的东西，取长补短，有助于我们越过山重水复的迷茫，领略柳暗花明的喜悦。

詹姆斯·韦伯·扬这位有50年广告生涯的广告名人，由于在广告创作上的造诣，被奥格威看作美国最有成就的五六个人之一。他从事过苹果种植业、杂志发行及印第安人手工艺品的邮购工作，在两次世界大战中做过美国政府情报宣传顾问，担任过当时美国国内外商业局局长及美国事务协调传播署署长，曾经是芝加哥大学商学院商业史及广告课程的唯一教授，是广告人中著作最丰者。他的富有传奇性的多姿多彩的生涯，显然有助于他冷静地、客观地、不带成见地思考广告创作的方方面面，达到自成一家的境界。尽管詹姆斯·韦伯·扬在世时，他的富有建设性的广告思想曾被粗心的人们所忽视，但在1974年，即他逝世后的第二年，他就被追授美国广告人的最高荣誉——入选“广告名人堂”。可见，他的广告思想历久弥新，最终得到了认同。

10.6 杰克·特劳特

杰克·特劳特（Jack Trout）出生于1935年。1964年，他初入美国广告界，先后任职于通用电气（GE）、美国橡胶公司（Uniroyal）等企业。如果说20世纪50年代属于罗瑟·瑞夫斯的“USP理论”，60年代属于大卫·奥格威的“品牌形象论”，那么，70年代便是属于杰克·特劳特的“定位时代”。

20世纪70年代，成名之后的杰克·特劳特继续对定位理念进行深入的探索和研究。定位理念日趋成熟，并逐渐发展成较为完善的理论：“定位”理论经过10年的发展与实践，到20世纪80年代，最终超过“USP理论”和“品牌形象论”，被奉为经典。连大卫·奥格威都称赞“定位”观念是“有史以来对美国营销影响最大的观念”。

杰克·特劳特曾对通用电气、数码设备（DEC）、七喜（Seven-Up）、IBM、汉堡王（Burger King）、施乐（Xerox）、联合泽西银行等公司进行研究，并为它们提供了宝贵的建议。

20世纪90年代，年近花甲的杰克·特劳特并未待在家里安享晚年，而是继续驰骋在“营销战”的最前沿。他根据时代的变化，进一步完善了“定位”理论，并不断进行理论创新。

杰克·特劳特也十分重视中国这个潜力巨大的市场。特劳特伙伴公司在中国设有分部，服务于多家世界知名公司的在华业务和众多中国本土企业，像王老吉、东风汽车、劲霸服装、长城汽车、血尔补血口服液等。2002年，特劳特还亲自来到了中国。特劳特此次中国之行，受到中国营销界的热烈欢迎，同时也让中国营销界领略了大师的风采。

2004年，他又推出了《什么是战略》(Trout on Strategy)。该书讨论了摩根士丹利所推崇的商业战略思想，总结了特劳特30多年的战略思考，是他一生营销实战的智慧结晶。

杰克·特劳特——有史以来对美国营销界影响最大的人。

10.6.1 杰克·特劳特的广告思想精要

迄今为止，营销战略大师杰克·特劳特最重要的广告思想就是定位和营销战。

1）定位

自从1969年特劳特提出定位以来，这一革命性的理念对美国乃至世界的营销广告界产生了巨大的影响。那究竟什么是定位呢？定位，就是要在预期客户的头脑里给产品定位。其最核心的思想就是区隔市场、焦点经营。

特劳特认为，任何一个品牌（产品、服务或企业）都必须在目标受众的头脑中占据一个特定的位置，形成有别于竞争者的价值，并维持好自己的经营焦点。

这显然是与传统营销截然不同的崭新认识。以往，人们更愿意相信“好产品终有出头之日”“努力终有回报”，而定位则指明一个后进入市场的品牌不能以“更好”的表现取胜，而应该以“不同于”领先者的策略而获利；以往，人们更热衷于品牌延伸，认为囊括多样产品的大品牌易被消费者信赖，而且以延伸品牌推出新产品更节省营销费用，定位则要求一个品牌必须保持单纯，不应该推出太多种类的产品而模糊自己的区隔，失去焦点。今日美国但凡成功的品牌，无不在消费者的头脑中占有一个有别于竞争者的定位。例如，在牙膏市场，Crest（佳洁士）的定位是“防止蛀牙”，Ultra Brite是“洁白牙齿”，Close-Up是“清新口气”，Aim是“味道好”。

不仅如此，定位观念还揭示，企业的营销活动必须与定位相一致，才会加强品牌，反之则削弱品牌。通用汽车曾因为将不同品牌的车型同质化，使它们失去各自的特色与定位，令市场占有率下降10%——这意味着每年要损失百亿美元的销售额。

特劳特认为，品牌要保持成功，绝不能延伸和多元化，这个观念已逐渐为美国企业所广泛认识。1986年，雪佛兰（Chevrolet）是美国销量最大的汽车品牌，共卖出170多万辆，但无节制的车种延伸，使它10年后的销量下降了40%之多，最终败于福特（Ford）；施乐曾因品牌延伸介入电脑办公系统，浪费了10亿美元；IBM因不守其定位而在复印机、金融、软件方面全面出击，一度陷入了经营危机。

特劳特在1981年的《定位》和1996年的《新定位》中详细地阐述了"定位"理念，而作为《定位》的后续，《新定位》更是"囊括了定位的最终含义"。

2）营销战

20世纪80年代，面对竞争激烈的市场，定位大师杰克·特劳特与其伙伴一起总结了美国几十年来的营销史，剖析了以消费者需求理论指导营销的危险性，最终提出了"营销战"的理念。特劳特认为，营销即战争，竞争对手就是假想的敌人，而顾客的头脑则是要占领的阵地。他将营销看成针对竞争对手的战争性活动，并提出了竞争导向而非消费者导向的营销战略模式。

这显然又与传统的"顾客是上帝""满足消费者需求"的营销战略大相径庭！许多公司都是通过市场调研来制定营销策略，依据消费者需求行事的，最终结果往往是所有企业几乎都得出相同的营销策略，采取相似的广告宣传手段。但市场不是真空的，当消费者需求已有强大的竞争者去满足时，若仍以相同的策略对抗竞争者，无异于向防守坚固的城墙发动硬攻，最终只能白白地耗费大笔营销费用。特劳特认为，除政府决策外，由于错误的营销计划而浪费的钱，比在其他任何领域都多。

像美国第二快餐品牌汉堡王，它通过调查发现消费者对快餐店最在乎的需求是"快"，于是它雄心勃勃地展开了"以最快速度提供最佳餐食"的营销活动，期望一举击败麦当劳。结果，因为餐饮业老大麦当劳早已在消费者头脑中占据了"快"这个字眼儿，所以，无论汉堡王"快"的广告攻势如何猛烈、创意如何精妙，也无法被消费者接受，其营销一败涂地。

如今的现实是市场严重地供过于求，消费者的需求已普遍得到了满足，市场营销应该将重点从顾客身上转移到竞争者身上。若要打造一个品牌，公司首先要研究既有竞争者在消费者头脑中的地位和形象，并从一个异于竞争者的角度，切入消费者心理。

特劳特在营销战理念的基础上，提出了营销战略的四种基本模式（防御战、攻击战、侧翼战与游击战），供处在不同市场地位的企业选用，并给出了多种商战原则，以指导实战。这种根据不同行业、地位与资源能力，选择相应营销战略的做法，使得在市场上扮演不同角色的企业，均有恰当的定位，都可谋得各自合理的收益，而不至于导致盲目的商战，造成无谓的资源浪费。

在1985年出版的《营销战》一书中，特劳特系统地论述了营销战的理论。

10.6.2 杰克·特劳特的广告著作精要

杰克·特劳特是一位精力旺盛的营销战略专家，到目前为止，他本人或他与别人合作出版了多本营销广告学著作。其中最有影响力的有：《定位：头脑争夺战》、《营销战》、《22条商规》和《新定位》等。

1)《定位：头脑争夺战》

定位的基本方法，不是创造出新的、不同的东西，而是要改变人们头脑中早已存在的东西，要把那些早已存在的东西重新联系到一起。

在传播过度的社会里，由于产品“爆炸”、媒体“爆炸”和广告“爆炸”，人们的大脑备受骚扰。由于人们过分地运用传播来解决大量的商业和社会问题，结果导致传播渠道堵塞，真正被接受的讯息只有全部当中极小的一部分，而且通常还不是最重要的那部分。

人脑是广告商争夺的战场。那么，如何进军大脑呢？

进入人们大脑的捷径就是争当第一。要想在人们头脑里留下永恒的讯息，你首先需要的不是讯息，而是大脑，一个纯洁、未被其他品牌占据的大脑。如今，营销时代已经由“产品时代”“形象时代”过渡到了“定位时代”。在“定位时代”，我们必须了解人的大脑。

为了应付产品“爆炸”，人们在脑子里给产品和品牌分类。好比人脑里有一组梯子，每架梯子代表一类产品，每一层上都有一个商标品牌。比如饮料类，排在第一位的自然是可口可乐，第二位是百事可乐，接着是七喜或其他别的什么。很显然，一般的消费者只能记住每架梯子最上面的几个。所以，企业必须想尽办法爬上梯子，并尽量爬得更高，如果梯子上已经坐满了竞争者，那么就想办法在消费者的头脑里再竖起一架梯子。当然，坐上头把交椅是最终的目标。

不要崇拜“我能行”，有些时候你永远无法“由此及彼”。如GE无论实力多强、多努力，也不会在计算机领域击败IBM。

在消费者头脑中处于不同位置的产品，要有不同的定位策略。

(1) 领先者定位

事实表明，第一个进入人们头脑的品牌所占据的长期市场份额，通常是第二个品牌的两倍、第三个品牌的三倍，而且，这个比例一般不会轻易改变。尽管某类产品中会同时出现两个领导品牌并驾齐驱的情况，但是最终只会有一个品牌占据上风。

只要成为领先者，其地位在短时间内就会坚不可摧，仅凭惯性就能维持下去。

领先者要做的，就是要利用其短期的灵活性来确保长期的稳定性。领先的企业没有必要再高呼“我们是第一”，而是要设法提高在预期客户头脑中产品类别的档次，把市场做大。同时，要对竞争对手的进攻反应敏捷，可以用多个品牌、更宽泛的名称拦截对方。

(2) 跟随者定位

对领先者管用的方法不一定也对跟随者管用。效仿别人具有种种危险。跟随者要想成功，就要提出与领先者不同的定位策略。跟随者还必须趁领先者没来得及建立领导地位，发起规模更大的广告促销行动，并为自己的产品起个好名字。

跟随者要寻找空当，如尺寸上的空子，大众公司的“甲壳虫”汽车就凭着“想想小的好处（Think Small）”获得了成功；高架上的空子，奔驰、都彭打火机

(S. T. Dupont)、芝华士牌威士忌都是很好的例子；此外，还有其他的空子，如低价位上的空子、性别上的空子、年龄上的空子、一天当中的空子、营销方式的空子等。

同时，不要迷信技术，也不要陷入“人人都满意”的陷阱。

可是，如果没有空子可钻该怎么办？那就给竞争对手重新定位。

如今，市场上每一类产品都有数以百计的品种，所以，发现空当的机会可谓越来越少。这时，企业要想提出新理念或推出新产品，就必须首先为已在人们头脑里占据一席之地的竞争对手重新定位，把人们头脑里原有的相关理念或产品排挤掉。

不要害怕争执，它会让你一夜成名。

要重视名字的威力。为你的产品起个好名字，不要掉进“无名”的陷阱，也不要掉进“搭便车”的陷阱，更不要掉进“产品延伸”的陷阱。

此外，定位不仅是营销战略，同时也是广义的成功之道。

在该书的后半部分，特劳特通过翔实的案例向我们证明了这一点。如孟山都的公司定位案例、比利时的国家定位案例、奶味糖豆的产品定位案例、邮递电报的服务定位案例、长岛一家银行的定位案例、天主教会定位案例、个人及其职业定位案例等。

2)《营销战》

特劳特认为，营销即战争。

特劳特将《战争论》(德国著名战争哲学家克劳塞维茨著)中的思想，成功地运用到“营销战”之中，从战争的角度出发，为处于不同行业地位的企业，选择了不同的营销战略。

特劳特首先从“两千五百年的战争史”写起，从古希腊的马拉松战役，到拿破仑的滑铁卢会战，再到近代的索姆河战役。特劳特告诉我们战争中必须谨记的原则：①兵力原则。两军交战，上帝更偏向力量强的一方。这是战争中最根本的原则，也是一种自然法则，大鱼吃小鱼，大公司击垮小公司。②防御优势原则。军事指挥官们不会向数倍于自己的力量挑战。大致算来，若想进攻成功，至少应该在进攻地点投入三倍于敌方的兵力。

在竞争的新时代，这些战争原则同样适用于“营销战争”。在营销战中，竞争对手就是假想的敌人，而顾客的头脑则是要占领的阵地。

特劳特根据所处的战略位置，提出了四种战略形式，它们分别是防御战、进攻战、侧翼战和游击战。

(1) 防御战原则

第一条防御战原则，只有市场领先者才应该考虑进行防御，如计算机业中的IBM、饮料业的可口可乐等行业巨头。

第二条防御战原则，最好的防御策略是勇于自我进攻，如IBM每隔不久就推出性价比更优的大型计算机系列，吉列公司不断革新它的剃须刀。

第三条防御战原则，要时刻准备阻止竞争者的强大营销攻势，否则，一旦进攻者确定了市场地位，防御就为时已晚，到那时原来的领先者只剩下一个机会——重新回到起跑线，与竞争对手再决高下。

（2）进攻战原则

进攻战适用于处于市场第二位或第三位的公司。该公司应有足够的力量向领先者发动持久的进攻。而“足够的力量”是相对的，如果你的公司有足够的力量，就应该考虑发动进攻。

第一条进攻战原则，进攻所考虑的重点应该是领先者在市场中的强势。应该把精力放到领先者身上，要考虑领先者的产品、销售力量、产品价格和销售渠道。不管屈居第二的公司在某一类产品上的实力有多么强大，只要领先者在这方面也很强大，该公司绝没有胜算的机会。

第二条进攻战原则，要找到领先者强势中的弱点，并攻击此弱点。根据对立统一的原理，领先者的强势也会成为它的弱点，如艾维斯公司在攻击出租车行业老大赫兹公司时说“下次试试我们吧，在我们的柜台前无须等候”。

第三条进攻战原则，要在尽可能狭窄的阵地上发动进攻。只有领先者才能担负起“品种齐全”，而挑战公司应该尽可能专注于一种产品，在决定性的地点拥有相对优势。

（3）侧翼战原则

侧翼战是营销战中最具创新性的方法，同时它也是一场赌博，而且需要每时每刻都作出周密的计划。

第一条侧翼战原则，一次好的侧翼进攻行动应该在无人竞争的地区展开。发动侧翼战，其实并不需要生产出不同于市场上现有产品的新产品。但是，你的产品必须包含创新或独特的部分，你得让顾客对你有新的观念。

第二条侧翼战原则，战术奇袭应该成为计划中的一个重要组成部分。侧翼战的本质就是一场奇袭，而市场试验和过多的调研往往会破坏侧翼行动，因为若试验失败则会取消计划，若试验成功又容易惊动领先者。

第三条侧翼战原则，追击同进攻本身一样重要。这是一条追加原则，正如克劳塞维茨所说：“如果没有追击，胜利就不会有很好的效果。”

侧翼战有几种形式，如低价位侧翼战、高价位侧翼战、小型产品侧翼战、大型产品侧翼战、促销方式侧翼战、产品类型侧翼战、低热量侧翼战等。

侧翼战策略还需要有独到的眼光和先见之明，需要把握时机。它可不是那些胆小或谨慎的人能驾驭的。

（4）游击战原则

在激烈的“营销战”中，小公司也可以凭借“游击战”策略屹立于强者之中。营销战成功的关键在于，要针对你的竞争对手制定战略战术，而不是针对你自己。

第一条游击战原则，小公司要找一块细分市场，要小得足以守住。“小”是相对而言的，它可以是地理意义上的“小”，也可以是容量上的“小”，还可以是其他概念上的“小”。总之，小得让那些大公司难以进攻或不屑于进攻。

第二条游击战原则，不管你有多么成功，都不要使自己的行为像一个领先者。

游击公司不应该制定形式化的组织系统、工作说明、职位升降系统等，它应该尽可能地把全部人员都投入到前线，不要留任何非战斗人员。

第三条游击战原则，一旦出现失败迹象，随时准备撤退。游击队没有那么多财力和人力浪费在败局已定的战斗中，它应该尽快放弃残局，继续前进。

游击战的形式有地理游击战、人口游击战、行业游击战、产品游击战、高价位游击战等。

同时，小公司也可以发展同盟，利用兵力原则来进行自我保护。

在《营销战》这本书中，特劳特还用若干章节分析了美国市场营销中的具体案例，他用营销战的思想描绘了可口可乐和百事可乐的大战、啤酒行业的混战、汉堡王和温迪斯对麦当劳的挑战，以及IBM与DEC、苹果的计算机大战。

在全书的最后，特劳特还总结了营销将领应具备的个人要素，他必须机动灵活、勇敢、了解事实、运气好、通晓规则等。

3)《22条商规》

在这本书中，特劳特提出了22条永恒不变的市场法则。它们分别是：

(1) 领先法则，成为第一胜过做得更好。

(2) 类别法则，如果你不能第一个进入某个类别，那么就创造一个类别使自己成为第一。

(3) 观念法则，首先进入消费者心中要胜于首先进入市场。

(4) 认知法则，市场营销并不是一场产品战。

(5) 聚焦法则，市场营销中最强有力的观念就是在潜在消费者心中拥有一个代表自己特色的词语。

(6) 专有法则，两个公司不可能在消费者心中拥有同一个代名词。

(7) 阶梯法则，采用何种营销战略取决于你站在阶梯的哪一级。

(8) 二元法则，从长远来看，每个市场都会呈现只有两匹马竞赛的格局。

(9) 对立法则，如果你将目标锁定为市场第二，那么你的战略应由领先者决定。

(10) 细分法则，一段时间后，一个产品类别将会进一步细分，并形成两个或更多的产品类别。

(11) 长效法则，市场营销只有经过一段时间的运作才能显现其效果。

(12) 延伸法则，总是有一种不可抗拒的压力迫使公司延伸品牌的产品线。

(13) 牺牲法则，有所失，才能有所得。

(14) 属性原则，对于每一个属性而言，都会有一个对立、有效的属性存在。

(15) 坦诚法则，承认不足，消费者会发现你的长处。

(16) 独特法则，在每一种情况下，只有一种行动会产生显著的结果。

(17) 不可测法则，除非你是在为对手制订计划，否则你无法预测未来。

(18) 成功法则，成功常会导致自大，而自大则会导致失败。

(19) 失败法则，失败是可以预料的，也是可以接受的。

（20）炒作法则，实际情况往往与媒体宣传的相反。

（21）加速法则，成功的营销计划不以时尚为依据，而以趋势为基础。

（22）资源法则，没有充足的资金，好想法不会变为现实。

特劳特用这22条法则解释了商业界发生的各类现象，同时也为实战中的企业指明了避免陷阱、走向成功的道路。

4）《新定位》

1996年，为了适应市场的变化，同时也为了弥补《定位》的不足，特劳特与其新伙伴一同出版了《新定位》。作为《定位》的后续，《新定位》更强调从消费者角度定位。

《新定位》一书共分为三个部分：第一部分探讨了大脑是如何接受、储存和否决信息的；第二部分讨论了重新定位以及如何实施其策略；第三部分讲述了一些营销技巧。

（1）研究大脑

现代社会是一个传播过度的社会。每天，人们都要面对数以亿计的信息洪流，有传统的印刷品信息，也有现代的电子信息，而且信息洪流还在不断高涨。可是，我们的大脑究竟能够处理多少信息呢？事实上，我们的大脑不能处理全部的信息。

①大脑具有有限性：由于生理上的局限，我们的大脑不能无限地处理信息，它是具有选择性的。大脑的选择性过程至少包括三个防御环节，即选择性曝光、选择性注意力、选择性保持力。同时，人们还会根据自己的信念对信息进行错误的理解和解释。一些因素，如兴趣、情感、经历、生活片段类比和新闻因素等，也会影响大脑的选择性。

②大脑憎恨混乱：学习是动物和人类获取新信息的方式，记忆则是他们储存信息的方式，而记忆的诀窍就是保持简化。复杂性会导致人的厌烦情绪，会压制人的理解力。

③大脑的不可靠性：在很多情况下，人们并不清楚自己的购买动机。人们总是买那些他们认为应该拥有的东西。其主要原因是大脑的不可靠性。而造成这个不可靠性的一个重要原因就是感知风险，它包括金钱风险、功能风险、生理风险、社会风险和心理风险。

④大脑不会改变：试图改变消费者的大脑是徒劳无功的。改变的后果是企业要付出惨痛的代价。既然大脑很难改变，那就改变企业的态度。如今，很多企业都开始重申旧观念，如肯德基重新请出了哈兰德·桑德斯上校。

⑤大脑可能丧失焦点：随着时间的延续，许多知名品牌都能在消费者的大脑中留下清晰的形象，如施乐是复印机、IBM是电脑、可口可乐是“正宗货”、百事可乐是“新一代”的选择等。

可是，成功的企业却往往会陷入产品延伸的陷阱，从而丧失了焦点。而焦点丧失程度越严重，企业就越容易受到伤害。只有产品专一和高度集中的竞争者才是赢家。

（2）对待变化

在美国，一些大企业都曾遭到变化的挑战，甚至被变化击败，如通用汽车、IBM、DEC、施乐等。

这些问题公司一般有两种类型：

第一种类型是，公司已经丧失了焦点。它们要么进行产品延伸，要么分散经营，结果作茧自缚。例如，施乐公司曾一度是复印机行业的老大，可它却决定推出计算机，结果遭到了毁灭性的打击。

第二种类型是，公司背后的市场发生了变化。公司为了生存不得不寻找一种新的观念或定位以求发展。而这两种变化都要求公司重新进行定位。例如，莲花公司曾通过重新定位，使它的电子制表软件重获领先地位。

这一部分，特劳特还具体分析了软件公司、冰激凌公司、会计师事务所、政治候选人、电视节目、石油公司等的重新定位。

（3）商业诀窍

在这一部分，特劳特将25年来从没公开过的经验诀窍公之于众，如大脑靠耳朵运转、取个好名字、避免蹩脚的名称、给产品类别命名、市场调查使头脑混乱、公共关系的定位威力、定位中的六种陷阱、会议室里的合适人选等。

10.6.3 小结

年过70的特劳特先生思维依然活跃，创作力依然旺盛。2004年，他的《什么是战略》一书又为我们带来了新的惊喜。

在该书中，特劳特论述了“什么是战略”。他认为，战略就是生存之道，战略就是建立认知，战略就是与众不同，战略就是打败对手，战略就是选择焦点，战略就是追求简单，战略就是领导方向，战略就是实事求是。

10.7 李奥·贝纳

李奥·贝纳（Leo Burnett）（1892—1971）是开创现代广告的六位巨擘（阿尔伯特·拉斯克尔、斯坦利·雷索、雷蒙·罗必凯、李奥·贝纳、克劳德·霍普金斯、威廉·伯恩巴克）之一。1964年他入选“纽约广告文案名人堂”，与大卫·奥格威、威廉·伯恩巴克并称为20世纪60年代美国广告“创意革命”的三大旗手。他为美国广告“开辟了任何人都不能想象的那么多的可能性”，对美国广告业的发展产生过重要影响，被形象地誉为“广告界的戏剧大师”。李奥·贝纳的热情、激情和经验使他所做的文案充满了“内在的戏剧效果”。他所创办的李奥·贝纳广告公司如今是美国排名第一的广告公司，分公司遍布全球80多个国家和地区。公司服务的客户包括全球25个最有价值的品牌当中的7个：麦当劳、可口可乐、迪士尼、万宝路、凯洛格、丹碧斯和任天堂，而与这些顶级品牌耀眼得让人眩晕的光芒相联系的，则是数不胜数的经典广告。

自1935年创办广告公司以来，李奥·贝纳凭多年广告创作的成功经验，将自己的广告理论加以总结，形成了“芝加哥广告学派”。对此，李奥·贝纳用了一句相当感性的话语来形容他所统领的派别特色：“坦率而非直截了当，热情而非矫揉造作。”后人曾把他平日记录的关于广告的实践经验和感想汇集成一本《百感交集——广告金言100句》，他的大部分理论还散见于他的各种演说、访谈录以及他写给员工的便条、备忘录中。

我们将李奥·贝纳主要的广告思想归纳如下：

1）挖掘商品与生俱来的戏剧性（inherent drama），使作品具有独创性

“每一样产品本身都具有它与生俱来的带有戏剧性意味的故事，我们的第一件工作是去发掘它。”

“一直以来，我们一遍又一遍地强调事物内部存在着某些可以被称为戏剧性的东西，因为一件商品能在市场上出售，就必然有些特质在里面。那些特质使得厂家把这件商品放在首要位置，一直吸引消费者来购买……搞清楚这一点，抓住它——不管它是什么——然后把它表现得引人入胜……我们一直在努力追求最自然状态下的内在戏剧性，却又需要时时注意不要显得太怪异、太聪明、太幽默，或者别的什么，一切只要自然。”

李奥·贝纳在强调他所领导的“芝加哥广告学派”的特点时，总是最先提出这一点。他相信每件商品都有其“与生俱来的戏剧性”的东西，关键在于广告人是否能够把它挖掘出来。

在此基础上，李奥·贝纳还强调“把它表现得引人入胜”。他说道：“我相信视觉效果……随着广告费用的日益提升，这一点变得越来越重要。因为如果你不能吸引人们的注意，你就什么也没有做。所以你必须做到引人注目，但不是通过尖叫或者耍花样，这才是艺术。”他相信“如何表达”与“表达什么”同样重要。“挖掘商品本身的戏剧性”是解决“表达什么”的问题，而“表达得引人入胜”则是解决“如何表达”的问题。只有解决了“如何表达”的问题，才能使广告作品具有独创性，产生震撼人心的力量。两者必须密切结合起来。“无论你要说什么，只有一个词能够表示它，只有一个动词能使它动，只有一个形容词可以描述它。你一定要寻找到那个词。同时永远不要用差不多来满足自己，不要依赖欺骗，也不要依赖闪烁的言辞逃避困难。”李奥·贝纳的许多经典广告作品都深刻体现了他的这一创作理念，如“红色的肉”“万宝路香烟”“月光下的丰收”“老虎托尼”等。

2）创造作品的关联性艺术

李奥·贝纳认为，好的广告创意应该“能把已知的、可信的东西重新组合，并以一种全新的关系表现出来”。“在意料之外，又在情理之中”是“芝加哥广告学派”的又一显著特色。这一观点包含两方面的内容：

（1）将图案与文字紧密关联

对混乱而又无条理的广告出现在昂贵的杂志及电视广告片中，李奥·贝纳一向深恶痛绝。他认为广告中的文字与图片在传递某一印象或思想时，如果不能有机地结合在一起发挥加强的作用，就是非常糟糕的广告创意。他强调说，只有成功地把表达图画的文字和表现文字的图画放在一起，使它们传达一致的理念，才可以得到好的广告效果。

（2）在看似无关的事物之间建立关联

李奥·贝纳提出，所谓“创造力”的真正关键是如何用相关的、可信的、高品位的方式在看似无关的事物之间建立一种新的有意义的关系，而这种新的关系可以把商品的特性用某种清新独到的见解表现出来。他相信，广告人之所以没有发现更多的这一类的新关系，是因为在这个狭窄的广告世界里存在着太多的“近亲交配”：“不只是有些文案人员直接拿别人的创意做点变化就加以沿用，甚至还有很多人直接抄袭其他公司的创意……而他们从来就没有从相同的桎梏中逃脱出来。”在广告创意中，存在太多的没有致力于表现事物之间“新关系”的工作，而是采用别人的构想去“创作”所谓“新的创意”。把别人的灵魂装在一个新的躯壳中，这不是创作力的表现，而可以说是“创意的欺骗”。

李奥·贝纳虽然提倡创新精神，但他反对毫无根据的标新立异。他常引用他的一位旧老板的话说：“如果你只是纯粹为了标新立异而创新，早上醒来嘴里含着袜子就可以了。”他还说：“我不认为你一定要做得像他们所谓‘不合常规’才有趣味。一个真正有趣味的广告或广播词或广告影片，是因为它自己本身非常稀罕，难得一见，才‘不合常规’，不落俗套。”

3）广告要坚持真实性

与同时期的其他几位广告巨擘一样，李奥·贝纳也认为广告的“真实性”至关重要。他常对他的员工说：“在广告这行的36年当中，我很单纯地遵守这个原则，如果我们不能相信这个商品而使用它，我们做广告时就不能完全诚实。”

而在他对员工强调的“没有好客户就不可能有好广告产生，而没有好广告我们就留不住好客户”的警句中，反映出他坚持只为真正有好产品的客户做广告的原则。这也是他能够一次又一次制造出让企业起死回生的神话的基础条件。如果企业的产品质量不过关，李奥·贝纳的广告创意本领再大，企业也还是会失去消费者的信任。

4）好广告要产生销售力

诚如李奥·贝纳所讲的：“有趣却毫无销售力的广告，只是在原地踏步；但是有销售力却无趣的广告，却令人憎恶。”在李奥·贝纳的认知中，广告应完成本来就应完成的使命，广告应该有能够产生实际作用的方面，而不仅仅是一些吸引目光的、灿烂非凡的文案设计。“我相信就是因为广告内容可怕的空洞导致很多的枯燥乏味、狂想、卖弄技巧以及无效。”公众对于复杂华丽的东西未必能够领会，公众厌烦的原因或许是广告人强迫人们去理解和接受自己创作的讨厌的信息。为了广告而广告，或为了完成一篇文案而创作，这样的心态会刻意地强迫自己进入角色，变成一个为文字而文字的撰文员，而不是一个创作人。这种刻意强迫导致迟钝化所产生的后果，是违背广告创意的特点和原则的。他们或者只是用一些事实，一些不证自明的事实，去堆砌一篇毫无乐趣、呆板平直的自说自话；或者将华丽的词藻堆积成文，炫耀文笔，舞文弄墨；或者夸张事实，尽己所能来构成一篇仿“天下第一”的自吹自擂。

李奥·贝纳坚信这样的广告创意是不会产生销售效果的。或者说，这些所谓的“创意”根本就不是“创意”，它们没有给观者以真实可信、有趣深刻的印象，只留下不真实、惹人厌烦、排斥的感觉。他在1960年对美国芝加哥文案人员俱乐部的演讲中，以创作绿巨人罐装豌豆广告为例说明了这一点。

“‘自说自话’的撰文人可能会这样写：‘如果你想要最好的豌豆，你就要绿巨人豌豆。它经过精心种植和包装，保证你对味道满意。因为它们是同类商品中最好的。今天就买一些吧！’”

“一位爱舞文弄墨的撰文人可能会醉心于自己的文笔而写下毫无意义的话：‘蔬菜王国中的大颗绿宝石。你从来不知道一颗豌豆会这样似露般甜蜜，像六月清晨那样新鲜并洋溢着芬芳。’”

“另一位喜好夸张的撰文人可能会把描写对象描绘成无所不能的东西：‘这种豌豆计划永远终止蔬菜战争。绿巨人，也不过像玉米粒那么大，剥豌豆的人能够剥下，他有一个保证豌豆永存于世的伟大计划——豌豆在大地，善意满人间。’”

李奥·贝纳指出，做好广告首要的一点，是要把你所创作的对象的一切事实都吸收理解，并记于心中，以便清楚它最能吸引人的特点是什么，你要为它设计怎样一种形象才能吸引人们的注意力。然后决定你要说什么，仔细斟酌如何表达你的意图。在创作一个具有销售力的广告的时候，如何用言辞恰到好处地表达作者的思想尤为重要。富有创作力的语言会让一个平凡的文案灿烂生辉，但其中的关键是将你的创作力放到恰到好处的地方。

5）广告创作应以消费者为导向

李奥·贝纳在谈到消费者调研的重要作用时说：“我坚信广泛而有深度的调研的作用，因为那会让你切切实实地面对那些你试图说服去购买商品的人。我会尝试着描述出这部分人是怎样的，他们会如何使用这个产品，他们是哪一类人，他们通常不会说什么，但是正是这种共同点促使他们来买这件商品或者使他们对这种商品感兴趣。”他认为，是他的创作中“受信任”和“使人温暖”的要素，使消费者接受了广告所制造的需求欲望，这一点是非常重要的。而这些“受信任”“使人温暖”的要素，都来自广告人对商品的信心和深切了解，来自对消费者的消费动机与底蕴的深刻把握。功夫下足了，就能发现“与生俱来的戏剧性”，并自然地将它表现出来，而不必依靠投机取巧、刻意雕琢、牵强的联想之类的乖张伎俩。

从消费者的角度出发进行广告创作，是李奥·贝纳一直坚持的原则。他指出，在广告创意中最基本的目标是让观众或读者去接受而不是排斥。不虚伪、不堆砌、不自以为是，才可能成为一个好广告。吸引人、平易近人、易于接受、使人印象深刻不易忘怀、新颖、富于生命力等，只有具备这些条件，才能称之为“好广告”。

6）重视亲身调查和多方面的实践

如果说以上五方面是李奥·贝纳关于广告创作原则提出的观点，那么以下所说的，则是他强调广告创作态度的观点了。李奥·贝纳在广告创作中，深信亲身调查以及广告各个环节工作实践的优点。他讲道："现在有太多的文案人员……期望着营业部提供给他们全部的市场运营情况，客户部提供给他们有关政策的全部资料，媒体人员提供给他们一切媒体状况，同时调查研究员提供给他们一切消费者资料。从这些伟大的情报收集里，他们就能写出一篇文案来，而不需要和这些部门打交道了……事实却不尽然。文案人员一定要亲自去作大量的调查研究。有时，他甚至要学会字体校样是怎么回事……在我看来，当文案人员停止与这些领域打交道时，就会失去许多创作的灵感……对生活的每个方面都保持好奇求知的心理，是伟大的创作人员成功的秘诀。"在李奥·贝纳看来，文案创意人员不能仅局限在写作文章的狭窄领域，必须参与多方面的工作实践，才能获得源源不断的创作灵感和源泉。

7）一丝不苟、精益求精——摘星精神

李奥·贝纳在形容他的广告创作的过程时，曾说："将你自己埋入那个主题，工作起来像个疯子，喜欢、尊重并服从你的灵感。"他在工作中不断鼓励自己和员工要一丝不苟，精益求精。这也是他一直坚持的"摘星"理念的精髓。

李奥·贝纳总结出伟大的创意人员的成功秘诀是：好奇、求知和彻底的一丝不苟。这三种精神是创意人员成功的支撑。他认为，一个好的创意人员一定能将他的思想情感变成温暖和友善的诚意。一个真正的创意人员在创意过程中和创意完成后，会不厌其烦地检查、审视和反省自己的工作成果。好的创意者会不断地自问，以发现自己的偏颇和疏漏：

我是否认真地对待这个广告创意？

我是否对创意满意？

我是否竭力地寻找一种最好的沟通方式？

我是不是仅仅把事实、数字或图片堆砌成我的作品？

我是否精神饱满地迎接这次工作？

我是否以自己的思想来思考问题？

我是否有足够的能力去创作一个让自己、让读者满意的广告？

我是否判断正确？

如果我是观众，我会接受这个作品吗？

这个广告对销售有利吗？

不断地自问，不断地改进自己的工作，不断地净化创意思维，然后，我们心中会有一个公正的评判标准告诉我们做得如何。它会告诉我们，这是成功的构想，这是糟糕的构想，或者这个构想可以更完善。我们应该相信这个公正的标准。最遗憾的莫过于对自己的判断和直觉失去信心，偏颇地轻信他人。李奥·贝纳概括说，成功的创意需要不断关注和听取公正的判断，相信自己的直觉，有敢作敢为的精神，一丝不苟地检查不足，追求完美。

10.8 艾尔·里斯

艾尔·里斯（Al Ries）是美国营销大师，目前是里斯和里斯（Ries & Ries）咨询公司的主席，该公司建于1994年，由艾尔·里斯与其女儿劳拉·里斯共同运营。艾尔·里斯是一位具有传奇色彩的市场营销策略专家和当代最有影响力的市场营销大师。他曾是美国工业广告协会（现商业营销协会）和纽约广告俱乐部的主席，还是安迪奖的主席。

10.8.1 主张广告定位的思想

（1）定位即心理占位，是新的广告传播目标。“定位”理论首创于产品。对一件产品、一项服务、一家公司、一家机构甚至是个人都可以加以定位。然而，定位并不是指产品本身，而是指产品在潜在消费者心目中的印象，即产品在消费者心目中的地位。定位，就是要替商品或品牌找到一个适合的“字眼儿”或“概念”嵌入消费者的心中，使其不会消失泯灭在嘈杂的传播环境中。

（2）广告应将火力集中在一个狭窄的目标上，在消费者心理上下功夫。品牌要保持成功，绝不能延伸和多元化，这个观念逐渐被美国企业所广泛接受。随着区隔、定位、焦点等观念的日益普及，美国的企业与品牌已不断趋向单纯化。

（3）应该利用广告创造出独有的位置，特别是“第一说法、第一事件、第一位置”。因为只有创造第一，才能在消费者心中产生难以忘怀、不易混淆的优势效果。

从心理学的角度看，人们容易记住位居第一的事物。历史也证明，最先进入大脑的品牌，平均而言要比随后进入的品牌在市场的长期占有率方面高出一倍，因此占据第一就具备了特别的优势。如果市场上已有一种强有力的头号品牌，创造第一的方法就是找出自己品牌在其他方面可以成为第一的优势。因此，要在消费者头脑中探求一个还没有被其他品牌占领的空白领地。例如，七喜汽水称其产品为“非可乐”，当消费者需要一种非可乐饮料时，首先就会想到它。

（4）广告表现出的差异性，并不是指产品具体的特殊的功能，而是要显示出品牌之间类的区别。快乐牌香水广告并没有表现它的高品质或香味特征，而是声称“世界上最贵的香水只有快乐牌”，以高价位的定位与同类其他品牌相区分而获得成功。定位的最终结果就是在消费者心目中占据无法取代的位置，让品牌形象深植于消费者脑海，一旦有相关需求，消费者就会开启记忆之门、联想之门，自然而然地想到它。现实中已不乏这样的品牌，如麦当劳、可口可乐、万宝路等。

（5）定位是广义的成功战略，即定位技巧可应用于政治、战争、商业甚至生活等各方面。企业、市场及生活的各种竞争环境中处处都有定位的案例。同时，从个人角度出发，对自己和自己的职业定位也是同样重要和必要的。1989年，艾尔·里斯和杰克·特劳特在两人合著的《实用常识》中说到，定位论不仅可以用来推销产品，还可以用来推销你自己，即运用到个人和职业的定位上。

10.8.2 提出市场营销就是战争，敌人就是竞争对手，顾客就是要占领的阵地

1980年，艾尔·里斯与杰克·特劳特提出营销战争的观念与理论。1985年，艾尔·里斯与杰克·特劳特推出了《营销战》，把“不要与地位稳固的领先者正面交锋”的观念扩展开来，将军事战略和思想真正融会贯通到市场营销领域中。内容详见10.6.1，这里不再赘述。

10.8.3 提出只有掌握市场营销成功和失败的法则，才会有卓越的市场营销计划

企业再强大，也有自己的弱点，就像角力时利用对方的力量来对抗对方一样，一个公司应该充分认识到市场领袖的优势和弱势，并将对方的弱势转化为自己的优势，以与领袖品牌相抗衡。换句话说，不要尽力成为更好，要尽力变成不同。只有理解并掌握定位营销的基本法则，才能设计出一个卓越的市场营销计划。1993年，特劳特和里斯为消除市场营销过程中的神秘和误区，总结了美国商业史上的成败规律，汇集了两人近三十年的专业研究与实践经验，提出了22条影响和决定市场营销成败的法则——《22条商规》(The 22 Immutable Laws of Marketing)，又译为《22条永恒不变的营销法则》。该书被誉为“营销圣经”、“市场营销中不可违背的22条商业规律”、规划品牌战略的“力学原理”、“西方营销界经理们必备手册书籍”，并被美国的企业家们认为是“最怕被竞争对手读到的奇书”。不过，这也是特劳特和艾尔·里斯的最后一次合作。

10.8.4 主张聚焦经营是企业盈利和成功开创未来的策略

企业经营的首要任务和营销的主要目标，不仅在于提供一种产品或服务，更在于找出未来的方向和发现公司业务的具体前景，聚焦经营焦点，预测未来所在，然后采取特定步骤，促使未来实现。这种未来不仅是整体意义上的未来，还包括公司业务的具体前景。

1）多元化陷阱和分化的要求

过去新商品和服务爆炸般地充斥着市场，高速发展的科技和更廉价的生产技术结合，使产品的种类和数量大大增长。多数公司选择扩大它们的产品种类，如电气设备制造商通用电气涉足电视机、喷气式发动机、电脑、塑料、金融服务等与其核心电气产品毫不相干的领域。全世界几乎所有企业都在走这条路。最初，企业以为此方略会有良好的效果，而今天人们已经看到，企业扩张到一定程度就会开始萎缩、失去效率并丧失竞争力。通用电气的管理者已经注意到这点，所以不再扩张，而是开始紧缩业务，卖掉了几百家企业，削减了近半数员工，还卖掉了电脑、电视设备及小家电业务。

2）以集中经营争夺市场主导权

全球贸易的繁荣令人惊叹，对外贸易也有利于一个国家的经济发展，许多公司从全球贸易中受益，经济全球化也悄悄地使许多公司快速走上了多元化的道路。而许多公司对自身长远的发展还缺少足够的认识，因为专业化的基本原则是：市场越大，公司要想繁荣就必须越专业化。而目前的许多公司忽视了这一点，盲目地扩大自己的市场，把全球化看作自己拓展产品线的机会，结果耗费巨大的人力、物力、财力进行横向和纵向的整合后，还是未能真正把握市场主导权。因此，一些有远见的企业眼下做的事情就是收缩公司的战线。他们明白了集中经营才是获得经济效益的关键。管理者必须将精力放在最多一两项业务上。合并是否能成功取决于合并是否会使公司的核心业务强化，与业务相似的公司合并会加强公司的实力，而与业务不相关的公司合并，会削弱公司的核心业务和实力。

3）集中经营的手段

今天的商界崇尚这样的定律——要增加销售额，就必须改善产品或服务，这样才能在市场上有竞争力。公司领导相信是顾客决定了产品的质量，而不是生产者或经营者，顾客的决定是建立在咨询销售人员的基础之上的，而销售人员推荐的最大理由是产品的销量大，所以产品肯定就好。但实际上，树立高质量产品的形象和生产高质量的产品是两回事。

4）成功地聚焦经营和制定长期的目标

抓住市场的时机才是关键，只有在适当的时间、适当的场合推出有恰当名字的合适产品才能成功。成功就是运用恰当的策略跨越壕沟，而实现跨越和转型的因素有四个：先发制人，开发全新产品，新产品新名字，勇往直前。

企业制定长远的集中目标有一些要求：首先，目标是革命性的，能够给人以深刻印象，既强劲有力又简单易行；其次，目标是满足社会需求的，并且在公司内外保持一致；再次，目标并非一种产品，但也不可能包罗万象，不能适合所有人的口味；最后，目标不会马上实现，而是企业的未来，它的实现需要对手，目标并非永远不变。

10.8.5　提出广告正走向衰落，公共关系是打造品牌的途径

艾尔·里斯和他的女儿劳拉·里斯倡导了公共关系的新思维，即“公关第一，广告第二”。这种新思维的引子是一则古老的伊索寓言：北风和太阳比谁更强，它们以让一个旅行者脱下大衣为比赛办法。结果风使得旅行者裹起了大衣，风越猛烈人裹得越紧，而太阳慢慢地发光，它的温暖让旅行者脱下了大衣，太阳赢了。广告是风，广告人崇尚冲击，公共关系则是太阳。

全球经济背景下的企业是用品牌赚钱，而不是用商品赚钱。创建一个新品牌，不一定需要昂贵的广告费用，在今天的市场条件下，品牌的成功来自公共关系的胜利，像星巴克、红牛、Linux、Google、哈利·波特等，广告并不是没有用处，它的主要作用在于维护由公共关系建立起来的品牌。

（1）广告缺乏创建品牌的关键因素，即可信度，只有公共关系才能建立起这种可信度。

第二次世界大战后，世界经济迅速恢复，广告蓬勃兴起，加之电视走进了人们的生活，广告量急剧增加。但人们发现广告费用的昂贵并没带来广告效果的提升，因为广告是急着要扩大销路的企业自我吹嘘的声音，所以不具可信度，没能给企业和产品树立起良好的形象。而公共关系则不同于广告，如果人们合理地引导公共关系，就可以使之为广告宣传提供正面形象。

广告正走向衰落，它的数量越来越大。企业特别是大企业在广告上的投入越来越多，但广告的有效性却在下降。广告和广告从业者夸张的言辞使他们的诚信度和职业道德在顾客心目中正走下坡路。当今社会的广告信息是单向和频繁的，它们像墙纸一样，包围着消费者，从而使消费者忽略了信息的内容。不但消费者如此，客户们也不再相信广告代理公司能够帮他们作出重要的战略决定，过去的营销伙伴关系已经退化为一种顾客和卖主的关系。很多公司不再把广告放在战略议程首位，而是把公共关系提到了前列。

（2）广告人员应该放弃那种大爆炸式的方式，而通过公共关系来缓慢地创建品牌。

广告人员通常采取吸引人们注意力的广告攻势来增加人们对品牌的认知，但这种方法带来的结果不是广告使产品有名，而是产品使广告有名，这就违背了广告的初衷。流行的广告宣传会引起骚动，但一般不会产生相对应的销售变化。公共关系却可以同时提供产品可信的信息来源和崭新的媒体新闻内容，在适当情况下，还能改善在顾客心目中留下的不良印象。

Pets.com 是一个专门向猫和狗的主人出售宠物用品的网站，这个网站最初是通过一个大的广告计划推出的，这个大计划创造了一个极为成功的广告名人——布袋小狗，小狗出名了，品牌却被淹没了。

大多数时候公共关系对品牌的塑造不是像时尚一样一夜成名，而是经过漫长的时间有步骤地进行，公共关系的孕育期越长，效果就越别开生面。要想出名，就得成为某类事物中的第一个，创造一种突破性的产品。一家公司要找到一个可以成为第一的产品要花一段时间，给产品起个好名字需要酝酿很长时间，公共关系的每一个步骤都需要很多时间。

（3）公共关系建立品牌，而广告的作用在于维护通过公共关系创建起来的品牌。

媒体为我们复杂的生活做向导，大多数人所“认识的”，正是他们在媒体上读到、看到或者是听到的。多数人通过找出其他人认为最好的东西来决定什么是最好的，作出决定的根据是媒体和传言。要使广告起作用，需要外界的证实，这信息来源于潜在顾客曾经在媒体上的所见所闻。一个能够帮助某品牌在它所属种类里树立领先地位的报道是非常有价值的，这被称为品牌的基石故事。

微软是仅次于可口可乐的全世界最有价值的品牌，它不是凭强大的广告攻势和公司规模，而是凭大量的公共关系创造了品牌。媒体如潮涌般的关于微软和微软产品的报道让人们对这个品牌耳熟能详。媒体就是战场。公共关系不仅能塑造新品牌，也可以塑造一个老品牌，综合起来说就是那些在人们心目中原本不占任何位置的品牌。

广告应该安排在公共关系进程结束之后，它的角色是维护品牌，它是公共关系通过其他方式的一种延续，虽然方式改变了，但公共关系的政策却不能改变，即广告要强化公共关系的方式和概念。广告有助于巩固领先的地位，广告不需要创新，创意对广告来说是多余的，广告急切需要可信度和重新肯定品牌的核心价值。公共关系需要创新，在它基础上的创新才是建立品牌的最佳方式。

总之，广告采取冲击的方式，指向自身并试图影响所有人，其费用昂贵，作用是维护品牌，是不可信的，正走向衰落；而公共关系缓慢地建立指向他人的某种有针对性的影响力，作用是塑造品牌，具有很高的可信度，在蓬勃发展中，正引起营销界和越来越多公司的重视。

10.9　罗瑟·瑞夫斯

罗瑟·瑞夫斯（Rosser Reeves，1910—1984）是近代广告界公认的广告大师，曾任达彼思广告公司（Ted Bates & Company）董事长。他提出的著名的“USP理论”对广告界产生了经久不衰的影响。正是运用这种独特的理论，瑞夫斯策划了经典案例M&M巧克力豆、总督牌香烟等广告。

经过多年的奋斗，瑞夫斯当上了达彼思广告公司董事长。1961年，瑞夫斯出版了他第一本也是最重要的著作《实效的广告》。该书旨在系统地阐述有关广告的一些理论，其中相当一部分颇为新颖的理论及内容皆基于他20年深入细致的研究。在书中，他开创性地提出了USP广告理论。这本书是达彼思广告公司内部的培训教材，出版后很快成为畅销的广告人必读经典。中国台湾广告名人、联广公司总经理赖东明先生曾指出：“若说本书是瑞夫斯花了10亿美元写下的，也不为过。因为数十年来，作者经手的广告费以数亿美元计，这期间他做过许多调查，也做过许多成功和错误的决策，从而得到了本书的一些原则，这些原则称得上是价值连城。”

10.9.1　USP理论

1）什么是USP

瑞夫斯认为，USP理论可以说是有关理想销售概念的一个理论，是提纲挈领浓缩的一句话，它使得广告活动的作用发挥得更有效，是使成千上万广告活动成功的一个秘诀。瑞夫斯将它定义为三个部分：①明确的消费主张。广告必须对消费者有一个销售主张，它不仅仅是一些文字，也不是针对商品的夸大广告，更不是一般橱窗展示式的广告，而是必须对受众说明：买这样的商品，你将得到特殊的利益。②消费主张的独特性。这一项主张，必须是竞争对手无法也不能提出的，它必须具有独特性，是一个品牌或者诉求的独特个性，而不仅仅是在广告方面的主张。③消费主张的普遍性。这项主张必须很强烈，足以影响上百万的社会大众，也就是能够将新的顾客拉来买你的商品。

2）USP理论的核心

USP理论的核心是发现产品独一无二的好处和效用，并有效地转化成广告传播的独特利益承诺、独特购买理由，进而诱导消费者，影响消费者的购买决策，从而实现商品的销售。

10.9.2 广告人的务实与博学

1）对于广告文案写作的观点

"我觉得写广告文案大概跟做全科医生差不多。"——瑞夫斯

瑞夫斯对广告文案写作有自己的观点。曾有人问瑞夫斯，从1929年起就写作文案，是否会偏爱某些类型的广告文案而不喜欢另外的一些？他不同意这种观点，他认为一个广告撰文人员基本上就像是一位全面的外科医生。头一天给病人肝脏开刀，第二天可能要做盲肠切除的手术，第三天又要进行眼部手术，第四天或者要做脑瘤手术。瑞夫斯认为文学创作和广告文案创作有很多相似之处，可它们毕竟是两种不同的工作，有不同的标准。广告文案创作就是用尽可能少的费用把产品的性能宣传出去，让大多数人深深记住它。好的作家并不一定是一个好的广告人。他说："莎士比亚会是一位非常差劲的文案写作人员，海明威也是一样。所有的著名作家都是。"他向来反对华而不实的广告，并且把这一条作为公司的规定。

2）创意的重要性

"创意在广告里是一个最危险的词。"——瑞夫斯

在广告创意哲学的诸流派中，瑞夫斯是科学派的忠实拥护者。瑞夫斯认为广告应该多讲点儿科学和研究，少讲点儿艺术。他反对创意广告，甚至认为创意是个危险的词。在一次采访中，瑞夫斯提到，他在纽约的一个公共汽车站等车，当一辆公共巴士从他面前经过的时候，车身上贴的大幅海报吸引了他的注意。他看到海报上是一个漂亮的瑞典女郎，标题写着"来自瑞典的最惊人的创意……女郎……金发女郎"。汽车在他面前停了足足一分半钟，他盯着美女看了好长时间，等汽车开走了，他连这个广告卖的是什么产品都不知道。

3）坚持原则

"如果它没有问题，就不要修改。"——瑞夫斯

高露洁的广告语是"清洁牙齿，清新口气"。在瑞夫斯看来，事实上，你可以抓住所有同类产品共同拥有的特质，然后宣称你的产品有这样的特质。高露洁牙膏广告就是一个例子，几乎所有薄荷味的牙膏都这样宣称过，但瑞夫斯让高露洁第一个这样宣称，别人这样说只能算是模仿。瑞夫斯一旦完成一个成功的广告，他就会一直运用下去，只有在出现了更好的广告时才更换。如果没有问题，就坚决不做修改。

一次，瑞夫斯和一个客户打高尔夫球，客户问他的公司究竟有多少员工，瑞夫斯说大约350名，客户叫了起来："见鬼，他们在做什么，你已经五年没有更换我的广告了。"瑞夫斯说："大多数员工的工作就是要保证你不更换一条非常有效的广告。"

他在书中说，广告艺术是用尽可能低的费用把一项信息灌注到尽可能多的人心中。然而在工程学上它几乎是一个难题。现在，这可能常常需要使用技巧，而文案写作人员可能描述得极为单调，或者他会说："我的老天爷，我能够写得比那个好。"我们应该控制自己的创作冲动，使之指向那个包括一切的目的：这个广告是否把一个构想从我自己的内心移到了公众的内心？是否做到以尽可能低的费用掳获最多数的人？在这件事之外还有什么？

10.9.3 广告注意

瑞夫斯认为广告应当使商品有情趣，而不仅是显得与众不同而已。有些广告文案写作者认为，他们的广告一定要与众不同。这类撰文人员只为追求与众不同，并设立了相同的虚假理论基础，而且极为热情地为它辩护。

其论据是这样说的：①所有广告（不是商品）一定要与其他的大量的广告信息相竞争。②因此这个广告（不是商品）一定要得到注意（看似很合理，不是吗?）。③因此一个指定的广告（不是商品）一定要与众不同。

这类推理回避了商品，也回避了广告的功能。这是混淆了目的与方法最好的例子。瑞夫斯以为，如果是值得花钱去买的商品，它也就值得去注意。消费者并不需要通过震惊或得到款待才去注意。

我们希望通过正常方法来达到吸引注意的目的。如果广告只能令人震惊，而不能够有效地传达关于商品的真正信息，使人忽略了商品的本身，那么这则广告是失败的。

一个广告文案未必需要多么热情，语言多么妙趣横生。达彼思公司曾为药品安那神做了这样一个广告。画面为：一只手拿着一个瓶子；文字说明为：超过3 100万人发现了这种新的强力止痛药安那神，它治头痛比阿司匹林要强50%（以每粒做比较）。在罗瑟·瑞夫斯看来，在两年中，利用这则广告，该药得到了30%的市场占有率，即在当时，2亿美国人中有7%的人服用这种药品，这则广告的目的就已达到。这就是一则成功的广告。

10.9.4 注重产品本身

发展和确立广告产品的"独特销售主题"，必须建立在产品自身的基础上，必须是由产品自身所具有的好处和功效发展出来的，而不是广告或广告人的主观反映、主观制造。瑞夫斯一直认为广告的成功与否取决于产品是否过硬，是否有自己的特点，如果产品不行，再高明的广告人也无力将其成功地推向市场，因为广告人员只能发现并有效传播产品的特点，却无法为产品制造其本身没有的特点。20世纪50年代，美国著名的福特公司研制了一款名为“爱德塞”的轿车，由于这种轿车缺乏特色，并且名称和美国的一种咳嗽药名发音相似，尽管福特公司投入了大量的广告费，却始终难以打开销路，最后被迫停产。福特公司为此蒙受了高达3.5亿美元的巨额损失，被人们称为美国工业史上最大的商业失败案例。瑞夫斯还举例说，如果一家制造商能生产一种用一公升汽油可行驶500公里的汽车，那么无须费力便能拿出出色的广告文案来，因为构想就在眼前，只要把事实表达出来就行。假如总督牌香烟过滤嘴本身不具有20 000颗过滤凝汽瓣，M&M巧克力豆不是当时唯一用糖衣包裹的巧克力，瑞夫斯绝不可能制作出如此出色的广告，创造出如此惊人的销售奇迹。

10.9.5 年龄问题

瑞夫斯认为，年轻人应当到伟大而实际的广告公司中去工作，去了解怎么做，学习怎样做。他说：我知道一位已经71岁的外科医生，他仍然是如今世界上最好的外科医生之一，而且许多人从世界各地来向他求医。另外，我再回到对外科医生的比喻——我不认为一位68岁的撰文人员写的文案能与年轻人相比，因为他没有年轻人的创作力，没有年轻人的清新感。但他可能是一名好的外科医生。他写的广告也许不能够像他麦迪逊大道（指广告公司集中的地方）的同事所想看到的那样有新奇感与生气蓬勃，然而他可能作出一个能增加五倍销量的广告。而那就是我们的目的啊，不是吗？

10.9.6 广告存在法则

当时的广告界，有太多的广告人和太多对广告法则的排斥。有人认为广告创意被广告法则限制住，比广告不能创造利润更严重。就像瑞夫斯形容的那样：“大部分广告人好像是魔术师，他们相信鬼魅，听魔鼓，哼着咒语，用峥嵘眼和蛙腿混合着药剂。”

这些人不仅哼着“原创性”这个令人眩惑的符咒，去制作大量没有实效的广告，像吸血鬼般榨取广告主数以亿计的广告费，而且蛮不讲理地祭起“原创性”这根魔杖，去扼杀成功的实效广告，把极其成功的广告评判为“最差”的广告。

面对广告界这股主观随意的狂潮，瑞夫斯没有随波逐流，而是挺身而出，高声疾呼：“丢炮弹的时候到了！”瑞夫斯身体力行，向当时的广告界丢下了几枚沉重的“炮弹”。

瑞夫斯的团队从美国的西岸到东岸，在275个不同的地点，定时对几千人作了测试。在测量、计算及观察中，发现了许多惊人的结果。他们调研了美国最大的78家公司的广告成就。一些颇为自豪的公司从这些调研资料中也许会发现，他们多年付出的广告费与他们实际的回报是不成正比的。但是，瑞夫斯并没有公布这些广告主的名字，不然，一些自以为是的广告“才子”就会因为浪费广告主的金钱而被逮捕，并将面临抗议和诉讼的风波。

10.9.7　广告的科学性

罗瑟·瑞夫斯一直宣称自己是科学派鼻祖霍普金斯的信徒。他在《实效的广告》一书中尖锐地批评广告缺乏理论基础，处于随意性很大的经验状态，他力主广告必须像伽利略那样去“创造世界”。瑞夫斯呼吁广告界必须以此为楷模，并亮出了“实效”的创意哲学旗帜，用观察实验的实证科学方法去解决问题。

“实效”不等于“有效”。只要广告的信息被人们看到听到了，引起了人们的注意，就可判为“有效”。但是，只有最终吸引人们来购买商品的广告，才算“实效”。创意成功与否，实效是判断的基础。因此，怎样创作实效的广告及怎样评估实效的有无和大小，就成了瑞夫斯创意哲学的问题域。与他相对应的问题群落和逻辑空间，是事实、数据、原则、数字；它的标准是量化的指标，诸如“广告渗透率”“吸引使用率”等。

这就是瑞夫斯所说的“广告迈向专业化”。专业化，就是强调科学原则。瑞夫斯的信条是：广告需要原则，而不是个人意见。

这与艺术派的创意哲学截然不同。伯恩巴克曾经那样激烈地批判原则，批判调查，排斥广告科学家。他的法宝是灵感和原创力。灵感以个体的大脑为载体，是一种无法明确表达的信息，并且随着个体终结而消亡；原则却是从无数事实中提炼、概括出来的人类智慧的结晶，是一种明确的并且可以永存和共享的客观知识。广告原则的提炼和积累，是人类广告活动进步的体现，也是发展广告教育、造就广告后备人才的必然要求。

瑞夫斯认为，用以包装“随意性”的所谓“原创性”，是“广告中最危险的字眼儿”。“原创性”，是广告界不断追寻的“金羊毛”——一种虚无缥缈的东西，那些盲目的追求者也不知道那些是不是他们要追求的。瑞夫斯强调，凭借“原创性”也创作过成功的广告，但它对好广告的破坏性往往高于它的建设性，他以广告评奖为最典型的例证。麦迪逊大道有一个由25家大广告公司的创意主管组成的评委会，他们挑选出三个最差的电视广告，其中两个恰恰是长期播映、实效极高的广告片。这两个“最差”的广告片中有一个是瑞夫斯的达彼思公司制作的行动牌漂白剂广告。评委会认为它“降格”“恐吓家庭主妇”等。然而正是这个广告片，成功地将新产品导入市场，使其在8个月内就抢夺了竞争对手60%的市场，成为同类产品的第一品牌。瑞夫斯给评委们看尼尔森指数、普及率图表、市场资料，但这些执迷不悟于“原创性”的人仍然坚持科学原则会破坏广告艺术。对这种离开科学原则、仅凭个人意见的随意评论，瑞夫斯毫不客气地斥其为一文不值的一堆垃圾！

瑞夫斯坚持科学的原则，他和他的团队连续15年在美国48个州和数百个独立的群体中随时随地测试了数千人，他们发现了许多惊人的事实。从统计数据中可以看出广告的定律，“就像磨石机，磨得很慢，但磨得很精细。模式逐渐浮现，模式自成为原则，原则经反复的测试及更进一步的观察，逐渐成为广告真实的定律”。

50年来包装食品的统计资料显示惊人的结果：在20个广告中，按科学原则创造的广告有10个好的、6个卓越的、2个非常好的、2个失败的；而按感觉创作的广告有2个好的、2个卓越的、2个非常好的、14个失败的。

瑞夫斯坚信科学的原则，但他不是“原则”的偏执狂，不像那些“感觉”偏执狂那样不讲道理。无论从他提供的个案还是统计结果中，都表明了这一点。其实，如果要讲“感觉”，以瑞夫斯的记者、诗人、作家、运动家的成就和资历，他远比那些高喊“原创性”而又不知“原创性”为何物的假内行高明百倍。只不过他是从“感觉”的营垒中过来的人，深知“感觉”之味，因而能恰到好处地把握“原则”和“感觉”两者的“度”。

原则和感觉，本是一枚硬币的两面，为什么要把它们截然分开？“当你面临两者必居其一的时候，最好还是把感觉融入到诉求中去”，“在数字上二加二等于四，可是在本文中，它可以达到六、八，甚至十”。瑞夫斯在《实效的广告》一书的第21章中这样写道。

瑞夫斯的广告虽然缺乏艺术性，但直到今天，许多广告人还沿用他的方法。得克萨斯大学广告创意班的学生还在被要求找出一个产品的主要特征作为广告卖点；电视广告里，依然有演员扮着医生列举产品优越的证据。

瑞夫斯的广告方法一度很奏效，给达彼思公司带来上亿美元的收入，普通美国人也宁愿相信现实化的广告而不是抽象的表达或流行的艺术。然而，视觉的个性更现实化，奥格威、李奥·贝纳、伯恩巴克后来的广告都显示了这一新的变化：从科学研究转向艺术个性化的表达。然而瑞夫斯固执己见，坚持硬销售。因此，在他55岁退休时，很多人猜测退休的原因是他提倡的方法不再有效。尽管如此，瑞夫斯因为绝不讲废话、提倡硬销售而制造了令人惊奇的成功，成为广告史上的重要人物。

10.9.8 达彼思的经验与心得

1）对USP理论的发展

罗瑟·瑞夫斯于20世纪50年代提出的独特销售主张，主要是建立在产品的与众不同上，强调实效的承诺。也就是说，只有本产品确实比其他产品出色，或者起码某一方面比其他产品好时才能使用USP方法。正基于此，罗瑟·瑞夫斯给M&M巧克力豆做广告时，才产生了“只溶在口，不溶在手”的独特卖点，使之成为M&M广告几十年来持久魅力的源泉，也成为USP产生实效的经典佐证。

在品牌至上的20世纪90年代，达彼思认识到USP不仅是公司为客户服务的一种指导哲学和工作方式，更是公司独有的品牌资产。这一思想成为达彼思全球集团迈向21世纪的座右铭。

在新的时代背景下，达彼思重新审视USP，从品牌出发对USP理论重新进行诠释和发展。在继承和保留其精华思想的同时，围绕USP精髓发展出了一套完整的操作模型（The Bates Matrix），使如今的USP策略理论变得更加严谨和富有逻辑，更加系统和富有生命力。USP的策略思考基点不再是瑞夫斯时代所强调的针对产品的事实，而上升到品牌的高度，强调USP的创意来源于品牌精髓的挖掘，并通过强有力的手段来证实它的独特性。达彼思把它作为自己集团的定位：达彼思的创意就是USP的创意，并重申USP的三个要点。

（1）USP是一种独特性，它隐含在一个品牌自身深处，或者是尚未被提出的独特的承诺。它必须是其他品牌未能提供给消费者的最终利益；它必须能够占据一个品牌在消费者头脑中的位置，从而使消费者坚信该品牌所提供的最终利益是该品牌独有的、独特的和最佳的。

（2）USP必须有销售力。它必须对消费者的需求有实际和重要的意义；它必须能够与消费者的需求直接相连；它必须导致消费者作出购买行动；它必须是有说服力和感染力的，从而能为该品牌引来新的消费群或从竞争品牌中把消费者赢过来。

（3）每个USP必须对目标消费者提出一个主张——一个清楚的令人信服的品牌利益承诺，而且这个品牌承诺是独特的。

可以看出，达彼思相信品牌是真正影响消费者的东西，并把USP当作传播品牌独特承诺最有效的方法。USP创意揭示了品牌的各要素，并且更有力地证实了品牌的独特性。做广告和创意，必须从剖析品牌的轮盘和精髓（Brand Wheel/Essence）出发，只有这样，才能使广告诉求（USP）与品牌要素紧密相联，从而深入影响消费者，说服他们采取购买行动。USP广告不仅是传播产品信息，更重要的是激发消费者的购买行为。

我们处在一个过度传播的社会，消费者每时每刻都面对着成千上万的广告信息。在当今日渐激烈的品牌竞争环境中，要使品牌信息穿透传播的丛林沼泽，我们需要传播更“简单而真实”的信息。达彼思认为，要从简单易懂的真实中提取精华部分，USP是一种强有力的手段（里斯和特劳特则认为是定位的方法）。

2）达彼思的经验与心得

找到问题比找到答案更重要。企业找到广告公司，总是为了要解决其销售或者品牌方面的问题。面对急于寻找解决方案的客户，达彼思总是坚信找到问题比找到答案更重要。因为在寻找问题症结的过程中，达彼思会对企业的产品、品牌、市场、消费者和社会背景等方面进行全面的调研和深入的分析，在这种详尽的剖析下，企业面临的真正问题，往往就显露出来了，而问题的答案也就很清晰了。

达彼思在与太太口服液、力波啤酒、上海通用汽车等客户的合作过程中，充分运用了这条原则，找到了产品或者品牌存在的问题，有针对性地提出了解决方案，并且取得了很好的成绩。

3）达彼思的梦想

如今，在新的时代背景下，达彼思又开始重新规划新的蓝图——最具有本土思想的国际性广告公司。

思维的本土化，是达彼思一直以来倡导的理念。广阔的中国市场，是世界各大品牌关注的焦点。达彼思要更好地完成世界品牌的推广，就必然要深入了解中国市场和中国消费者。而越来越多的本土客户也需要走向国际市场，因此，在达彼思的客户结构中，本土客户所占的分量也会越来越重。如何与本土客户沟通，如何与中国消费者沟通，也是达彼思面临的重要问题。

国际性，主要是从专业运作的层面上提出来的。达彼思要发挥跨国广告公司的长处，把先进的专业运作经验带到中国，发挥其在塑造品牌方面的优势，协助中国本土客户进入国际市场。

10.10 乔治·路易斯

乔治·路易斯（George Lois）是一个从希腊移民到美国的花卉商人的儿子，1931年出生在百老汇高架铁路和圣约翰天主教堂之间的上布朗克斯金布里奇爱尔兰人居住区。

乔治·路易斯一直坚持“不参加任何比赛”。他认为，这些奖项使得广告的价值降低了，拥有一大堆证书只能证明这个广告人是“自我膨胀拍马屁”。尽管他如此谦虚，但他的个人成就仍然无法被人忽视。路易斯是一个让人迷惑的人，处处打破人们的预想。他是一个广告人，却像码头工人一样说话大大咧咧；他是一个艺术指导，却比许多文案人员更善于使用文字。尽管他的母语是希腊语，但他的传播作品不断地出现在各种媒体上，并且获得了“里程碑”和“启发性”这样的评价。他的广告在信息传达上直截了当，在设计上则表现出难以置信的简洁。他将图片作为文字使用，也将文字作为图片使用，这样做扩展了他的职业边界，并向传统的广告操作方式提出了挑战。

路易斯这位多产的艺术指导把艺术指导的角色从设计的幕后推到了创意的前沿。他的作品清楚地反映了20世纪50—70年代美国的状况。在美国广告行业，乔治·路易斯是美国广告首席创意指导，也是艺术指导名人堂（Art Director Hall of Fame）及创意名人堂（The Creative Hall of Fame）的会员，同时身兼LOIS/GGK广告公司董事长及创意总监。他从20世纪60年代至今一直活跃于美国广告界，以大胆的创意被称为“麦迪逊大道的疯子”“广告超人”，曾被纽约艺术指导俱乐部评为年度最佳艺术指导，被《广告时代》杂志评为广告界十大新闻人物之一，并曾担任纽约艺术指导俱乐部的主席。他的同行评价他说：“特立独行的路易斯把艺术指导的角色从设计的工匠变成了创意的孕育者。”“他可能是美国最具才智的艺术指导，而且实际上也是最多产的艺术指导。”

10.10.1 广告是艺术而非科学

1）广告与市场调查的关系

在20世纪90年代广告研究成为热门学科的时候，人们更多地强调它的理性特质，以及对当年麦迪逊大道的元老们将广告视为一种科学的坚持。确实，成功的广告是由市场调查、市场计划、媒体分析，以及所有其他营销工作共同组成的，是庞大系统中的组成部分，和其他工作密不可分。但毫无疑问的是，广告一旦创意失败，其他也就都不起作用了。营销研究、媒体分析或市场调查报告可能极为重要，但如果最后出现在电视荧屏上的东西极为糟糕，使得人们宁愿去喝一杯啤酒或者转台不看，那么一切都毫无价值。广告是在电视荧屏上看到的最后成品。相对于其他工作，如果想对广告提出一套既定模式或者游戏法则是不可能的。好广告来自“好点子”，好作品不是凭空创造的。一个优秀的广告创意，来源于大众文化的各个方面，比如艺术、体育、政治、历史、报纸标题等，它能击中目标对象的精神与肉体，让人臣服于广告中的惊人点子，以及戏剧化的呈现。一个有天分的传播人应该坚信这个信念——创造力无所不能，无论问题大小，都能借助创意来解决。

2）“如果广告是一门科学，那我就是个女人”

乔治·路易斯针对同行和社会上相关人士对广告是一门科学的流行认识，提出了以上的说法。他用调侃的方式表达了他对广告的认识：科学和技术虽然很明显地影响和塑造广告，但广告本身应该是一种艺术，完全源于本能、直觉，尤其是天分。广告没有一成不变的法则，它需要的是灵活思考。

他纵向分析了第二次世界大战后的广告事业。广告刚刚起步时，还没有任何一所学校将广告列入正规学校教育，在这样的背景下，只有平面设计学科才能在这个新兴的领域内找到最好的表现机会。语言是广告的主力，而最好的广告标语却是通过视觉表现出来的。20世纪最有意义的广告创新，是从50年代晚期到60年代的“创意革命”，语言与图像终于结合到一起。直到20世纪后半叶，受到欧洲艺术界许多热门新思维的影响，现代美式艺术指导才得以诞生。他们大胆地在广告上实践视觉的乐趣，扩展想象的空间，为语言与视觉搭建桥梁，人们可以自由进入表现的世界，进而催生了现代广告。

3）“定位是个屁”

路易斯最出名的言论恐怕就是关于广告的定位了。广告定位几乎是每个广告人都承认的广告运作程序中的一个重要环节，有人甚至为了这个关键的环节倾注了毕生的精力，而乔治·路易斯这个麦迪逊大道上的“疯子”，却大胆地对定位提出了蔑视和挑战。他以机智、大胆的方式回答：“定位的道理非常浅白，就像上厕所之前，一定要把拉链拉开一样。”真正的定位，是以直觉与企图心，彻底了解广告主的问题与机会。但定位的问题在于它很容易将创意的神秘性，变成一堆诱人的毫无意义的词句，进而让人觉得不需要伟大的创意。这样就让更多的广告人相信，在上厕所之前，只有完成拉开拉链这种必要和无趣的动作之后，才能找到真和美。这种定位以及印象观点在政治广告上尤其如此。

敢与形势作对的乔治宁可跳楼，也不愿修改自己的创意。他是这么说的：“精通定位的广告人，要避免太自以为是、过于理性、讲究方法、扼杀创造力的解决方法。要挑战营销，最好的办法就是蔑视定位的约束，拥有创造力和想象力，毕竟，广告是艺术而不是科学。”

4）“功能优先于形式”、“少就是多”和创意无公式

广告没有一成不变的法则，它需要的是灵活思考。广告中的一切因素都是为了更清晰地表达创意。信息要简化，交流要有力、清晰。

10.10.2 大胆创意，摆脱惯例的束缚

在广告领域内，广告没有规则是一种让人害怕的结论，因此广告人绞尽脑汁，寻求最安全的做法。“小心”等于缺乏变化与庸俗平凡，换句话说，广告作品如果无处不在，也就等于没有人看见它。好的广告作品能让人眼前一亮，给读者留下深刻印象，不然，就会被淘汰出局。85%的广告是没有被人看见的，14%的是丑陋、愚笨、傲慢、似是而非的，即便如此，仍然比没人看见要好一些，至少有人注意它们。只有1%的广告才是好广告。

做出好广告的办法有：①要想有对问题的新的解决方法，就要向惯例、传统与趋势说“不”。②面对既定模式，如果思考方式已经僵化，就得先把人性找回来。③当竞争者都在强势炫耀“产品”时，就亮出我们的“人性”吧！④有创意地运用媒体来增强广告威力。

伟大的广告来自直觉和大胆，虽然也可能因此而短命。但是，如果说话得体，用词得当，就有可能拯救这个广告。对路易斯来说，如果广告没有激起一丝涟漪，完全安全过关，那可能是他正在退步，是接近没有创意的前兆。若广告能引起律师们的紧张，路易斯会很高兴。一个律师的尖叫声，意味着两件事：一个是路易斯的创意宝刀未老，另一个是新的判定规则即将诞生！

10.10.3 创意从文字入手

如果要在广告以及现实中传达一个清晰的点子，“你必须有一个标语……语言先出现，然后才是视觉意象”。从文字去产生视觉意象是一个很好的方法，文字可以深植人心与记忆。一幅画抵得过千言万语，但是如果这幅画正好是有力的主题和标语的视觉延伸，则威力会大大地提高。图像本身具有沟通或运动的能力，但也可能对不同的人产生不同的意义。广告存在的意义是让意象永久地根植在心里，而文字挂在消费者的嘴上，每个人都能收到相同的信息。一个好的艺术指导在传达一个伟大的创意时，都会用少数的几个字把它表现出来，如“我要我的MTV！”将一个强有力的标语和肢体动作的表象与画面有效地结合，创造出让人过目不忘的广告。

相对地，快速剪接、动画和电脑绘图都不过是一种技术，而且只是生命短暂的技术，这些发明都不能算作创意。其中一些可能会暂时引起注意，但都无法传达任何应该传递的信息。没有人会因为快速剪辑而购买一辆新汽车，也没有人会因为动画而购买半打啤酒。一个伟大的创意要比一个烂设计生存得更持久。

“一个伟大的创意就是一个好广告要传达的东西。”

“一个伟大的创意能改变大众文化。”

“一个伟大的创意能改变我们的语言。”

“一个伟大的创意能开创一个事业或挽救一个企业。”

“一个伟大的创意能彻底改变世界。”

借助正确的字眼儿，传播强有力而且能吸引人的伟大创意，将会把市场的注意力集中到所宣传的品牌上，这种属于品牌的注意力，将直接有助于建立品牌形象以及随之而来的知名度。其所传达出来正确的惊人的创意字眼儿，将给予品牌生命力与无穷活力，在广告行为结束之后仍然绵绵不绝。

10.10.4 创作政治广告十原则

政治广告是候选人描绘自己的长处，并吸引选民的唯一途径。

成功的政治广告，能简洁地表现候选人或者是竞争对手的本质和个性。如“诬蔑不是实现目标的政治哲学”和“对赤字危机的连篇鬼话”正是这样的代表作。好的政治广告和好的商品广告一样，就是要解除戒备心理，流露诚恳。广告要真诚，广告要让选民真心喜欢自己看到的和听到的一切，或者让他们讨厌看到竞争的其他候选人。政治广告必须是真实的，像钟声一样清楚，具有决定性，而且迅速有力。达到这个目标需要明确政治广告十大原则：

（1）相信为之服务的候选人。如果认为他是个垃圾还要挣他的钱，那这个广告人也是垃圾。

（2）迅速找出候选人的个性特点和本质特征。如果不能在10秒钟内把它说清楚，就不可能在5分钟内表达它。

（3）明确形象与本质的差异，别把两者搞混了（如果认为这叫作“创造独特形象”，就大错特错了）。

（4）整个竞选活动必须由一个拍案叫绝，甚至让人大吃一惊的创意主题出发（主题很重要，但如果不能表现出一个惊人的创意，那就是浪费钱财）。

（5）好的创意能直接和候选人的竞争方法相结合（与候选人相关的事实只会伤害到他的对手）。

（6）坦白事实真相比无聊的陈词滥调更有力量。使用一些人性化、符合候选人的字眼儿。

（7）避免长篇大论、滔滔不绝。广告不是逞口舌之强的地方。

（8）使用电视媒体。如果预算太少，就哭穷去要钱。

（9）每种广告，从电视广告、报纸广告、传单、保险杠贴纸到徽章，都能直接传达主要想法。

（10）要求事先支付媒体费用。毕竟选战结束后，连获胜者都有筹钱的困难。

10.10.5 广告创作的元素——幽默

广告中的幽默和生活中的幽默是一样的，如果幽默是适当而好笑的，就应该有效。广告里的幽默是赢得人心的一种自然方式。要把幽默单独从广告中分离是很困难的。幽默使人解除戒备，并且使人更容易去接受那些平时难以让人接受的想法和意象。不仅如此，幽默可以把低廉变得高雅，幽默结合新闻标题能让小预算产生大效果，幽默可以使产品具有销售力。相反，当产品本身就很幽默时，可以用严肃的方式抓住乐趣，同样也会有好的效果。

10.10.6　对待客户的方法

广告有一条谁都无法违背的规则：在开展广告之前，应该彻底了解客户，而不是把工作局限在非常明显的事情上，如竞争对手的广告、产品市场占有率以及市场调查研究文件。广告是不讲民主的，尽管广告人努力要让对方认同，但如果不了解客户，再完美周详的策划方案也将胎死腹中。

广告的艺术是推销的艺术，两者的关系是相辅相成的。广告需要推销激起客户期待的心情，让一个伟大的创意从阿拉丁的神灯里跑出来。在与客户沟通过程中要使他们觉得，自己是身处在一群对现实世界有广泛深刻了解的专业人士之中，这些广告作品必定不会是不切实际的理论派的，而是和现实情况密切相联的。其中，在广告提案过程中应该注意：

（1）强调眼睛和眼睛的接触，人与人的面对面沟通，这样才能直接传达意念、信心以及热情。幻灯片和投影片通常会让人打瞌睡，热闹的话题和笑话会延迟揭示伟大笑话的时机。但是为了让客户放松心情，什么都值得试试。在故事、闲聊和茶点进行当中，让客户逐渐进入状态。只有客户坐在椅子边缘，完全准备好研究面对墙壁的背板时，才是正式的提案时机。

（2）提案得由专业的营销人士负责，把市场状况、客户面临的问题与机会用客户能听得懂的语言做简单报告，然后提出充满创意的结论。汇集所有根据市场调查得出的论点，为提案提供有力的逻辑，并从主体开始，在创意概念板上列举有力的关键字表现主题。

（3）发放展示过的各项创意的影印稿以及广告主题、电视广告脚本、广告中要用的T恤衫、媒体计划和预算表。在此过程中，广告人员要不停地解释创意，推销创意。

即使广告提案结束后，也要了解曾经被提及的质疑和保留的态度，对客户私下里的反应也要保持永远的警觉。但要始终向客户保证，我们的广告必定能达到预期的效果，成功必然会发生。要自信，如果要客户买账必须以死相要挟的话，就以死相逼吧。最好的办法：用尽所有的招数，让提案安全过关。

10.11　吉田秀雄

吉田秀雄是日本广告界的传奇人物，人称“广告之鬼”“广告怪物”，也是国际广告界的杰出人物。1961年，他被世界广告协会推选为“年度杰出人物”。东方人获此殊荣的，吉田秀雄是第一人。

吉田秀雄20岁时，来到东京大学经济学部商业学科学习。1928年，吉田从东京大学毕业时，正赶上日本的经济陷入萧条时期，历经许多挫折之后，找到一份工作，进入了日本电报通讯社（日本电通的前身），被安置在营业部的地方内勤科工作。经过十几年的辛勤工作，吉田精通了广告业的里里外外，又在人际关系方面交游甚广，积累了丰富的经验。1947年，吉田秀雄被推选为电通的社长。吉田秀雄在担任社长期间，为日本的广告界作出了巨大的贡献，日本广告价格的公定、广告公司佣金基准的形成、AE制的实行、广播电视媒体的民间化和商业化等现代化广告经营举措，无不渗透着吉田秀雄的心血。1963年，吉田秀雄死于癌症，享年59岁。在35年广告生涯中，吉田醒也广告，梦也广告，把整个生命都押在了广告上，被称为广告界的“天才赌徒”。以生命相赌者，不以得失为意，只是全神贯注，物我两忘。

10.11.1 吉田秀雄的广告思想精要

1）“鬼才十则”

在现代化的企业中，组织分工日趋合理化，经营管理也日趋科学化。在这种情况下，被忽视的往往是精神的力量，有些领导带动不了年轻人，正是因为缺乏这个认识。

日本电通公司在激发员工精神方面有着十分成功的经验。1951年，在日本刚从战败后的混乱状态复苏，产业界也在重振旧业的关键时期，吉田秀雄制定了电通“鬼才十则”，不仅激起了全体员工的热忱和信念，造就了“电通人”的特殊气质，而且为电通的发展提供了巨大的精神力量。

吉田秀雄曾经说：“当我写‘鬼才十则’的时候，是1951年，正值电通面临考验的时候。当时，非全力以赴拼命不可的迫切，使我产生了许多感想，因此利用接完电话或客人离去以后的短暂时间一一写下来。不成体例，只是想让全体职员了解我的心情。”“鬼才十则”也是吉田的广告哲学。

2）“鬼才十则”分析

（1）工作自己找，不要等指派。

工作是一场战斗，人生何尝不是一场战斗！

人生是一场永无休止的、不断战胜挑战、征服人心的战争。我们每个人都是战士。竞争和战斗是逃避不了的，相反，我们要时时以良好的竞技状态勇敢地迎接挑战，自信地施展力量，超越原有的自我，开创辉煌的人生。

“抢饭碗”，一个“抢”字道尽了当今就业之艰难、人才竞争之激烈！没有抢的劲头，在强手如林的市场上怎么脱颖而出、崭露头角？最好的饭碗就是发挥自身优势创业，给自己创造饭碗的同时也给别人提供饭碗。

即便不做树起大旗、高歌猛进的创业者，也要做积极主动的经营者（将工作当作事业来经营），绝不做消极被动的领薪者。

（2）做事抢先再抢先，不要消极被动。

“先下手为强，后下手遭殃”“狭路相逢勇者胜”，在很多时候竞技状态决定了胜负。古往今来，力量弱小的挑战者不知战胜了多少实力强大的卫冕者！

积极主动者前景光明，消极被动者趋向败亡。

（3）与“大工作”为伍，“小工作”徒使格局狭隘。

“不谋万世者，不足谋一时；不谋全局者，不足谋一域。”工作要越做越精，更要越做越大。大不是指权力，而是范围和责任，永远要使梦想超越于现实，将自己所做的平凡工作与大的目标、未来远景联系在一起，才能有非凡的进步。

（4）以狼般的饥渴向艰难挑战，唯有完成艰难的工作才能进步。

人可以分为掠夺者和被掠夺者，掠夺者控制着被掠夺者，占有组织和社会所创造收益的大部分。所谓掠夺者就是渴望无限、饥肠辘辘、鹰视狼顾、龙行虎步、积极主动、具有极强的侵略性、敢于发动挑战、勇于应战的人。

人的进步是实实在在的，如同攀登一座高山，有相应的能力才能到达相应的高度，到达了一定的高度也就证明你具备了一定的能力。没有经过肉体上特别是精神上的艰苦奋斗，没有经历过恐惧、痛苦、压抑，没有承受过压力、挫折和失败，没有持续完成过充满挑战性的工作（不可能的任务），怎么能够成熟起来，怎么取得真正的成就？

人只有成熟才能持久成功，成功是成熟的某种标志和补偿。没有付出代价的所谓“成熟”是不可靠的。依靠运气获得的成功，也只会昙花一现。

（5）一旦动手，未达目标之前，见鬼杀鬼，遇佛灭佛，即使被杀也决不罢休。

全神贯注、心无旁骛、坚韧不拔才能所向披靡。“古之立大事者，不惟有超世之才，亦必有坚忍不拔之志。”不达目的誓不罢休的精神对于成功的确是很重要的。在千帆竞发、万舸争流、各行各业成功门槛越来越高的激烈竞争态势下，只有孤注一掷、不怕牺牲才能从气势、资源上超越对手，才可能夺取胜利。一个人要是横下一条心，连上帝都会给他让路。

“生当作人杰，死亦为鬼雄。”即使被杀也要死得壮烈！要成就大业，失败是会经常出现的，只要竭尽全力、问心无愧就可以！持之以恒，在荆棘丛生的道路上杀出一条血路，就走向了成功。

（6）要当周遭的推手，推与被推之间，日久差如天地。

人生来是不平等的，经过世间的洗礼，沉沉浮浮中又产生了新的不平等，前一种不平等我们无能为力，后一种不平等我们则可以把握。抱怨自己与强者不平等毫无意义，唯有自己成为强者，成为“强中更有强中手”——某个领域中数一数二的人物——才是最有价值的。

（7）谋定而后动，有长远谋略，才会有耐性肯下功夫，自然才能产生正确的努力方向及希望。

资源总是有限的，由此决定了“谋”的重要。谋定而后动是明智，不谋而动则是盲动。

所谓战略，就是选定正确的方向，然后坚持不懈地前进。战略不明则其他方面无所适从。执行力确实重要，但没有革命的理论就不会有革命的实践。只有正确的思想、方法指导，才会有正确的行动，才有可能取得预期的成就。因此，思想是财富，思考力是财富的源泉。

(8) 要有信心。没有信心，工作无魄力，无定性，无深度。

拥有强烈的信心，能力即可增加十倍。自信才能自立，自立才能自强。人要自信，不外乎张扬其个性，发挥其才能，不患得患失。

(9) 全方位留心关照，绞尽脑汁不松懈，唯有如此才能称作“服务”。

留心关照就是人文关怀。大凡取得成功的著名企业家，都绝非单纯追求利润者，必定也为社会、消费者、员工等提供了大量的物质利益和精神财富，这就代表着一种人文关怀。企业要想有长久的生命力，要基业长青，绝不能缺少这种人文关怀。企业经营的是境界和胸怀。

人文关怀的根本点就在于企业的股东、经营者与社会、消费者、员工、供应商等结成利益共同体、命运共同体，在此基础上企业才能博采众长，资源共享，加强合作，共创辉煌。创业成功的因素众多，但给天才之火浇上利益之油的，则委实是内部管理之精要。首先你要找到天才，其次你要通过物质、精神利益激发天才发挥全部所长，这样你就离成功、收获不远了。人文关怀就是企业的境界和胸怀。

(10) 不要害怕摩擦，摩擦是进步之母，是积极的肥料，否则你将卑躬屈膝、软弱无能。

“鬼才十则”与我们常见的那种四平八稳、大同小异的经营理念迥然不同，可以说是经营者吉田秀雄在重压之下背水一战的“有感而发”。吉田秀雄在《实业之日本》一书中追忆道：“要紧的是士气问题呀！昭和二十六年是一个非常关键的年头，我给自己打气加油，豁上老命干了。这就是当时的感想。”

吉田秀雄还提到，为起到真正的激励作用，应针对不同的情况，因人而异，因事而异，恰当处理以下几方面问题：

①要注意激励的层次性和时间性。例如，有的职工家庭经济困难，在奖励时，就可发奖金。而奖金对家庭收入很高的人，则起不到多少激励的作用。后进职工思想有了转变，希望大家对他有新的评价，他就特别希望获得荣誉奖励，这时企业领导者也应尽量给予满足。在多数情况下，奖励应趁热打铁，及时兑现。

②坚持物质激励和精神激励相结合。两者缺一不可，不能互相代替。不能撇开物质需要，以空谈解决人们的各种思想问题；也不能搞“一切向钱看”，单靠物质奖励调动起来的积极性是不牢固的。领导者实施激励的诀窍就在于恰当运用两种手段，巧妙结合，相辅相成，互为补充。

③教育职工认识并处理好满足需要与承担义务之间的关系。满足需要是承担义务的动因，承担义务又是满足需要的基础和前提。必须把握企业生产力发展的水平，兼顾国家、企业、职工个人三者利益之间的关系，使奖励程度与职工的贡献相当，克服奖励中的超现实想法和分配的平均主义。

④掌握适度和公平的原则。各项目标、竞赛指标既不能过高，也不能偏低，要使职工经过努力可以实现，并且完成目标的条件要均等。典型的事迹和数据要真实，应经得起验证和时间的考验。奖励要公平合理。惩罚要宽严相济，有章可循，

以理服人。

⑤保持上下沟通，认真研究职工心理变化。企业领导者应通过个别谈心、开调查会、民意测验等方法，掌握职工思想跳动的脉搏。

10.11.2 吉田秀雄的经营思想精要

1）媒介经营

积极参与媒介经营，尤其是新媒介的经营，这是吉田秀雄的一个经营战略思想。

在日本的几家老牌广告公司中，万年社广告公司历史最长，在报纸媒介上颇具优势；历史第二长的博报堂原先是一家出版商的广告公司，一直是出版媒介的领头羊；电通排第三，原名为电报通讯社，其母体原本是在电波媒介施展拳脚，广告只是一种附带的兼业。然而，战争期间的电波媒介一直是一块禁地，电通在这方面可说是无所作为。

第二次世界大战后，电波媒介解禁，才允许民间经营。吉田秀雄看准这个机会，毅然决定赌上一把。20世纪50年代初期，日本的民营电台相继成立，从筹集资本到落实经营管理人才，电通的影响可以说无所不在。

投资经营电波媒体，在当时是一件风险极大的事情。首先，占领军对这件事的态度一直是模棱两可，随时有收回成命的可能；其次，报业和财界抱着旁观的态度，合作和投资都不积极；最后，也是最要紧的一点，在通货膨胀的背景下，电通也几度陷入财务危机。“电通破产”的流言四起，但是吉田秀雄还是一意孤行。有当事人曾经回忆说，吉田社长对开拓电波媒介经营的执著和狂热，已经到了一种走火入魔的地步。

1951年7月，在电通成立51周年的时候，也正好是日本第一家民营电台开播之前，吉田秀雄向公司职员发出号召，让大家都来做“广告之鬼”。一个月后，他发表了著名的“鬼才十则”。

在吉田秀雄的带领下，电通的营业额节节上升。作为新媒介的广播广告，也很快得到了日本社会的认同。以后几年中，电通借着这股东风，又乘上电视媒介的快车，更进一步确立了在日本广告业中龙头老大的地位。在日本的广告市场，电通的广告营业额通常占整个市场份额的二三成之多，比第二位的博报堂要高出40%。

2）重视人才

吉田秀雄经营思想最大的特色是对人才的重视。他唯才是聘，是个人才收集狂。吉田秀雄曾如此批评日本另一家广告公司博报堂的人才政策：“战后博报堂经营干部极为消极，对于战时离职战后回来的旧有职员也不加以收留。”

对招收的人才，电通有极为严格的进修制度，对初级职员主要是培养必要的基本知识与管理技术素质，对中级职员主要培养现代经营能力，对最高级职员则努力培养其自我启发的能力。电通奉行“广告是人”的经营哲学，公司的职员每隔几年就有10天出差学习的机会，每半年便选拔全公司的两名优秀职员出国学习。吉田秀雄是个与部属有交流的“独裁者”，即使部属令其难堪，只要是人才他都善加照顾，即使不得已降调部属时也倍加爱护，不损伤其自尊心。当部属长期生病时，吉田并不随便开除而是待其痊愈并加以安慰。吉田对部属常常会问“令尊好吗”，令部属备感亲切。吉田也经常斥责部属，然而只会令部属感到激励而非其他。每次骂完部属，吉田总是将他们叫到总经理室，赠送他们礼物或宣布对他们的晋升。电通中流传着这样的话：“不被吉田社长斥责的人，前途黯淡矣！”吉田秀雄曾这样勉励部属：“我们这些老干部迟早总要离开这个世界的。在诸位当中，如有人奉广告行业为天职，在广告之中找到人生乐趣，在电通的城池里有誓死而战的气概与才能，则最有勇气的人将毫无疑问地会被选为新的总经理。电通不属于任何人，是属于诸位的！”

吉田秀雄虽然喜欢人才，却宁可不要不合群的天才而要注重组织的凡才。他在任期间，电通制定了很多规定，如一般职员九点上班，而干部则八点半就要开会或开始工作，职位越高到公司越早，这就是著名的早会制度；如在公司内部实行身份制与职阶制，类似于军队的军衔与军职，以利于人才的培养；公司内部用联络单、日记等方式联络，这样就可以尽量空出脑子思考问题。

3）广告是真与美的结合

吉田秀雄的广告思想用一句话概括就是“广告是真与美的结合”。

与雷蒙·罗必凯一样，吉田秀雄认为广告既是艺术又是科学。每年电通会花费1亿日元设立“广告电通奖”。吉田同样注重科学调查。在东京银座电通大厦的第13层，设有独特的“消费者情态室”，用各种先进设备调查消费者对广告的反应。在电通大厦的地下室，不仅有藏书万册的图书室，更有储藏各种信息卡片的DM资料室。

吉田秀雄认为，创意是用脚想出来的，只有平时多走、多问、多看、多摸，才能在关键的时候迸发灵感。

10.12 萨奇兄弟

20世纪是广告业的英雄时代，许多广告大师出现，事迹轰轰烈烈，看起来风光无限。美国总统罗斯福在第二次世界大战即将结束时说过这样一段话：“广告极大地改变了美国人民的生活。来世，如果我不做总统，一定选择做一名广告人。”广告人从此就成了仅次于总统的职业，这是何等的荣耀！打造这一时代的重要人物就包括著名的萨奇兄弟。

这对兄弟创业16年就建立了世界上最大的广告集团，并改写了美国和世界的广告历史。英国航空公司、杜邦、柯达、General Mills、惠普、强生、宝洁、丰田等顶级国际品牌都是他们的老客户。他们用自己的智慧和才能创造了广告史上的神话，他们的一生充满传奇和辉煌，总给世人以惊喜和期待。

萨奇兄弟，哥哥是查尔斯·萨奇（Charles Saatchi，1943年生），弟弟是莫里斯·萨奇（Maurice Saatchi，1946年生），两兄弟来自伊拉克，是犹太人。1970年两人在伦敦创建了自己的第一家广告公司，并用自己的名字来命名这家伟大的公司，即萨奇兄弟广告公司（Saatchi & Saatchi），也称盛世广告公司。萨奇兄弟在广告制作和公司经营方面都做得十分出色，是完美的黄金组合，共同成就了盛世公司的名望。

盛世是世界上居于领先地位的创意组织之一。在全世界的82个国家，盛世设有138个办事处，拥有7 000多名员工；在世界上最大的100家公司中，有60家是盛世的广告客户。

1988年，盛世广告在中国设立第一间办公室。1992年，盛世与航天部长城公司合资的盛世长城国际广告有限公司在北京正式成立。加上其在上海、广州设立的分公司，员工近300人，营业额达14亿元人民币。其在中国市场的主要客户包括宜家、雀巢、强生、上海大众、招商银行、乐百氏、TCL王牌彩电、金盛保险、美的电器、玉兰油、广州番禺糖果、大大泡泡糖、舒肤佳、汰渍洗衣粉等中外品牌，其中海飞丝洗头水广告和瑞士军刀广告分获戛纳国际广告节铜奖、银狮奖，标志着近年中国广告创作已在国际舞台上崭露头角。取得如此骄人业绩，自然令同业瞩目。盛世长城是连续10年在中国排名第一的国内最大的广告公司。

萨奇兄弟建立和经营盛世集团，使之成为最大的广告公司，这源于他们的信念：世上无事不可为。后来这一信念成为这家跨国公司的企业信念，并衍生了一系列广告理论和观念。

10.12.1 盛世的信条——“世上无事不可为”

盛世是十分注重创意的一家公司，而它所谓的注重创意并不是单纯将压力施加于创意人，而是用整个团队去支持创意人的工作。在盛世，人们相信“世上无事不可为”，正是这样的豪情和冲劲使他们在创意和其他业务中一往无前。在面对困难或压力的时候，这句话总是给员工以激励，使他们感到如果自己相信这句话，就一定能克服一切困难。盛世是一个很有创意的广告公司，正是这个共同的信念使他们能不懈追求好创意和更大成就。对萨奇兄弟而言，正是由于这个信条，他们才没有在刚创业的时候出于实力考虑而裹足不前，也没有走传统的路子慢慢地发展。他们的创意是超出常规的，公司的发展也是超出常规的，就像他们说的“世上无事不可为”，他们用自己的成就证明了这句话。

10.12.2 盛世的哲学——“改变世界的创意”

盛世的使命是提出改变世界的创意，从而改进客户的商业活动，建立品牌，提高声誉。盛世认为：我们相信创意的力量能够改进我们客户的商业活动，建立品牌，提高声誉；今天的商业挑战已经不仅仅是简单的管家，更是转变；领导者是那些采取别人想象不到的行动的公司；他们不会像竞争者一样行动，竞争者只能跟随他们；他们不会总是留在原地不动，如果他们这么做的话，他们就永远都到达不了他们想去的地方；如果你仅仅提供给他们已有的东西，其他人就会给他们从来没有梦想过的方案，那些方案能够导致变革的产生；产品和品牌的革命性理念，需要革命性的传播创意。

创意要面对客户，也要面对市场。市场决定着广告的表现。因为大众有自己的判断，所以一个好广告要有好的创意，也要有充分的接受度，不能为了艺术而艺术，广告的最终目的是达成销售。

创意能否被公众接受是创意人永远需要面对的问题，广告不是艺术，艺术是可以自我欣赏的，广告永远是商业与艺术的纽带，不能从一个纯粹的艺术角度去看广告，因为广告有商业的元素在其中，广告的任务就是达成销售，没有销售广告就不能生存。广告是给目标消费者看的，不是给自己或同行看的。要让目标消费者掏钱买产品，很简单，从广告中就要让他看到产品能带给他的好处，这个好处要足以使他动心，并能产生购买行为。目标消费者对广告关注的是产品利益，而不是广告的艺术性，而其他人因为不需要这种产品，看广告的动机就完全不同了。他不会关心产品利益，看广告是为了好玩，找趣味，欣赏艺术性。有着不同需要的人对同一种事物的关注点是不一样的。显然，广告创作者应该站在目标消费者的立场来创作广告，而非孤芳自赏，高高在上，闭门造车。

但也不能单纯为了销售做广告，因为单纯为销售，这个世界就没有进步。人们对生活是有要求的，广告也是文化的一部分，是一种流行文化，广告人在创造流行文化时，当然也不能让作品太难看。实际上，广告是一种特殊的推销术，艺术只是广告的一种技术。广告可以要也可以不要艺术，艺术用于广告必须服从于广告目的。不能用艺术的标准来评价广告，用艺术标准也根本无法评价广告。评价广告的只能是一些最没有艺术味道的数据：市场占有率、销售增长率、知名度、好感度。好广告不是广告本身漂亮，不是词用得好，线画得好，创意特别，而是产品卖得多，销售曲线上扬得高。广告朴实无华不是平庸无奇，只有那些无艺术味道的数字在直线上升，这个广告才是最了不起的广告！

10.12.3 盛世的价值观——“只有客户成功，我们才可成功”

“为客户创造成功的品牌，是我们努力的目标，客户的成功才是我们胜利的凯歌。”这是盛世一向奉行的经营宗旨，意味着公司着力发展与合作伙伴的长期合作关系，尽量帮助客户建立长远的竞争优势。

公司成立伊始，并没有将赚钱作为首要任务。相反，公司不断大量投资，培养人才资源和建设公司的硬件设备。最突出的就是不断引进外国的优秀人才和管理经验，深入研究市场，与客户并肩作战，建立长期的合作关系。因为盛世一直相信，要与一流客户合作，提供一流的服务，公司自身必须具备一流的素质。

盛世对制作过程中的每一步骤的品质都有非常严格的要求，强调策略性创意。创意人员也必须填写极为详细的说明，交待广告表现使用每个元素的理由。公司对员工的效率和工作效益非常重视。盛世认为选择客户和选择伴侣一样，因而非常慎重。盛世总是选择那些懂得欣赏优质服务，具有赢家头脑，重视广告公司参与，具有长远目光的客户而为之服务，当然客户还一定要有好的产品。盛世认为，广告只能让一个滚动的球滚动得更快，而不会让一个不会滚动的球滚动起来。

另外，由于商业的发展，类似的品牌越来越多，当产品成长到某个程度，它就需要广告公司为它进行品牌管理。一个公司的成功与否就要看其广告公司的宗旨是什么，如果是为客户建立品牌的话，那么该公司注定是成功的。广告公司是跟随客户产品一起成长的。作为国际4A广告公司，盛世长于品牌管理，也积累了很多经验，并始终把客户的成功当作自身成功的条件，是一个成功的品牌管理者。

10.12.4 全球品牌经营战略

品牌是一个市场营销概念，也是一个金融概念。在西方，许多公司都已经把品牌资产评估正式列入财务报表之中。在品牌主义大行其道的情况下，各广告公司都提出相应的对策。品牌主义以建立和发展品牌为广告的目标，追求长期的广告效果，重视形成差异化的优势，广告公司的作用和价值是提升产品为品牌。

因此，进入20世纪90年代以来，跨国广告公司的战略都有重大变化，相继提出品牌主张作为竞争制高点，如奥美提出“品牌管家”、盛世提出“全球品牌策略”、电通提出“品牌传播”、达彼思提出“品牌论”、智威汤逊提出“整合品牌建立”、精信提出“品牌性格”等。广告公司为客户卖产品出谋划策，只体现出小价值，把企业的产品转化为品牌，这样在客户的眼中才具有不可替代的高价值。

但是，选品牌主义还是选销售主义，常常引起争议。其实，这两个概念是主与次的关系，其比重不同，效果也不一样。关键在于战略眼光和战略选择，在于执行何种市场策略。尽管对不同的客户要用不同的策略，要根据实际决定策略的重心和比重，但是，面对未来发展，广告业必须有先进的思维和长远的眼光，必须不局限于短期的、目前的利益，必须迅速建立新的竞争优势。优秀的广告人能敏锐地察觉到变化的方向和把握各种新的可能机遇，以迎合企业新的需求和下一个新的消费环境，这正是强调品牌主义的基本出发点。

品牌主义比较在乎长远的效果、最大的价值和长期优势。广告大师们指出，优秀的广告从来都是建立在对用户真正的、深刻的理解基础上的，它既富有人情味，又饱含实质的信息。最重要的是我们如何从感情方面让广告生动起来，这就需要费尽心思，还要有一定的洞察力和丰富的经验。广告活动的失败，通常是因为没有很好地把握用户的需求，从而传达给用户一种错误的价值理念。跨国广告公司包括盛世都是品牌主义者。

真正创造品牌的人其实是用户。品牌被创立的过程实际上是这样的：首先，客户在其产品中蕴涵了某种品牌思想；其次，广告公司用一种广告语言和广告形象进行创意和表述；最后，用户将自己的价值观和看法融入进去。在这一过程中，品牌是逐渐确立的。它实际上是客户、广告公司以及用户之间相互交流的结果。但最终只有用户才是品牌的真正拥有者，并且在以后与品牌的互动中不断改变乃至重新界定品牌。

10.12.5　盛世的“全球标准化”主张

20世纪70年代工商业衰退造成的广告预算收缩，使“整合”代替“创意”成为广告业的新咒语。一种超越国界、为多学科所支持的理论驱动着广告业前进。盛世的“全球标准化”就受这种理论的支持。哈佛商学院西奥多·莱维特教授说，现代传播“均匀地分布在市场的每一个角落”，从而创造出“全球企业”，将使“同一个产品可在任何地方生产、以同样的方式进行销售”。他认为：“世界正成为一个共同市场。人们无论在哪里居住，都希望享受同一产品和同一种生活方式。全球性公司应忘记不同国家和文化的意识差异，而集中力量满足共同需求。这依赖于两个原因：通信和交通方式的发展加速了消费者市场的同一化，全世界消费者的需求越发趋于同一化。”

盛世公司比任何一家公司都更大刀阔斧地实施这个理论。从公司成立起，查尔斯·萨奇和莫里斯·萨奇就把他们的开拓定位为国际化。

盛世一直在全球兼并、收购和创立分公司，在全球进行标准化的运营。由于通信方式多样化，人们已经不在乎是从世界什么地方得到创意的，盛世可以为全球任何一个地方提供创意。这个理论为盛世在全球经营提供了支持。

10.12.6　盛世的创意主张——“单一概念主张”

盛世因策划出在全球范围内通用的单一广告运动而享誉广告界，它的思路是：找到那些使我们感到认同的东西（人类共同的真实的内心所需，是能够真正感动我们的东西），如食物、性、心灵、冷暖、水、住所、欢笑、关心、美丽等，为品牌进行定位，并让品牌借由广告直接敲击人们内心深处的共同情感，建立品牌与消费者的关系。如果身处世界各地的消费者能够对你的品牌诉求产生共鸣，那么，事实上，你已经创造了一种品牌共识，这种共识让品牌跨越国界，成为国际品牌。作为广告代理商，需要一种挖掘人们内心世界并与之沟通交流的能力。

10.13　克劳德·霍普金斯

克劳德·霍普金斯（Claude Hopkins，1866—1932），是开创现代广告的六位巨擘之一，是平面广告时代的文案、策划大师，被大卫·奥格威奉为精神导师。

克劳德·霍普金斯的时代，是个人成功的时代，而霍普金斯的魅力则是纯粹的先驱广告人的魅力。他凭借自己一生的奋斗，在前人没有走过的路上，为后世的广告开辟出成功的道路，并给后人留下了可贵的经验财富。

作为美国历史上最著名的广告文案撰稿人，霍普金斯一生除广告外别无所好，他是个工作狂，不到凌晨绝不离开办公室。星期天是他最喜欢的日子，因为没有人打扰他的工作。从他的打字机里打出来的广告方案，使很多产品闻名于世，他发明了新产品强行铺货的方法，发明了试销，发明了用兑换券兑换样品，发明了广告文案研究。他是一位不妥协的实干家，永远在测试新构想以取得更好的结果。

许多人认为霍普金斯是一位不妥协的强销鼓吹者，其实，在品牌形象得到广泛的关注之前，他已经察觉到它的重要性。他说："给每一位广告主一种可塑的风格，能创造出这种正确的个性，就是大大的成功。"

克劳德·霍普金斯是老一辈广告人，在他传奇的一生中，他为广告界作出了巨大的贡献。他的广告针对平民消费者，注重实效，注意区分广告和文学的差别。

霍普金斯生活的时代是西方近代广告向现代广告过渡的时期，广告媒介仍以传统的报纸、杂志、邮寄信函为主，新的传播媒介还没正式投入使用。因此，霍普金斯的主要成就也是在平面广告上。他是平面广告大师，是广告活动的策划大师，是广告文案大师。

大卫·奥格威曾经说过："霍普金斯的著作《科学的广告》一书治愈了我在英国做撰文员时所患的假文学病，使我专注于广告的责任，即销售，它改变了我的一生。"这本书完成于1923年，是霍普金斯57岁时的著作，改变的其实并非奥格威一个人的一生。它深深地影响了一代人，它让人们重新认识了广告，并给予它"科学"的定义，而在霍普金斯之前，没有人把销售方式或者几个字母的连缀当成科学。正如别人说的一样，广告业是一个门槛很低的行业，也就是说好像谁都可以做广告，但又不是谁都可以成为一个成功的广告人。霍普金斯用他一生的经历证明了广告是有科学性的，并不是没有规律可言的。他第一个提出了广告是一门精确的科学的观点。他将一生的宝贵财富毫无保留地留给后继者。更为重要的是，他的宝贵经验教会你在广告史的漫漫历程中如何更快、更好地掌握这门科学，如何跨越现实的鸿沟，争取创新。作为一个平民广告人，他得益于广大消费者的同时，也把最大的利润给了这些人。作为早期的广告拓荒者、广告界的先锋，他的很多广告思想成为今天广告发展的基础。

"广告是科学还是艺术"在今天仍旧引起争论，而之前，"广告是科学"已经得到了霍普金斯最具说服力的阐释。难以想象，什么人能将最重要的广告原则写得如此简练深刻，而更重要的是，这些原则对于我们今天的广告实践，仍具有无上的指导意义。

《科学的广告》写于霍普金斯在当时营业额居于美国第一位的洛德·托马斯广告公司担任文案撰稿人期间，从"广告法则是怎么建立起来的""广告只是推销术""提供服务"等最为基本的原则，到"标题""心理""讲述完整的故事""样品的运用""个性化""否定式广告""信函撰写"等具体的运作原则，霍普金斯对他所推崇的"科学的广告"的基本原则作了完整深刻的总结。

霍普金斯已经随风而逝了，对今天更加成熟的社会来说，他的有些理论是过时的，也并不系统，但他提出的大部分原则对今天的广告实践活动还是有着现实的指导意义的。现在我们就来整理一下他的理论。

10.13.1 广告的性质

原则一：广告法则建立的基础

霍普金斯自己说："广告，过去犹如一种赌博，而现在在能人的指导下，已成为一种最安全的事业。""广告业能有今天的地位，得益于多方面的因素。"这多方面的因素包括：广告代理公司、广告公司聘用的高级人才，以及对广告效果进行的跟踪（主要通过发放优惠券来实现）。这一切为广告法则的建立提供了前提条件。

首先，当时的大部分广告都是由大型广告代理公司操作的。对每一次广告活动，对每一个策划方案和创意，针对广告效果，广告代理公司都进行了观察和记录，因此，经验和教训就都得以保存下来。大型的广告公司与工商业各界的专业人士都建立了密切的关系，因此，他们可以看到各种手段和策略的效果。"于是，他们成为一个推销和广告经验的交流中心，几乎发生在经营中的任何销售问题都可以凭借他们丰富的经验得以准确的解决。在这种环境的长期作用下，广告和营销开始成为精确的科学。所有过程都被记录下来，所有数据都被统计出来。准确的信息指明了通向任何终点的最短、最安全、最廉价的路程。"

其次，大型的广告公司必然聘用高级人才。"只有有能力、有经验的人才能符合全国性广告的要求。他们中很多人通过合作、相互学习以及从新生事物中学习而成为专家。""对于这些公司，他们是作为个体的人加入的，但他们都在身后留下了自己的成就和创意。这些都成为公司的财富，并成为后来者的指南。"

因此，"在几十年的发展过程里，这些公司逐渐成为广告经验、公认的广告原理和手段的储藏库"。也只有在这些条件成熟到一定程度的时候，广告法则才能顺理成章地建立起来。

人们进行效果跟踪测试时最好的方法之一就是发放优惠券，这是霍普金斯自己创造并十分推崇的方法。这种方法测出的效果是十分精确的，"我们提供一件样品、一本书、一袋免费产品或其他物品，引起人们的直接回应。这样，我们就可以查明每个广告能引起多大的反应"。因为每份回执的成本和每次销售的成本都能以特别精确的方式计算出来，广告公司可以根据优惠券反映出来的情况了解到每一个广告活动的效果，从而及时作出调整，这样就会避免很多损失。这也从另一个角度证明了广告是一门科学。它绝不是任何人随心所欲的兴致产物，它必须建立在一定的调查基础之上。

原则二：广告的根本目的就是销售

广告与推销的区别按照霍普金斯的说法"只是作用范围的不同，广告是多元化的推销术。推销员与一个顾客打交道，而广告则诉求于成千上万的人。""广告的唯一目的是实现销售。广告是否盈利，取决于广告引起的实际销售。""广告是推销术的一种，它的基本原则就是推销术的基本原则。在这两个领域里，成功和失败的原因都差不多。所以，每个广告问题也应该按推销员的标准来解答。"

回答广告上的问题最简单最恰当的方法是问一问："这是不是有助于推销员卖出产品？"喊口号、用聪明的点子、太简短的广告、奇形怪状不一般的东西、精心装扮过的广告都不会取得好的效果，就像人们无法接受一个这样的推销员或者不会注意以这种方式推销的产品一样。"广告不成功的第一位的原因是试图向人们推销他们不想要的东西。第二位的原因就是缺乏真正的广告技巧。"广告人应该研究消费者，把自己始终放在购买者的立场上。霍普金斯说："这是广告最大的失误之一。广告文案撰稿人放弃了他们的职责。他们忘了自己是推销员，而把自己当作了一个演员。他们想要掌声，而不是销售。"

霍普金斯是一位强销的鼓吹者，他一生所致力的就是销售，因此，广告在他的眼里也只是一种推销术而已。这一点或许和他早年做过推销工作有一定的联系。做广告确实是为了销售，但是把推销作为广告的唯一目的也多少有一点偏激。

原则三：广告应该提供服务而不是空喊口号

"记住，你面对的人都是自私的，就像我们自己一样。他们并不关心你的利益或你的利润，他们只为自己寻求服务。"因此，也只有能提供这种服务的广告才可以被消费者接受并取得成功。这样的广告看起来可能显得很利他，但是实际上它们是建立在对人性了解的基础上的。因为文案撰稿人知道如何去引导人们购买。"人们可以受诱导，但不会接受你的驱赶。无论他们做什么，都是为了让自己高兴。如果永远牢记这一点，在广告上犯的错误就会少得多。"好的广告会像好的推销员一样，站在顾客的立场上展示自己的服务，直到取得购买结果为止，绝不可能只是在叫喊一个品牌。好的广告一定要让消费者从中看出他们能够获得的利益，不能只是鼓吹一个牌子，必须要让他们觉得高兴、舒心，只有这样才能导致他们的购买行动。

10.13.2 广告运作的重要原则

1）关于市场调查

原则：一定要做好信息采集工作

现代广告中，信息采集是广告活动的重要组成部分，而霍普金斯正是使之成为重要组成部分的先驱者之一。在他所有的广告案例中，我们都能看到一个不辞辛苦辛勤采集信息的身影。按照他自己的话说："广告文案撰稿人要赢得成功的机会，就必须全面了解自己的创意对象。""一个不辞辛苦的广告人常常会为了解决一个问题而花上几个星期的时间查阅资料，做案头工作。"这个过程是枯燥乏味的，因此，他说："天才的表现需要依靠对艰苦工作的承受。一个广告人如果不能卧薪尝胆地苦读，他永远都不会有什么进步。"并且，他还表明，这种信息采集工作绝不仅仅局限于事前，局限于了解产品本身，而是对于和销售产品相关的一切东西都要了解。例如，诉求对象在所有人中占的比例，消费者在某种产品上的总体消费情况，经销商的情况，竞争对手的资料等。只有获得了大量的数据之后，才可能制定出准确的诉求，创造出一个完美的广告，并推动它使之成功。这一切工作是乏味但却是必需的。正如霍普金斯所说:“广告看起来是那么简单,而为了诉求于简单的人们,它也必须简单。但是在这些广告的背后,很可能是大量的数据、大量的信息和好几个月的调查研究。”

2) 关于广告策划

原则一:广告策划需要有一个整体的战略考虑

在进行广告策划的过程中,你首先要站在战略的高度对整个产品、市场、诉求对象、经销商等有一个总体的了解,只有这样,你的定位才会准确,方法才会有效,结果才会成功。这其中包含了许多因素,都是需要你认真考虑的,任何一个环节的小小失误,都有可能导致整个广告计划的失败。

在战略上,霍普金斯只简单地提出了几个方面:

(1) 是命名的问题,这是霍普金斯认为最重要的问题,“正确的名称本身往往就是一条广告,可以叙述一个相当完整的故事,比如‘麦乳’‘饱满大米’‘棕榈橄榄香皂’”。名称是一种开门见山的展示,“实践证明,很多名称本身就是成功最主要的因素”。没有实际意义的名称一样可以成功,因为“它们都是独一无二的,给它们起名字的广告主从不会让别人分享他的优势”。因此,名称是值得广告主花大力气去仔细思考的。

(2) 产品的价格也必须经过选择。一种属于日常消费品或针对低消费群体的产品,薄利多销才应该是最好的方式,高昂的价格一定会遭到抵触,“会让广告活动范围受限制,获得超额利润的成本会比得到的利润高得多”。而另外一些产品的价格高低却并不是问题,因为每个人购买这些产品的数量都不会大(比如治鸡眼的药膏),因此高额利润才是这类产品的基础。还有一些产品,高价位正是它的诱人之处。因此你必须在深思熟虑后,才能确定产品的价格。

竞争也必须纳入考虑的范围。“你会面对哪些挑战?他们在价格、质量或是宣传上比你的诉求有什么优势?你要与他们争夺什么生意?在你获得这些生意后如何保持你的生意?你的竞争对手抵抗能力有多强?”我们必须在了解了这一切之后,找到足以把潜在消费者从竞争对手手中夺过来的强有力的诉求。“我们必须有一种表面的优势,人们不会毫无理由地改变自己的习惯。”“经常会有制造商抢走别人的生意,对这一点必须在最初的计划中加以考虑。他必须要有远见,能预见会发生什么事。而且他要有足够的智慧预先建立他的防线。”这就叫作“知己知彼,百战不殆”。

(3) 要考虑经销商的想法。他们是如何看待你的产品的,是不是会重视你的产品,会不会存你产品的货,应该有多少分销商才可以实现产品的销售目标,如何争取更多的分销商等。不在事前了解这些问题就直接做广告的话,结果可想而知。

总之,“不加准备就做的广告,就像被浪费的瀑布,声势可能很大,但不会造成什么效果。我们必须集中力量,指向可行的方向”。

原则二:样品和优惠券的使用会取得意想不到的效果

霍普金斯一直认为:“产品本身就应该是自己最好的推销员。我不是指单纯的产品，而是指产品以及它给人的印象和围绕着它的气氛。”

样品可以服务于各种各样有价值的目的，它“可以让人在广告中使用‘免费’一词，而这个词可以招徕成倍的读者。绝大多数人对任何赠送礼物的活动都会产生兴趣”。一份样品就足够促使消费者采取行动了，因为他们不见得会相信你广告中的介绍，但是他们一定会相信自己的使用结果。在这里，还要考虑样品的规格，不能太小也不能太大，最大限度是一整包正常量。派发样品和使用优惠券的另外一个收获，就是可以跟踪调查你的广告。“它们可以记录你的广告所激发的兴趣。这样，你可以比较每一种广告、每一个标题、每一个计划、每一种手段。”“派发样品还可以让消费者了解他们可以从哪里获得供应。在你建立起广泛的分销网之前，这一点非常重要。”

但是在使用样品和优惠券时，也要注意一些问题。首先，“样品索取成本在不同的产品上有所不同，取决于你的诉求的范围”。其次，“索取样品的成本通常都很大，需要加以重视，千万不能忽视”。对那些你已经卖出去或快要卖出去的产品，就不需要使用成本较大的样品了。最后，不能毫无选择地发放样品，不要通过经销商，要亲自把样品派送到那些真正的潜在消费者手中。“只把样品送给感兴趣的人，只把它们送给那些用某种方式表达了自己兴趣的人，只把它们送给那些对你的宣传有所了解的人。”

原则三：试验活动可以保证广告活动的效果

试验活动即“试销”，是霍普金斯发明的重要销售方法之一。它是指在一种新产品即将面市之前，在一个较小的范围内作试验性销售，以检验广告活动的可行性，从而为大范围销售打好基础。霍普金斯十分推崇这种做法，认为“通过试验活动，几乎所有的问题都可以得到解答，而且廉价、迅速、准确”。广告的成功与失败应该由买主最终决定，因为不同的消费者有着截然不同的喜好与口味，谁也不可能完全了解他们的心理与欲望，从而对消费者形成一个完整统一的印象。因此，广告只能通过试验活动让消费者自己去作决定：哪一种诉求才是他们最喜欢的，而这种诉求也正是广告主需要找出的真正能实现销售目标的那个诉求。“以前，广告主们凭一己之见作决策。少数能撞上好运气，但大多数人都失败了。”“现在我们通过几千人来考察几百万人会怎么做。”“我们在较小规模试验的基础上，建立起具有普遍性的评价指标，而这些指标一般都能够成立。我们知道我们的成本，知道我们的销售量，知道我们的利润与亏损，知道我们要多久才能收回成本。在我们全面铺开之前，我们必须证明我们的工作绝对安全。”这是霍普金斯的做事原则，是他推崇试验活动的原因，也是他少有失败的原因所在。

“我们还可以通过试验活动检验新的产品或者新的广告手段，因为这样做可以避免不必要的浪费，从而知道新产品和新的广告手段是否可行。”“这个行业很容易出现貌似真理的论点。”“现在以很小的代价获得的确切数字可以准确地解决问题。”广告主和代理商们只需要等着试验结果，再决定是否实行就可以了。

原则四：策划广告时要突出自己的个性

“一个人要想给别人留下印象，就要想办法从众人中脱颖而出，而且是用一种令人愉悦的方式。举止怪异、不同寻常，这并不是一种人人欣赏的个性，但用不同的方式做一件让人佩服的事会让你拥有很强的优势。”这也就是现在我们想要强调的个性化。“我们试图让每一个广告主都有得体的风格。我们让他与众不同，不是在外表上，而是在风度与格调上。我们赋予他一种最适合他所面向顾客的个性。”这种个性就好像一个人所散发出来的气质一样，除了可以与其他人区分之外，还可以凭借它去吸引一切对此感兴趣的人，不会让人觉得这只是表面的特别，它是发自内心的。它并不表示一种产品只要在外表上与其他产品区分开就可以了，而是它的整个诉求所散发出来的内在气质，让人觉得这种产品是有感情的，是适合“我”的，这种吸引力是任何人都无法抗拒的，因为人们是如此珍爱与自己相配、相像的东西。

“创造出正确的个性是一个极为出色的成就。那样，广告客户在某一领域中日益增长的声誉就可以为他带来更高的声誉。永远不要对此厌倦。记住，我们性格上的每一个变化都会让我们的好朋友从头再认识我们一遍。”

原则五：要慎用否定式广告

“攻击对手永远不是好的广告方式。不要指责别人的不足之处。”“攻击绝不是好策略，它自私自利的目的太明显了，显得不公平，不符合竞争精神。”并且，你在攻击别人的同时，也降低了自己的身份，只会让人看不起你，而离你的产品更远。因此，这种攻击性的广告已经被明令禁止了。

另外，“展示事物光明、快乐而有吸引力的一面，而不是阴暗、冷漠的一面。展示美丽，而不是平庸；展示健康，而不是病态。”“我们被阳光、美丽、欢乐、健康、成功所吸引。那么，就把通向这些事物的道路指给人们，不要指出相反的道路。”“表现被嫉妒的人，而不是嫉妒的人。”“告诉人们应该怎样做，而不是要避免做什么。”“让你的每一条广告都呼出欢乐的气息。我们总是回避悲伤阴郁的东西。”我们可以从普通消费者的角度出发来考虑这个问题，我们知道一切不好的事物发生的情况及其原因，我们不会喜欢它，而如果有人还以推销的方式向你宣传这些东西的话，我们会唯恐避之不及，因为我们在日常生活中已经看够了。但如果他们向你展示的是一些漂亮的图片和成功的人士，并且告诉你你也可以这样的话，我们就会十分乐意地去接受，因为人们都喜欢漂亮的东西，也喜欢被人奉承。

3）关于广告创意

原则一：广告需要一个能吸引人的标题

霍普金斯时代的主要媒体是报纸和杂志，因此，标题在激起人们继续阅读的兴趣方面就会起到很大的作用。标题的作用就是挑出能被激发起兴趣的那些人。“标题是用来向你想传达的人打招呼的。”因此，你创作出的标题所吸引的一定要是你所期待的顾客，因为只有这些人才可能实现广告的价值，你也只能关注这些人，只能创作出一个能拉住这些人的标题。

说人们不看广告，那是不可能的，优惠券的反馈充分证明了这一点，有20%的人会剪下报纸上的某张优惠券。但是，对于那么多的广告，读者究竟会选择哪一个，这才是广告人真正应该关心的问题。“人们并不是为了取乐才读广告。如果一眼扫过去，广告没有使他们感兴趣的东西，他们就不会读下去。”“广告人脑子里要总有这样的概念：大家都很匆忙，那些值得开发的普通推销对象总有太多的事要做，没时间阅读。”除非你让他们感觉到这种评论值得一读，而标题正好可以明确地显示出这一点。也许报纸杂志上有可以让他们受益的产品，但除非你用标题或者图片告诉他们这一点，否则他们可能永远都不会知道。所以，广告作者一定要在标题上花更多的时间，不断比较各种标题，直到确信什么样的诉求可以得到最好的结果。

“改变一句标题使原来五倍的效果增加成为十倍，是很平常的事。”“不要以为读你广告的那几百万人会去研究你的产品是不是有意思，他们只在一瞥之间便作出决定——靠你的标题或是图片。要着眼于你想寻找的那些人，而且只着眼于他们。”

原则二：文案的表述必须具体清楚

“人们可以理解销售人员把他最好的一面展现出来，而且能够原谅他出于职业热情而作的一些夸张。但是也正由于这个原因，笼统的说明不会有多大的说服力。一个人如果是在做很具体的说明，那他要么是在讲实情，要么是在撒谎。人们觉得广告主不会撒谎，他们知道他不可能在最好的媒体上撒谎。人们之所以对广告越来越尊重，就是因为它日益重视自己的真实性。”

任何一个人，如果他一直标榜自己的产品是“世界上最好的”“目前最低的价格”，那么对他所说的话，人们也许只能接受很小的一部分，人们在准备接受时已经在心中打了折扣，但是如果他用具体的数字或者是例子来说明的话，人们会更容易接受。因为，他们会认为这么具体详细的东西不应该是假的或编造出来的。具体的事实一旦被说明，就会得到充分的考虑，发挥充分的作用。

例如，剃须膏的广告在很长一段时间里都只是说“丰富的泡沫”“不在脸上干掉”，这种话每个人都会说，取得的效果也一般。但是如果说“它能变成250倍大的泡沫”“泡沫状态能在脸上完整地保持10分钟”，那么它就会取得明显的优势。

“泛泛之谈绝对不会产生什么作用。它就像在说：‘你身体还好吗？’而实际上你并不是真的想问对方的身体如何。但是，如果在平面广告中能进行明确具体的说明，产品的价值自然就会展现出来。”

原则三：任何广告都要讲述一个完整的故事

广告标题可以把对你的故事感兴趣的人吸引过来，而一旦你把他们吸引过来或他们已经开始阅读你的广告了，那么就要尽最大的努力利用这个机会实现你想对他做的所有事情，把你的所有论点都灌输给他，因为无论你省略了哪一部分，都可能会失去说服某一部分人的论据。因此，在文案中，你必须讲述一个完整的故事。“人们只需看一遍广告，就可以决定是否跟着广告的建议走，根本不用看第二遍。”所以，你必须通过一次阅读让读者了解一切他们想要知道的东西，而只有完整的故事、完整的表述才能让读者清楚你的意思、你的特点。很多说法会强调人们不会阅读太长的广告，然而，对于那些表述不清的广告，人们更不会花时间去让自己变得一团糟，更何况还是有很多人愿意去读优秀的广告的。因此，无论是长是短，广告故事一定要完整。

“简短的广告从来不必进行调查，因为我们可以预见它不会有很好的效果。每一条被调查的广告都有完整的意思，尽管它要用很大的篇幅来表述。”在表达完整的意思方面，霍普金斯从来就不会吝惜笔墨。

现代社会中，也许有的人会说，广告只能以简洁的方式吸引人，否则，匆忙中没人会花那么多的时间去读一个广告。这也许有一定的道理。但是需要注意的是，霍普金斯在这里强调的完整并不是冗繁的同义词。他只是强调，读者读过广告之后就应该明白广告想要告诉他的东西，这些东西不需要费力去思考，不应该是一个难以理解的模糊概念而已，当然，如果完整可以和简洁搭配起来的话，那会是最佳的组合。

原则四：信函必须经过检验并且能够促成销售

“商业信函撰写与广告关系很深。无论是寄给索取者的信函，还是跟踪服务信函，都应尽量经过检验。如果不可能做到，也应该根据试验得出的信息来撰写。”这又引出了试验的重要性。每个商家每天都会收到大量的推销信，而这些信中，哪些是可以实现销售的，那就要看信中是否有让商家感兴趣的东西了。而具体哪一种信函可以获得好的结果，那就要看试验的反馈了。“我们发现，像广告有差异一样，推销信也有差异。有些推销信能促使顾客采取行动，有些不能；有些可以做成生意，有些却破坏了它本来给人的好印象。”一般的经验表明，精美的信纸和印刷品并不会带来更多的注意。“它们在暗示，你是在靠产品质量以外的东西推销产品。”所有的诉求都应该蕴涵在内容之中，而不是形式。另外，推销信最重要的作用就是让诉求对象立即行动起来完成销售目标。在推销信中“让他们尝到甜头，或者告诉他们拖延会造成什么样的后果。注意，有很多成功的推销信会对自己的优惠作出限制，比如限定某个日期。之所以这样做都是为了促使顾客尽快采取行动，防止他们拖延”，这些做法会很有效。“要趁热打铁，要让顾客作出决定，要尽力争取他们立即采取行动。”

今天，推销信也许并未显得那么重要，然而，在霍普金斯的时代，推销信真的在销售过程中占了很大的比重，因此，也一直是霍普金斯十分重视的工作。

原则五：产品要有一个好的名称

“如果名称本身能说清一件事，这个名称自然就具有很大的优势。在广告中，产品名称一般都会被放在很显眼的地方。根据它所占据的篇幅，它应该对广告起到很大的辅助作用。有些名称自身几乎就是完整的广告。这种名称本身就是一笔财富。”“这类名称会受到保护，而且它自身足以说明产品，所以对它进行展示就很有价值。”而另外一些没有实际含义的名字，在长期的广告宣传中也会产生某种意义，因此它也就变得十分有价值了。

我们最不愿看到的情形是：广告主创造了一种新的需求，但这种需求被创造出来后，其他人也分享了这个名字，因为它人人可用，而当初起名字的人却只能依赖一个品牌名称。因此，一定要用独特的诉求作为名称，不能给竞争对手以可乘之机。但也不要表现轻浮，为了追求独一无二，却得到了一些微不足道的东西。“如果产品一定要有一个通俗的名字，最好、最有益的名字莫过于某个人的名字。这比一个精心设计的名字要好得多。因为，它表明某人对自己的产品感到非常自豪。”

“名称问题非常重要，它为新的事业打下基础。有些名字已经成为成功的主要原因，而有些则已失去了最初的半壁江山。”

在今天，产品是否拥有一个好的名称仍然十分重要，它和品牌挂钩，甚至可以指代一个企业。在当今这个越来越重视品牌、名牌的社会中，好名称确实可以使广告的所有活动事半功倍。

原则六：图片的使用要慎重

“所有昂贵的东西都应该有效，否则它就会造成浪费。”“不应该只是因为图片有趣就使用它们，也不应该为了吸引别人的注意或为了装饰广告而使用。”“广告不是为了让别人觉得有趣、为了取悦他人或者为了娱乐。”“你的创作围绕着一个严肃的主题——花钱消费。”“图片只应该用来吸引那些能让你获得利润的人，只应该在用同样大小的版面，它们的诉求力超过文字描述时才使用。”现代人可能会觉得霍普金斯对待图片的态度有点儿可笑，因为我们早已习惯了现代广告中花花绿绿的图片，也正是因为我们对这些太熟悉了，所以不会对类似的东西产生深刻的印象。而霍普金斯的时代也是一样，那个时期大概刚刚开始流行使用彩色图片，因此造价很高，而由于所有的广告主都用这个新生事物去充实自己的作品，所以人们同样不会有深刻的印象，因此，霍普金斯主张慎重使用图片。但是这绝不意味着他排斥图片，他不讳言有些产品的广告使用图片会有不一样的感染力（如“饱满谷物”的广告中，谷粒的图片就激发了人们强烈的好奇心），所以他也全力支持。但他强调，“图片必须有助于销售商品”，从而实现它作为广告的价值。“要以最简单可行的办法赢得你所追求的人，只有这样的事才能做。”

4）关于受众

原则一：做广告一定要研究受众的心理

受众研究在现代广告中应用普遍，但在19世纪末20世纪初还只是个新鲜的概念。霍普金斯说：“优秀的广告人应该懂得心理学，而且懂得越多越好。他应该了解特定的作用会导致特定的反应，从而使用这些知识去增强效果，避免错误。”广告的策划绝不能只凭广告人的个人喜好，而应该是受众可以接受而且愿意接受的东西，只有这样才可以吸引他们的眼球，才可以实现销售。在霍普金斯的许多实践中，你都能够看到他是如何努力使自己的广告作品迎合受众心理的。

“饱满大米”和“饱满小麦”在很大程度上就是依赖人们的好奇心取得成功的。而好奇心真的可以算作一种最强的刺激因素，因为它完全可以直接促成销售，人们的好奇心其实是无法估量的。

另外，人们对价格因素也颇在意，“便宜”并不是一种万能的诉求。在很多产品上，人们希望讨价还价，但是并不希望廉价。“如果把他们当作没钱支付这种生活的人，他们会讨厌你的看法。”而有时，消费者正是凭借产品的价格来确定它的价值以及自己的购买指数的。

其他的心理策略还包括：不能让受众感觉你太自私；受众更喜欢他们身边有一些产品的试用者或担保者，这样他们会觉得更放心；受众都有自己小小的虚荣心，尽最大可能满足他们会得到意想不到的好效果；人们都喜欢被人奉承；没有人会喜欢可怕的诉求，这会让人感觉不舒服等。

原则二：受众的承受能力是制定广告诉求的基础之一

“很多在广告上原本可行的事情因为代价太高而无法尝试。这也是为什么每一个项目和手段都必须经过评估，并且根据已知的投入产出标准进行判断。”霍普金斯一直主张，广告不应该浪费，要把钱花在刀刃上，广告的费用一定要在销售过程中得到补偿，否则就失去了做广告的意义。因此在广告的制作过程中，就要充分考虑受众的承受能力和可接受范围。这并不一定是说，产品的价格越低越好，而是要根据具体情况作出有针对性的策划。

但有一点是经过多次试验总结出来的，那就是，你不要试图去改变人们习以为常的习惯，这是很难做到的，即使你成功了，代价也异常高昂，可能通过一辈子的销售你也无法收回成本。并且，你创造出的新习惯很容易就会被竞争对手不费吹灰之力而使用。这一点，在日用品广告的制作中尤其突出。

5）广告与营销

原则一：如何建立经销网以打开售货渠道

现代广告中，广告只是营销的一部分，是促进销售的。而销售就必须要有一个渠道，渠道越畅通，取得的效果就会越好。霍普金斯意识到了这一点，因此提出了建立经销网的问题。建立经销网对不同的产品来说需要不同的方法，但是霍普金斯主张在经销网建立起来之前，不要打广告。

有些人一开始靠邮寄订单的直销，直到市场需求量达到促使经销商采购货物的程度；有些人通过派发样品或给予其他好处与潜在的顾客拉上关系，然后把他们导向某一家有存货的经销商；有些广告主把货物承包给批发商，为分销商进货提供方便；有些广告主在他们的广告中指定专门的经销商，直至一般的经销商都进了他们的货为止。用优惠券换取赠品的方式可以在短时间内建立广泛的经销网，这是在以另外一种方式强迫经销商进货，而且是一种成本极其低廉的方式，是霍普金斯发明并十分推崇的。“通过这些方法，很多广告主没雇用一个推销员就很快建立起了全国性的经销网，而且费用比其他做法节省得多。”

而有些方法则是不可取的。例如，有些广告主在开始的时候，送给每个经销商一些产品作为礼物或者把货物直接寄送给零售商，很多经销商对此会很反感而且这样做收款也不容易，因为他们会看不起你。而当你以另外一种方式让他们意识到，没有你的存货会给他带来损失的时候，他们就会主动与你联系了。

原则二：不要指望依靠经销商实现销售

经销商是广告主必须与之打交道的重要人物，而在和他们打交道的过程中一定要具备一定的技巧。“在大多数情况下，我们别指望得到批发商或经销商的积极帮助，他们太忙，有太多的产品要考虑。”而他们经常还会销售自己的品牌，因此，你需要了解他们，目的是知道如何才能让他们进货。“他们往往试图让你考虑采用其他的方法。他们会要求你付出额外的努力来帮助他，或对他们作出让步。广告主常常会打额外的折扣，或在货物数量上给予优惠——比如买十送一。他们相信，多给经销商一些免费产品，可以让他们更卖力气。在少数领域这样做可能是有效的，但它没有普遍性。即便他们更卖力气，也不会增加总体销售。他们的努力不过是把生意从一个商店转到了另一个商店。”“很多钱是被经销商以其他形式的协助而零敲碎打地消耗掉的，比如橱窗或店内陈设。橱窗陈设发挥着提示作用，可以为经销商带来巨大的市场份额，但一点儿也不会增加你的销售总额。”经销商也都是自私的，他们不会白费力气去帮助你销售，除非他能得到好处。你的生意应该通过其他方式实现，“而不是依靠经销商的帮助建立起来。你应该自己进行销售努力，成就自己的成功。只要经销商能够填写你的订单，你就应该感到满意了”。不要把所有的希望都寄托在他们身上。

6）结语

1946年，《科学的广告》的再版前言恰如其分地评价了这本著作：“这本书中，没有哪一页不值得仔细研读——换句话说，它好到了需要反复读的程度，在你面前是一个活生生的成功广告人，还有那些带来成功的必要因素，所有经验都被忠实地记录下来。本书盛满了生活，它不是一本书，它是一面历史的镜子，而历史的镜子是最好的老师。”霍普金斯自己的愿望则是“我们总在追求阳光、美丽、健康、成功，那么，把通向这些美好事物的道路指给后来者，使他们不至于像我们过去那样在黑暗中摸索”。

广告行业长久以来的共同经验正是广告大师们经过一生无数的实践，一点一滴积累起来的，后来的成果无不生长在经验这棵大树上。作为创造先导的广告大师之一，霍普金斯开创了科学的广告。无论社会的流行趋势、消费偏好和人们的欲望如何变化，广告的某些模式怎样改变，霍普金斯确立的广告基本原则会像阿尔卑斯山一样长久。

10.14 雷蒙·罗必凯

雷蒙·罗必凯（Raymond Rubicam，1892—1978），美国近代杰出的广告经营家，广告业中的“政治家”。他不仅是20世纪美国和世界最出色的文案撰稿人之一，还是率先创立研究机构、信托基金、分红制度的广告业第一人。“拒绝平庸”是他鼓励员工的信条，也为他不平凡的一生做了最佳注脚。他创立的扬·罗必凯公司从一家只有一间办公室的公司发展到世界第三大广告公司。1974年，罗必凯入选美国广告名人堂，次年进入美国广告文案名人堂，是美国大多数广告人崇拜的人物。人们说他是美国“广告世界里最全面的从业人员”，是“一个完美主义者”。

雷蒙·罗必凯是一位杰出的企业管理家，被誉为“美国历史上最好的广告公司领导人”，同时还是一位优秀的广告撰稿人。他主张广告内容要能够真实地反映产品，“要准确得像眼镜适合眼睛一样”；广告要新颖，要有高雅独特的情趣，强化视觉效果。他所创作的“不朽大师的乐器”广告标题，被使用了二十多年；“无价的要素”广告1945年被评为美国第二位的优秀广告。雷蒙·罗必凯首先是一名成功的商人，同时又是一位广告业的通才，很少有人像他那样，既对广告公司的各个方面样样精通，又是一位天才的广告文案撰稿人。他的广告职业生涯，为现代广告业谱写了一曲辉煌壮美的篇章。

10.14.1 雷蒙·罗必凯的广告思想精要

从1916年入行到1944年退休，雷蒙·罗必凯在28年的广告生涯中形成了自己一套具有开创性的理论。归纳起来他的思想分为以下几点：

1）主张广告要传达消费者关心的事情

雷蒙·罗必凯主张广告内容要能够真实地反映产品，向惯例挑战。他认为广告应尽可能传达消费者关心的事情，而非一味地宣传自己和自己的产品，要先让消费者看清自己的问题和需要，然后再向消费者传达商品的信息，展示产品可以满足消费者需要的信息。他最具代表性的广告作品有斯坦威钢琴“不朽大师的乐器”、施贵宝药厂的“无价的要素”。

2）强调广告视觉上要有吸引力

扬·罗必凯公司树立了新的审美标准。罗必凯偏爱格调高雅、制作精巧、视觉上有吸引力，并经常用幽默来叫卖的广告。该公司为波登公司设计了友好的“母牛埃尔西”作为各种奶制品的象征。罗必凯公司为四玫瑰威士忌公司做的一系列广告中的第一则，常常被誉为酒类广告中的佼佼者。广告上画的是四朵玫瑰花冻在冰块中，下面写着一行字“凉爽的感觉”。这则广告每年夏天都被拿出来，年复一年。扬·罗必凯公司还为劳斯莱斯创作了一则富有灵感的广告，标题为“给害怕梦想成真的人”。这则广告只出现过一次，但它“实际上比有史以来任何一则劳斯莱斯广告卖的车都多”。

3）强调创意必须基于事实

罗必凯十分重视创意，并强调创意必须基于事实，不可任意虚夸。罗必凯认为，“应该尽可能比你的竞争对手更了解市场，文案和美术人员要把这些市场信息用想象力和人类洞察力融入广告之中”。在20世纪30年代中期雷蒙·罗必凯不再直接写作广告，但仍以主要精力监督广告创作。公司的广告创作一直保留着他的风格。

4）重视广告调研和市场分析

雷蒙·罗必凯很重视广告调研和市场分析。1932年，他专程去美国西北大学聘请乔治·盖洛普博士负责公司广告调研工作。他主张广告调研要研究消费者的情况、阅读习惯、收听广播的习惯、喜好。在乔治·盖洛普的帮助下，公司根据研究结果，才能够作出大量的、有冒险性的、最终被实践证明是很有成效的广告。公司致力于大规模的广告探索，结果证明是有效的。

在广告界第一次利用幽默的漫画就是一个例子，用画面解释广告，连续的系列广告赋予广告新的可读性。"第一段落要精悍短小""标题长度不超过11个单词""长篇文案里小标题的运用"都是盖洛普的发明。盖洛普相信，消费态度的研究必须先于创意工作。在他的帮助下，公司第一个通过电话科学采样来测量国内广播听众，第一个测量听众中能够相信产品广告的百分比，在受众测试方面一路领先，如分析报纸、期刊的阅读量或精确地估算无线电广播的收听率。

公司率先把科研引进创意过程中。据盖洛普的研究，读者希望把大段的文字打印成小段落，并喜欢看到斜体、黑体和小标题等印刷形式。乔治·盖洛普的另一个发现——连环漫画受欢迎，使得广告公司纷纷到星期日报纸的漫画版上做广告。盖洛普的调查被广为人知后，用连环漫画做广告的方式从幽默报纸扩展到其他印刷媒介上。在图画格中添加对白，构成有现实气氛的微型戏剧，宣传各种各样的商品，如香皂、食物、药品和打字机等。

5）反对强行推销、危言耸听的广告风格

罗必凯主张"广告业应该注意自己的言行"。在20世纪二三十年代，美国面临着前所未有的经济恐慌。在这种情况下，绝大部分广告使用危言耸听的硬性推销的方式，这种风格丝毫无益于提高广告业的声誉。罗必凯走了一条不寻常的路。当时广告公司的管理人员和负责与客户签合同的业务经理，经常对广告作些笨拙的修改，使之适合自己或客户的口味。在这种形势下，罗必凯将广告创意权完全交给广告撰稿人和美术设计人员，充分尊重他们的意见。另外，罗必凯鼓励创意部门发掘新方法，而不是一味地步当时强行推销、危言耸听的广告风格的后尘。罗必凯说："我证明了我们不把美国的大众搞得晕头转向，也同样可以卖出产品。"扬·罗必凯公司的广告作品别具一格，年营业额扶摇直上。

6）要时刻保有寻求更好方法的精神

广告公司执行广告应该完整、彻底、深刻，否则就不能成为卓越的广告公司。

罗必凯认为，一个好的广告公司应该具有如下品质：①拥有丰富的资源可以为客户开展广告活动，并且在这一点上应该超越竞争对手。②广告公司可以彻底地了解并深入解决客户的问题。③在已经找到解决问题的方法的情况下，要时刻保有寻求更好方法的精神。

7）不要一味地取悦客户

公司所做的工作既要使客户满意，同时又要使自己满意。广告绝不能一味地取悦客户。何为好广告？不同的人有不同的看法。由于达到一个目标的道路不是唯一的，因此，广告公司与客户应该能够达成一致的意见。与此同时，保证广告作品是杰出的。这是扬·罗必凯公司的观点，这种一致的意见必须是相互的、共同的。

“好的广告绝不是不惜任何代价，对于客户单方面的奉承”，我们要让客户认同我们为他所做的广告，同样重要的是，我们也要认同自己所做的广告。

8）好的广告创意基于创意本身

好的工作成果来源于大家共同营造的轻松、和谐、随意的创作氛围。在扬·罗必凯公司，任何下属都可以就某一个问题与其上司讨论。“对于下属好的、优于自己的观点，我们都要接受，好的创意是基于创意本身，而不是由职位的高低决定的。”扬·罗必凯公司认为，彼此之间的这种讨论更有利于问题的解决。而公司的利润正是来自那些可以自由地表达自己真实观点的智慧的大脑。应知人善任，充分发挥每个个体的优势。

9）不能忽略产品的特殊之处

每一种产品有其自身独有的特点，广告要依据产品而做，所谓好广告的单一模式是不存在的。每一则广告都要有鲜活的创意，广告除了要传达产品共有的信息之外，更主要的是不能忽略产品的特殊之处。

10）要熟知每一个领域可以引起消费者情感变化的，并能说服消费者的方式

广告公司应该知晓广告业以外的其他信息，必须了解有关消费者的一切事情，不管是政治信仰、电影、新闻、小说还是广播、戏剧。广告公司要熟知每一个领域最有效的、可以引起消费者情感变化的、能够说服消费者的方式是什么，要能够分析这些方式有效的原因，要把这种研究应用到广告的创作中去。对于广告公司而言，发展现有的客户要比开发新的客户更为重要。广告公司的利润来自企业，来自为企业创作的富有成效的广告，而非自己建立企业。公司是所有员工的公司，只有大家齐心协力、共同努力才能够很好地创作广告，为现有的客户服务。

10.14.2 雷蒙·罗必凯的广告经典案例——骆驼香烟广告创作思想评析

1）骆驼香烟广告出现的背景

1907年，在土耳其黑海海滨，一位老人正漫步在沙滩上。他为这充满东方情调的美景所感染，但他心中充满惆怅与焦虑。这位老人就是美国雷诺烟草公司（R. J. Reynolds，其海外业务1999年被日本烟草公司收购）的创始人——理查德·约书亚·雷诺（Richard Joshua Reynolds）。1875年，他在美国北卡罗来纳州的云斯顿市（后与附近的沙龙村合并为云斯顿-沙龙市，Winston-Salem）创建了这家烟草公司，几十年来生意一直顺利，但公司现在陷入了困境，许多老客户离他而去，仓库中积压了大量的烟草。于是，他只身一人来到了遥远的东方，希望在生产烟草的土耳其能有所收获。远处不时传来一阵阵清脆的驼铃声，这里是骆驼的故乡，沙漠之舟的独特形象给雷诺留下了极深的印象。经过努力，他终于找到了梦寐以求的良种烟草“艾尔伯亲王”，这是土耳其烟农多年精心培育出来香气浓郁的新品种。新型香烟混合了弗吉尼亚烟草的醇正口味和土耳其烟草的浓烈芳香，它将两种系列烟草的优点兼收并蓄于一体。雷诺把这种香烟的品牌命名为骆驼（Camel），意味着骆驼般的坚毅，并蕴涵了来自中东国家的那种异国情调。

2）骆驼香烟广告的内容

1920年，罗必凯创作了“为了一支‘骆驼’，我愿走一里路”的经典骆驼香烟广告语。骆驼香烟盒的底色是淡黄色，暗喻广阔的沙漠。背景图案上的金字塔和棕榈树代表古老的东方，给人一种神秘和原始的感觉。

每一支香烟其实都是一种语言，与烟草连接的愉悦感是消极的，但除去烟草所带来的幻象，我们所钟爱的烟草其实都在用一种古老的方式给人以神奇的智慧，用一种肯定的语气带来力量。这一切的原因很简单，因为骆驼的确是一种力量。

1913年，雷诺公司得知巴纳姆-贝利马戏团将要来云斯顿市演出，在马戏团到来之前有骆驼表演，雷诺公司就在云斯顿市中心广场树起一块巨大的广告牌，图案为骆驼香烟包装盒的放大图，充满着浓郁的东方情调：浩瀚的沙海、耸立的金字塔、青翠的棕榈林、一头昂首向天桀骜不驯威武高贵的大骆驼。广告词为：“著名的巴纳姆-贝利马戏团即将到云斯顿演出，神秘的骆驼要来了！”另外，雷诺公司还在云斯顿的大街小巷张贴骆驼的宣传画和“骆驼来了”的标语，令市民目不暇接、眼花缭乱。一时间，骆驼成了市民的中心话题，骆驼香烟的销售量直线上升。巴纳姆-贝利马戏团的骆驼演出使促销活动达到高潮，当观众们为神秘的骆驼风采所倾倒、为绝妙的东方风情所陶醉时，雷诺公司抓住机会，向激动不已的观众免费赠送骆驼香烟，人们纷纷抢要这个纪念品，并高喊着：“我们要骆驼！我们要骆驼！”

经过这场文化促销活动，骆驼品牌的声名不胫而走，很快便享誉全美，骆驼香烟的销量几乎是呈几何级数上升。从1914年的4.5亿美元，到1915年的23亿美元，到1917年的110亿美元，再到1920年的200亿美元，创造了令人震惊的销售奇迹。另外，在美国广告史上，骆驼品牌问世的传播活动，拉开了第一次全国性现代化广告运动的序幕。

3）骆驼香烟广告的评析

“为了一支‘骆驼’，我愿走一里路”，这句著名的广告语至今在美国的中老年烟民心中仍然经久不衰，不少广告创意书籍还将它奉为20世纪最优秀的广告词之一。

1920年，在一场高尔夫球赛的间隙，一个运动员走向观众席，向其中一名观众要了一支骆驼香烟，并大发感慨：“为了一支‘骆驼’，我愿走一里路啊！”凑巧的是，给他香烟的那名观众恰巧是骆驼香烟广告代理公司的罗必凯。说者无心，听者有意。职业的敏感让罗必凯记下了这句感慨并将它带回公司，后来，骆驼香烟就有了这句经典的广告语，并且一用就是30多年。在这句广告语的感召之下，骆驼香烟分别在1913—1929年和1935—1960年长期获得美国销量第一。这句广告语之所以难得，是因为它简练、切入要点，充分表达了消费者对骆驼品牌的认同和喜爱。来自顾客心底的赞叹是产品最好的传播工具。

本章概述

本章阐述了100年来世界上15位著名的广告大师、广告学者、广告经营者的实践历程及其思想精华，使中国当下的营销精英、广告精英领略世界广告运动的发展历程和广告思想的演绎过程，从而增强对于广告理论的认知；使我们在以广告为手段塑造企业品牌的过程中，能够站在理论的高度上进行运作，更加科学化。

从百年前推销员出身的广告大师霍普金斯，谈到当今世界一流广告学者唐·E.舒尔茨，从“广告科学学派”谈到“广告艺术学派”，从“USP理论”谈到“品牌形象理论”，全面展示了广告思想的发展脉络；从甲壳虫“想想小的好处”的著名广告，谈到莲花公司电子制表软件的著名案例，深刻揭示了广告策划的奥秘。

在这一过程中，每一阶段都有杰出的人物作出杰出的贡献。

20世纪50年代，罗瑟·瑞夫斯提出了独特销售主张理论，他认为广告必须能够挖掘并阐释产品独特的物质层面或精神层面的让消费者购买的理由。以此为依据，他创作出了M&M巧克力“只溶在口，不溶在手”的经典广告，为广告科学创造了重要的理论学说。他也因此跻身于世界广告巨擘之列。独特销售主张已成为罗瑟·瑞夫斯的代名词。

60年代，大卫·奥格威提出了品牌形象理论，他认为广告必须为产品和企业品牌塑造出一个人们可感知的形象，而且要通过长期的广告积累在人们心中形成品牌的独特个性。大卫·奥格威提出的这一理论超越了罗瑟·瑞夫斯将广告诉求在销售层面的思想。产生超越的原因是50年代与60年代的市场环境大相径庭。60年代市场上由于产品的丰富和保质保量，人们对于产品的物质利益关注度已急剧下降，这种消费心理的变化使得独特销售主张理论已无太大用武之地。大卫·奥格威敏锐地察觉到这一变化，提出以塑造品牌形象作为对策的解决方案。这一理论至今仍然是跨国广告公司奥美的“镇山之宝”，并发展成为360°品牌管理理论。

70年代，美国广告界新秀艾尔·里斯和杰克·特劳特两位年轻人提出了广告定位理论，这一理论与独特销售主张理论的不同之处在于，他们强调广告传播要在人们的心理层面对广告商品进行定位排序，而独特销售主张理论则只是在商品利益层面进行诉求。广告定位理论与品牌形象理论的不同之处在于，品牌形象理论指的是广告的内容，而定位理论指的是做广告的方法。由于其简约的特点，定位理论迅速在许多经济领域被广泛应用，因而也成为现代营销广告界最负盛名的理论。

80年代，被称为“麦迪逊大道上的疯子”的乔治·路易斯提出新的广告主张。他认为“定位是个屁”，“广告是艺术，完全源于本能、直觉，尤其是天分”。因而，他成为广告艺术派的忠实信徒。广告艺术派否认广告的科学性，因而也使学习者再次陷入无迹可循的茫然中。他的这种观点在60年代时就曾被誉为“创意革命旗手”的威廉·伯恩巴克提出过。威廉·伯恩巴克认为广告不是一门科学，而是一门艺术，广告要注重创意的新奇性，只有与众不同的广告，才会有与众不同的产品。乔治·路易斯的观点显然是伯恩巴克思想的延续。

但是广告创意仅仅是企业广告活动中的一个重要环节，而不是唯一环节，广告创意并不能解决企业发展中的所有问题，所以到了90年代全球数字化时代来临的时候，新的传播理论出现了。

90年代，美国西北大学的唐·E.舒尔茨教授提出了整合营销传播理论，提出了“传播即营销”的伟大思想，从而发展了美国营销大师菲利普·科特勒总结的营销理论，使广告传播不再从属于营销，也使人们认清传播和营销是并列的关系，因而需要整合。这种理论的提出为处于媒体分众时代的企业指明了方向。由于传媒的多样化，电子商务、互联网的兴起，大众传媒时代已经结束，分众传媒时代已经来临，按照美国学者迈克尔·高尔德哈伯（Michael Goldhaber）的说法，“注意力”成为稀缺资源，企业的信息如果不能从营销和传播两个层面进行整合，消费者对企业的感知就会支离破碎。在这个注意力稀缺的时代，企业与消费者的关系容易变得模糊，从而容易丧失消费者对企业的关注和青睐。整合营销传播理论已成为当今全球最前沿的营销传播理论，也为企业在分众传媒时代的广告活动从目标上找到了新的方向。

以上是世界广告理论形成的过程。在世界广告理论百年形成过程中，不能不提经典的广告作品。

万宝路香烟广告的牛仔形象根植于全世界成年消费者的心中，这个广告的创意者是李奥·贝纳。李奥·贝纳凭借万宝路香烟广告的创意一举成名，成为广告领域不能不提及的巨匠。他一生没有著书，但他留下了关于广告创意的独特思想。他认为每一种商品后面都蕴藏着戏剧性的一面，广告活动就是要把它挖掘出来，并以吸引人的方式把它表现出来，让人感到出乎意料，细细体味之后又感觉在情理之中。他的这一广告思想强调的其实是广告的创意性，广告的创意要能同时调动人们的眼睛和心灵，使人们产生关注，产生思索，从而增强广告的效果。这一广告思想成为广告创意理论中的独特瑰宝。

“为了一支‘骆驼’，我愿走一里路”是雷蒙·罗必凯富有传奇色彩的广告创意，也成就了雷蒙·罗必凯广告大师的地位。

雷蒙·罗必凯十分注重创意过程的研究，因此他也是广告领域第一个将研究工作引入创意过程中的广告人。他曾请后来成为全球顶级调查公司的盖洛普公司的创始人乔治·盖洛普博士，到他的公司进行广告调查研究工作。这也给在他公司工作过，后来同样成为广告大师的乔治·葛里宾很深的印象。乔治·葛里宾在其广告生涯中十分注重细节的研究即与此有关。

乔治·葛里宾生活的年代是纸质媒体占主导的年代，所以他对广告的看法是把文字放在一起说服别人购买商品，进而成就了他对广告界的贡献，即主张大量阅读后才进行广告创作的写作思想。他被称作“广告界的语言大师”。

在世界广告理论百年形成过程中，广告公司也扮演了重要的角色。日本的电通广告曾经是世界最大的广告公司之一，这与广告经营大师吉田秀雄创立的经营思想是分不开的。在20世纪50年代他就提出日本广告业要与日本经济发展的速度相匹配，要敢于制定高标准的经营目标。他敏锐地洞悉了全国性电视广告网的威力，重视电视广告的代理。在他带领下，日本电通公司迅速跻身于世界一流广告公司之列。他在工作间隙撰写了影响公司管理的重要思想“鬼才十则”。“鬼才十则”是对公司人员管理的训导性思想，对于凝聚人心、形成团队精神具有重要的价值，为广告经营思想的形成奠定了基石。

英国的Saatchi & Saatchi广告公司是萨奇兄弟创办的广告公司，他们在广告史上被称作完美的黄金搭档。他们在创业早期就认识到经济全球化势不可当，由于空中交通、货币兑换、卫星电视、直拨电话等手段的进步，整个世界正在被连为一体，消费品正在成为世界性的。为顺应这一潮流，广告公司必须扩大规模，向更广泛的领域出击。他们的公司在这种思想的指导下，形成了一站式服务的工作方法，招徕了大量的客户，并借助资本市场的力量迅速成为世界广告行业耀眼的明星。他们的经营思想是比吉田秀雄更为前卫的经营思想，为跨国广告公司的经营发展提供了前瞻性的指导。

在世界广告公司发展过程中，还有一位独特的人物就是詹姆斯·韦伯·扬，他的特殊之处在于他倾注心血为广告公司培养未来接棒者。他编写的《怎样成为广告人》一书成为智威汤逊广告公司的内部培训教材，也曾是芝加哥大学商学院的广告教材。书中论及了广告人的使命和广告创意的哲学。他兼有广告人和广告培训师的双重角色，因而也成为一位具有特殊地位的享誉世界的广告大师。他的创意魔岛理论至今仍是解释创意奥秘的重要学说。

以上这些著名广告大师为世界营销广告理论的发展作出了卓越的贡献。尽管他们的时代不同、观点不同，但是他们有一点是相同的，那就是对广告事业的执着追求，他们甚至把广告活动当作人生的过程去探索、去寻求，直至达到创意人生的境界。

复习思考题

1. 简述乔治·葛里宾的广告理论精华。

2. 国际广告业公认威廉·伯恩巴克是广告“创意革命”的旗手，试阐述他的广告思想精华。

3. 为什么说奥美广告创始人大卫·奥格威是品牌形象理论的提出者？

4. 唐·E.舒尔茨的整合营销传播的理论精要是什么？

5. 简述詹姆斯·韦伯·扬广告策划的七种知识。

6.为什么说杰克·特劳特是广告定位理论的奠基人?

7.创造了著名的“万宝路牛仔”的李奥·贝纳的广告思想精要是什么?

8.艾尔·里斯的广告定位思想的主张包括哪几方面?

9.罗瑟·瑞夫斯的广告理论的观点及论述是什么?

10.简述乔治·路易斯的广告思想精要。

11.简述吉田秀雄在广告业经营管理方面的“鬼才十则”的基本内容。

12.阐述萨奇兄弟的盛世广告公司的企业理念。

13.克劳德·霍普金斯对广告的性质、广告运作原则是怎样论述的?

14.雷蒙·罗必凯对广告所具有的开创性理论可归纳为哪几方面?

附录　现代广告学常用词汇

广告学　是一门年轻的学科。19世纪末期，很多学者开始从经济学、传播学、心理学等角度研究广告现象，形成了早期的广告理论研究热潮。在20世纪的一百年内，广告理论迅速发展并走向成熟，广告学终于以市场学和传播学为理论基础，建立了其自身的理论体系，从而成为一门独立的学科。广告学是研究广告活动的过程、规律和现象的一门科学，它的研究领域十分广泛，包括广告现象的历史、广告运作的基本程序、广告运作的基本原理。广告学指研究和揭示进行成功广告的一般规律、方法与技巧的学科。广告学涉及跨度较大的多门学科的理论、方法和技术，主要包括：市场营销学、企业经营管理学、市场调查方法和技术、传播学、商业心理学、艺术理论、多种艺术表现的方法和技巧、广告经营与广告产业、广告管理及广告伦理等内容。

广告　大众传媒的一种形式。根据广告主是否以营利为目的，广告可以分为商业广告和公益广告。在绝大多数情况下，如果没有在"广告"一词前加特定定语，则广告一词泛指商业广告。

商业广告　指以营利为目的的广告主，通过大众传播媒体所进行的，有关商品、服务和观念等信息的，有说服力的销售促进和信息传播活动。在一般情况下，"广告"一词主要指商业广告。

公益广告　指不以营利为目的，通过大众传播媒体所进行的，涉及公众利益及问题的宣传和信息传播活动。

大众传媒　指可以实现由少数人向多数人进行信息传递的物质或工具。广告之所以成为大众传媒的一种形式，是由其传播特点决定的。

广告主　指为推销商品或服务，自行或委托他人设计、制作、代理发布广告的法人、其他组织或者个人。

广告经营业　指受委托专门提供广告设计、制作、代理服务的法人、其他经济组织或者个人。从事广告经营的，应当具备必要的专业技术人员、制作设备，并依法办理公司或广告经营登记，方可从事广告活动。其典型的组织形式是广告公司。

广告发布者　指为广告主或广告主委托的广告经营者发布广告的法人或者其他经济组织，主要指媒体单位，如电视台、广播电台等。

广告公司　是广告经营业的一种典型组织形式，是社会分工的产物。虽然广告公司的雏形可以追溯到很早，但是现代意义上的广告公司是19世纪中叶，随着报纸业的发展而产生与发展起来的。广告公司的发展经历了三个阶段：在发展初期

(第一阶段)，其主要业务是报纸媒体的代理，进行版面买卖。第二阶段的重要标志是，它除了继续进行媒体代理外，还开始从事广告设计和制作。在第三阶段，广告公司除上述两项主要业务外，其重要标志是为广告主进行广告策划、广告调查及有关的其他活动。如今，广告公司的分工日益精细，向着专业化和大型化方向发展。

广告对象 指广告活动所针对的消费者或用户群，即广告受众。任何广告都有其特定的广告对象，它决定了广告主题的确定、广告表现形式的应用、广告媒体的选择等广告活动的特殊性。明确广告对象是广告科学管理的重要工作之一。广告对象首先是由企业的目标市场决定的。但是，广告对象又不完全等同于企业的目标市场。从质上看，企业目标市场所强调的是企业所生产商品的使用者群，而广告对象不仅要强调使用者群，而且要强调实际购买对象，因为在很多情况下，商品的使用者和购买者并不一致，如儿童用品、老年人用品等。从量上看，广告对象可能大于或小于企业的目标市场。如果企业目标市场中的一部分人已经非常熟悉本企业商品，那么，这部分人就可以不作为广告对象看待，而将广告对象的重点放在潜在市场上。

广告的基本特点 指广告活动区别于其他活动，如新闻、公共关系、销售促进等的基本方面。广告的基本特点至少有以下方面：①广告具有一切经济活动所具有的投入产出的特点。这有别于新闻。广告费用是一种投入，它的产出是促进商品销售和最终创出名牌。②广告必须明确广告主。任何广告都必须明确广告的信息是由谁发出的。明确广告主，一方面，能使消费者放心购买商品；另一方面，如果出现欺骗性广告，有利于追究广告主的法律与道义上的责任。③广告费用具有不变费用性质。单位商品的广告费用随着销售量的增加而递减。成功的广告不仅不会使单位商品的费用增加，反而可能降低单位商品的费用。④广告是通过大众传播媒体进行传播的。⑤广告是对特定的广告对象进行的信息传播活动。它决定了广告主题的确定、广告表现形式的应用、广告媒体的选择等的特殊性。⑥广告是有说服力的信息传播，应该起到说服消费者购买的作用。⑦广告必须准确传达信息，保证广告的真实性。准确传达信息本身也能产生说服力。⑧广告是被管理的信息传播活动。一方面，广告必须遵守有关法律、法规和政策，接受有关管理部门的监督、检查、控制和指导；另一方面，广告又是企业经营管理的一部分，广告管理的科学化有赖于企业经营管理的科学化。

广告的基本分类 指根据不同标志对广告类型的细分。分类的目的是进一步深入认识和研究各类广告的特点及规律。对广告一般可以进行以下分类：①根据广告传播媒体，广告可分为电波广告、邮寄广告、交通工具广告、礼品（珍惜品）广告等。凡在广告前注明媒体名称的都属于这种分类。②根据广告进行的地点，广告可分为销售现场广告（POP）和非销售现场广告等。③根据广告传播范围，广告可分为国际性广告、全国性广告、地区性广告、区域性广告、针对某一具体单位甚至个人的广告等。④根据广告的具体目的，广告一般可分为销售广告和需求广告。⑤根据广告的内容，广告可分为商品广告、企业广告、服务广告、商品（或服务）与企业综合广告、观念广告、商品（或服务）与观念结合的广告等。⑥根据广告在传播时间上的要求，广告可分为时机性广告、长期广告和短期广告等。⑦根据广告播出频率要求，广告可分为高频率型广告、低频率型广告等。⑧根据广告表现的艺术形式，广告可分为图片广告、文字广告、表演性广告、演说广告、情节性广告等。⑨根据广告的表现形式，广告可分为印象型广告、说明型广告和情感诉求型广告等。

广告的作用 指广告可能产生的影响和效果。①对市场经济发展方面的作用：广告已经成为商品生产和商品流通进一步发展不可缺少的重要环节，是推动整个市场经济发展的重要因素。②广告对企业生存与发展起着重要作用，主要表现在：它是企业市场信息的重要来源之一，对提高企业知名度、加强消费者对企业及商品的了解和好感度、增强企业的竞争能力、维持和扩大市场占有率、推销企业积压商品、促进和支援人员推销等方面都起着重要作用。③广告对消费者产生的作用，主要表现在：广告是消费者获得企业和商品信息的重要来源，广告能改变消费观念和消费心理，影响消费结构和消费行为，为消费决策提供依据，并为消费者购买提供方便等。④广告促进了大众媒体和文学艺术的发展。⑤广告对美化环境和丰富人们的文化生活起着重要的作用。

广告的构成信息 指形成广告信息的要素结构。广告信息主要由直接信息和间接信息两大部分构成。直接信息是指用通用符号所传达的广告信息，如文字、语言、商品名称、品牌商标等内容明确、主要作用于人们知觉的信息；间接信息是指广告所形成的感觉上的信息，如颜色、构图、格调等。其中，直接信息是传达广告主要内容的重点，间接信息起着进一步强化直接信息的作用。虽然实际上直接信息和间接信息是相互依存、很难区分的，任何直接信息中都包含间接信息，但是这种区分在广告理论研究、策划、定位和设计创意中具有重要意义。

广告的信息障碍 指广告从内容选择、确定、传播到广告对象接受、理解全过程可能产生的信息扭曲和阻碍。广告作为一种信息沟通的手段，信息沟通可能产生的障碍在广告传播中也是不可避免的；而广告一般是借助一定的艺术表现形式传播信息的，这也就加大了产生障碍的可能性。广告信息障碍可能产生的环节与表现主要有以下方面：①需要传达的广告信息的复杂程度。信息越复杂，产生障碍的可能性就越大。②把需要传达的内容艺术化的过程也可能产生障碍。主要表现为，在这一过程中，创意和制作人员对信息的理解。③传递过程产生的障碍。它主要是由媒体造成的。④消费者在接收广告信息时有可能形成信息障碍。⑤消费者在理解广告信息过程中也会造成信息障碍。同样一句话，不同的理解可能形成截然不同的意思。可以看到，准确地传达广告信息并不是一件容易的事，任何一个环节出问题都将影响广告信息的质量，最终影响广告效果。

广告功效的形成 指特定的广告在特定的目标市场的效果产生过程。广告功效的产生实际上就是广告作用的全面发挥。对于广告功效形成的具体过程，目前看法并不一致。其中美国BBDO广告公司总经理汤姆·狄龙（Tom Dillon）的五方面发生功效理论以及莱维奇和斯坦纳提出的层级法是两个典型的理论。前一种理论从广告本身的作用特点进行分析；后一种理论侧重广告对消费行为和消费心理作用特点进行分析。

广告效果 指广告作品通过广告媒体传播所产生的作用；或者说，在广告活动中通过消耗和占有社会劳动而得到的有用效果。这种有用效果一般表现为三个部分：①广告的经济效果——对企业经营的作用，主要体现在对商品销售效果的影响和对品牌发展的贡献。②广告的心理效果——对消费者的作用，主要表现为广告对提高企业或产品的知名度、认知度、好感度、品牌形象以及名牌创立的贡献。③广告的社会效果——对社会的影响，主要包括广告对社会公益、社会舆论、社会意识形态、社会道德、社会环境等方面的影响。广告效果与其他经济活动的效果的不同主要在于：广告效果具有时间推移性、累积性、效果的复合性、间接效果性、竞争性等。

广告效果的测定 指对广告目标在广告活动之后的实现程度的调查、测算和评价。广告效果的测定是完整的广告活动中不可缺少的重要内容，是检验和评价广告活动成败的重要手段。其目的是总结广告活动的经验教训，帮助企业调整、完善广告策略，促进企业改进广告的设计与制作。①广告效果测定应遵循的原则。主要包括：目的性原则、综合性原则、可靠性原则、经常性原则、经济性原则、简便易行原则。②测定的内容。一般情况下，主要是对广告所产生的经济效果、心理效果和社会效果进行测定。对一个特定企业来说，主要是对广告目标所规定的内容和指标进行测定。③测定的方法。首先对有关资料进行调查和收集，然后对资料进行统计分析，最后对照广告目标进行评价。广告效果测定的手段和方法是随着科学技术和经营管理的发展而不断发展的，目前已有近百种模式，企业应根据自己的需要和具体情况进行选择。

广告媒体 指能借以实现广告主与广告对象之间信息传播的物质或工具；或者说，凡是能刊载广告作品并实现广告主与广告对象之间信息沟通的物质，均可称为广告媒体。它是信息运载的一种工具，具有以下特点：①广告媒体是随着科学技术的发展而发展的。商品经济的发展产生需要，科学技术的发展提供了物质手段。②广告媒体本身是一个不断被开发和利用的过程。现有的许多物质或工具根据广告需要，均可能被开发成为广告媒体。③虽然一般地说，任何能实现广告主与广告对象之间信息沟通的物质均可被开发成为广告媒体，但媒体开发仍存在一定的禁区，这些禁区有的是广告法中有明确规定的，有的是由社会伦理道德或风俗习惯决定的，如文物古迹、纪念碑等是不能作为广告媒体的。④任何媒体都有局限性。这种局限性主要表现在以下方面：传播范围和分布、媒体的接收对象、消费者对媒体的认同、媒体对艺术表现形式的局限、传播速度、媒体的传真程度等。

广告媒体的分类 指根据不同标志对可以作为广告媒体的物质或工具进行的细分。分类的目的在于进一步认识和研究不同广告媒体的不同特点及应用规律。广告媒体可以根据以下标志进行分类：①按媒体的物质自然属性，可分为印刷品媒体、电波媒体、国际互联网广告媒体、邮政媒体、户外媒体、销售现场媒体、礼品（珍惜品）媒体及其他。②从接收者的感觉角度，可分为视觉广告媒体和听觉广告媒体等。③从传播空间角度，可分为国际广告媒体、全国性广告媒体、地区性广告媒体等。④其他分类，如长期广告媒体、短期广告媒体、快速广告媒体和慢速广告媒体等。

现代四大广告媒体 指广播、电视、杂志、报纸。之所以把它们称为现代四大广告媒体，因为它们不仅是现代最重要的大众传媒，而且是当今广告利用最多的媒体。

广告艺术 指为商品销售的目的而进行的表现艺术。广告艺术属实用艺术类，属于现代设计范畴和领域，与纯艺术有着明显的区别。它是一种有明确目的、在很多限制条件下的、创造性的艺术形式。广告艺术要求创作人员对广告的商品有较深入的认识和理解，能了解和体会所广告商品的用户的特点和感受。广告艺术是从现代实用艺术中分离出来的一种独特的艺术形式，广告艺术的表现手段几乎包括了所有艺术门类，主要有绘画与摄影、语言与文学、音乐与表演、雕塑与建筑、电脑的二维与三维制作等。

多元化美学趋势 指广告美学风格和艺术特征的多样化。例如现代广告的多风格：民族传统风格、时代感风格、简约风格、精致风格、抽象风格、质朴恬淡风格、高科技风格等。多元化既体现在同一时期、同一媒体上的各种各样的广告表现风格上，又表现在同一广告中多种艺术表现风格的融合上。

互动性美学趋势 将成为未来广告审美的主流趋势之一，原因在于两方面：一是4C营销观念的影响和整合营销时代的到来；二是网络广告的出现和兴起。

广告绩效化美学趋势 是针对广告无效率太多的弊端而出现的一种当代美学趋势。所谓绩效化，主要是指广告对受众的诉求命中率有较大的提高。

人文化美学趋势 是指广告的艺术表现由以物质功利诉求为主提升为以人为本原则和精神诉求为主的美学趋势。

国际互联网广告 指在国际互联网（Internet）上进行的广告。1992年以后，国际互联网广告的发展速度是所有媒体中发展最快的。国际互联网广告有以下特点：①向世界任何一个地方传送广告的费用都一样。②一年365天、一天24小时地传送广告。③特殊的、有吸引力的广告诉求对象。目前，国际互联网广告的对象主要是受过较好教育、中等或中等以上收入水平的中青年人。④可以对顾客进行一对一的直接的市场营销。⑤可利用声音、文字、图像、动画等丰富的广告表现形式。⑥广告的内容很容易进行费用很低的随时更新和补充。⑦广告对象对有兴趣的广告可以立刻保存、打印甚至购买。⑧创造的市场机会与其他媒体不同。⑨有利于进行顾客研究等。

广告媒体质量参数 是衡量媒体优劣的重要指标之一。其计算公式是：

广告媒体质量参数=广告目标人数÷媒体传播对象人数

当广告媒体质量参数小于1时，就是好媒体；如大于1，一般不宜采纳，除在媒体组合中有特殊作用。

媒体评价指标 指评价广告媒体传播效果的一系列数量化标准。主要包括媒体质量参数、媒体传播分布、收视（听）率、媒体毛评点、视听众暴露度、有效到达率、相对费用、媒体威信等。对媒体评价指标的制定和评价标准一般以广告的传播目标为依据。

媒体传播范围 指媒体传播的地理范围，主要包括国际性的、全国性的、地区性的、区域性的、特定范围的等。

媒体传播分布 指媒体在传播范围内地理位置上的分布状态。比如，杂志的传播范围一般是全国性的，但在发行地的发行数量与在其他地区的发行数量有很大差别。因此，只有了解媒体传播分布，广告才能有的放矢、更加有效。在对媒体进行评价时，传播范围与传播分布是不可分的。

媒体的光环效应 指媒体的威信对广告造成的影响。媒体的威信对广告的内容和效果有着极其重要的影响。在威信高的媒体上进行广告，广告内容的真实性和可靠性程度也会相应提高，广告的效果就好。这种作用也即媒体的光环效应。值得注意的是，媒体的威信是相对的，是对特定对象的。在一般情况下，不宜在那些本身还在树立威信的媒体上进行广告。

媒体传真程度 指媒体能否对商品实物、照片、绘画等进行真实的还原。传真程度取决于媒体的特点，如媒体的印刷、传播水平。传真程度低就限制了某些广告的艺术表现形式，限制了产品造型、商标的识别等。

媒体传阅率 指媒体在对象中进行传阅的平均值。在对报纸、杂志和某些印刷媒体进行评价时，这是个重要指标。它反映了媒体实际的质量参数。

媒体收视（听）率 指媒体或某一媒体的特定节目在某一特定时间内，特定对象人数占收视（听）总人数的百分比。它是对电视、广播及某些户外媒体进行评价的重要指标，反映了媒体实际的质量参数。

媒体毛评点 简称GRP。指一定时期内媒体收视（听）率的总和。该指标反映了媒体计划的总强度。

视听众暴露度 指某一特定时期内收看、收听某一媒体或某一媒体特定节目的人数（户数）总和。实际上是毛评点的绝对值。其计算公式是：

视听众暴露度=视听总数×视听率×刊播次数

媒体到达率 指特定对象在特定时期内看到某一广告的人数占总人数的比率；或者说，看到某一广告的人数占总人数的百分比。它弥补了毛评点和视听众暴露度不能反映某一特定对象暴露在广告信息下的数量的缺点。到达率多用于媒体组合分析。

有效到达率 也称有效暴露频次，指在一定时期内同一广告通过媒体到达同一个人（或户）的数量界限。这一界限目前很多人参照纳普勒斯研究的结论确定。

暴露频次 指在一定时期内，每个人（或户）收到同一广告信息的平均次数。一般暴露频次按以下公式计算：

暴露频次=（毛评点÷到达率÷100）×100%

广告费用　指广告主从事广告活动而支出的费用。广告费用可分为直接广告费与间接广告费。直接广告费指制作广告作品支出的制作费，以及广告传播中各种媒体所支出的费用之和。间接广告费指广告部门的人事费用、管理费用以及广告费用中的其他费用。广告费用又可分为固定广告费用与变动广告费用、自营广告费用与他营广告费用等。

媒体的绝对费用　指使用某一媒体的费用的总额。不同媒体的绝对费用是不同的。在现代四大媒体中，电视最高，其次是杂志、广播和报纸。

媒体的相对费用　指某一媒体向每千人传播广告信息所支出的费用，英语缩写为CPM（cost per mille）。

印刷品广告　指以印刷方式表现广告内容的广告。其形式主要有报纸广告、杂志广告、包装广告、邮寄广告、招贴画广告、车船广告与销售现场广告等。这类广告的共同特点是：保留时间较长；费用支出弹性较大；传播范围取决于发行（印刷）量和传阅率。

户外广告媒体　凡是在露天或公共场合传播广告信息的物质或工具均称为户外广告媒体。户外广告可分为销售现场广告媒体（POP媒体，如橱窗、商品陈列、现场演示等）和非销售现场广告媒体（如路牌、招贴、交通工具、霓虹灯、建筑物等）。户外广告媒体的主要优点是反复诉求效果好、对地区消费者的选择性强、竞争干扰小、开发余地大、费用弹性大等。其主要缺点是宣传区域局限性较大。

POP广告　指设立在商品销售现场的各类形式广告的总和，也称销售现场广告，是户外广告的一种。POP是最古老的广告形式，口头叫卖、店幌、招牌等均属这一类。POP广告有以下特点：它是其他广告的延伸，经常是媒体组合中必不可少的部分。它对消费者已有的潜在广告意向能产生强烈的诱导功效。能唤起已有积累效果的潜在购买意识和购买行为，并能使消费者在看到广告后产生的购买冲动立即实现。POP广告费用弹性大，绝对费用低。

电波广告　指借助电波这种物理现象传播广告内容的广告，主要包括电视广告和广播广告等。这类广告的共同特点是：传播面广、覆盖率大、费用较高，一般借助瞬时记忆产生效果。

Web标志广告　指在网页上利用图标进行广告的表现形式。它是目前国际互联网广告的最主要表现形式。广告对象在Web标志上进行点击，就可以进入有关网页或网站。

邮寄广告（DM广告）　指通过邮政直接寄发给广告对象的广告。可分为直接为销售商品的邮寄广告，如新产品邮购说明、奖购券等；间接为销售商品的邮寄广告，如商品目录、产品样品和礼品等。邮寄广告具有针对性强、确实被阅读率高、使用条件简便灵活、费用弹性大等特点。

礼品（珍惜品）广告　指在有一定保留价值或赏玩价值的物品上进行的广告，如年历上印的广告、利用一些小工艺品做成的广告等。礼品广告具有诉求时间长、消费逆反性小、有利于形象宣传和强化等作用。

报纸广告 即以报纸为媒体的广告。报纸作为广告媒体有传阅性好、传播范围明确、便携性好等优点，但其反复阅读性、保存性差，寿命短。报纸广告的阅读较电信广告更为主动，容易被记忆；读者对有兴趣的广告可反复阅读，可能形成较高的记忆强度和促进理解及商品知识的普及。报纸出版周期短，有利于临时性、时机性和短期广告。但是由于报纸内容繁杂、颜色单调、传真度低，不太适宜进行要靠商品本身形象说服人的广告。

杂志广告 即以杂志为媒体的广告。杂志是一种发行范围广、读者阶层和对象极其明确、阅读率及反复阅读率高、印刷质量高、传真度高、出版周期长的媒体。杂志广告一般独占版面，加上印刷水平较高，容易使读者注意力集中，印象比较深刻。杂志读者阶层一般具有一定的文化水平与专业知识，较容易促成购买欲望的形成。杂志广告保存时间长，因此可以作为企业的商品宣传资料，在长期内促进销售。但是杂志的读者对象范围较固定，如果由于调查不足，一旦选择错误，会产生几乎无效的广告效果。杂志出版周期长，如中途发生变化，修改版面困难。杂志不如报纸严肃，尤其是娱乐性杂志，虽传播范围广，但使某些商品的宣传受到限制。

包装广告 指利用商品包装进行广告的形式，主要包括包装纸、包装袋、包装盒等。包装广告诉求目的明确，有利于强化和塑造商品或品牌形象，较强的说明性对商品销售有着直接的促进作用。

电视广告 指以电视为媒体的广告。电视是一种指向性较宽，被注意率高，同时诉诸视觉和听觉，传真度高，表现力丰富的媒体。在现代四大媒体中，电视广告被认为是最有效和利用最广泛的形式，经常被作为首选媒体。电视广告制作与播放周期弹性较大，且电波传播迅速。电视广告的被记忆和被注意率较高，积累性效果好，对家庭共同购买决策的形成有较大的影响。但是，电视广告的确实被收看率较难准确统计。电视节目乏味会使收视率大幅度下降。电视广告绝对费用高，限制了大量中小企业的广告宣传。

广播广告 指以收音机为物质基础的广告。广播广告是一种收听率不确定、信息传播迅速、编辑制作周期短、时间灵活但只限于声音传播的媒体。声音传播具有特殊的优势，易被理解和记忆。

高频率型广告 指在一段时间内不间断地、频繁地进行的广告。

低频率型广告 指在一段时间内不间断地但次数较少地进行的广告。

间断型广告 指在一定时间内间隔较长才进行一次的广告。

电话广告 指利用电信工具进行广告传播的形式。目前的电信工具主要包括电话、电子信箱、800免费电话、传真机、移动电话等。这类广告的特点是：对象明确、灵活机动、诉求直接、具有一对一的说服力。

交通广告 指以交通工具作为广告媒体的广告，包括电车广告、汽车广告、轮船广告、火车广告和飞机广告等，是户外广告的一种形式。交通广告具有制作简单，收费较低，利用人们在途中的闲暇时间，形成较高的注意率和记忆等优点。

路牌广告 指在公路或交通要道两侧，利用牌匾和灯箱进行广告的形式。路牌广告是户外广告的一种重要形式。路牌广告有以下特点：宣传区域明确，反复诉求性强，有利于利用人们在途中的闲暇时间，形成较高的注意率和记忆等。目前，路牌广告已开始大量应用新技术，如利用计算机技术制作的活动路牌、大屏幕高亮度电视等，这对提高路牌广告的效果起到了明显作用。

口头广告 指直接利用语言进行传播的广告形式。摊贩的叫卖就是最早的广告，因此口头广告可视为最古老的广告形式之一。今天，这一古老的广告形式仍是不可忽视的一种广告类型。广播广告和电话广告可以看作口头广告的现代形式。口头广告还包括叫卖、商店的导购、人员推销、消费者之间对商品的宣传等。虽然口头广告传播范围有限，但是它具有语言传播所具有的基本优势。

媒体策略 指为达到广告目标而采用媒体的方式、方法与途径。媒体策略没有一定之规，主要有以下几种情况：①对广告对象的媒体分配策略，总的原则是根据消费者的重要程度（以消费量为标准）来划分使用各类媒体的比重。②根据到达率与平均频次的要求制定媒体策略。③媒体的播放频率策略。④媒体组合策略。

媒体组合 指同时利用两种或两种以上媒体进行广告。不同的媒体具有不同的对象，或虽然对象相同，但效果不同。进行媒体组合主要是为了在短期内增强广告效果和平衡暴露频次。在媒体组合中，一般应区分主要媒体和辅助媒体。主要媒体要根据需要认真选择确定，而辅助媒体是对主要媒体的补充。在很多情况下，首选的是销售现场广告媒体，这是由销售现场媒体的特点决定的。

广告创意 “创意”一词在我国最早见于港台学者翻译的英语广告文献中。英语中ideas，creative和creativity等词经常被直接译为创意。其中ideas的使用频率最高。ideas在英语中有思想、意见、立意、想象和观念等意思。“创意”一词目前在我国运用得非常频繁和广泛，一般指有创造性的思想或意见。

广告表现 指广告最终与消费者见面的艺术表现形式；或者说，广告表现是对广告主题和广告内容的艺术化。广告表现是广告活动的中心环节。广告表现的失败意味着广告活动的整体失败。它的失败不仅使广告的前期工作——广告调查、策划等成为无效劳动，而且使广告的媒体投入付诸东流。

广告主题 指进行广告表现的核心内容。广告主题就是以所广告商品的市场状况为依据，确定有关商品的卖点，以及与此相关的“广告概念”和品牌形象等。广告主题必须回答的关键问题是：消费者为什么购买这种商品，而不是其他同类商品或替代品。对这一问题的回答，对不同市场环境下的不同商品、不同时期的同一产品是不同的。对广告主题的重视，在发达国家是20世纪50年代以后的事情。50年代以前，广告模式可以概括为：广告=商品+好话+美女。从有关广告主题理论与实践的发展看，已经历了三个阶段。第一阶段，以商品的优点和特点作为广告的主题。因为这种商品具有其他商品所不具有的优点和特点，所以消费者购买这种商品，而不是其他同类商品或替代品。第二阶段，随着经济的发展，同类商品之间的差异越来越小，以商品的优点和特点进行广告诉求获得成功的概率也越来越小。这时，以品牌形象和企业形象作为广告主题成为有效手段。第三阶段，品牌定位成为进一步弥补企业形象和品牌形象树立中的观念和方法。它要求必须从消费者出发来考虑广告问题，并提出了进行广告的目的就是要获得在同类商品或进一步细分市场中占领“第一”位置的理论和方法。这三种理论和方法的产生和发展虽然有明确的时间顺序，但由于市场的复杂性，对于一个具体商品并不能简单地说哪种方法已经过时。广告主题的确定不仅是一个科学分析市场的过程，同时也是一个需要创造性劳动的过程。

广告内容 主要指广告所包含的所有诉求信息。在一般情况下，广告内容至少包括以下方面：①广告主题；②商品及品牌的感官识别；③广告主的基本信息。

企业广告（公关广告） 指为了树立企业形象，维护企业信誉，提高企业知名度，引起消费者对企业的关注和好感，使他们了解企业的观念和文化所进行的，以宣传企业为主要对象的广告。企业广告一般需要配合企业的公共关系活动共同进行。

商品广告 指以宣传单一或系列商品为主要对象的广告。商品广告是广告中最常见的形式。这类广告可根据商品大类作进一步的分类，如化妆品广告、家用电器广告、纺织品广告、服装广告等。在商品大类下还可以进一步细分。对商品广告进行分类，是因为不同商品具有不同的广告规律和特点，具有不同的广告管理办法。

服务广告 指以宣传服务或劳务项目为主要对象的广告。它是商品广告的一种特殊形式。

观念广告 凡是给商品增加了观念或概念的广告都可称为观念广告。广告并不能改变商品的使用价值，只能给商品增加一个观念或概念。从这个意义上说，绝大部分广告均可称为观念广告。观念广告有以下常见类型：①树立某种消费观念，引导和带动产品销售；②改变某种消费观念，为某种商品销售铺平道路；③为品牌或品牌形象附加一个概念，形成与其他品牌的差异，进行品牌定位等。

综合广告 指同时以宣传企业和该企业提供的一种或几种商品（或服务）为对象的广告。它既具有商品广告的特点，又具有企业广告的特点。但是，这类广告可能因为诉求内容分散、主题不明确而使人不易记忆和理解，从而削弱广告应有的冲击力。

平面广告（图片广告） 指诉诸视觉的二维广告表现形式。其主要创作手段包括摄影、绘画和电脑平面制作等，主要应用于报纸、杂志、路牌、传单、招贴画等，是应用最广泛的广告表现形式之一。

招贴画广告 指以招贴画形式进行的平面广告表现。其作用与路牌广告相似，但是诉求范围比较灵活。

图解广告 指利用平面广告的创作手段，对所广告商品进行说明的广告表现形式。它也是说明型广告的一种类型。特点是更直接和更形象。

摄影广告 指利用摄影技术实现的广告表现，属平面广告类型。摄影广告除了能真实再现商品的质感、使用状态和特点外，利用摄影中的高调、低调、高反差、柔光及特技等技术，还可以创作出具有无穷表现力的广告作品。

卡通广告 指利用卡通形式进行的广告表现。“卡通”一词来源于英语cartoon的音译，指动画和漫画等。

动画广告 指利用动画进行广告表现的形式，属卡通广告的一种。动画广告能表现其他广告形式难以表达的抽象内容或很难拍摄的画面。动画广告生动活泼、个性明显，动画中的人物、动物等对强化品牌形象、增强品牌记忆有一定作用。儿童尤其容易接受和喜爱。

漫画广告 指以漫画形式构成的广告表现，属卡通广告的一种。这种以幽默方式为特点的广告，有利于强化广告主题、强化商品特征、引起注意、削弱广告对象对广告的逆反心理等。这种形式深受儿童的喜爱，但是不宜进行严肃题材的广告。

表演广告 指利用各种表演艺术形式进行的广告表现。电视广告和销售现场广告较多采用这种形式。这种形式对提高商品的可信度、加强消费者对商品的认识和理解、使广告更具人情味、加深记忆、促进随机购买等有较好效果。

印象型广告 指仅以给人留下印象为目的的广告表现。由于受媒体的限制，一般广告时间都很短；大部分广告被看（听）的时间都是以秒计算的。因此，宣传一个简单而又重要的广告主题，使人形成广告印象，往往是许多广告不得不采取的方式。成功地进行印象型广告是广告学中要研究的重要课题之一。电视、广播、路牌、交通工具等媒体在很多情况下只能进行印象型广告。

说明型广告 指对产品进行详尽说明的广告表现。高价耐用品、专用商品、生产资料一般较多采用说明型广告。这是因为人们对这类广告商品更多的是理性的购买，仅靠情感诉求是不行的。

情感诉求型广告 指用特定的情感诉求方式进行的广告表现。利用人类情感中的一些永恒主题，如爱情、死亡、友谊、离别等和一些特殊的感情追求和体验进行广告，有可能比较容易获得共鸣、同情、信任和喜爱，并使消费者对广告的商品或企业产生特有的感情。这种方式较多用于消费品，如化妆品、饮料、食品、服装等。

口号型广告 指把广告主题或诉求内容用口号方式进行的广告表现。口号型广告有明确的指向性，容易记忆，并形成冲击力和刺激。它经常是广告文案中的标题、标语及印象型广告等采用的方式。

祈使型广告 指利用祈使句方式进行的广告表现形式，经常被用作标题写作形式、标语和印象型广告等。祈使型广告带有命令与强制性，用得好能够产生强烈的效果。

直诉型广告 指用明确的、直截了当的语言或文字进行的广告表现形式。由于直诉型广告直截了当，能准确传达某一广告信息，因此容易获得可信、可靠的感觉。

间接型广告 指使用比较含蓄的语言或文字，或借比喻、比较来传达某种广告信息的广告表现形式。经常用于某些不适合用直诉型表现的主题或商品，如药品、妇女用品等。间接型广告给人留出想象的余地，也是情感诉求型广告常用的方式之一。

新闻型广告 指以新闻报道形式传达广告信息的广告表现形式。这是试图造成更客观、更可信及新闻轰动效应常用的广告方式。

设问型广告 指首先提出疑问，然后以肯定的回答达到效果的广告表现形式。这种方式可以起到吸引注意、诱导想象、增强记忆的效果，类似于悬念广告。

悬念广告 指利用悬念方式所进行的广告表现。悬念可以引起人们的好奇，因此，这种形式具有一定的刺激作用，能引起注意、制造兴奋、增强记忆，有较强的诱导作用。

赞美型广告 指利用第三者对所广告的商品或企业进行赞赏的方式进行广告表现。第三者主要包括消费者、有一定影响和声望的机构或个人。这类广告表现的关键是赞美必须客观可信。

引导型广告 指站在消费者的立场，以提建议、出点子等方式进行的广告表现。这种表现形式所表达的观点比较容易被接受和采纳，具有引导作用。

戏剧型广告 指利用制造矛盾、解决矛盾的方式进行的广告表现形式。它可以促成人们想看下去和听下去的愿望，因此，其效果类似于悬念广告。

记录型广告 指利用消费者现场购买或使用的实际情况来证明和强化广告主题或商品的某些特点的广告表现形式。这种形式较多用于电视广告。这类广告的关键是必须真实可信，不能有演戏的痕迹。

故事型广告 指利用情节来强化广告主题或商品特点等的广告表现形式。它是电视广告、广播广告经常采用的方式。故事型广告必须注意，故事情节本身不能分散对广告主题的注意力，或导出不必要的联想或感觉。

音乐广告 指利用音乐或音乐与画面的巧妙配合，创造出特殊意境和格调的广告表现形式。这类广告表现有时可以创造出其他广告很难表现的气势和意境。在强化广告主题、创立品牌形象等方面有一定作用，容易给人留下深刻印象。

惊险广告 指利用惊险的情节、画面或音乐等进行的广告表现形式。其最大特点是能在很短的时间内吸引人们的注意力，使人留下较深刻的印象。但是，这类广告经常涉嫌有恐吓消费者的动机和效果，所以，不宜轻易使用。

强迫性广告 指利用某种威慑力量强化广告主题或刺激购买的广告表现形式。其最大特点也是能在很短的时间内吸引人们的注意力，给人留下较深刻的印象。这类广告经常涉嫌“抢钱广告”，一般不推荐使用。

橱窗广告 指用橱窗作为广告媒体的一种户外广告形式。橱窗广告属三维制作，可以充分利用背景、中景和前景，利用真实的商品进行广告，具有主题突出、商品真实直观、反复诉求性好等特点，是POP广告、展览等的常用形式。

广告文案 指用文字形式表现广告内容的广告表现形式。广告文案一般由两部分组成，即标题和正文。

广告标题 是广告文案的组成部分。广告标题在广告中的注目率最高，是人们阅读广告时首先注意的部分。能否吸引人去阅读广告正文，标题是个关键因素，因此，广告标题创作至关重要。一个好的标题会像诗歌一样流传，成为某一品牌和商品的代名词。广告标题应简明扼要，包括广告诉求最主要的内容，并诱使人们去读正文。

广告正文 是广告文案的组成部分之一。广告正文创作对说明型广告非常重要。广告正文不怕长，但怕啰唆；一般不宜使用过多形容词；应该条理清楚、通顺易懂、有可读性、证据充分、术语准确。

商品情报型广告 指准确说明商品多方面特征的广告表现形式。它有利于消费者全面了解商品，是高档耐用品、专用商品常用的广告表现形式。主要手段包括产品说明书、专题片等。对于欠发达国家或地区（这类地区消费者的购物特点是经常表现为犹豫不决，购买决策往往需要更多的商品信息），以及低收入消费者群进行广告，对理性购买和社会集团购买是有效的广告形式。

商品演示型广告 指利用模拟商品的实际使用，借以说明商品信息的广告表现形式。这类广告的目的是进一步展示和强化商品在使用过程中给消费者带来的利益与方便。

生活情报型广告 指把商品融入日常生活中，用写实的手法反映商品信息的广告表现方式。这类广告的重点是描写商品与消费者日常生活的关系，以缩短商品与消费者的距离，使商品更具有人情味和生活气息。

名人广告 指利用名人进行商品广告的表现形式。所谓名人主要包括具有很高知名度的演员、歌星、某一领域的学术权威、官员等。名人广告有以下优势：①能提高广告的被注意程度；②借名人的威信和信誉提高商品的可信度；③产生较强的示范效应；④印象深刻和容易被记忆；⑤对推动某些商品成为时髦和流行有一定作用。

但是，名人广告容易产生以下问题：①由于名人有较高的夺目率，往往会分散人们对广告商品的注意力；②如果名人与广告商品无任何内在的或显见的联系，会形成牵强附会、不可信的感觉。

推荐型广告 指利用消费者所信任的机构或个人对商品或企业进行推荐的方式进行广告表现。这类广告的关键是推荐者必须是消费者所信任的，如商品检验机构、有关政府行政管理部门、消费者协会、有关专家、使用过某企业商品的消费者等。这类广告较容易使受众产生客观、信任的感觉。

成功广告表现应具备的基本特征 一则成功的广告表现至少应具备以下四方面的基本特征：①广告必须能立刻引起注意。一则广告能否引起注意，是广告能否让人看（听）下去的关键，也是产生说服作用的前提。②广告能引导人的视线（或注意力）去注意广告的主要部分，即广告主题和内容。③广告的主要部分必须容易被记忆。④广告能引起预期的联想和感觉。这四个特点不是简单的先后关系，而是并存关系。比如，引起注意的要素本身就可能是广告主题，注意本身已完成了视觉引导，而人们看主题的同时也已接收了间接信息。

广告制作 指通过艺术表现手段，最后将广告创意变成具体广告表现的过程。

广告制作是专业性很强的工作，它不仅要求制作人员必须受过某一方面专门的艺术表现训练，而且必须熟悉各种广告媒体的特点及对表现手段的限制。广告制作在广告活动中是个关键环节。广告制作的失败，意味着广告整体的失败。

广告的事前试验 指在广告表现最终与广告对象见面之前，通过各种试验方法来调查和测定广告表现效果与广告目标之间存在的差距，是广告科学管理必不可少的一项工作。广告事前试验具有以下意义：①它是评价和修改广告主题、广告表现的依据。一则广告的优劣最终并不是由广告主或广告设计、制作单位说了算，而必须以广告对象的评价为依据。②它是广告客观性和有效性的保证。③是避免事后控制可能带来损失的一种有效手段。④能有效促进企业广告管理的科学化。广告事前试验的方法很多，最基本的方法是：利用模拟环境，把已经制作完成的广告表现向特定的广告对象展现；在这个过程中或过程结束以后，通过各种手段，如仪器、问卷调查或抽样调查，对广告对象的反应、态度、意见和效果进行统计和分析，以测定广告表现的有效性及与广告目标的差距。其关键是，接受试验的广告对象必须准确、进行试验的模拟环境必须与实际环境尽可能一致。

广告心理学 是研究和揭示人们在接受广告时心理活动的过程、特点和规律的学科，是商业心理学的一个分支。其基本内容包括：①广告与市场的有关心理学问题，如广告对社会消费需求和个体消费需求的形成与发展，对购买决策、购买行为的影响，广告说服力的形成，不同广告对象的不同心理特征等。②广告表现中涉及的消费心理问题，如广告表现与注意、感觉、知觉的关系；各种艺术表现形式和表现手段的心理效果；广告设计技术过程中的心理问题等。③广告传播中的心理问题，如不同媒体所产生的不同心理效果、人们在广告信息接受过程中的心理障碍等。④广告管理中的心理问题等。

注意 是心理或意识活动对一定对象的指向和集中。它明显表现了人的意识对客观事物的警觉性和选择性。注意主要由刺激的深刻性和主体的意向性两种因素引起。引起注意的因素不同，人的意识所起作用的反应特点和反应时序也就有所不同。心理学把注意分为无意注意和有意注意两种。在广告心理学中，研究注意的这两种形式，目的在于搞清人们如何注意、不同的注意形式有什么特点，以及它们的原因和刺激物特点，以便掌握其中规律，以利于广告的创作与宣传。广告宣传与创作要吸引和维持人们的注意，大多可采用如下方法：增大刺激物的强度、增大刺激物之间的对比、提高刺激物的感染力、突出刺激目标、善于利用口号和警句、出奇制胜等。

知觉 是客观事物直接作用于感官而在人脑产生对这些事物的整体反映，它是人们认识世界的各种心理活动的基础。在某种意义上可以说，整个广告的认识和接受问题就是人们对广告的知觉问题。人们并非从声音、颜色、广告格局上认识广告，而是对广告产生整体反应。因此，一般认为广告知觉的研究是研究广告心理学的真实起点。知觉（广告知觉）具有整体性、选择性、理解性、概括性、相对性等特点。知觉对感觉和注意有重要影响，它们之间的关系是广告心理学研究的重点问题之一。

感觉 是人脑对直接作用于感觉器官的外界事物的个别属性的反映。根据广告反映事物个别属性的特点，感觉可以分为两大类：外部感觉和内部感觉。外部感觉是接受外部刺激，反映外界事物的属性，包括视觉、听觉、嗅觉、味觉和皮肤感觉；内部感觉是接受体内刺激，反映身体的位置、运动和内脏器官的不同状态，包括肌肉运动感觉、平衡感觉和情感感觉等。感觉是形成知觉的基础；反过来，知觉又影响着人们的感觉。

记忆 是一个人的过去经验在头脑中的反映，是人脑积累经验的功能表现。记忆是一种心理过程。它与感知的区别在于，感知是人脑对当前直接作用的事物的反应，而记忆是人脑对过去经验的反映。记忆是一个复杂的过程，它包括识记、保持、再认或回忆的过程。针对广告而言，保持是巩固已得到的广告宣传内容的过程。回忆与再认的区别在于：广告不在眼前，能把它重新回想起来称回忆；过去做的广告再度出现，能把它认出来称再认。这三个环节是彼此密切联系的、统一的、完整的过程，它们互相联系、互相制约。

广告调查 指利用有关市场调查的方式和方法，对影响广告活动有关因素的状况和发展进行调查研究的活动。广告调查的范围主要包括两大部分：企业内部的有关资料和企业外部的环境资料。它是广告活动的基础。广告调查不完全等同于企业的市场调查，它是根据企业的经营目标对广告的要求，根据广告目标和策划的要求，在企业市场调查的基础上，一方面，利用已有的二手资料；另一方面，对影响广告目标的因素进行进一步的调查。现代广告调查至少具有以下特点：①明确的目的性和目标；②调查方法的科学性和全面性；③资料收集的经济性；④保密性；⑤建立广告数据库。

广告目标 指根据企业经营战略和目标对广告提出的要求，确定广告活动应完成的任务，以及把任务指标化。没有目标就没有管理，而指标化是科学管理提出的要求。广告目标一般包括以下内容：①广告促进销售的目标，主要包括广告后销售增长率、广告购买率等。②改变消费者态度的目标，主要包括知名度、好感度、信誉度等。③广告的社会效果目标。特定的企业应有特定的目标和指标。

广告策划 指在广告调查的基础上，根据广告目标制定广告策略、方式和方法的活动。广告策划是广告成败的关键。它主要包括以下内容：广告主题策划、广告表现形式和主要内容策划、媒体的选择和组合策划、市场营销配合策划。广告策划不仅是一项科学的、艰苦的工作，同时也是一项需要创造性的劳动。

广告计划 指对广告目标、广告策划及整个广告活动过程的预算、实施的组织和控制，以及实施时间的安排用计划形式详细确定的活动。广告计划是一项行动文件，是对某一广告目标及完成这一目标的一种解释，也是对企业实现经营战略的一种承诺纲要，是广告管理的首要职能。它的主要内容包括：①广告活动必须实现的指标。②进行各项广告活动必须开始和完成的时间安排，包括广告调查、策划、设计与制作、事前试验、播放、促销措施的配合、效果调查等。③广告预算及在各项活动中的分配。④广告实施的组织和管理计划。⑤其他有关事宜等。广告主的广告计划与其所委托的广告公司的计划在相关内容上必须一致。

广告预算 指在广告计划中确定某一广告期间所支出的活动费用的总和。确定广告预算最常用的方法有以下五种：①传统方法。指根据广告主的经验，或是迫于竞争情况确定广告费用。这种方法带有随意性，科学性不足。②销售比例法。根据商品的计划销售额确定广告预算，是目前使用比较广泛的方法。③竞争平衡法。根据主要竞争对手的广告预算来确定自己的预算。④投资效益法。把广告支出看作一种投资，把由广告可能带来的销售增加的收益，按一定的投资效益率来确定广告预算。⑤计划任务法。按照广告计划要求，确定实现这一计划所必须进行的工作，然后认真确定每一项工作所需的支出，支出之和为广告预算。以上方法单独使用均有一定的缺陷，在具体使用中，一般结合几种方法同时使用。

商品分析 指充分认识广告商品的优点、特点，寻找和确定同类商品或替代品之间差异的行为。商品分析是进行广告的基础活动之一。它一般从以下角度进行分析：①原材料方面的优点或特点；②从商品制造过程进行分析；③对企业自身进行分析；④从商品使用价值和使用过程角度分析；⑤从商品价格的角度分析。在不同的市场环境下，商品分析的结果有可能直接作为广告主题。商品分析还是确定其他广告主题的基础。

企业的实际情况 指企业的真正情况。企业可以通过顾客的批评、内外部反映的各种意见看到自己实际存在的问题。企业的实际情况是最终影响企业形象的要素。

品牌形象 是消费者对某种品牌的一种深信不疑的印象或评价。随着经济的发展和市场竞争的加剧，商品之间的差异越来越小，以商品的优点和特点作为广告主题的方法也逐渐过时。树立品牌形象成为在此之后的重要广告手段。著名广告大师大卫·奥格威在20世纪60年代就提出“每一个广告都应该成为品牌形象的长期投资”。值得注意的是：首先，品牌形象本身是一个概念，这个概念必须有利于商品的销售和发展，有准确的市场定位。品牌形象首先要建立在对商品和企业形象分析的基础上。其次，品牌形象本身包含着许诺，这是商品分析与企业形象分析的结果。最后，品牌形象的延伸与推广不能与企业形象相悖。

品牌定位 指利用广告使某一品牌在消费者心目（头脑）中确定位置的理论和方法。这一理论首先是由美国学者艾尔·里斯和杰克·特劳特提出的；被认为是继品牌形象广告方法以后进行广告策划的最基本方法之一；它进一步弥补了品牌形象中的形象定位缺陷。品牌定位理论的基础是心理学中的三个结论：①知觉对感觉有重要影响。由于消费者对商品知识的缺乏，因此购买及对商品的感受更多来源于知觉。②人们对事物的记忆是有顺序的。③人的记忆是有选择的。从这三个结论出发，艾尔·里斯等人解释了一些在经济学中看来可行，但在实际中却可能是一个陷阱的问题。主要有：品牌延伸可能是个陷阱的问题；一味追求质量可能是个陷阱的问题；品牌名称对商品的影响问题；高科技产品可能是个陷阱的问题。该理论首次提出了广告的一个重要目标：争当某一消费领域的领导者品牌。所谓领导者品牌，是指当提到某一消费领域时，绝大部分消费者会首先想到的品牌，如喝可乐类饮料，会首先想到“可口可乐”，喝咖啡，会首先想到“雀巢”咖啡等。

艾尔·里斯等人还提出了品牌定位的方法。主要包括：①首先进入和最先广告；②进入有领导者品牌的市场的方法；③进入没有领导者品牌的市场的方法。

新产品广告 指针对刚面向市场的新产品而进行的广告。新产品广告至少有以下特点：①广告的目的是使商品更快地从产品生命周期的成长期进入成熟期。②广告主题策划中，首先应考虑品牌定位问题，并使广告活动的各种要素形成一种集合力量，全力以赴宣传品牌定位。③新产品广告一方面应充分利用消费者过去的消费与心理体验；另一方面又必须使他们有新感觉、新体验，对新产品有新的认识和好感。因此，新产品的名称、型号、包装等至关重要。

专用商品广告 指专用商品（生产资料）的广告活动。这类广告与消费品广告有较大区别。其特点主要表现在：①以说明型广告为主，较少使用情感诉求型广告。②广告内容一般须详细介绍商品的用途、性能、功能、销售服务和质量。③由于专用商品的使用对象比较特殊，因此，需要选择针对性更强的媒体。④广告整体表现客观、可信，因此，要更多地用事实、数据等去说明问题。

求购型（金融、保险）广告 指银行、保险、投资和信托等以求购为特点的广告类型。这类广告有以下特点：①重点在于建立信誉和信用，因此，广告表现必须显示稳定、诚实，表示“后台”坚固等。一般不适合采用卡通、喜剧等广告表现形式。②突出所能提供的独特利益，并将其作为广告表现的主要内容。③广告表现应统一，并充分利用新闻式广告。④与顾客利益直接相关的内容必须详细、清楚，如利息、保险赔偿等。

广告媒体策划 指确定媒体的选择和组合策略。广告媒体策略的确定，首先必须考虑以下因素：①企业的目标市场和广告对象的特殊性；②广告诉求内容及表现形式的特殊性；③广告目标和计划所提出的要求和限制条件；④能使用的各种媒体的具体状况等。

在此基础上，确定以下内容：①选择什么媒体或媒体组合；②什么时间开始进行广告，什么时间结束；③广告诉求内容在不同媒体上的使用，媒体与其他促销措施的配合；④不同媒体使用相同或不同的广告表现形式；⑤各种媒体的使用频率；⑥不同媒体的费用投入。媒体策划在广告活动中至关重要，因为广告投入中80%是投在媒体上的，媒体选择的失误将给广告主带来巨大的损失。

广告与销售促进 销售促进（sales promotion，SP）一般定义为：对中间商或消费者提供短程刺激的一种活动，以诱使其购买某一特定产品。它不同于广告。广告是一种信息传播，而SP是一种促进立即购买的销售激励。广告可以为企业或品牌创造一种形象，而SP则是购买行为导向。广告会产生积累效果，长期发挥作用，而SP必须在限定的时间内发生作用。但是，企业商品销售成功要依赖于两者的配合，一般在制订广告计划时都加入SP计划。

广告管理 对广告活动的管理可分为微观管理（即企业对广告活动的管理）和宏观管理。广告的微观管理包括企业对广告进行的计划、组织、协调和控制等活动。广告的宏观管理有两层意思：广义地讲，能够对从事广告活动的广告主、机构和人员行为产生监督、检查、控制和约束作用的法律、法规、社会组织或个人、社会舆论和道德都构成对广告的宏观管理；狭义地讲，广告宏观管理是工商行政管理部门依据广告法和其他有关的法律和法规，对广告活动进行监督、检查、控制和指导。

广告真实性 是对广告最基本的要求。各国对广告真实性都有明确规定。所谓真实的广告，必须符合以下三方面的要求：①内容实事求是；②广告的许诺必须是能够实现的；③广告作为一个整体不能给人造成误解。我国的具体规定是：广告内容必须清晰明白，实事求是。不得以任何形式弄虚作假，蒙蔽或欺骗用户和消费者。有缺陷的处理商品、试制和试销商品都应当在广告中注明，不得对人产生误导。

欺骗性广告 指广告内容与事实不符，广告主的许诺没有兑现的广告。欺骗性广告可分为诈骗性广告和不真实的或失真的广告两大类。其中，诈骗性广告是指广告主或广告制作单位或人员在主观上就存在要欺骗消费者的意识的广告。不真实广告的解释见下一词条。

不真实广告 指虽然广告主和广告制作单位在主观上并无欺骗意图，但在客观上却造成与事实有违背和产生强迫效果的广告。这部分广告如造成严重后果，也要受到法律追究。造成不真实广告的原因主要有：①广告媒体对广告表现的限制；②广告主对自己的商品过分自信；③广告主、广告制作单位或人员、消费者在理解上存在差异；④广告主忽视或根本不了解商品在使用过程中可能给消费者带来的损害；⑤广告主或广告制作人员本身缺乏足够的商品知识；⑥广告主的许诺在客观情况变化的条件下不能兑现；⑦低水平的广告制作造成广告失真。

比较广告 指任何广告无论以何种方式，或直截了当，或以间接方式，或以某种隐含暗指的手段，涉及自己的竞争对手，或提及其他产品和服务项目，即构成了比较广告。1995年2月正式实施的《中华人民共和国广告法》中明令禁止进行比较广告。但是，在很多国家仍允许比较广告存在，如美国和欧盟国家。允许比较广告存在的主要理论认为，在广告中进行产品比较，最终受益的是消费者。但是，比较广告要求广告的宏观管理必须完善，否则，后果很难想象。另外，对由比较广告所产生的社会伦理问题的解决，如对社会暴力和对抗倾向的诱导，仍困扰着允许比较广告存在的国家。

直复营销 直复营销协会（Direct Marketing Association，DMA）传统上给直复营销（direct marketing）下的定义是："利用一种或多种广告媒介在任何场所产生可测量的反应和/或交易的一套互动营销体系。"但在1997年关于直复营销经济作用的一次大型调查之后，直复营销协会将直复营销的定义扩大了，包含如下内容：直复营销是"任何有意针对消费者或企业客户，以期他们以订购（直接订购）、进一步查询（先期产生），并为购买某一商品或服务而光顾某店或某一经营地点（客流）的形式作出反应的直接传播活动”。

ARPANET 即阿帕网（Advanced Research Project Agency Network），互联网的始祖。由美国国防部高级研究计划署设计开发，ARPANET在加利福尼亚州大学洛杉矶分校、加州大学圣巴巴拉分校、斯坦福大学、犹他州大学四所大学的4台大型计算机采用分组交换技术，通过专门的接口信号处理机（IMP）和专门的通信线路相互连接，起初是为了便于这些学校之间互相共享资源。ARPANET采用包交换机制。

B2B “Business-to-Business”的简称，即企业间的电子商务。在英文中，“2”发音同“to”，“B to B”简写为“B2B”。生产彩电的企业要采购电阻，在网上发布采购信息，与生产电阻的企业达成交易，这样的交易就是B2B电子商务。

B2C “Business to Customer”的简称，即商业机构对消费者的电子商务。这种形式的电子商务一般以网络零售为主，主要借助互联网开展在线销售活动。B2C模式是我国最早产生的电子商务模式，以8848网上商城正式运营为标志。

ASP 即应用服务提供商（Application Service Provider），为商务客户和事务客户提供所需的应用，这种应用通过托管或者租用实现，而非使用传统购买方式或者用户定制开发形式，从而大规模减少客户的成本。ASP并不是新的概念，而是传统的专业外包服务在网上的延伸。ASP实际是提供应用服务的专业公司。

Eudora 即电子邮件软件，是美国手机晶片大厂高通公司的早期产品，在20世纪90年代流行，是一个相当成熟的电子邮件客户端软件。

CERNET 中国教育和科研网（China Education and Research Network）是由国家投资建设，教育部负责管理，清华大学等高校承担规划、建设和运行管理的全国最大的公益性计算机互联网络。

C2C “Consumer to Consumer”的简称，即消费者对消费者的电子商务模式。

BITNET 1983年，纽约城市大学出现一个以讨论问题为目的的网络——BITNET。在这个网络中，不同的话题被分为不同的组，用户可以根据自己的需求，通过电脑订阅。这个网络后来被称为电子邮件群。

Netscape 最早出现并广泛应用的浏览器。完整版的Netscape浏览器包括一系列实用组件：浏览器、email客户程序、新闻组、简易网页编辑器和即时消息工具。Netscape能够更好地保护用户不受到网络欺诈活动的威胁。Netscape通过不断更新网站黑名单来打击网络犯罪。

NetAnts 即网络蚂蚁，是我国开发的下载工具软件，可利用一切可以利用的技术手段——多点连接、断点续传、计划下载等，以现有的条件大大地加快下载速度。用蚂蚁搬家的方式从网络上下载数据。

ISP 互联网服务提供商（Internet Service Provider），即向广大用户综合提供互联网接入业务、信息业务和增值业务的电信运营商。ISP是经国家主管部门批准的正式运营企业，受国家法律保护。

ICP 即互联网内容供货商（Internet Content Provider），是向广大用户综合提供互联网信息业务和增值业务的电信运营商。ICP是经国家主管部门批准的正式运营企业，受国家法律保护。国内知名ICP有新浪、搜狐、163、21CN等。

WWW 指互联网多媒体信息查询工具。WWW的发明促使互联网迅速发展。WWW是“World Wide Web”的缩写，简称“Web”，中文名字为“万维网”。人们通过万维网可以方便、迅速地取得丰富的信息。

ZenithOptimedia 即实力传播，在全球59个国家拥有166个办事处，是全球5大媒体投放公司之一。实力传播于1996年进入中国，是中国最早成立的专业媒体代理机构。在上海、北京、广州、香港和台湾皆设有办事处，实力传播大中华区的员工人数超过500人。

CNNIC 即中国互联网络信息中心（China Internet Network Information Center，简称CNNIC），是经国家主管部门批准，于1997年6月3日组建的管理和服务机构，行使国家互联网络信息中心的职责。

Sina 即新浪网，是一家服务于中国大陆及全球华人社群的领先在线媒体及增值资讯服务提供商。新浪拥有多家地区性网站，以服务大中华地区与海外华人为己任。新浪网是中国大陆及全球华人社群中最受推崇的互联网品牌。

Allyes 好耶网，成立于1998年10月，是中国最早从事专业网络广告业务的企业，也是最大的网络营销技术提供商，集网络广告技术服务、线上营销服务和效果营销服务为一体。

Facebook 2004年2月，哈佛大学的学生马克·扎克伯格创办该网站，目的是借助网络模式替代传统方式的学生指南。Facebook没有创建新社区，只为已存在的实体社区提供信息和交流服务。

主要参考文献

[1] 杨荣刚. 现代广告学 [M]. 北京：经济科学出版社，2009.

[2] 刘光磊. 网络广告学 [M]. 哈尔滨：东北林业大学出版社，2016.

[3] 史晓燕. 网络广告设计与制作 [M]. 武汉：华中科技大学出版社，2015.

[4] 候玥. 网络广告创意与设计 [M]. 北京：中国传媒大学出版社，2017.

[5] 饶广祥. 广告符号学 [M]. 成都：四川大学出版社，2014.

[6] 王艺，李列锋. 广告学 [M]. 广州：暨南大学出版社，2017.

[7] 陈培爱. 现代广告学概论 [M]. 北京：首都经贸大学出版社，2013.

[8] 陈培爱. 广告学原理 [M]. 北京：清华大学出版社，2014.

[9] 严学军，汪涛. 广告策划与管理 [M]. 北京：高等教育出版社，2002.

[10] 丁俊杰. 广告学导论 [M]. 长沙：中南大学出版社，2003.

[11] 祁聿氏，苏扬，李青. 广告美学：原理与案例 [M]. 北京：中国人民大学出版社，2003.

[12] 李宝元. 广告学教程 [M]. 北京：人民邮电出版社，2010.

[13] 王长征. 消费者行为学 [M]. 武汉：武汉大学出版社，2003.

[14] 蔡嘉清. 广告学教程 [M]. 北京：北京大学出版社，2015.

[15] 魏炬. 世界广告巨擘 [M]. 北京：中国人民大学出版社，2006.

[16] 陈培爱，覃胜南. 广告传播学 [M]. 厦门：厦门大学出版社，2009.

[17] 刘林清. 广告学概论 [M]. 北京：中国人民大学出版社，2014.

[18] 黄美琴. 广告学概论 [M]. 北京：中国建筑工业出版社，2010.

[19] 董景寰，姜智彬. 广告学概论 [M]. 上海：上海人民美术出版社，2012.

[20] 刘超. 广告媒体策略 [M]. 北京：中国建筑工业出版社，2008.

[21] 张金海，程明. 广告经营与管理 [M]. 北京：高等教育出版社，2008.

[22] 杨立钒. 网络广告理论与实务 [M]. 北京：中国电力出版社，2014.

[23] 闫芳. 网络广告策划 [M]. 北京：电子工业出版社，2017.

[24] 武齐. 中国广告学术史（1815—1949）[M]. 北京：知识产权出版社，2014.

[25] 武小菲，成毅涛. 实用广告文案写作 [M]. 北京：清华大学出版社，2016.

[26] 萧潇，金岩. 广告文案策划 [M]. 天津：天津科学技术出版社，2017.

[27] 何辉. 广告文案 [M]. 北京：人民出版社，2016.

[28] 水志东. 互联网广告法律务实 [M]. 北京：法律出版社，2017.

[29] 林染. 广告创意心理学 [M]. 北京：北京大学出版社，2015.

[30] 林升梁. 网络广告原理与实务 [M]. 厦门：厦门大学出版社，2014.

[31] 西沃卡. 美国广告200年经典范例 [M]. 周向民，田力男，译. 北京：光明日报出版社，2003.

[32] 阿伦斯. 广告学 [M]. 丁俊杰，程坪，沈乐，译. 北京：中国人民大学出版社，2008.

[33] 阿伦斯. 当代广告学 [M]. 丁俊杰，等，译. 北京：人民邮电出版社，2010.

[34] 张家超，俞海莹. Internet网络广告的分类学研究 [J]. 连云港职业技术学院学报，2003（2）.